JN335826

貨幣と市場の経済思想史

―イギリス近代経済思想の研究―

小池田冨男　著

流通経済大学出版会

本書は平成二十一年度流通経済大学学術図書出版助成費の交付によって刊行された。

目　次

序章　貴金属本位制と貨幣の経済思想

貨幣といえば我々は一般的には金貨や銀貨など、かつて本位貨幣として君臨した貴金属鋳貨を想起するであろう。にもかかわらず現代では、そうした素材的価値に基づいて流通する貨幣はほとんどその姿を消して、銀行券や預金通貨、さらには定期預金証書やクレジット・カード等にほとんど置き換えられてしまっている。これらの現代貨幣は、それ自身何らの素材的価値をもたないにもかかわらず、市場では依然として有効需要を左右する重要な貨幣的ファクターとして作用し、あたかもクナップ（G. F. Knapp）らが主張した「貨幣表券説」（貨幣名目説）がますます正当化されているかのようでさえある。しかし他方で、近世以来の伝統的な貨幣金属（商品）説に見られるように、古典派経済学やマルクス経済学では、例えば一七、一八世紀のイギリスにおけるペニー銀貨やギニー金貨、あるいはソヴリン金貨などの貴金属鋳貨だけを「本来の貨幣」とみなしてきた。リカードをはじめとする地金主義（通貨学派）の貨幣金属説では、法定重量をそなえたそれらの流通によって、すなわち純粋の金属流通の下において、最も理想的に通貨の対外価値（平価）の安定のみならず、市場の自己調整的な機構までもが推持されうるかのように理解されてきたのである。こうした古典的な貨幣理解にたてば、もっぱら紙券流通にささえられている現代の市場というのは、その本来の自己調整機能を喪失して機能不全に陥っている姿としてしか映らないことになろう。

貨幣金属説と貨幣名目説との間の不毛な対立を克服する一つの手掛かりとして、まず人間の歴史とともに古くからある貨幣について、ある特定の〈存在〉や〈形状〉に即して、すなわち〈モノ〉としての分析にこだわることなく、その多様な〈機能〉の分析から始めることが有効と思われる。現代から見て「貨幣」として一様に扱うことが困難な〈モノ〉であっても、貨幣機能の一端を担ってきたことは、歴史上しばしば見られる事例である。そして現代では、かつての本位鋳貨が一身で担ってきた貨幣の諸機能は、再び地金や銀行券、預金通貨等に分散され、様々な貨幣の〈様態〉を生み出すことにもなった。貴金属というその素材的特性（重量）だけに基づいて流通し、全目的的に機能したというのは、あくまで資本主義（世界市場）成立期の近世から近代初頭にかけての貨幣のみに固有な現象であり、これを一般化して貨幣を論ずるのは適切ではないと思われる。

大航海時代における市場のグローバル化に伴って〈価格標準〉（為替平価）の確定への要請から、貴金属はその一定の重量を単位にして鋳造されることで、新たな貨幣機能を引き受けるようになったが、貴金属であることそれ自体は何ら貨幣の本質的要件ではなかった。また近代以降に「貨幣代替物」として扱われたものも、「代替物」というよりも、別の貨幣機能を果たす新たな存在と理解することができる。ケインズの「流動性」概念も、かかる意味で、貨幣と「貨幣代替物」とを統合する上位概念として、一定の理論的有効性を持つものといってよい。こうして近代の貴金属貨幣（鋳貨）は、世界商業の展開に伴う市場のグローバル化のなかで、自然発生的に各国通貨の対外的価値（固定平価）を安定化させるべく、それらに含まれる本位金属の重量が問われた特殊な存在にすぎなかった。

そこでわれわれは、まず貴金属本位制がさしあたり鋳貨本位として成立していった歴史的背景を踏まえ、近世末の西ヨーロッパを中核に一つの〈世界システム〉として自立した〈近代市場〉にとっての貴金属本位制度の意義を明らかにしておかなければならない。その上で、この金属貨幣の流通システム（鋳貨本位制）は、あくまで重商主義の時代における〈近代市場〉の形成期に固有の事情に制約された、いわば自生的な貨幣秩序（制度）にすぎないことを明らかにする必要があろう。その後、一七世紀後半以降にイギリスで自律的な国民経済の成長がみられると、次第に拡大しつづける貿易と国内産業の発展に対応するだけの貨幣量の供給を維持できなくなり、それが経済成長にとっての制約要因にさえなり始めた。ここに、一六九〇年代のロック（John Locke）及びラウンズ（William Lowndes）の「鋳貨論争」から一九世紀の「ピール銀行条例」をめぐる「通貨論争」に到る、貨幣制度の改革と信用（銀行）制度の近代化をめぐる様々な貨幣信用論が提起される歴史的背景があった。[1] また銀行券等の流通の拡大に伴い、〈価格標準〉と平価の安定は、流通する鋳貨の品位もさることながら、十分な支払準備によって本位貴金属の市場価格を「鋳造価格」に維持できるか否かに依存するようになっていた。

ところで経済学は、これまで貨幣制度をめぐる具体的な諸問題については、必ずしも適切な処方箋を与えるものではなかった。これは、スミス以降の正統派の経済学に共通の、市場をもっぱら需給の自己調整機能に即して論じるいわゆる〈自然価格論〉の方法に原因し、経済学は貨幣の存在しない世界を描くことによってはじめて均衡理論としての論理的な自己完結性を確保し得たからである。(2) それゆえ、リカード（David Ricardo）をはじめとする古典派の貨幣金属説においては、一方で本位貴金属を一般の財と同等に、一単位あたりの生産に必要な投下労働量によって相対的な交換比率を規定される一商品と取り扱いながら、他方では貨幣数量説に基づいて、その存在の絶対量が一般物価の名目水準を規制するという、いわば二層の論理を展開することにもなった。また信用制度についても、「経済学」としての方法的制約から、もっぱら遊休資金の相互融通による「資本の節約」の問題に限定され、資源の最適配分と資本の増殖効率を側面から促進する機構としてのみ、一面的に論じられてきた。しかしながら、ヘンリ・ソーントン（Henry Thornton）やアダム・スミスがそれぞれの著作のなかで「貨幣の節約」として論じたことは、単に貨幣用の貴金属生産を縮小することによる生産諸要素の有効利用や、鋳貨本位制のもとにおける国家の鋳造費用の節約という問題にとどまらず、信用を通じてはじめて可能となった、市場の拡大への弾力的な対応という意味での「貨幣の節約」の問題だったのである。この信用による事実上のマネー・サプライによってはじめて、資本の蓄積と国民経済の成長も、金属貨幣制度のもとでしばしば免れ得なかった〈本位貴金属の不足〉という自然的な制約を回避しうることになったからである。

商業手形や銀行券が「貨幣代替物」として機能してきたといっても、それはあくまで貨幣請求権の相殺という、信用取引の相互決済関係を前提したものである。古典派経済学が「セイの法則」に立って資本の自律的な蓄積機構を想定し得たのは、何よりこうした信用（創造）による「貨幣の節約」、すなわち〈追加的な購買力〉の形成を、市場経済システムの内部に前提しえたからに他ならない。ただ、こうした信用（貨幣）の登場によって、資本の蓄積が純粋な金属貨幣制度のもとにおける制約を解除されることになり、それによって信頼と確信とにささえられた不安定な債権・債務の支払い連鎖を形成してゆくことにもなったことから、一九世紀の周期的景気循環にみられるように、投機の破綻を契機にしてしばしば信用恐慌（金融危機）が勃発した。そこで信用の供与に対する制限と基準が取り沙汰されるようになり、とりわけ中央銀行の貨幣・信用の管理をめぐって、基本的に異なる二つの立場が対立するようになる。すなわち、景気の過熱や不況を回避するためには、中央銀行の積極的な貨幣管理に信頼をおかなければならないとするH・ソーントンや銀行学派の立場と、逆にそれに信頼をおかず、むしろ「信用貨幣に金属貨幣と同じ行動をとらせる」ための何らかの「機械的ルールを探求」しようとしたリカードや通貨学派の立場であった[3]。そして、中央銀行そのものの存在を不必要とみなす後者の通貨学派がこの論争に勝利し、一九世紀における理論の正統となった。しかし、それに基づいて法制化された「一八四四年の条例」における銀行券発行の〈ルール〉がしばしば停止を余儀なくされ、むしろ中央銀行の政策的介入の余地と必要が拡大していったことは、周知のとおりである。

我々はこうした貨幣信用制度の歴史的展開を踏まえ、まず、金属貨幣（鋳貨）制度の成立の歴史的経緯とその限界とを明らかにし、次に、資本主義経済の新たな段階に対応した通貨供給システムとして、信用の意義について論じることにしよう。すでに指摘したように信用については、これまで通貨の内部的な供給システムとしてよりは、むしろ遊休資金の社会的な融通機構として論じられてきたため、中央銀行による手形の再割引についても、もっぱら地方間での資金の偏在を仲介するという視点から考察され、発券と信用創造に基づく通貨供給量の制御と操作という一面については十分に考慮されることがなく、それゆえ中央銀行への「準備の集中」の意義も十分に説きえなかった。この中央銀行による通貨（信用）供給は、単なる貨幣の不足への対応にとどまらず、一定の制約の中で裁量的な景気対策を可能にして、市場経済システムの安定に資する不可欠なものといえよう。とはいえ市場経済は、中央銀行制度が確立していった一九世紀の中頃の段階には、信用が必然的に伴う投機を免れ得ないものになっており、完全に自己調整的だったというわけではない。だからこそ、均衡理論としての経済学の自己完結性の要請によって、その供給量自身がリカード以来の「通貨原理」によって、あたかも市場の価格機構のなかで規制されうるものと扱わざるを得なかったのであろう。リカードをはじめとする貨幣商品説では、実際にはすでに過去の時代のものとなっていた純粋の金属貨幣制度を理想に描き、次に、すでに紙券流通が一般化していた実際の貨幣制度をその枠のなかに無理に押し込めようとしたのであった(4)。

これから見ていくように、重商主義の時代からケインズに至るまでの貨幣と信用の近代経済思想は、それを市場それ自身の調整機構に委ねるか、あるいは金本位制の調整機能にゆだねるか、さらにまた〈中央銀行〉を頂点とする金融の自己組織化とその裁量的な金融政策に委ねるかの違いがあるにしても、いずれも資本主義市場経済が本質的に免れ得ない不安定性と無規律性をいかに制御しうるかをめぐって展開されてきた。貴金属鋳貨制度は、その供給に自然的制約があるだけでなく、また過去に産出された金ストックの動向によっても市場が大きく影響されるなど、外部的で制御不能なプリミティブな貨幣制度であったために、銀行券流通をはじめとして信用に取って代わられた。しかし信用はその反面で投機を助長することになったことから、しばしば実体経済を超えたバブルを招いてその崩壊を引き起こしたが、しかしこの信用に支えられたマネー・サプライなしには不断に拡大収縮する自律的経済循環を維持することも不可能だったのである。そしてまた、一九三〇年代に金本位制からの離脱と第二次世界大戦後の管理通貨制度への移行を提唱して、それを理論化したケインズの貨幣理論も、実は、貴金属本位制に代わる全く新たな貨幣システムへの移行を提言したものではなかった。貴金属本位制度のもとでの「金の専制支配」を、中央銀行を頂点とする「国民的信用体系」によって一定程度制御してきた、一九世紀以来の現実の欧米各国の貨幣信用システムの究極の理想の姿を提言したものという方が適切であろう。むしろ「革命」は、一九七一年のドルの兌換停止と一九七三年以降の変動相場制への移行にあったというべきである。世界経済はこれ以降、一オンス三五ドルでの金との兌換を停止されたままで過剰に垂れ流されたドル資産（債権）の制御不能な運動によってリンクされて、投機的で不安定な新たなグローバル資本主義として再登場することになったからである。

周知のように現代の金融危機は、すでに米国が基軸国としての経済的覇権とエネルギーを失っているにもかかわらず、信用創造によって供給された金融資産としてのドル通貨が、かつての金に代わる有効な制御の手段もないまま、相変わらず「世界貨幣」として受容されていることとの必然的帰結である。とはいえ、基軸国を失い多極化した現代のグローバル資本主義にとって、かつての〈古典的金本位制〉や第二次世界大戦後の〈金＝ドル本位制〉がもはや有効な国際金融システムとして機能することはありえないが、それに適合的な現行の変動相場制による調整メカニズムがいまだ有効に機能するまでには至っていないのも事実である。こうした現代的な視点から、かつての貴金属本位のグローバルな貨幣ネットワークが、各国の中央銀行制度の補完のもとに、景気と成長の国際的連動にとっていかに有効に機能してきたかを、それらに関する古典的経済理論の検討を通じて明らかにしていこう。

注

（1）近世から近代にかけての貨幣制度の展開と、それをめぐる論争については、J. Clapham, *The Bank of England — A History,* Vol.I, 1944.（『イングランド銀行Ⅰ』英国金融史研究会訳　ダイヤモンド社）、A. Feavearyear, *The Pound Sterling— A History of English Money,* 1931.（一ノ瀬・中島・川合訳『ポンド・スターリング』新評論）、およびF. W. Fetter, *The*

Development of British Monetary Orthodoxy 1797-1875, 1965. T. S. Ashton and R. S. Sayersed, *Papers in English Moneytary History*, 1953. 黒田明伸『貨幣システムの世界史』（岩波書店、二〇〇三年）などを参照。

（2）　経済学における貨幣の取り扱いについて、玉野井芳郎は次のように適切に指摘され、「依然として今日未解決の難問のひとつ」であるという。「労働価値説を体系化した古典派経済理論の世界においても、また均衡価格を体系化した近代経済理論の世界においても、いずれもそこには貨幣が存在していないという、はなはだ奇妙な事実が生じていることに気がつくのである。」（玉野井「『国富論』における価値と貨幣」大河内一男編『国富論研究Ⅰ』筑摩書房、一九七二年、一〇〇頁）

（3）　J. Hicks, *Critical Essays in Monetary Theory*, 1969, pp.167-168.（江沢・鬼木訳『貨幣理論』東洋経済新報社、二二八―二二九頁）

（4）　通貨システムの一つとして信用制度を考慮しなかった、リカードの貨幣理論の前期的な性格について、ヒックスは次のようにいう。「貨幣制度をあたかも金属貨幣制度のように扱うか、ないし金属貨幣制度の型に押し込めることができるかのように扱おうとするとき、リカードは過去をふりかえっていたのである。彼の思考の基礎となっている貨幣制度は、既に彼の時代に過去のものとなっていた。」（Hicks. *op.cit.*, p.164. 前掲訳、二二三頁）

第1章　貨幣と市場のポリティカル・エコノミー

第1節　貨幣分析の方法

貨幣をめぐる経済学の歴史は、古典派から現代の経済学にいたるまで、もっぱら二つの理論的世界を、すなわち一方における貨幣の存在しない相対価格の世界（価値論）と、他方における一般的物価水準の世界（貨幣数量説）とを、いかに架橋するかをめぐって展開されてきた。この経済学における二分法の起源は、本人にとってはなはだ不本意であろうが、アダム・スミスの『諸国民の富』第一編、第七章「諸商品の自然価格と市場価格について」に遡ることができる。このスミスの〈自然価格論〉の理論的枠組（パラダイム）を受け継いだ経済学である限りは、〈労働価値論〉を精緻化し体系化していったリカードからマルクス（Karl Marx）への系譜においても、またジョン・スチュアート・ミル（J. S. Mill）から限界革命をへてマーシャル（Alfred Marshall）へと展開していった新古典派の価格理論においても、共通してこの二分法に原因する方法的制約が指摘されなければならない。

アダム・スミスの〈自然価格論〉によって経済学は、シュンペータの適切な表現を借りるならば、「経済のコスモスを構成している経済諸量のあいだの全面的な相互依存の関係を叙述しようとする」、一つの「レギュラー・サイエンス」として独立することが可能になった。(1) しかし、その論理的な自己完結性は、他方で現実の貨幣存在をそれぞれの理論体系から排除することを何よりも要請するものでもあった。もっとも、貨幣の排除とはいっても、それらは一方で本位貴金属を他の諸商品と並ぶ単なる一商品として取り扱い、他方では何らかの形でそれとは別個の〈計算貨幣〉を想定したのであるが。ただ、これらの〈計算貨幣〉は、あくまで諸商品の相対的な交換比率を表現するために要請される〈計算単位〉にすぎず、貨幣そのものではない。したがってその限りでは、スミスのようにこれを「不変の価値尺度」としての労働にもとめることも、またワルラス（Leon Walras）のようにn種類の財のうちの一つをニュメレール（価値尺度財）とみなすことも、さらにはスラッファ（Piero Sraffa）のように抽象的に「標準商品」を想定することすら可能だったわけである。貨幣をこのように観念的な計算貨幣（計算単位）として扱おうとするのは、市場の自己調整機能を論ずるそれぞれの経済学において、諸商品の実現されるべき相対的な交換比率が、市場での個別具体的な価格形成とは別の次元で、あらかじめ何らかのかたちで抽象的かつ体系的に確定され得るとしていたからに他ならない。それらの経済学は、いずれも市場を分業によって細分化された生産諸部門の編成原理に即して考察し、財・サービス市場の需給の均衡と生産要素市場の需給の均衡とを表裏の関係において総合的にとらえ、合理的、効率的な資源（生産諸要素）の配分とそれに対応する適正な所得分配とを論じようとするものであった。

古典派経済学では、人々の最終消費財への需要構造や生産の技術的体系は所与とされており、したがって市場の競争のプロセスとはいっても、はじめから長期的な均衡価格に収斂するべく、ビルト・インされていた。また新古典派経済学を作り上げたA・マーシャルは、スミスの「自然価格」をみずからの「長期正常価格」に見たてて、「正常な価値というのは、生活の一般的な諸条件が、経済的な諸力がその十全な結果を現し出すのに十分なほどの長い期間にわたって定常的であった場合、これらの諸力の働きによって成立するであろうと思われる平均の数値に他ならない」と定義している。いずれにせよこうした静学的な市場均衡論に立つ限り、価格形成的な近代市場における貨幣の能動的な役割というのは、財相互の何らかの直接的な「自己調整」過程のうちに埋没してしまわざるをえなかった。(2) すなわち、階級的分配関係に即して労働価値論を体系化した古典派＝マルクスの経済学においても、また効用と希少性の原理に基づく価格理論を資源の合理的配分関係に即して精緻なものにしていった新古典派の経済学においても、いずれもそこには、外部的な性格を持つ購買手段としての貨幣の積極的な役割を捨象した、もっぱら商品のみからなる世界（市場）が想定されていたにすぎない。そしてそれは、近代市場の「自己調整的」な機構を一つの自己完結的なシステムとして論じようとする、「価格と市場の理論」としての経済学の方法的な要請に基づいていた。ワルラスの交換および生産の「均衡方程式」が示すように、これらの自己完結的な〈生産の体系〉にとって、自律的に市場への流出入を繰り返すような貨幣の存在というのは、〈政府〉とともにいわば外部的な攪乱要因にすぎない。それゆえ、そこでは本位貴金属も単なる一商品として扱われ、一般の商品と同様に市場の需給メカニズムの作用の下にあって、その生産量を調整されるものと想定されたのである。

ところで商品と貨幣との関係については、これまでしばしば個人と国王との関係に喩えて論じられてきた。シェリングがいうように、「国家においては個は、全体に対して差別の関係にあるのだが、その個が全体のうちに生きているだけで、全体が個のうちに生きることはない。」（『学問論』）政府あるいは国王は、その出自とは無関係に、その〈機能〉において国家すなわち「全体」を代理し、あくまでばらばらな個人に対する限りにおいてのみ、超越的に権力を行使する。国王あるいは政府は、個の単純集合としての「全体」（国家）を代理するだけであり、個人の中に「全体」が、例えて言えば「国民（民族）精神」のように、実体として宿っているわけではない。逆に個人もまた国家との関係（義務の遂行と権利の行使）においてのみ全体の一員として認知されるのであるが、同じように個々の財もまた貨幣との関係においてのみ「商品」（価値物）として認知され、市場での社会的評価を受けることになる。ただ貨幣にしても王にしても、〈存在〉としては、個に対して最初から外部的な存在であった。

K・マルクスは『資本論』第一巻第一篇の「価値形態論」において、個々の商品が唯一特殊な立場に置かれた貨幣との関係のなかでのみ、「厖大な商品集積」としての「全体」（商品世界）の一部であることが認知され得ることを、「貨幣の必然性」として論じた。ただ、ヘーゲルの『法の哲学』における市民社会論の影響を強く受けていたためか、個のなかに抽象的で普遍的な実在としての「全体」を見ようと、「価値の実体」を前提にした〈流出論〉の手法で「価値形態論」を展開した。マルクスにとって「全体」は決して単なる雑多な個の集合ではなく、初めから個に内在する普遍的な「実体」であり、それを経済学的に、古典派経済学の「自然価格論」における資源（生産諸要素）配分の最適化の論理を先取りした形で、個々の商品に内在する「抽象的人間労働」と理解したのであった。しかし市場においては、「全体」はあくまでバラバラな個人の単純集合でしかなく、二人の当事者同士による個々の取引（契約関係）の単純集合でしかない。個々の財は、まず市場の中で認知され「商品」として承認されなければならないが、それはそれらの財に対するその時々の市場の相対的な価値評価によってはじめて可能になる。そして、所与の技術的条件下での資本と労働の最適配分、すなわちマルクスの言う「抽象的人間労働」（価値の実体）としての資源配分の最適化は、市場による相対的な価値評価の結果に基づくものであり、価値評価（尺度）そのものとは区別しなければなるまい。しかもそれは、特定の財を「一般的等価物」たらしめる、近代的な意味における「貨幣の必然性」の論理とも無関係であった。

「価値の実体」を想定しなければ「価値の形態」が論じられないというのは、『資本論』の忠実な解釈としては適切であろう。しかし、そもそも「貨幣の必然性」とは、個々の財がそれぞれ異質で「厖大な商品の集合体」である市場全体のなかで認知され価値をもった「商品」として相対評価を受けるという、この関係の「必然性」に他ならない。その限りで、労働配分の最適化に絡めて論じようとしたマルクスの「貨幣の必然性」の論理に対する、宇野弘蔵の批判は適切であった。個々の財はその時々の市場での評価を通じてのみ、価値をもった一つの「商品」として全体の一部であると見なされるが、それが資源配分の最適化を保証する水準であるか否かは、その限りでは問われない。マルクスも「価値形態論」では、「商品貨幣」が流通する近代市場を想定し、個々の商品が市場で相対的な価値評価を受ける関係に即して、何らかの特定の財（貨幣財）が個々の商品に対して全体〈商品世界〉を〈代理〉する関係の必然性を明らかにしようとしたのである。

まず、すべての財は交換されなければ商品としてその価値を認められたことにはならないから、「価値形態論」では双方の合意による〈交換の実現〉が想定されていなければならない。そして、市場での取引はつねに一対一の契約関係として行われ、この取引がたとえ複数の財との間の交換に拡大したとしても、これらの取引関係では結果において相互に「等価」であることしか示されず、共通の第三の基準による以外には、取引が双方にとって適切であるか否かの判断すらできない。『資本論』では、このことを「単純な価値形態」及びそれを拡大した「全体的な価値形態」の限界として示した。各財のその時々の市場での相対評価は、さしあたり、「全体的な価値形態」を逆転させた関係において示される。すなわち「全体的な価値形態」を逆に見ることで、マルクスの事例では、リンネルを除くそれ以外の財についてはそれぞれがリンネルの異なる単位量において互いに等価であり、間接的にリンネルを基準にしてそれ以外の全ての財の相対評価が可能になる。この「一般的な価値形態」において、複数の財の商品価値が単一の財（リンネル）を基準に統一的に表示され、それは結果として、各財一単位当たりの商品価値をそれと交換される等価物商品（リンネル）のどれだけかの数量として統一的に〈算定〉する関係を示すことになった。

そこで次の「貨幣形態」では、制度的、慣習的に一般的な等価物に固定された貨幣財の数量を基準に、それ以外の全ての財一単位あたりの価値が表現されることになるが、それによって逆に貨幣財の「価値」も、もはや個々の財との関係ではなく、あくまで〈全ての財〉の価格との関係においてしか示されないことが明らかにされる。貨幣は「一般的等価物」（購買手段）としての特殊な地位に置かれ、交換の実現によってはじめて全ての財に対する〈一般的な購買力〉としての普遍的な「価値」を持つことになるにすぎない。かかる意味で、マルクスの意図とは逆に、貨幣の「価値」もまた相対的であり、結果的なのである。貨幣は購買手段としての能動的な機能を与えられるとはいえ、その購買力（価値）は、市場の動向を反映して不断に変化する。それゆえ、市場に参入する人々の社会的な合意にもとづいて慣習的に何らかの財が、場合によっては複数の財が「一般的等価物」の地位を独占的に占めるが、貴金属本位制度が確立した場合でも、不断の「貨幣の価値」の変動を免れ得ないのである。(3)

こうして「価値形態論」によって、市場全体における個々の商品の相対評価が「一般的等価物」である貨幣財との関係の中で確定されうることが示され、その限りで、貨幣となる財は商品世界の〈全体〉を代理する超越的存在として機能しうることが明らかにされた。しかしそのことは逆に、貨幣が購買手段として固有の「価値」を持つのは、国王が人民に対して王であるが故に偉大であるように、あくまでその限りにおいてに過ぎず、その「価値」（購買力）も内在的なものではないことが明らかにされた。すなわち貨幣は価格形成に際し、個々の財に対して相対的な価値評価の基準を提供することによって、逆に自らの「価値」を物価水準によって与えられることになり、したがって必ずしも労働の生産物である必要もない。事実、物々交換の不便性を解消するものとして〈手交貨幣〉がその素材価値とはかかわりなく古代から流通しており、貨幣が素材価値に基づいて受容されるようになったのは、むしろ世界商業の発展に伴って分業と交換が普遍的に広く行われるようになってから以降のことだからである。それ以前は、「一般的等価物」としてかりに素材価値以上であれ、逆に素材価値以下であれ、人々の合意と了解さえあれば、広く流通して価値表現の基準となり得たのである。

一八世紀に入って自律的な蓄積機構としての近代資本主義が、土地・労働・資本（貨幣）の〈生産要素市場〉の成立に基づいて確立したのであるが、それ以前の重商主義の時代といわれる資本主義の生成期は、いわばそのうちの〈貨幣の商品化〉、すなわち貴金属本位制度の成立の過程だったということになろう。資本主義世界経済は、こうしてさしあたり世界市場を舞台にした貨幣的ネットワークとして始まったのであるが、やがて土地および労働の商品化とともに自律的に拡大する国民経済循環を構築し、それに対応して通貨供給の弾力性を確保すべく、信用による決済機構に依存していくことになった。それによって、もはや貨幣資産の取り崩しによる購買ではなく、持続的で安定した収入としての所得に裏づけられた購買へと変化したフロー経済が、高度に組織化された信用取引を必要とし可能にした。したがって、リカード及びマルクスの〈商品貨幣論〉というのは、あくまで資本主義生成期の重商主義の時代のストック経済に一般的な論理ではあっても、確立した資本主義の下でのフロー経済における貨幣の理論としては、理論的に限界があった。しかも、こうした資本主義生成期に貨幣が貴金属（商品）でなければならなかったのは、〈価格標準〉の安定という対外的な要請によるものであり、その後の確立した資本主義では、自然発生的な貴金属鋳貨の外部性を除去すべく、信用による弾力的な通貨供給へと移行せざるを得なくなった。この意味でリカードの地金主義は、信用制度を貴金属貨幣システムに従属させようとした、理論的アナクロニズムだったということになろう。

第2節　近代市場と貨幣ネットワーク

一九世紀から二〇世紀にかけて経済学の主流をなしてきた古典派やマルクス、さらにはメンガー（Carl Menger）にも共通するいわゆる〈貨幣商品説〉は、均衡論的な市場分析からの方法的な要請に基づく、シュンペータのいわゆる〈理論的金属説〉として位置づけることができる。ただそれらは、貨幣資産として広く社会に保有される厖大な量の金銀についてはほとんど考慮することなく、新たに商品として生産される金（銀）のみを理論体系のなかに組み込むことによって、市場をもっぱら資源配分の調整メカニズムとしての一面で、あるいは「剰余価値」の賃金・利潤・地代への分配機構としての一面に即して理論化しようとしたものであった。(4)

例えばマルクスにおいて貨幣が貴金属商品でなければならなかったのは、現に商品貨幣が流通する近代市場のみを想定して貨幣を論じたからにすぎない。近代的市場で貴金属は、価値表現の材料（基準）に適していたからというよりも、むしろ古くから世界商業の発達とともに流動性をもった財産としても蓄えられており、何よりも品質が一定で分割が容易でかつ高価でもあり、商業的富の保蔵手段や支払いの手段として便利だったことから、貨幣財に選好されていったのであろう。経済的富の保蔵手段というだけであれば、古くから家畜や穀物等が〈手交通貨〉以上に一定の流動性を備えた資産として十分その機能を担ってきたが、近代の貴金属貨幣の登場によって、それらの分担されていた貨幣機能を一身に担えるようになったのである。とはいえ、貴金属貨幣制度が確立しても、為替平価の安定は達成されるとはいえ、不断の「貨幣の価値」の変動を免れ得ないということについては、既に見たように、紙券通貨の流通の場合と何ら異なるわけではない。

これまで古典派経済学及び新古典派経済学は、たしかに資源配分や所得の分配など、いくつかの近代市場の機能についての〈部分科学〉、すなわちマーシャルのいわゆる「エコノミックス」ではありえても、貴金属鋳貨制度のもとで成立した固有の市場秩序であり歴史的・社会的存在としての近代市場そのものの存立構造を解明する、〈ポリティカル・エコノミー〉ではあり得なかった。そしてこの市場秩序は、ハイエクが適切に指摘するように、貨幣制度とともにたえず歴史的に「進化」するものとして考慮されなければならないものである。特にこれまでの貨幣分析においては、貨幣はもっぱら〈交換〉を起源とするものとしてのみ取り扱われており、〈所有〉を起源とするものとして取り扱われることはなかった。実はここに、これまで経済学が信用を単なる個別経済主体相互の貨幣の貸借関係のみに限定して論じ、「債権の財産化」を前提にした信用資産の形成（信用創造）や、債権債務の相殺を通じた社会的な意味での「貨幣の節約」の問題として、十分に取り扱えなかった原因を見ることができる。とりわけ貨幣の分析においては、市場を単に「交換の体系」や「生産の体系」として捉えるだけではなく、「所有（財産）の体系」として捉える視点が必要だったのである。

そこでわれわれは、まず一七、一八世紀の現実の金（銀）本位制度の成立過程を踏まえたうえで、貴金属鋳貨制度の現実と古典派の〈理論的金属説〉が想定する市場の自己調整機能との不適合について、これを〈実際的金属説〉の視点から批判的に検討しよう。近世から近代初頭のヨーロッパ世界経済の生成過程において、いわば〈自生的な貨幣秩序〉として成立した貴金属（鋳貨）本位制度のもとでは、資産として蓄えられた貴金属の不確実な市場への流出入は、市場の自己調整機能にとってしばしば阻害要因として作用するものだった。事実、各国の通貨当局は、当初から平価（価格標準）の安定のために「貨幣の不足」への対応を余儀なくされ、重商主義の時代を通じてより多くの貴金属の確保による貨幣（為替）制度の安定が重要な政策課題であり、また一九世紀に入ってからも継続してより弾力的な通貨供給を可能にする貨幣・信用制度の改革が試みられてきた。実は、古典派経済学が理想として描いた一九世紀の金本位制も、現実には、銀行券をはじめとする代位貨幣の流通によって、自生的な貨幣システムである近世以来の金（銀）鋳貨本位の制約を克服し、金銀による「専制支配」を間接的に制御しようとする試みの中から生まれた、いわゆる〈混合通貨制度〉といって良いものであった。

鋳貨としての貴金属貨幣の流通は、一九世紀に入ってからもごく一般的に見られたとはいえ、〈価格標準〉の法制化によって、すでに本位金属の重量を制度的に担保する象徴的な存在になっており、等価物同士の交換（バーター）を基本とする近世以来の国際取引のいわば歴史的な〈遺物〉に過ぎないものだったのである。すなわち、それぞれの貴金属鋳貨に含まれる金属重量が、そのまま直接それぞれの地域的（国民的）な通貨単位（貨幣名称）に相互の交換レートの基準（平価）を与えていたような、自然発生的な通貨システムの遺制として存続していたにすぎなかった。それゆえ、古典派経済学とりわけリカードの経済学が理想としていた純粋な金属貨幣の流通する市場というのは、それぞれの地域的経済圏がいわば〈世界市場〉に直接に一体化していたような、むしろ一六世紀、一七世紀のヨーロッパ世界経済の成立期に特有なコスモ・ポリタンな市場だったということになろう。

ところで、一九世紀の経済学においても、「貨幣の起源」はいずれももっぱら財の交換からのみ説かれており、物々交換における欲望の質的・量的一致の困難というスミス以来の常套的な手続きを経て、多くの商品のなかの一商品が「一般的等価物」（マルクス）、あるいは「一般的に承認された交換手段」（メンガー）の地位を占めてきたものとされてきた。たとえばC・メンガーは、交換される財の「販売可能度、市場性」（Absatzfahigkeit. Marktgangigkeit）のヒエラルキーを想定することによって、その時々のもっとも販売可能度が高く市場性のある財だけが、すべての個人から購買される特殊な商品として貨幣性をもつことになるという。しかし、これまで多くの批判がなされてきたように、マルクスの価値形態論（交換過程論）にも共通するこうした貨幣論の手法は、近代に固有な商品貨幣（commodity money）について、唯一の購買手段であるという貨幣としての機能から逆に類推しているだけのトートロジーにすぎないものであった。貴金属は生まれながらに貨幣ではなく実物資産の一つであったが、対外的な支払い手段として用いられていく中で、〈価格標準〉（計算単位）に実物的基準を与え、貨幣性をもつようになったにすぎない。(5) それゆえこのような「貨幣の生成」の論理では、近代の貴金属本位制度の成立（貨幣の商品化）の歴史的事情を解明することにもならず、更にまた、信用貨幣や象徴貨幣の流通によって実物経済から乖離した厖大な金融資産（債権・債務関係）の形成をも可能にしていくという、その後の貨幣・金融システムの分析をも困難にしたのであった。

そこでわれわれは、〈商品貨幣〉としての近代貨幣について、さしあたりまず近代初頭の〈世界市場〉の形成期に固有な歴史的事情を背景にしながら考察していこう。貴金属という昔から蓄えられてきた実物資産が国際的な流動性を与えられていくなかで、各国通貨の単位（貨幣名称）が金あるいは銀という素材の一定重量を基準にするようになり、それによってたんに各国通貨の交換比率が統一的な基準をもつようになっていった。かくして〈世界市場〉が、貴金属を軸にして形成される固有のネットワークとして、独自の統合原理をそなえた一つの「世界システム」として自立することにもなった。それゆえ、金属実質を受容の根拠として流通する〈貴金属貨幣〉すなわち「商品貨幣」の起源というのは、人々の「共同意思」を根拠に流通した手交貨幣としての銭貨の起源よりも新しい、比較的最近の出来事なのである。しかしその後の資本主義の展開は、周知のとおり、再びそうした貨幣の素材性からの離脱を要請することになっていった。(6) こうしてグローバル・ネットワークとして成立したヨーロッパ世界経済は、何よりもまず、各地で蓄えられていた貴金属資産の国際的な移動を介する、自生的な貨幣秩序として編成されたのである。それゆえ近代の市場貨幣は、人々の貨幣観念にもとづいて象徴的に機能していた「原始貨幣」とは異なり、その金属素材としての普遍的な受容性（有用性）を根拠に、共通のシンボル体系を共有しない互いに疎遠な人々の間にも、それぞれの所有物の相互譲渡（交換）を介する独自の社会的結合を可能にし得たのである。

ところが、こうして古くから蓄財や支払いの手段に用いられていた貴金属が貨幣としての規定性を与えられると、象徴的な〈計算貨幣〉が与えられた価格を表現する場合とは異なって、売買においてそのより多くの獲得とより少ない支払いが人々の市場における行為規範になっていった。更に、どれだけの量が市場に貨幣として流出し、また資産として退蔵（流動性選好）されるかによって、財の価格のみならず貨幣財の価値も不断の変動にさらされることになることから、所有する貨幣資産の運用が人々の重要な課題になっていった。こうして貴金属貨幣の登場、すなわち〈貨幣の商品化〉によって、はじめて市場は価格形成的になり、需給もまた価格弾力性をもつようになったことから、市場経済に特有の取引動機や固有の目的原理（利潤原理）が生まれ、それによって自律的な運動を展開するようになった（資本主義の成立）。むろん当然のことながら、供給が十分に価格弾力的であるためにはこうした市場（貨幣）秩序が制度化されるだけでなく、生産要素市場の一つとしての資本市場の成立という意味で、利潤原理に基づく投機的な資産運用が可能なだけの厖大な金融資産が少数の人々の手に集積されていなければならなかった。

ただ、こうして貴金属貨幣を通じて形成されていったグローバル・ネットワークとしての市場の貨幣秩序がそれぞれの〈社会の構成原理〉にまでに内面化され、「近代国家」の成立によって新しい一つの〈法秩序〉として制度化される段階になると、もはや素材的な〈商品貨幣〉は、対外的な支払い手段（世界貨幣）以外にはその使命の大半を終えることになってしまう。しかも、その自生的な貨幣制度に免れえない制約から、貴金属貨幣制度はいくつかの弊害さえ生み出すことになった。すなわち、流通する鋳貨に含まれる金属重量を本位（standard）

とするような旧来からの〈鋳貨本位制〉のままでは、市場の拡大を支えるだけの通貨の供給が確保しえず、むしろそれを阻害する要因にさえなった。ジェームズ・スチュアート（James Steuart）の貨幣信用論こそ、こうした銀行券による「金紙の代替」と〈貴金属鋳貨の象徴化〉を要請した貨幣制度の近代化を背景にしたものであり、その帰結がいわば事実上の〈地金本位制〉への移行の主張であった。それゆえ、古典派経済学に代表される〈理論的金属説〉においては、こうした〈鋳貨本位制〉から銀行券流通を前提にした事実上の〈地金本位制〉への展開（金紙代替）ということの歴史的意義も解読できなかったということになろう。

ところでカール・ポランニ（Karl Polanyi）は、近代初頭の金銀［鋳貨］本位制について、本来商品ではない貨幣の「商品化擬制」ととらえ、しかもそれを「自己調整的市場」からの要請によるものと位置づけた。すなわち、市場システムのもとで本来商品ではない貨幣が、土地や労働とともに商品として処理されることによって、自己調整的なメカニズムが作動するとしたのである。しかもポランニは、こうした「自己調整的」な市場原理がそのまま無制限に作動することは、人間や自然、そして生産企業の危険を招くとした。そこで、「市場原理」は他方で、つねに「社会の自己防衛」として非市場的な「組織原理」を伴うものと理解され、貴金属本位のもとでの紙券信用の展開や中央銀行制度のもとでの通貨管理こそ、こうした社会の自己防衛装置の作動を示すものと理解したのである。こうした、貨幣を本来的に商品とみなして市場の自己調整システムを絶対視してきた伝統的な経済学（市場認識）に対するポランニの批判は、画期的なものであったといってよい[7]。

ただ、これまでいくつかの批判がなされてきたように、〈貨幣の商品化〉はポランニがいうような単なる「擬制」ではなく、鋳貨に含まれる実際の貴金属重量に〈価格標準〉（為替相場）が敏感に反応していた、近代初頭の貨幣制度の現実そのものにほかならなかった。また、こうした貨幣・土地・労働の商品化によって、市場が「自己調整的」な安定性を得たわけではなく、世界市場を舞台に自生的な市場秩序の形成を可能にした貴金属貨幣の流通システムは、むしろ、はじめからその不確実な動向に左右され、しかも人為的な削り取りや悪鋳などによって〈価格標準〉の安定性すらおびやかされる始末であった。いわゆる重商主義の時代の〈有効需要論〉こそ、商品貨幣システムのもとでの金銀による奔放な専制支配という、生成期の近代市場のこうした無規律性の一面を論じたものといってよい。したがって市場は、ポランニのいうような「社会の自己防衛」という以前に、いわばそれ自身の存立のための要請として、すでに一八世紀の後半から一九世紀の初めにかけて、信用制度をはじめとする〈市場の自己組織化〉をすすめていった。

第3節　貨幣と通貨管理

近代貨幣の特質は、何よりもその〈素材的な実質〉に裏づけられた商品性にあり、この〈商品貨幣〉としての近代貨幣の流通に基づいて各国通貨の単位がリンクされ、安定した為替相場のもとに固有の普遍性と開放性をそなえた近代の〈世界市場〉が形成された。生まれながらに「世界貨幣」として普遍的な受容性をもった金や銀は、地域的な文化や風土の差異を問わず、しかも人々の人格的な結びつきをも超越して、新たな匿名的ともいうべき固有の取引関係（商業社会）を形成していった。ところが、この自然発生的な国際通貨システムともいうべき〈鋳貨本位制〉は、ヨーロッパ各国において当初から安定的に機能したわけではなく、しばしば地金の不足と地金価格の高騰を引き起こして削り取りを招くなど、〈価格標準〉の維持を困難なものにしていた。またその後の資本の自律的な蓄積機構の確立によっても、各国通貨当局は、こうした貴金属供給の制約を克服すべく、信用通貨をはじめとする代位貨幣の補完によって必要なだけの通貨供給を内部的に確保する必要に迫られた。産業革命を通じて自律的な蓄積機構を確立した資本主義経済の新たな段階において、〈価格標準〉（平価）を実際に流通する鋳貨の金属重量に固定する鋳貨本位制度では、市場の要請に応えるマネー・サプライにおいてしだいに制約となったからである。それを指摘した理論的な先駆が、スチュアートの紙券信用論であり、アダム・スミスの「金紙代替論」にほかならなかった。にもかかわらずこれまで、中央銀行制度の確立した一九世紀のヨーロッパ社会においても金属鋳貨が流通していたという歴史的事実や、貨幣もまた一般商品とともに市場の需給メカニズムの作用の支配のもとにあるとする理論的金属説に依拠してきたことなどから、こうしたスチュアートの貨幣信用論やスミスの〈金紙代替論〉の意義が必ずしも十分には評価されてこなかったといってよい。(8)

いわゆる信用制度は、たしかに、資本相互間での遊休資金の相互の融通を通じて需要を拡大し蓄積を促進する機構として成立したものである。しかしながら、信用の普及は同時にまた債権・債務の社会的な相殺関係をも可能にするから、それによって貨幣の流通必要量を相対的に節約するシステムとしても機能することになる。すなわち「債務の承認」（acknowledgement of debt）が社会的に制度化されることによって、単なる私的な債務証書にすぎないものも譲渡性（流通性）を与えられ、この〈信用の章標〉にすぎない手形や銀行券が、契約取引時には観念的な「計算貨幣」として機能し、事実上、購買手段及び支払い手段としても機能しうる関係が成立していったのである。こうした〈貨幣の節約〉は、いうまでもなく、手形の再割引を業務とする特定の銀行の銀行券がすべての信用貨幣に対して最終の支払い準備になることによって、最大限に実現されうることになる。いわゆる「中央銀行券」がこうした性格をもつためには、必ずしも〈発券の独占〉を必要とするわけではない。現実には、投機の拡大に伴う信用の逼迫期に、個人銀行券への信用不信から急激な兌換請求が生ずることを回避するため、信用力の強大な中央銀行に発券が集中していったにすぎない。いずれにせよ、中央銀行券が事実上の「法貨」としての地位を占めることによって、本位貴金属はもはや対外的及び対内的な支払い準備にすぎないものとなった。この中央銀行券は、財の〈交換手段〉というよりは、債権債務の振替手段として市場にある財のどれだけかを請求しうる購買力をもつようになるが、その預金としての預け入れを通ずる信用創造によって実体のない金融資産を形成することにもなる。(9) こうして市場経済も、いまや等価物同士の交換を通じて行われる〈交換経済〉ではなく、債権債務の相殺関係（請求権の交換）を通じて実現される、いわゆる〈信用経済〉へと進化していくことになった。

純粋の金属流通の世界では〈等価物〉としての金銀に対する信頼のみが世界商業を支えていたのであるが、この〈信用経済〉では、あくまで人格的な信頼関係に依存することから、例えば同一の通貨単位を用いるような範囲で、取引の地域的なまとまりや連携が形成されるようになる。それとともに、この地域的に形成される自生的な信用組織のそれぞれ頂点に押し上げられていく「中央銀行」は、手形の割引需要と金準備の動向に応じてではあるが、手形の割引量や銀行券発行量を決定しうる裁量権を持つようにもなる。しかし、だからといってハイエク批判し、またポランニがいうように、それによって通貨と市場が「集権的に管理」されるような、全く新たな性格のものに変質してしまったわけではない[10]。トゥークやフラートンをはじめとする銀行学派の人々が明らかにしてきたように、銀行券の発行は、つねに割引（貸付け）需要にたいして受動的に行われ、中央銀行は「銀行の銀行」として、あくまで安定した債権・債務関係の相殺と維持を自らの使命とする、公共的存在だからである。

例えばポランニは、「中央銀行制度は、金本位制の自律性を単にみせかけにすぎないものにして」、「操作が信用供与の自己調整的メカニズムにとってかわった」という。ただ、ヒュームの〈正金配分の自動調節論〉やリカードおよび通貨学派の貨幣数量説の世界のように、現実の金属流通システムに貨幣供給量の自律的な調整機構を想定することは、金本位制の理解としてもけっして適切なものではない[11]。そもそも金本位制の意義は、金の国内価格を法定の「鋳造価格」の水準に維持することによって、対外的な通貨価値の維持を図ることを目的に制度化されたものであり、これに基づいて商業世界は、それぞれの地域的な差異性をこえて、いわばコスモポリタンに連繋しえた。ただこうした金本位制度が、近世以来の〈鋳貨本位〉のままであるか、それとも近代の信用通貨の流通を前提にした事実上の〈地金本位〉に移行するかでは、それぞれの国内における通貨供給に弾力性の違いが生じてくるのである。したがって、兌換制下の中央銀行の「操作」も、あくまでこの弾力性の範囲のなかでのことであるから、何ら恣意的な「管理」や統制を意味するものではなかった。

たしかに、「銀行の銀行」としての中央銀行への〈発券の集中〉は、信用創造（預金創造）等によって通貨供給に弾力性を与え、結果において銀行券流通の金貨による支配からの脱却を意味するものであった。すなわち、紙券流通が金属流通に厳格に従属しているような場合に免れえない、金融逼迫期における兌換請求（金の国内流出）による信用供与の制限とそれによるパニックの発生を回避するため、いわば市場の要請に基づいて組織されたものである。したがってその限りでは、いわば市場それ自身による自己組織化というべき「国民的信用」の範囲に属する事柄であって、決して外部的ないわゆる「国家信用」の強制ではない。[12]もっとも、こうした中央銀行制度を利用すれば、それによって国家が政治的に介入しうる余地が生まれることはいうまでないが、しかし兌換が保証されている限り、そうした国家介入には制約があるから、中央銀行制度そのものは金本位制のシステムの作動を制限したり、まして否定したりすることにはなりえなかった。

ところでケインズは貨幣史の画期を、第一に、古代にさかのぼる、計算貨幣に対応した客観的標準物の国家による指定としての「国家貨幣」の登場に求め、次に第二段階として、中央銀行制度のもとで、近代国家によって素材価値以上の強制通用力を与えられた「代表貨幣」の流通の一般化に求めた。ケインズにとっては金属鋳貨の流通というのは、いわばその中間に位置する「野蛮な遺制」とされたのである。[13]それゆえ、一方で金本位制とはいっても、鋳貨はその客観的標準物を国家によって指定された「管理貨幣」（managed money）として流通していた限りでは、その制約を免れえないことを適切に理解していた。また他方で、一九三一年のイギリスの金本位の再停止による管理通貨制への移行に際し、たしかに「代表貨幣」によって金貨幣による専制支配を排除しようとしたとはいえ、彼の意図は何よりも金を「一つの内閣の統治下」におく「立憲君主」制を実現することにあったのであり、何ら金を「玉座から追放する革命」を意図したわけではなかったのである。

貨幣の起源については、一方で、K・ポランニをはじめとする経済人類学の成果として、紀元前の古代オリエントにまでさかのぼる貴金属貨幣および権力者によるその鋳造が、何よりも市場や交換を超えた地平から考察されなければならないことが明らかにされている。他方で、それとは別に、ある程度の耐久性があり大量に利用が可能な穀物や家畜などのいくつかの財貨が、いわゆる「商品貨幣」としてしばしば有効な〈交換媒体〉に利用されてきたという歴史的事実も踏まえなければならない。近世ヨーロッパの「世界商業」の形成期に登場した、当面のわれわれの対象である近代の貴金属鋳貨は、基本的にはその素材価値に基づいてグローバルに流通した限りでは、たしかに「商品貨幣」(commodity money) の一つに他ならない。しかし、その重量・品位・名称の変更が国家によって掌握されていた限りでは、ケインズのいわゆる「国家貨幣」(state money) の一つとして、いくつかの制約を免れ得ないものでもあった。こうして近代貨幣は、歴史的にはさまざまな貨幣の源流を統合したものとして登場したのであるが、さしあたりは〈貨幣の商品化〉を背景に、いわば市場の要請が国家による重量・品位・名称の恣意的な操作を規制し、制限していくなかで生まれたものである。ただこの時代には、たとえば一六〇一年のエリザベスのスタンダードのように一二〇分の一一一の純度の標準銀一ポンド・トロイが六二シリングと法定されていても、削り取りによって法定重量以下の鋳貨の流通が一般化するなかで、法定標準はほとんど有名無実化してしまっていた。また、鋳貨の輸出や自由な溶解が制限されたことから、本位貴金属の地金価格がしばしば「鋳造価格」を上回ったためにポンド・スターリングの固定平価が維持できず、結局は地金の市場価格に左右されざるを得なかった。そこで、固定平価を維持するためには、貨幣の〈本位〉を実際の鋳貨の重量から一定程度切り離して、法定の貴金属重量に固定しようとする貨幣制度へと移行していった。これこそ実は、古典派やマルクスの経済学において「自己調整的」な商品貨幣システムとして想定されていた通貨制度の現実の姿に他ならない。

たしかに〈価格標準〉が法定の金属重量に固定されるようになれば、もはや〈価格標準〉の変更は、たとえばデノミネーションのように、政策的に行われてノミナルな影響を及ぼすだけものになり、すくなくとも鋳貨の削盗や摩滅に原因する貨幣の購買力の変動は阻止できるようになる。とはいえ、必ずしも貨幣の素材性を完全に排除したわけではなく、「最軽量目規定」に基づいて貴金属鋳貨が本位貨幣としての地位を制度的にも保証され続けたことに変わりはない(14)。しかしそれは背後で、国内市場における取引の圧倒的大半が、すでに見た信用の組織化を背景に、中央銀行券及び預金通貨によって賄われることによって可能になっていた。貴金属鋳貨を本位とする貨幣システムから、銀行券流通の一般化と信用供与の拡大、さらには二〇世紀に入ってからの国内的な不換紙幣の発行と対外的な為替（貿易）管理、そして地金（ドル）を基準にした固定平価（ＩＭＦ体制）から変動相場制への移行という通貨システムの史的展開は、自律的な蓄積機構を確立した資本主義にとってはじめから制約になっていた本位貴金属（鋳貨）による専制支配からの離脱の歴史でもあった。しかしながら、この貨幣の素材性からの離脱の要請は、これまで一般にそう理解されてきたように、何も市場が「自己調整」力を失ったとされる現代に特有の、とりわけケインズ以降の通貨事情というわけではない。一九七三年三月以降において主要国通貨がフロート制に移行したことをも射程に収めるならば、こうした通貨システムの展開が、もっぱら通貨管理への一方的な傾向を示すものでないことは明らかであろう(15)。

かくして、近代貨幣の素材性（商品性）を、もっぱら市場の自己調整機構とのかかわりのなかで位置づけてきたことが、再検討されなければならない。素材性を失った「現代貨幣」だからといって、必ずしも政治権力などによって制御され、非市場的に管理される通貨というわけでもないからである。問題は、素材貨幣から象徴貨幣への推移にあるのではなく、資本主義成立期から現代にいたるまでの固定平価を存続させるための様々な通貨改革と、一九七三年以降の主要各国の変動相場制への移行によるそれからの最終的な離脱にあった。それは、かつての貴金属本位制度がその背後において、中央銀行制度という信用の自己組織化によって安定性を確保していたにもかかわらず、グローバル化への対応によって、中央銀行を軸にした信用の自己調整機能に制約を与え、もっぱら国際的不均衡の調整を資本移動と為替市場の価格メカニズムに委ねることによって、かえって金融危機を招くことになったという原因をも明らかにすることになろう。

そもそも固定平価制度は、計算貨幣として局地的に流通していた諸通貨が、世界貨幣としての貴金属商品にリンクしていった〈貨幣の商品化〉の一つの帰結に他ならない。そして、この貨幣システムがそれぞれの諸国で新たな市場秩序として制度化されてからは、各国通貨当局にとって、各国通貨の対外的な購買力の安定と債権債務の保全とが、いくつかの選択可能な通貨政策の最優先課題になっていった。すなわち主要各国にとって、通貨価値の変動による国際間の調整よりも、通貨価値の安定こそが、貿易の拡大による経済成長にとって好ましいものとして選択されていたのである[16]。そこでわれわれは、まず近代初頭のヨーロッパにおける価格形成的な市場の形成を背景に、さしあたりはロック・ラウンズ論争を手掛かりにして、鋳貨本位制度として出発した貴金属本位制度（商品貨幣システム）の歴史的意義を明らかにしていく。そしてそれを踏まえたうえで、さしあたりはジェームズ・ステュアートの貨幣理論を検討しながら、もっぱら計算貨幣の一面のみに固執する貨幣名目説とその系論である貨幣数量説について、批判的に検討していこう。

注

（1）J. Schumpeter, *Hisory of Economic Analysis*, 1954, p.188.（東畑精一訳『経済分析の歴史(1)』岩波書店、三九四頁）

（2）A. Marshall, *Principles of Economics*, 9th ed., p.347.（馬場啓之助訳『経済学原理(3)』、三四頁）スミス、マルクス、新古典派経済学に共通する経済学的思考（均衡論）について、岩井克人は、「市場経済の自己調整作用が純粋に働いているときに平均的に達成される状態を経済の〈真実〉の姿として規定し、現実の経済状態をこの〈真実〉の姿からの乖離の度合によってすべて一次元的に位階づけることである」と指摘する（岩井『ベニスの商人の資本論』筑摩書房、一九八五年、一八九頁）。しかも「何らかの原因で不均衡に陥った経済が、一体どのような条件の下で一般均衡価格体系を自動的に回復させる傾向をもつか」を検証すべき「安定性の理論」は、「その存在証明ほどの理論的成功を成し遂げることはできなかった」ともいう（同上、一八六―一八七頁）。

（3）マルクスの価値形態論における〈貨幣の必然性〉について、商品所有者の交換要請に即して、「価値の実体」を前提しなくても説き得る試みを展開したのは宇野弘蔵である。（宇野「価値形態論の課題」、『宇野弘蔵著作集』第三巻、岩波書店、一九七三年、四六八頁）ただ、交換されなければ「価値」でもないため、当事者同士の合意に基づいて交換が実現されたことを前提すべきであり、そこで共通の「実体」を想定しなくとも、「全体的な価値形態」から「一般的な価値形態」への〈転倒〉の論理も成り立つのではないかと思われる。重要なのは、貨幣財になる商品の価値（購買力）も、商品価値の尺度を通じて同時に決定される関係を明らかにすることにあった。これについて岩井は独自に、「〈循環論法〉としての貨幣形態Z」を提示し、ここから「それ自体は何の商品的な価値ももっていないこれらのモノが、世にあるすべての商品と交換可能であることによって価値をもつことになる」関係を説明した。（岩井克人『貨幣論』筑摩書房、一九九三年、五四頁、六七頁）

（4）セイの法則（$\sum_{i=1}^{n} D = \sum_{i=1}^{n} S$）のうえに立つ古典派の経済学においては、実物的な相対価格の世界は、他方で貨幣数量説によって補完されなければならない。これに対し、ワルラスの体系（$\sum^{n} D = \sum^{n} S$）では、実物経済の世界に価値尺度財も含まれて論理的に自己完結しており、その意味では、金生産部門の「利潤率の均等化」をも織り込んだマルクス「生産価格」体系との共通性が指摘できる。これらについて吉沢英成は、「金貨幣の生産までをも、コスト、利潤にもとづく閉鎖体系システムに組み入れた経済モデルをつくりあげ、金が希少性のもとでの生産費ゆえにその貨幣価値をもつのだとすることは、すべてを費用・利潤計算の同一平面に解消できるとする自然科学的幻想である」（吉沢『貨幣と象徴』日本経済新聞社、一九八一年、二二二頁）と批判する。

（5）貨幣生成論の欠陥について吉沢は、「マルクスにせよメンガーにせよ、貨幣形成を個々の商品の集まりのつくる商品世界や経済する個々人のつくる世界から説明しようとして、個からなんらかのかたちで一般への転化を迫られた。しかし個に個をいくら重ねても、なおけっして埋められない余剰があることに気づかざるをえない。一般的にいえば両者の遭遇するアポリアはこれである。この解決に彼らが仕組んでおいた終局の拠り所は、商品の〈価値〉性格であり、〈販売可能度〉であった。いわば貨幣を仕込んでおいて、それが生成するというかたちにした。その限りでは貨幣の形成は説明されていないことになる。」（吉沢、前掲書、八九頁）

（6）ハイエクは近代の自由な〈商業社会〉を「グレート・ソサエティ」と位置づけた。「共有してもいなければ知ることすらない他の人々の狙いの実現を我々が手助けしていることこそが、グレート・ソサエティの強さの源泉なのである。共同作業が共通の意図を前提している限り、異なる狙いをもつ人々は、必ず同じ手段を互いに取り合う敵となる。バーターの導入だけが究極目的についての合意なしにさまざまな個人がお互いを利用し合えるようにしたのである。」(F. A. Hayek. *Law, egislation and Liberty vol. 2.* p.110. 矢島鈞次訳『法と立法と自由I』春秋社)

(7) 紙券信用や中央銀行制度を、市場に対する〈社会の自己防衛〉と説くポランニの所説もまた、金本位制およびそれに支えられた市場を、〈自己調整メカニズム〉に即して理解しようとする伝統的な市場観、すなわち〈経済学的な世界〉に捉われていた。しかし、金本位制下の中央銀行の通貨政策にしても、また兌換停止下の管理通貨体制(一種の金為替本位制)のもとでの政府の市場介入にしても、いずれも固定平価と国内通貨の安定を基本原理とする、市場経済の〈ゲームのルール〉の一部というべきであろう。(K. Polanyi. *The Great Transformation—The Political and Economic Origins of Our Time.* 1957. pp.192-200. pp.201-202. 吉沢・野口他訳『大転換—市場社会の形成と崩壊』東洋経済新報社、二六一—二七一頁、二七二—二七四頁)

(8) アダム・スミスは『グラスゴウ大学講義』(A. Smith. *Lectures on Jurisprudence.* ed. by Meek and Raphael. Stein. p.507. 高島・水田訳、日本評論社、三七二—三七三頁)で、貿易差額論の不合理について言及し、「巧妙」な「推論」としてヒュームの正金の自動調節論に関説したが、必ずしもそれに依拠しなかった。すでに『講義』の時点においてもスミスは、「それ自身では一つの死んだ資財」にすぎないにもかかわらず国民の財貨の一大部分をなすがゆえに、貨幣を紙幣に代替させるべきだとした限りでは、名目的な数量説とは全く対立していた。

(9) イングランド銀行への〈発券の集中〉ついては、すでに山口重克は、「銀行券の方は、本来私的な債務証書であるから、複数銀行のものが流通するのがむしろ自然な状態である」(山口「発券の集中と独占」、日高・大谷他編『マルクス経済学—理論と実証』東京大学出版会、一九七八年)と批判した。しかし、特定の銀行に発券が集中(独占)されなくとも、相互の決済関係において、特定の銀行券が本位貨幣にかわる〈最終の支払い準備〉になりうる関係は十分説きうるものではなかろうか。

(10) 中央銀行券が事実上〈法貨〉としての性格をもつと、自行の信用の安全のために中央銀行が割引を制限することも、社会的には「貨幣政策」としての意味をもつことになる。そこでヒックスがいうように、「もし銀行家たちが積極的に統御を行っているという疑いが持たれたとすると、人々はおそらくどういう権利で統御を行うのか、と質問しただろう」(J. Hicks. *op.cit.* p.168. 前掲訳、二三〇頁)から、「ピール条例」下の銀行部の「貨幣政策」はおのずから「慎重」でなければならなかった。

(11) K. Polanyi. *op.cit.* p.195. 前掲訳、二六五頁。

(12) 楊枝嗣朗は「国家信用」と「国民的信用」とを概念的に区別し、中央銀行については、近代においてイングランド銀行がもっていた性格の一面に即して、もっぱら「国家信用」を体現した存在と理解し、「〈国民的信用〉がいかなる根拠から〈国家信用〉に上向しうるのかを解明することに中央銀行成立の必然性を解く鍵があると考えられないだろうか」と論じた（楊枝「中央銀行論」、川合一郎編『現代信用論（上）』有斐閣、一九七八年）。

(13)　ケインズは、その『貨幣論Ⅰ』(J. M. Keynes, *A Treatise on Money*, 1930) の中で、〈貨幣の起源〉を「最初の鋳造」に結びつけてとらえるわれわれの固定観念についての批判し、貨幣の本質を、何より財産価値を統一的に表示するような「計算貨幣」(money of account) に求めた。実際に交換や蓄蔵の手段に用いられる〈事物〉としての「固有の貨幣」(money proper) は、あくまでそれから導き出されたものにすぎないという。これによって、「商品貨幣」(commodity money) や「代表貨幣」(representative money) と同格に並べて、〈信用貨幣〉としての銀行券や商業手形を正当に扱いうるようになったことは、評価されなければなるまい。

(14)　マルクスは『資本論』において、鋳貨をはじめから素材価値以上の価値をもつ象徴的な代位貨幣の一つとして取り扱い、その〈象徴化〉あるいは〈紙券化〉について、一方ではその流通に伴う摩滅から、他方では「流通手段」としての機能的定在から導こうとしたが、山口重克教授の指摘があるように、いずれも論理的に問題を残すものであった。（山口「鋳貨と貨幣の象徴化」、山口『金融機構の理論』所収、東京大学出版会、一九八四年）近代のイギリスにおいて貴金属鋳貨に含まれる金属重量が、価格標準の基準であることはその後も継続されており、鋳造費の問題を一般化して〈鋳貨の象徴性〉を論ずることは不適切であろう。逆説的であるが、貴金属鋳貨の金属重量が法律的に保証されたからこそ、鋳貨そのものは本位貨幣制度にとって象徴的な存在になったのである。

(15)　戦後のＩＭＦ体制のもとでの「通貨管理」も、実際には、ドルを媒介するかたちで残存していた一種のドル為替本位制（金＝ドル本位制）を維持するための、為替（貿易）の管理の試みにすぎなかったといってよい。対外的には、すくなくとも一九七三年まで貴金属本位が姿を変えながら維持されていたが、それは固定平価の維持を至上命令と考える、すぐれて近代的な貨幣理念に基づいていた。

(16)　金本位制について、ケインズは次のように指摘する。「戦前、世界のほとんどすべての国が金本位制を採用していたとき、われわれは物価の安定よりも為替の安定を欲したのであり、まったくわれわれの力の及ばない原因、例えば、外国での新金鉱の発見とか海外の金融政策の変更とかによる、物価水準の変動の社会的影響下に立たざるをえなかったのである。しかしこうした影響に甘んじたのは、一つに（たとえ合理的でも）より自動的でない政策にあえてゆだねる確信がなかったこと、また一つには、実際に経験した物価変動が僅少であったためである。」(Keynes, *op.cit.* p.126. 前掲訳、一三〇―一三一頁)

第2章　一六九〇年代の貨幣改鋳問題とJ・ロック

第1節　近代世界と商品貨幣

1　近代経済思想と貨幣認識

一五世紀末から一八世紀中葉にかけて西ヨーロッパの時事的な諸問題をめぐって発表されてきた数多くの貨幣・市場・貿易に関する諸著作は、これまで一般に「重商主義の経済学」として、一括されて取り扱われてきた。それらは、アダム・スミスの『諸国民の富』の第四編で、もっぱら彼が批判する内容に即して紹介され、否定的に取り扱われたことから、スミスにおいて確立した古典派経済学の方法的枠組（パラダイム）のみを絶対視する後世の「正統派」の経済学者たちによってほとんど無視されてきた。(1)しかも、「自由主義の経済学」によって理論的に克服されるべき、「前期的」な経済思想にすぎないものと位置づけられてきたといっても過言ではない。しかしそれらは、しばしば誤解されたように、富と貨幣あるいは金銀とを混同し外国貿易を通じてあくなき金銀ストックの確保を追求しただけの倒錯した「貨幣万能」（money answers all things）の経済思想などではなかった。すでに「重商主義の経済学」のうちの幾つかのものは、外国貿易を射程におさめたグローバルな市場分析において貴金属移動と国際的不均衡を論ずるなど、のちの古典派経済学をこえる一面すらあった。(2)J・M・ケインズも指摘するように、むしろ古典派の労働価値説（価値実体論）に基づく理論や、A・マーシャルをはじめとする新古典派の「正統派」の経済学こそ、クローズド・システムとして国民経済を論じようとした均衡論の方法的要請によって、貨幣の「外部性」による理論的影響を無力化しようとした結果、貨幣数量説および「セイの法則」の枠の中で〈価格と市場の理論〉を展開することになってしまったのである。(3)

そこでさしあたり、ヨーロッパにおける中世末から近代初頭にかけての貨幣制度の歴史的展開を踏まえ、イギリスの名誉革命前後の貨幣制度の近代化の過程における一六九〇年代の〈貨幣の改鋳〉をめぐる経済論争を手懸かりにしながら、ジョン・ロックの金属貨幣説を中心にして、貨幣と市場に関する近代経済思想の源流を探ることにしよう。すなわち、それらが単なる金属主義の偏見にとらわれた「前期的」な経済思想どころか、むしろ資本主義の生成期における近代的市場の形成過程の実情を踏まえたものであり、スミス以降の経済学が見失っていた近代貨幣の特性と役割とを適確に把握し表現したものであったことを明らかにしていこう。(4) それはまた、一九世紀以降に近代国家と信用制度が整備されていくなかで、こうした金属実質を備えた近代貨幣がふたたび象徴的な通貨にとって代わられていく所以を示すことにもなろう。

一七世紀および一八世紀は、経済に関するさまざまな経験的、実証的な知識がしだいに統合され、一つの独立した領域をもつ近代科学としての「経済学」が成立していく時代であるが、理論的内容においては、貨幣的な経済分析がしだいに実物的分析にその地位を譲り渡していくプロセスでもあった。しかしながら、この一七、一八世紀の貨幣をめぐる経済学説（経済思想）は、けっして後の古典派の実物的な均衡理論によってすべて批判され克服されたわけではなく、その価値および貨幣に関する理論の多くが古典派経済学にも取り入れられて、継承されてもいった。(5) とりわけ、この時代の貨幣をめぐるJ・ロックとN・バーボンに代表される〈貨幣金属説〉と〈貨幣名目説〉との対立は、その後の「地金・通貨論争」から現代にいたるまでの通貨をめぐる数多くの経済論争に際し、方法論上の枠組を提供してきたとさえいえる。しかしながら、これまでのように貨幣学説を金属説と名目説とに、あるいは〈貨幣商品説〉と〈貨幣国定説〉とに、いわば二者択一的に類型化しようとする素朴な視点では、近代初頭の貨幣政策をめぐる諸問題や、貨幣をめぐるロックやバーボン、ラウンズらの論争について精確に理解することはできない。後に詳細に検討するように、等しく〈貨幣金属説〉といってもロックのそれは、ウイリアム・ペティからスミス、リカードをへてマルクスに受け継がれていった貨幣商品説とは基本的に異なるものであり、またロックに反対して「軽鋳論」を展開したラウンズについて、バーボンとおなじ貨幣名目説に立つとするのもまた誤りといわなければならない。シュンペータが、貨幣金属説をさらに「理論的金属説」および「実際的金属説」に、貨幣名目説をさらに「理論的名目説」と「実際的名目説」とに細分すべきだとした理由も実はここにあった(6)。

周知のように、すでに古くからイスラーム世界の「ディナール」やビザンチン帝国の「ノミスマ」など貴金属貨幣の幅広い流通があり、さらには中世の西ヨーロッパでもそれぞれの局地的市場で銀を中心にした貴金属鋳貨の流通が存続していたが、そのこと自体はけっして貨幣金属説の根拠となるものではない。その供給源（造幣権限）がもっぱら修道院や大領主などに独占されていた貴金属鋳貨は、当初はその金属実質とは無関係に人々の同意にもとづいて流通し、しかも〈金属重量〉ではなく、あくまで〈個数〉において価格の単位を代表する存在にすぎなかった。その限りでそれらの金属実質と刻印は、ただ人々の〈同意〉と鋳造権者の〈権威〉の象徴であったのであり、名目的な紙幣の流通と何ら変わるところがなかった。ところが近世から近代のヨーロッパにおいて、それらの貴金属鋳貨もしだいにそれに含まれる金属実質が問われるようになり、その流通性の根拠を金属実質に担保された「商品貨幣」として、近代貨幣が登場することになったのである(7)。

これから見ていくように、ロック以降の古典派経済学における、一定の品位と重量をそなえた「完全な」貴金属鋳貨の流通によって維持される厳格な金属主義的貨幣システムの想定は、こうした近代初頭の資本主義的世界市場の形成期に固有な〈貨幣の商品化〉という歴史的背景を踏まえたものであり、その理論的表現だった。ロックを始めとする初期の金属主義者たちの場合には、理論的な意味において必ずしも「貨幣名目説」を積極的に批判しようというものではなかったが、この「完全な鋳貨」の一般的な流通を前提する貨幣システムにはさまざまな制度上の制約と困難が伴ったことから、しばしばその欠陥と対策が問われたことに対応したものであった。貴金属本位制度が続く限りいつの時代においても貨幣名目説（象徴貨幣論）による批判を輩出したからである。(8)

2　市場社会の自生的秩序

「資本主義」とは、I・ウォーラースティンの指摘するように、一五世紀末から一六世紀のヨーロッパにおいて形成された、国際分業を基礎とする「歴史的システム」であり、貨幣的資産の少数者への集中とその独占とを背景に、自己目的的な価値増殖をめざして自律的な成長を展開する世界的規模での蓄積機構（運動過程）として生まれたものである。すなわち、近代初頭の世界商業の展開の中で、グローバルな分業連関の中核地域に生産要素市場が成立し、価格弾力性をそなえた商品生産が確立するようになると、それをいわば制度化する形で〈市場社会〉すなわち「商業社会」が形成されたのである。かくして、もともと貨幣ネットワークにすぎなかったヨーロッパ世界経済が一つの歴史的運動体（蓄積機構）としてビルト・インされるとともに、のちにヨーロッパ各地に市民革命を通じて、人格的自由の原理（契約原理）と財産権の不可侵性という二大原則によって構成される、近代の〈国民国家〉を成立させていったのである。(9)

旧体制下のヨーロッパにおける自生的な〈市場社会〉の形成については、まず政治思想の領域で「近代自然法」の理論として論じられ、その「社会契約説」に基づく社会秩序の形成の論理が、のちにヒュームやアダム・スミスなどの古典派経済学者たちの手によって自己調整的な「市場と価格の理論」へと陶冶され、いわゆる経済学的均衡論を生み出していった。それゆえ、市場社会の自生的秩序（カタラクシー）の形成についても、経済学の視点から、資源配分における自己調整機能の問題と同一に論じられ、あたかも経済的均衡が社会の安定を担保しているかのように解されることにもなった。しかし、すでにハイエクによる適切な指摘があるように両者は全く異なるものであり、区別されなければならない。ロックが不安定ながらも「平和と善意と相互助力と生存維持」の状態として前提し、またヒュームが人々の道徳感情に即して「正義」の徳のコンベンショナルな形成について論じたものこそ、まさに〈市場社会〉の自生的秩序の論理だったのである。(10)

ところがロック以降、ヒュームやハチスンの政治哲学においては、この近代に固有な「正義」の論理は、もっぱら人間本性一般の問題としてのみ扱われ、近代固有の社会秩序の形成の論理としては十分に展開されてこなかった。しかしこれは、Ｋ・ポランニのいう「経済の社会からの自立」というよりは、むしろ新たな社会（市場）秩序の形成の論理として扱うべきものであろう。しかしスミス以降の経済学の展開のなかで、モラル・サイエンスとしてのポリティカル・エコノミーから、しだいに市場の静学的分析を課題とする狭義の「経済科学」の方向にシフトし、この新たな社会秩序の形成についてはほとんど不問に付されてしまうことになった。(11) マルクス経済学においても、その「生産価格論」に集約される「価値法則」もまた、経済余剰の階級的な分配（搾取）関係と市場のもつ資源の合理的配分機能とを独自に統合する理論たりえたが、世界的規模における資本の自律的な蓄積運動の理論たりえず、歴史的に進化する市場社会の分析を欠落させることになった。

確かに「経済学」の理論が想定するような、資源配分に関する自己調整的な市場というのは、近代資本主義の登場をまってはじめて説き得るものである。とはいえ、市場経済が一つの自律した運動のシステムとして確立するようになったのは、価格と市場の自己調整機能によるわけではない。何よりも労働、土地、資本（貨幣）からなる生産諸要素の商品化、すなわちそれら〈生産要素市場の形成〉がその前提であり、それを制度的に保証したのが市場社会の〈秩序〉だった。それゆえこうした市場社会の経済分析は、市場を〈所有の体系〉として分析するものでなければなるまい。貨幣については、金や銀などの貴金属を本位貨幣に制度化していった、〈貨幣の商品化〉の分析がこれにあたる。所有資産の一つとして少数者の手に独占されていた貴金属貨幣は、これまでの経済学が取り扱ってきたように自己調整的であるどころか、しばしばその相対的に独自な運動のモチーフによって、むしろ逆に市場を撹乱する需要要因として機能したのであり、しかもかかる意味において自律的な運動を展開する近代的市場を編成し得たのである。(12)

3　貨幣の商品化

中世末から近代初頭にかけてのヨーロッパの貨幣制度の歴史は、こうして、それまで手交貨幣として流通していた鋳造貨幣（coin）が、もはやその象徴的な刻印ではなく、しだいに貴金属の実質を根拠にして流通していく歴史であった。それらの刻印は、もはや単なる交換用具としての社会的合意や、さまざまな鋳造権者の権力を象徴するものとしてではなく、新たに、どれだけかの量の貴金属の実質を保証するものとして意味を与えられるようになっていった。素材的な受容性に基づいて流通する「商品貨幣」の登場、すなわち〈貨幣の商品化〉に他ならない。それゆえ等しく鋳貨といっても、その持つ意味は、この〈貨幣の商品化〉の以前と以降とでは異なるのである。そしてその商品化の過程で、それぞれ用法を限定された「特定目的貨幣」として別個の歴史的起源を持つ「計算貨幣」（unit of account）、「支払い手段」（means of payment）、そして「交換用具」としての貨幣が、近代のいわゆる「全目的貨幣」に統合されていったのである。(13)

ところで、近代の商品貨幣の生成については、金属説と名目説の形式的対立に災いされ、また貨幣がもっぱら交換手段としての機能に即して一面的に論じられてきたことなどから、マルクスやメンガーをはじめとするこれまでの貨幣理論において十分に理論化されているとは言い難かった。単なる交換用具や計算貨幣としては、貨幣はそれ自体、名目説が説くようにいかなる金属的裏付け（商品性）をも必要としないのであり、またかかるものとして古くから人々の合意の下に広く流通してきた。それゆえ近代の商品貨幣は、対外的および国内での経済余剰の移転と保管にかかわる、支払い手段や価値保有手段としての用法に起源をもつということができるかもしれない。

すなわち、近代における〈貨幣の商品化〉、すなわち貴金属本位制度の成立の背景には、もともと象徴的な通貨として古くから局地的に流通していた貴金属鋳貨が、対外交易の拡大の中で、それに含まれる奢侈財としての貴金属重量を目安に、しばしば外国からの財の購入や対外債務の支払いに用いられていったことが考えられる。それによって、それぞれの地域の通貨単位が貴金属重量にリンクされ、複数の局地的通貨の交換レートの基準になり、すでに対外交易においてかなり利用されていた為替手形の流通の根拠にもなったのであろう。また国内的には、市場経済が人々の生活において日常化していくなかで、現在の経済余剰を将来の多様な消費の為に蓄える手段として、耐久の奢侈財である貴金属が用いられるようになっていた。この点で、ロックが人々の「貨幣使用の暗黙の同意」を、単なる交換の便宜をはかる手段としてではなく、「使わないで腐らせてはならない」という「腐敗制限」（spoilage limitation）の視点から論じていることは、はなはだ興味深い(14)。

しかしながら、こうして貴金属の実質をそなえた商品貨幣が登場し、各国の通貨の単位（価格標準）が貴金属の一定重量にリンクされるようになったとしても、そのことだけで、資本主義を生みだすような近代的貨幣システムが形成されたわけではない。自律的な近代的貨幣システムが形成される為には、単に定められた品位の貴金属の一定量をもって価格（価値尺度）の単位とすることが制度化されるというだけでなく、鋳造貨幣あるいは地金の形態で富裕な少数者の手に保有された大量の貴金属の不確実な動向によって、一般の諸商品の価値（物価水準）までもが不断に変動するまでになっていなければならなかった。そしてまた、海外との交易の拡大に対応するために、それぞれの国内で貴金属の鋳貨への自由な鋳造、および鋳貨の地金への自由な溶解が保証される制度が確立していなければならなかったのである。むろんこうした自由鋳造（溶解）制が確立するためには、それを賄うだけの十分な貴金属量が確保されなければならず、そこでヨーロッパ各国は金銀の獲得をめざした重商主義政策を展開していくことになった。(15)

4　貿易差額説について

ヨーロッパでは、一一世紀末からの十字軍の遠征をきっかけとするイタリア諸都市での商業のめざましい発展があったにもかかわらず、資本主義世界経済の成立までにはなお数世紀を経なければならなかった。イスラーム勢力の地中海進出による一五世紀から一六世紀にかけての「商業革命」、「地理上の発見」とそれに続く一六世紀のヨーロッパの「価格革命」をエポックとして、ようやく世界史的な意味における「貨幣の資本への転化」の第一段階が開始されることになった。すなわち、大西洋を舞台にして成立した新たな世界商業は、一五世紀から一六世紀にかけて新大陸からスペインを経由したヨーロッパへの大量の銀の流入をもたらし、それらが少数の人々の手に金融資産として蓄えられることで、ヨーロッパの商業地域に富裕な商人たちを多く生みだした。彼らは、独占とイノベーションを手段にしてその投機的運用を目指して活動したことから、ここに自律的な運動を展開するヨーロッパ世界経済（資本主義）が編成されることになったのである。(16)

すでに多くの指摘があるように、中世以前の遠隔地間交易や局地的商業は本質的に非競争（管理）的で、それ自体は、〈市場社会〉を形成するような近代への新たな潮流を築くものではなかった。たとえ、市場での販売を目的にした商品生産が多く行われるようになったにしても、いまだ貴金属の地金と貨幣とが制度的に一体化しておらず、貨幣供給量および貨幣価値が権力的に制約されている限り、商品生産の発展もそれに左右されることになり、市場経済が一つの自立したシステムとして確立したとはいえなかった。ところが、一五二〇年のスペインによるメキシコ征服と、一五三〇年代のペルー征服を契機に、大量の貴金属とりわけ銀がスペインを経由してヨーロッパに流入すると、ヨーロッパ全土にわたる三～五倍の急激な物価の高騰もあって、旧来の自足的な農民経済を基礎にした封建的な社会経済構造が変革されていくことになった(17)。

こうして一六世紀には、それまでのドイツ諸都市やポルトガルにかわって、新大陸の銀が主要に取引されるようになったアントワープを中継基地として、東インド貿易と新大陸貿易とを結ぶ新たな世界市場の編成がなされた。しかし何よりも、貴金属がヨーロッパに大量に運びこまれた結果、それらの貴金属ストックの、購買貨幣から蓄蔵貨幣への、あるいは蓄蔵貨幣から購買貨幣への不規則で無規律な運動によって、市場の価値関係のいわゆる無政府的な変動が生ずることになったのである。しかも、こうした市場における物価水準の無規律的な変動は、当然のことながら、保有する貨幣資産の減価というリスクを伴うことにもなるから、逆にそれらを投機的に運用することによって、貨幣資産の増殖をはかろうとするいわゆる「貨幣の資本への転化」が当時の富裕な商人層によって実行されていったのであった。

重商主義の経済学説（思想）は、こうした歴史的背景の中で、さしあたり王室とむすびついた少数の富裕な商人たちの経済的利害を代弁するものとして登場した。そして近代における最初の経済論争ともいうべき、東インド貿易をめぐって展開された一七世紀はじめの「外国為替論争」は、〈価格標準〉の安定の為の貴金属本位制度の確立に不可欠な、一方での自由鋳造・地金銀輸出の自由という商品貨幣システムの原則と、他方での必要な金属準備の確保のための鋳貨の溶解・輸出の制限（禁止）の要請という、各国が多かれ少なかれ悩まされた、貴金属本位制度の免れ得ない二律背反に原因する最初の政策論争として位置づけられる。それは結果的には、東インド会社による貨幣輸出の制限を求めたＧ・マリーンズらの取引差額主義に対して、トーマス・マンやＪ・チャイルドらの貿易差額主義の勝利するところとなり、一六六一年に地金銀の輸出の自由化が原則的に承認されたことは周知のとおりである。そしてロックの貨幣理論は、これからみていくように、こうしたマンの貿易差額論（前期的自由主義）の直接の延長線上に位置づけられるものであった(18)。

第2節　ロックの貨幣観と商業社会像

1　一六九〇年代とジョン・ロック

市民革命期のイギリスでは、一六六〇年代のいわゆる「第一次利子論争」をはじめ、一六九〇年代の東インド産綿布の輸入をめぐる自由貿易論と保護主義との間の「キャリコ論争」、そして当面のわれわれのテーマである「貨幣の改鋳」をめぐるロックとラウンズとの「鋳貨論争」等を通じて、重商主義の経済思想も絶対王政期の理論水準から格段の飛躍的進歩を遂げることになった。そこで、ロックの貨幣理論および彼の市場経済観の特質について検討する場合にも、さしあたり背景となったこれらの市民革命期の経済論争のなかにおけるロックの理論的立場を整理しておくことが必要であろう。

ロックの固有な貨幣認識は、彼がかかわった最初の経済論争ともいうべき、利子率の引き下げをめぐる一六九〇年代の「利子論争」のなかから生まれてきたものである。イングランドの内戦中にフランス、オランダが台頭したことによってイギリス経済が相対的に衰退し、第二次オランダ戦争等によって生じた財政危機を打開するため、トレードの拡大と一層の国富の増進を目標に、法定利子率を六パーセントから四パーセントへ引き下げる案が議会に提出された。その代表者がジョサイア・チャイルドであり、これに対してロックは、アシュリ〈後のシャフツベリ卿〉の意を受けて反論した。チャイルドが主張する低金利政策は、必ずしも〈市場金利〉の低下にはならないだけでなく、かえって貨幣の退蔵や海外流出を招いて貨幣の不足をきたすだけであると批判する。ロックによれば、低金利はいわば経済成長の原因ではなく結果にすぎない。[19]「貨幣の価格」としての利子率は、貨幣の需給関係によってのみ左右されるのであり、もっぱら国内で取引される財・サービスの量と、貿易差額によってもたらされる国内の流通貨幣量の増減とに依存すると理解した。この「自然利子」の考え方に基づいて、貸付市場への政府の人為的な介入は一切有効性を持たないと反対したのであった。そこには、「事物の自然の流れ」に委ねようとするロックの放任主義の市場（貨幣）観が読み取れるが、しかしそれはバーボン、ノース、ダヴィナントらの自由貿易論とは基本的に異なるものでもあった。

すなわち、一六九〇年代を代表する著名な「キャリコ論争」に際して、チャールズ・キングらの保護主義を批判して提起されたN・バーボンやD・ノースらの自由貿易論は、たしかに一面ではトーマス・マン（Thomas Mun）の「前期的自由主義」の流れを汲むものであるとはいえ、しかし、新たに貨幣数量説にもとづくいわゆる「正金配分の自動調節理論」のうえに立って、むしろ保護主義者たちの方が依拠していた新たな貿易差額説（労働・雇用・勤労差額主義）の非有効性を立証するものであった。[20]こうした均衡論的な市場観こそ、彼ら自由貿易論者たちの名目主義的な貨幣認識を生み出す土壌であり、それは「貨幣の中立性」の理解のうえに立ったのちの古典派の商業社会像に、かなり近接したものであった。これとは異なり、ロックはむしろウィッグの立場に忠実に国内産業の育成の視点から問題をとらえ、いかにして国民経済の成長のためにトレードの拡大に必要なだけの貨幣量を確保するかを論じたのである。それゆえ、貨幣および市場をめぐるロックの所説は、「貨幣の中立性」と貨幣量の自動調節作用という想定を否定するものであり、マン以来の貿易差額論の理論的枠組みの中で展開されたものだった。ただ、すでにマンの貿易差額論がそうであったように、ロックもまた、単なる金属主義の偏見に終始したわけではなく、国内産業の成長とそれに基づく貿易収支の順調こそが貴金属貨幣の流入を通じて

ますますイギリス国民経済の繁栄をもたらすであろうと、極めて積極的な経済循環論を構想していた。(21)

こうしてロックの貨幣金属説においては、貴金属の流通を媒介にした世界市場の論理と、国内製造業の発展を駆動力とする国民経済の成長の論理とが、統合されて論じられていたのである。そこで、「ある大きさのトレードを動かすには一定の割合の貨幣が必要であり、その一部の貨幣の動きが止まると、それだけでトレードが減少するから」という論拠に基づいて、チャイルドが主張するような法定利子率の人為的な引き下げは、確かに一部の商人の利益にはなるであろうが、貨幣の退蔵や外資の引き上げ等を招き、トレードの阻害によって逆にイングランド王国全体に不利益をもたらすだけであると批判したのである。

2　金属実質と「貨幣の価値」

ところで、イギリス市民革命期の「利子論争」および「鋳貨論争」に際して、ロックはまず、貨幣についての厳密な定義から出発している。その際、「貨幣の価値」という表現を用いる場合にも、内容的にはそれが〈価格標準〉なのか、〈利子〉なのか、それとも〈貨幣の購買力〉を指すのかについて、一応考慮しながら論じていたといってよい。ただそれらをともに「貨幣の価値」として表現したこと自体、必ずしも十分とはいえず、曖昧さを残す結果になった。まずロックは、「貨幣の価値」を「消費財と土地の双方」に対応させて「二重」に規定する。すなわち一方で、「貨幣はその利子によってかかる年収入を生むことができ、この点で貨幣は土地と同じ性質をもつ」というとき、この場合の「貨幣の価値」は利子率を指していることになる。そして他方で、貨幣が価値を持つのは「交換によってわれわれに生活必需品ないし便宜品をもたらすことができるからで、この点で貨幣は商品の本性を具備している」というとき、この場合は消費財に対する〈貨幣の購買力〉を意味することになろう。これら二つの「貨幣の価値」は、それぞれ異なる決定原理をもつものとして論じられた[22]。更にまた、これから見ていくようにロックが厳格な重鋳論に立って貨幣の改鋳問題を論ずる際には、「その中に含まれている銀の量が多いか少ないかによって決まる」「鋳貨の価値」すなわち〈価格標準〉と、その「呼称」の変更とが区別されて論じられており、前者の安定を何よりも貨幣政策の最優先課題にしたのである。

　これまでロックの「貨幣の価値」に関する叙述については、需要供給説や貨幣数量説、そして「内在的価値」説などが錯綜しているとし、あたかも彼が理論的な混乱に陥っていたかのように扱われてきた。確かにロックの言う「貨幣の価値」の中には〈利子率〉や〈貨幣の購買力〉、そして〈価格標準〉が含まれていたとはいえ、既に見たようにそれらがきちんと使い分けされていたことを無視してはなるまい[23]。このうち利子率、すなわち利子の「自然価値」については、貨幣量の絶対水準とはかかわりなく、貨幣の借手に対する貸手の相対的な比率によって左右される純粋な市場価格としてのみ理解されていた。とすれば、問題はおのずから、〈貨幣の購買力〉をめぐる彼の数量説的規定と、貨幣金属説との間の論理的な整合性ということに絞られてくる。

　ロックは貨幣を、さしあたり「計算用具」(counters)および「保証物」(pledges)として必要なものと位置づけ、その機能が「刻印と呼称によって」いわば観念的になされるという。にもかかわらず、貨幣が金属実質をもったものでなければならず、手形や証券によって代替されえないのは、それが「偽造されにくい」という素材的特性によるものだと、次のようにいう。「すなわち人類は金銀に、その耐久性と稀少性、およびたやすく偽造されにくいという理由で、想像的価値(imaginary value)を与えることに同意し、一般的合意によって金銀を共通の保証物にしたのである。それによって人々は、金銀と交換に、これらの金属の任意の分量の代わりとして、手放したものと等価値の物を受け取ることを保証されるのである。こうした方法によって、一般的交易品とされたこれらの金属において内在的価値とみなされるものは、人々がやり取りする金属の分量に他ならないことになる。すなわちこれらの金属は、貨幣としては、人が必要としたり欲したりするものを手に入れるための保証物として以外の価値をもたず、しかも、これらの金属が、われわれが必要としたり欲したりするものを獲得するのはその分量によってのみであるから、商業に使用される金銀の内在的価値はそれらの分量以外の何物でもないことは明らかである。[24]」

まずロックにおいて、「貨幣とみなされる銀の内在的価値は、一般的同意が銀に与えるその評価」であり、「それらの分量以外の何物でもない」というとき、本位貨幣制度の最も根幹をなす〈価格標準〉について論じていることになる。すなわち本位貨幣（鋳貨）に含まれる貴金属の量に人々が与えた貨幣名称、すなわち〈価格標準〉が固定されることによってはじめて、それは一般の財・サービスの価値を測る安定した尺度たりうることを理解していたということになろう。これから見るように、ロックの貨幣・鋳貨論においてもっとも重要なテーマは、実はこの〈価格標準〉の安定にかかわる問題だったのであり、「貨幣価値」の変動にかかわる数量説的説明ではなかった。このロックの貨幣金属説は、すでに見たような世界市場の形成過程における各国通貨の貴金属商品とのリンクという歴史的背景を踏まえたものであり、シュンペータのいう「実際的金属学説」として、ウイリアム・ペティの商品貨幣説とは本質的に区別されなければなるまい。彼の貨幣理論が金属説たる所以は、直接には、〈価格標準〉についての規定によるものであり、貨幣の改鋳をめぐる彼の「重鋳論」も、結局は、貴金属本位制を維持するうえでの〈価格標準〉の安定化の方策だったのである。それゆえ、貨幣価値を一般の商品価値と同じように金属実質たる銀の生産及びその運搬に要した労働量に求め、それとの等価関係を通じて〈価格標準〉機能を果たすとしていたW・ペティの場合とは、基本的に異なっていた。[25] その限りでは、ニコラス・バーボンが「貨幣とは法律によって作られた価値」であり、「貨幣の価値はもっぱら法律から生ずる」というのと、さほど対立しているわけではない。ただバーボンにおいては、もっぱら古くからみられる計算貨幣としての一面のみに即して貨幣を理解したために、そうした価格の単位が一定量の貴金属重量とむすびつくという、貨幣の近代化（商品化）の意義を理解し得なかったにすぎない[26]。

貴金属本位制度の成立によって、もともとは一般の商品と同じように絶えず変動する価格をもった貴金属の一定量も、それが価格の単位（価格標準）とされて貨幣名称を与えられることになるが、同時にその地金価格は、自由鋳造制度の下で「鋳造価格」に固定されることになる。通貨当局は平価の安定のために、地金の無制限の買い入れと売却を保証することで、この〈価格標準〉の維持を義務付けられることになる。ロックはそのことを踏まえた上で、貨幣の改鋳をめぐる論争に際して、誰よりも、この〈価格標準〉を一定に維持することこそ、市場経済の安定を保つ上で必要だと説いた。すなわち〈価格標準〉の安易な変更や変動は、対外的に為替相場（平価）の動揺を引き起こして外国貿易を縮小させるだけでなく、また国内においても、物価水準を名目的に変動させて、信用取引における債権・債務関係、および年金受給者たちに多大な影響を与えることを、何より危惧していたからであろう。

3　ロックの「貨幣数量説」

ロックは、「人類の普遍的同意が銀と金に賦与したかの内在的価値」としての〈価格標準〉の安定を貨幣政策の最も重要なテーマとしてしたが、しかしそれと、いわゆる〈貨幣の購買力〉を意味する貨幣の「市場価値」の問題については、それと明確に区別して論じていた。すなわち後者については、貨幣はその数量を外国貿易によって増減させるものである限り決して「不変の価値尺度ではない」といい、この〈貨幣の購買力〉について、「その国の現在のトレード（量）に比しての現在の流通貨幣量」に依存すると、いわゆる「貨幣数量説」的な説明を展開することになった。ただ、誰よりも貨幣の価値保有手段および支払い手段としての機能を重視し、またトレードに必要な「ある一定比率の貨幣」を規定する要因として、貨幣の流通量とともに、その「流通速度」をも考慮しなければならないとしたロックが、素朴な貨幣数量説に立っていたとすることは、理論的にも整合性をもたないことになる。そもそも彼は「貿易差額説」に立って市場と貨幣を論じており、海外からの貴金属の流出入がここでいう貨幣量の増減の原因になると考えていた。しかも順調な貿易差額によってもたらされる貴金属の持続的な流入は、長期的な国民経済の成長と発展の原動力として理解されており、名目的な物価上昇をもたらすものとして考えられていたわけではなかった。

貨幣を含む商品価値について、「ある物の一定量を常に他の物の一定量と等価値にさせるような固定的な内在的自然的価値はどんな物にも存在しない」としたうえで、ロックは、「あらゆる商品――トレードにおいて流通している貨幣もまさしくその一つであるが――の価値または価格は、比率（それらの数量に対する販路の比率…引用者）に依存するので、他のあらゆる比率を変えるときのように、一方を増加するか他方を減少するかするとき、価値または価格を変えることになるのである。(27)」と、価値に関する一般的な定義を、貨幣についても同様に適用できるものとしている。ただ、貨幣については、それが「万能であるがゆえに、誰もが際限なく喜んで貨幣を受け取り、手元におこうとする」がゆえに、「貨幣の販路は常に十分であるか、あるいは十分以上」であるから、「したがって、その価値を規定し決定するには、その量だけで足り、他の諸商品のようにその数量と販路との間のいかなる比率をも考慮する要はない」と、一般の商品の場合とは異なることをも指摘した。すなわち貨幣については、需要の側の要因を考慮する必要がないが故に、貿易差額に依存するその数量の変化のみが問題だというのである。

「同一量の貨幣がトレードのため王国内を行きつ戻りつしている間は、貨幣は実際に他の物品相互の価値の騰落の普遍的尺度であって、価値の変化はまさしくそれらの物品の側だけのことである。しかしある地域の取引において流通している貨幣量が増減する場合には、価値の変化は貨幣にも起こる。そしてこれと同時に小麦がその数量に対する販路の比率を維持している場合には、正しくいえば、貨幣がその価値を変えるのであって、小麦は、以前よりももっと高いまたは低い価格で販売されるにもかかわらず、その価値を変えないのである。」(28)

ロックがここで貨幣の価値と一般の財・サービスの価値とを区別したのは、何よりもまず、財・サービス相互の〈相対価値〉の変化の問題と、一般的な〈物価水準〉の変化の問題とを区別しなければならないことを明らかにしようとしたからであろう。そして、国内に流通する貨幣量が増減し、それに伴って〈貨幣の購買力〉が財・サービスに対して変化した場合でも、それは財・サービスの「量」（供給）と「販路」（需要）の変化に原因するそれぞれの財・サービスの相対価格の変化の基準として、「価値尺度」の機能を十分果たしうることを示したかっただけではなかろうか。もっとも、国内貨幣量の増減が物価の変動（貨幣価値の増減）を通じていかに国民経済に対して実物的効果をもたらすかについて、ロックは具体的に論じていないため、のちのヒュームらの貨幣数量説（貨幣名目説）と同等に扱われるという誤解を招くことになった。またロックが「現在の流通貨幣量」の変化という場合に、正確にはその時々の有効需要量を規定する「流通速度」の短期的な変動として語るべきことと、貨幣の購買力の長期的な平均水準を左右する「たいていの商品よりも緩慢にしか変化しない」貨幣量の増減とが明確に区別されていなかったことも、こうした誤解を生みだした原因の一つであろう。(29)

貨幣の平均的な流通速度を所与とすれば、形式論理的には貨幣の購買力は〈流通貨幣量〉によって規定されることになるが、ロックの場合においても、〈貨幣の購買力〉の長期的な水準の変化についていっているにすぎず、本来の貨幣数量説が論じてきたような、その時々に変化する短期的な「貨幣の価値」として論じたわけではない。こうしてロックの「貨幣数量説」は、あくまで貿易収支の動向にかかわるものとして、おおよそ「七年ないし二十年間をひとまとめ」にした、長期にわたる貨幣の購買力水準の変化にかかわる規定であったがゆえに、「正金配分の自動調節理論」におけるような短期的な均衡論とは無縁なものだったのである。それゆえ「不変の価値尺度」ではないとはいえ、貨幣は「二、三年の期間に限れば、諸物品の価値の変化の最適の尺度」であり、それ以上の「長期間にわたる諸物品の変化した価値を判定する最適の尺度」は、むしろ小麦に求めるべきだともいうのであった(30)。

いわゆる貨幣数量説は、ヨーロッパにおいてすでにはやくから定式化され、またさまざまなヴァリエーションを伴いつつ、その後の貨幣理論のなかに多かれ少なかれ受け継がれていった。しかしロックの「貨幣数量説」は、後の古典派に代表されるような、いわゆる〈貨幣の中立性〉の理解のうえに立つものとは基本的に異なっていた。いうまでもなくロックにおいては、外国貿易を通ずる貴金属の流入・確保が、第一には、国内製造業に対する有効需要の拡大のために要請され、第二に、自国商品の価格を「隣邦諸国の同種の商品と同じ価格」に維持することによって「損をせずに（近隣諸国と）トレードを維持するため」の必要から説かれた。こうして「数量説」は、ロックにおいては、いわば貿易差額説を正当化するための論理であり、「正金配分の自動調節理論」におけるような貿易差額説の無効性を説く場合とは、全く正反対のものだったのである。

4　ロックにおける商業社会と市民政府

ロックの『利子の引き下げおよび貨幣の価値の引き上げの諸結果に関する若干の考察』(*Some Considerations of the Consequences of the Lowering of Interest, and Raising the Value of Money*, 1692) は、彼がオランダへの亡命から帰国した後、一六九一年にすでに見た法定利子の引き下げと貨幣価値の引き下げを求めて議会に上程されていた二つの法案をめぐる論争に際し、それらの法案への反論のために出版された著作である。それは、ロック自身が前書きに書いているように、すでに一六六八年に書かれていた『利子論草稿』を基にしたものであるが、そこでの貨幣と市場経済に関する経験的な観察と分析は、一六九〇年に公刊された近代の政治思想を代表する著作ともいうべき『市民政府論』で展開された、ロックの商業社会（市民社会）像を準備するものでもあった。

すでに幾つかの研究によって明らかにされてきたように、ロックの『市民政府論』は、彼が『利子論草稿』以来つぶさに見てきた近代ヨーロッパの現実の市民社会を、当時の自然法理論の一般的な手法に倣い、いわば発生史論的に基礎づけようとしたものである。[31] 市民社会と国家の起源を「家族」に求め、主権の根拠をアダムの「私的支配権」に求めたフィルマー（Sir Robert Filmer）の家父長制的な市民社会論を批判し、社会のすべての構成員が所有権の主体でありそれゆえ政治的同意（社会契約）の主体である所以を、周知の「自然状態」（商業社会）から市民社会（国民国家）への文明化の論理において明らかにしようとした。いうまでもなくロックの「自然状態」、とりわけ「貨幣使用の同意」がなされるその第二段階は、いわば一六、一七世紀の近代初頭のヨーロッパ社会を見据えた、ロックの商業社会論の出発点にほかならなかった。むろんその第一段階は、単に、近代的所有を各人の「パースン」の発露ともいうべき労働によって根拠づけるための、自然法思想においてよく常套的に用いられてきた仮説にすぎない。そして、この自然状態の第二段階のうえに成り立つ政治社会（国家）も、ロックにとっては、「貨幣使用の同意」によって成り立つグローバルな商業社会の市場秩序とは区別されて論じられている。共有財産であった土地の供給（開拓による囲い込み）に限界が生じ、蓄積された貨幣による購買の対象となって「不均等な私有財産」が発生したことにこそ、個々人の所有権の保護機関たる政治社会（国家）の形成の原因が求められたからである。[32]

こうして、市民社会の前段階に位置づけられる「自然状態」の第二段階は、その第一段階のような演繹的に推論された架空の社会とは異なり、実は、すでに見た「貨幣の商品化」を通じて形成されていったグローバルな貨幣ネットワークであり、近世から近代初頭にかけて成立した西ヨーロッパの商業社会の現実だったわけである。その上で、世界貨幣としての貴金属商品の流通を介して連携された世界商業の中核に、〈所有の体系〉としての国民国家（近代市民社会）の成立を構想していたことが窺えよう。それは経済システムとしては、労働と貨幣（資本）と並ぶ生産要素の一つとしての土地が近代的所有権の対象になり、売買の対象になることで、価格弾力的な供給システムとしての国内産業の成立の基本的要件の一つが充たされたことについて論じたことになる。ロックが貿易差額説に基づいて貨幣・利子論を展開したのも、経済政策の基調を国内における農業生産と製造業の発展と、生産的労働者の保護と育成に求め、そのためには国内に流通する金銀量が他国に比べて相対的に豊富でなければならないと考えたからであった。とくに、ロックが「貨幣の価値」の一つとして、物価水準や〈価格標準〉の問題だけでなく、「利子率の引き下げ」をテーマに取り上げたのは、単なる貨幣の次元にとどまらずに、それが国内産業においていかにより多くの富を生み出すかという視点から、「資本」市場の問題をも射程に収めていたことを示すものであろう。国内産業の成長（国民経済循環）と貨幣のグローバル・ネットワークとしての世界市場（ヨーロッパ世界経済）とを見事にリンクさせて論じていたことになる。

このようにロック市民社会論は、彼が「通商植民委員会」のメンバーとなり、『利子論草稿』や利子・貨幣論を書く過程において次第に精通していった、当時の商業取引の実務や外国貿易、さらには金融上の諸問題を踏まえたものだった。こうした視点から逆に利子・貨幣論におけるロックの貨幣認識を再検討するとき、それをこれまで言われてきたような、重商主義の偏見に充ちただけの理解として片付けてしまうことは、大きな誤りであることが示されよう。ロックが、ホッブスとは異なり、すでに「平和と友好と相互扶助」をそなえた状態として描いた「自然状態」こそ、実は、世界貨幣たる貴金属の流通（貨幣使用の同意）に基づいて形成された、一七、一八

世紀の世界市場の自生的秩序にほかならなかったのである。(33)

第3節　貨幣の改鋳と鋳貨論争

1　イギリス鋳貨史と改鋳問題

一〇六六年のノルマン・コンクェストに際してウィリアム一世が銀の重量単位名をポンド（tower pound）と定めて以来、イギリスでも、もっぱら銀貨が一般的な通貨として広く流通してきた。一ポンド＝二〇シリング＝二四〇ペンスという長らくイギリスの貨幣制度を支配してきた価格単位の体系も、このとき以来のものであった。むろん、一六六三年にチャールズ二世がギニー金貨を鋳造するまでにも、例えば、ヘンリ三世のペニー金貨やチューダー朝のヘンリ七世のソヴリン金貨（旧ソヴリン金貨）など、たびたび金貨の鋳造がなされて銀貨とともに使用されていたとはいえ、一六六六年まではイギリスの無制限法貨はあくまで銀貨のみであった。(34) ところが、中世から近世にかけてのイギリスの鋳貨の歴史は、当初はもっぱら、エドワード一世をはじめとする歴代の諸王によって、貨幣の品位や重量の引き下げられる歴史であった。これは何よりも、宮廷費の増大や戦争による王室の財政的な危機、そして商業の拡大に必要な貴金属供給量の不足について、イギリスのみならずヨーロッパ各国が、鋳貨の量目を引き下げることによって対応しようとしたことに原因していた。しかしながら、こうした鋳貨の金属標準の引き下げすなわち鋳貨の名称の引き上げは、当然のことながら銀の地金価格を「鋳造価格」以上に引き上げる方向に作用することになる。こうした貨幣の貶質による地金の市場価格と「鋳造価格」との乖離にこそ、バーボンやノースらの、貨幣と貴金属の厳格な区分のうえに立つ、いわゆる〈貨幣名目説〉が根強く定着してきた背景を見ることができよう。

貴金属本位制度の成立、すなわち〈貨幣の商品化〉は、いうまでもなく、価格の単位が一定の品位をそなえた一定重量の貴金属（銀）に固定され、それゆえ銀の地金価格が公定相場（鋳造価格）に固定されることによってはじめて確立するものである。それは、外国貿易の拡大に伴い、各国の通貨単位を相互にリンクさせるための必然的な要請に基づくものであった。各国それぞれの固有な貨幣名称をもった本位鋳貨に含まれている金属の量が基準になり、各国の通貨単位の交換レートが、いわば慣習的に確定されていった。ただその為には、各国の通貨当局は、国内における本位金属の地金価格を常に法定の「鋳造価格」に固定する義務を負うことになるが、それは地金の買い入れ（鋳造）と売却の要請に対して無制限に対応することによってのみ可能であった。それゆえ、いわゆる〈自由鋳造制〉と〈金銀の輸出の自由化〉が制度化されなければならず、それが制度化されるまでは、いまだ完全な意味で〈貨幣の商品化〉が実現されたわけではなかった(35)。ここに実は近代初頭のイギリス貨幣制度の不完全性と混乱の原因があった。

イギリスにおける貨幣制度の近代化は、まずエリザベス一世による一五六〇年および一六〇〇年の通貨改革で、これまでの「貨幣の軽鋳化」の傾向に一応の終止符がうたれ、一重量ポンドの銀地金から鋳造される一定品位のペニー貨が七四四個に固定されるようになって、ようやくその第一歩を踏みだした。しかし、こうした公的な〈価格標準〉の引き上げとは別に、新たに〈価格標準〉を維持するうえで、貨幣流通に必然的な自然の摩滅や人為的な削盗による貨幣の貶質（軽鋳化）への対応をせまられることになった。度重なる貨幣の改鋳や金銀比価の変動、そしてそれを原因とする完全鋳貨の溶解と海外流出や削盗による貨幣の貶質など、通貨制度の混乱が、一七世紀を通じて後を絶たなかったからである。こうした歴史的文脈の中ではじめて、一六九〇年代の鋳貨論争およびイングランド銀行の創設、そして一七一七年のニュートンの通貨改革などが正当に位置づけられうる。一六九〇年代の貨幣の改鋳をめぐる「鋳貨論争」の背景には、当時まだ粗悪な旧貨幣（hammered money）の流通もあって銀貨の削り取りが活発に行われ、削損貨幣が銀貨の全流通量の六分の四近くにも及ぶとともに、また各個片の金属実質も半分前後にまで適していたという事情があった。そこで、法定重量どおりの完全鋳貨が発行されても、「グレッシャムの法則」に従い、それらは溶解されるか退蔵されるかして、市場から駆逐されてしまっていた。

またイギリスでは王政復古後に金貨の急速な普及を見たが、しかし一六六三年以降も、いまだ銀が一般的に使用される唯一の本位であったことにかわりなく、ギニー金貨は一般の商品と同じように自由市場においてその時々の相場でシリング貨と交換されていた。そこで、金銀の法律上の公定比価は有名無実化しており、こうした複本位制度の欠陥によっても、銀貨の標準を維持することが困難になっていた。だからこそ、一七一七年のニュートンの通貨改革におけるように、たびたび公定比価を現実の市場比価に修正する必要に迫られることになったのである[36]。すなわち、一七世紀から一八世紀にかけての通貨制度上の一番の課題は、何よりも、金銀複本位制のもとで金貨のみが市場価格でシリング銀貨と交換することが認められていたことでその市場比価が一ポンド＝二〇シリングという価格の単位と齟齬し、銀貨の削り取りや溶解を招いていたことにあった。

2　削損鋳貨と〈価格標準〉の動揺

ジョン・ロックの貨幣理論は、すでに見た一六六〇年代以来の「利子論論争」へのかかわりのなかで育まれ、一六九〇年代における貨幣の改鋳をめぐる論争の中でしだいに整理されて、とりわけ一六九五年に読会に提出された『ラウンズ報告』(*William Lowndes: A Report Containing an Essay for the Amendment of the Silver Coin*, London, 1695.) に対する反論を通じて体系化された。しかもそれは、多分に重商主義的な性格をもった市民革命期の貿易差額政策を擁護するための時事的な論稿であったというだけにとどまらず、その後の現代にまでおよぶ多くの通貨をめぐる政策論争に際しても、〈貨幣金属説〉の思想的な原点となり、それに基づいて各国で制度化されていた貴金属本位制度のいわば理論的支柱ともいうべき重要な役割を果たしてきた。

とはいえ、一六九五年の貨幣の改鋳に際して、ロックが貨幣金属説と「重鋳論」に基づいて主張した〈旧平価での改鋳〉が現実に政策として実施されると、せっかく改鋳された完全な新鋳貨は海外に流出してしまい、イギリス国民経済は極度の通貨の不足と信用の収縮という、深刻なデフレーションに見舞われてしまうことになった。このことに災いされて、その後はロックの貨幣理論は、後世の批評家たちからは非現実的で前近代的な貨幣理論と、もっぱら否定的にのみ取り上げられるようになってしまった[37]。そこでわれわれは、そうしたロックの主張（重鋳論）の政策的な妥当性や現実性とは一応区別したうえで、彼の貨幣金属説（貨幣商品説）のもつ理論的な意義と特質について、一方ではバーボンをはじめとしたいわゆる貨幣名目説と対比しながら、他方ではのちの古典派経済学の貨幣金属説との違いに即して、明らかにしていくことにしよう。

周知のように、一六九五年の「貨幣の価値の引き上げ」をめぐる論争は、九〇年代の初頭に造幣局のトーマス・ニールらが実情にみあった銀貨の標準重量の引き下げ（平価の切り下げ）すなわち「貨幣価値の引き上げ」案を議会に提出したのを受けて、ウーブロンらがむしろ地銀の輸出禁止と鋳貨の溶解禁止を求めて反論したことに端を発している。とりわけ一七世紀の後半に、削り取られて量目が不足している毀損銀貨の広汎な流通によって、銀の地金価格（市場価格）が公定の〈鋳造価格〉以上に高騰したことがそのきっかけであった。すなわち、銀の地金価格が〈鋳造価格〉(mint price) 以上に乖離したことから、当然のことながら、地金はまったく造幣局に持ち込まれなくなり、また標準重量をそなえた銀貨が発行されても、造幣局を出るとすぐに溶解され、割高に評価される海外に流出してしまった為に、イギリスが貨幣の不足に見舞われたからである。そのうえ一六九五年には、一六九二―九五年のいわゆる「創業ブーム」のなかでイギリスの貿易収支が悪化して銀が海外に流出する一方、他方で、創設（一六九四）まもないイングランド銀行による銀行券の大量発行によって信用インフレが起きるなど、イギリスの通貨事情は危機的状況にあった。こうしたなかでラウンズは、地銀の価格の上昇〈鋳造価格からの乖離〉という現実を踏まえたうえで、銀鋳貨の標準重量の引き下げを、すなわち〈価格標準〉（貨幣名称）の二〇パーセントの引き上げを提唱したのである。自由鋳造制のもとでは、いうまでもなく、〈鋳造価格〉が地金の市場価格の水準以上にある場合にのみ鋳造要請があり、造幣局に地金が持ち込まれるわけであるから、こうした逆の事態を打開しない限り、必要な鋳貨の供給確保は不可能であった。そこで、ロックもラウンズも共に、銀地金の市場価格の〈鋳造価格〉からの乖離を解消することによって、鋳貨本位制度の維持をはかろうとしたのである。

この限りでは、ラウンズもまたロックと同様に〈貨幣金属説〉に立脚しており、その上でいわゆる「軽鋳論」を主張したのであって、彼の「軽鋳論」を、バーボンをはじめとする貨幣名目説と等置してはならない(38)。銀の地金価格を再びもとの「鋳造価格」に戻そうとしたロックとは逆に、ラウンズはただ現実的な対応として、〈鋳造価格〉の方を地金価格に一致させようとしたにすぎず、一七一七年のニュートンの通貨改革も、やはりこの「軽鋳論」の延長上にあったといってよい。こうして両者の乖離を解消することによって〈価格標準〉の安定化をはかろうとした点においては、ラウンズやニュートンは、基本的にロックと同じく〈貨幣金属説〉の立場に立っていたということになろう。

3　ロック「重鋳論」の限界

ロックは、ラウンズの軽鋳論に対して、『貨幣価値の引き上げに関する再考察』(*Further Consideration Concerning Raising the Value of Money*, 1695) のなかで詳細に反論し、〈価格標準〉の引き下げ（貨幣価値の引き上げ）案に反対して、むしろ旧平価への復帰（旧標準での改鋳）という「重鋳論」を唱えた。銀地金の市場価格の騰貴による銀の対外流出が、一つには貿易収支の逆調と、二つには盗削された不完全鋳貨の流通に原因するものである限り、たしかにロックのいうように、貿易収支の改善を図り、精巧な縁刻貨幣（milled money）を発行するだけでなく、更にはすでに流通している「軽貨幣」(light money) については、それを個数ではなく重量での使用を義務付けるなどして適切な措置を講じて削り取りを防がなければ、いくら〈価格標準〉を変更したところでいずれ同じ問題が生ずることになろう。何よりも複本位制を維持するためには、ギニー―金貨もまた市場価格ではなく、公定価格で取引することを保証しなければならなかった。

しかし、歴史的事実が反証したように、そのことがそのまま、ロックの主張した〈旧平価への復帰〉、すなわち「重鋳論」を正当化するということにはならない。何よりもロックの誤りは、削損鋳貨の一般的な流通によって〈価格標準〉（貨幣名称）がもはや旧来の標準から離れてしまっており、いかに法定重量以下であるとはいえ、すでにどれだけかの重量の銀を代表するものとして機能してしまっているという市場の現実を無視したところにあった。こうした状況のなかで何よりも第一にとられるべき方策は、いちはやく〈鋳造価格〉を地金の市場価格の水準にまで引き上げことで、必要なだけの鋳造要請を確保することだったはずである。にもかかわらず、ロックは、それとは全く正反対の政策を提起したのである。ロックがいう、「すべての軽い（重量の足りない）貨幣をその量目だけで通用させる」ことによって、「削り取りを割りの合わぬものにする」というのは、いわばそのあとにくるべき、第二段階の政策課題にすぎない[39]。もしロックのいうように、銀地金の市場価格を旧平価の水準にまで引き下げようとするならば、すでに出回っているすべての不完全鋳貨を回収して改鋳することが前提になるはずである。しかしそうしたドラスティックな政策は、エリザベス一世の時代ならいざしらず、市場経済化と産業化が深く進行しはじめたこの時代には、人々の経済生活に多大な影響を与えかねないであろう。それゆえ、単なる〈価格標準〉の名称変更にすぎないラウンズの提起した「貨幣価値の引き上げ」こそ、地金の市場価格を前提にした新たな鋳造価格の設定として、もっとも社会経済的影響の少ない現実的で妥当な政策だったということになろう。

ロックは、「削損貨幣をさしあたりその重量で通用させ……、ついで徐々にそれを縁刻貨幣に改鋳することで……完全に矯正される」であろうと楽観的な見通しを立てていたが、しかし削損貨幣を地金としてのみ通用させるにしても、問題はその地金の市場価格の水準にこそあったのである[40]。銀地金の市場価格が銀貨の「鋳造価格」から乖離している状態を放置したままで、もし標準地銀一オンス＝五シリング二ペンスというエリザベス以来の法定の「鋳造価格」で改鋳しようとすれば、当然のことながら、完全重量の新鋳貨はすべて溶解されてしまうであろう。ロックは、〈価格標準〉の変更によって債権者たちが多大な不利益を蒙ることを何より危惧していたが、それは銀の地金の市場価格が「鋳造価格」に一致している限りにおいてであり、現実に市場価格の方が〈価格標準〉の基準になっている以上、債権・債務関係には何の影響も及ぼさないはずである。

ただロックの貨幣金属説それ自体については、これまでしばしば批判されてきたような、「貨幣と銀とを同一視」する重商主義の金属主義的偏見と片付けてしまう訳にはいかない。むしろ、ロックに対するこうした批判が拠って立つ貨幣名目説こそ、すでに見たような〈貨幣の商品化〉の意義を理解し得ないものといってよかった。ロックのいうように、ひとたび〈価格標準〉が一定量の銀に正常にリンクされたならば、鋳貨本位制度が正常に維持されている限り、「銀（地金）が銀（鋳貨）に対して騰貴する」などというようなことはあってはならないからである[41]。それゆえ、「我国の貨幣が各個片ともすべて完全な量目の銀を保持し、標準を完全に維持してさえすれば、それらのことは別に銀の溶解や輸出を促進しも阻止しもしない」という指摘は、その限りでは正しかったのである。そして、銀地金の価格が「鋳造価格」から乖離して変動することを想定することの方が、削損通貨の一般的通用や不換紙幣の恣意的発行を前提にすることになり、貴金属本位制度の維持にとってはきわめて異常な事態なのである。

4　貨幣制度の近代化

これまでみてきたように、多分に象徴的な性格を残したままの貨幣の流通とそれを基準にした「価格の単位」の体系からなる中世以来の自生的な貨幣秩序が、近代初頭のヨーロッパにおいて、奢侈財として普遍的流通性をもった貴金属の地金にリンクする中で、市場経済を初めて一つの世界システム（金融ネットワーク）として自立させることになった。それゆえ、こうした近代の商品貨幣は、いわば自生的に成立した無政府的でグローバルな商業社会の産物であるが、各国はこの世界市場システムに対応すべく、さしあたり貨幣制度の近代化と整備を要請されたのであった。とりわけ、「価格の単位」として一般的に用いられてきた〈価格標準〉を、いかに貴金属の一定量量とを結び付けて厳格に維持し、それを安定させていくことができるかが、当時の為政者たちを悩ませつづけた課題であった[42]。ロックに代表される〈貨幣金属説〉こそ、こうした歴史的背景を踏まえ、貴金属本位制度についてもっとも原則的に述べた所説ということができる。〈貨幣の商品化〉はロックの想定するように、原則としては、法定の貴金属重量を備えた鋳造貨幣の流通によってはじめて担保されうるからである。歴史的にもヨーロッパ各国は、そうした貴金属の一定重量を基準に〈価格標準〉を制度化すべく、鋳貨本位制度の確立とその安定化への道を模索していたのであった。

ただ、こうした近世から近代初頭にかけてのヨーロッパにおける貨幣史がわれわれに示していることは、金属実質を備えた鋳造貨幣の流通を前提にする貨幣制度には、いくつかの免れ得ない困難が伴うことであろう。それは第一に、商業の拡大に対する貴金属供給の確保という問題であり、その立ち遅れによって、ヨーロッパ各国が慢性的な貨幣の不足に見舞われていた。外国貿易を通じて貴金属貨幣の獲得と確保を追求したいわゆる重金主義および重商主義の経済思想こそ、こうした歴史的背景の中から生まれたものであった(43)。またこの貨幣の不足に対処するため、フランス、イギリス、ドイツ、スペインなどでは、鋳貨の〈量目〉がたびたび引き下げられて、名目的な物価の上昇（インフレーション）を引き起こし、しばしば商業取引上の混乱を引き起こした。第二に、旧来から各国では、金や銀など複数の貴金属からなる鋳造貨幣が流通していたので、貨幣制度の近代化に際しても、多くの場合、法的に複数の貴金属の公定比価を定める複本位制が採用された。ところが、イギリスではすでに指摘したように金貨は市場の相場で取引され、その公定比価がしばしば市場の国際相場から乖離したため、それによって各国は投機的な貴金属の対外流出入に見舞われ、度重なる公定比価の修正を余儀なくされていた。そもそも、複数の貴金属商品を本位貨幣に定めようとすること自体、ロックの指摘するように、単一の〈価格標準〉を要請するはずの〈貨幣の商品化〉の原理とは矛盾していた(44)。第三に、イギリスをはじめとする多くの諸国では、〈貨幣の商品化〉がいわゆる金属鋳貨本位制度として出発し、「価格の単位」が貴金属鋳貨に含まれる金属重量を基準にしていたことからも、深刻な問題が生じた。すなわち、鋳貨は流通に伴って摩滅や削盗を免れ得なかったから、「悪貨による良貨の駆逐」はおのずから〈価格標準〉の変更を余儀なくし、それに伴う貨幣制度の混乱を引き起こした。だからこそイギリスでは、のちに、少額取引に使用され最も一般的に流通していた銀貨は、銀に較べて高額で貯蔵貨幣として用いられることの多かった金貨に本位貨幣としての地位を譲り、象徴的な補助貨幣として流通することになったのであろう(45)。

こうして、一六九〇年代の「鋳貨論争」は、一方での資本主義世界市場の成立期における〈貨幣の商品化〉の歴史的要請と、他方での貴金属鋳貨の流通を前提する貨幣システムの現実的諸困難との矛盾のなかで、いわば必然的に発生したものといってよい。それはまた、各国が貨幣制度の近代化の過程において多かれ少なかれ遭遇し、クリアしなければならない課題でもあった。重商主義から古典派経済学をへて、現代の貨幣理論にいたるまで多かれ少なかれ共有されてきた〈貨幣金属説〉は、何よりも、近世から近代にかけての西ヨーロッパにおける自生的な市場秩序の形成という、資本主義世界経済の形成期に特有な事情を一般化した貨幣理論ということができる。とりわけロックの時代の銀貨あるいは金貨などの貴金属貨幣は、古くからのいかなる権威や権力からも自立し、もはや「貨幣国定説」が説くような交換用具としての社会的合意の象徴としてではなく、一定量の貴金属を体現する限りにおいて普遍的に通用し得るという新たな状況に対応したものだった。しかし、この〈貨幣の商品化〉を制度化する貴金属本位制は、一方で、政治権力を前提しない「自然状態」の市場（商業）社会の自生的な交換秩序を形成せしめるものとして登場しながら、他方では、それを実際に運用していくためには、「最軽量目規定」をはじめ、近代国家の政治権力によるさまざまな法的規制を必要としていた。しかもこの近代貨幣は、その独自の運動のモチーフによって市場を牽引するだけの主体性をそなえており、市場への流出入を繰り返す貴金属の動きが市場をしばしば撹乱したことから、それをいかに制御するかが近代国家の重要な課題にもなったのである。

ヨーロッパ世界経済は、こうして何よりもまず旧体制下で自生的に進行していった〈貨幣の商品化〉を歴史的前提に、グローバルな貨幣ネットワークとして成立したのであるが、しかしそれを現実に維持していくためには、ロックが想定する純粋な鋳貨本位制度だけでは存立できず、国家による間接的な規制を必要とするという一つのパラドックスを免れ得なかった。かくして、ロック以降の貨幣をめぐる論争においては、ロックが想定するようなグローバルな商業社会の自生的秩序と、それに対応すべく各国政府によってとられた貨幣・金融政策との整合性をめぐって、ふたたび〈貨幣金属説〉と〈貨幣名目説〉とが対峙することになったのである。貨幣の改鋳をめぐるロックの「重鋳論」は、たしかにその惨めな結果からも判るように政策的な妥当性を欠くものであったが、しかしその貨幣金属説そのものは、〈貨幣の商品化〉に基づく市場システムの自立について、経済学史上はじめて原理的な規定を与えたものとして、高く評価しなければなるまい。むろんこうした近代的貨幣理論におけるロックの貢献は、市場経済を一つの自立した社会システムとして捉えた、彼の「自然状態」の理論によるところが大きい。

注

（1）Adam Smith. *An Inquiry into the Nature and Causes of the Wealth of Nations*. 1776. ed. by Cannan. 1950, pp.395-401. 大内・松川訳「諸国民の富」第四編、第一章「商業の体系、すなわち重商主義体系の原理について」岩波文庫、㈢七—一八頁。—以下、A. Smith. *The Wealth of Nations*. p.61. 前掲訳、［3］七—一八頁、と略記。

（2）トーマス・マンの貿易差額論は、単に貴金属の獲得を自己目的にしたものではなく、貿易収支の黒字基調を維持することが、外国貿易を通ずるイギリス国民経済の成長と雇用の確保につながるとの、経済循環論の視点から論じられた。しかもマンは、富（riches）と貨幣とを混同する誤りを犯すことはなかった。T. Mun. *England's Treasure by Foreign Trade or, The Ballance of our Foreign Trade is the Rule of our Treasure*. 1664. rep. Basil Blackwell, p.18. 渡辺源次郎訳『外国貿易によるイングランドの財宝』東京大学出版会、六八頁。

（3）J. M. Keynes. *The General Theory of Employment, Interest and Money*. 1936, pp.292-293. 塩野谷九十九訳『雇用・利子および貨幣の一般理論』東洋経済新報社、三三一—三三二頁。

（4）重商主義の経済思想家たちこそ、逆に古典派のように「抽象理論体系に歪められ」ることなく、「世界経済への適応を国民経済を成長させる最大の戦略であるとの認識のうえに立って」、「実践的現実的色彩をもつ」貨幣論を展開した。本山美彦『貨幣と世界システム』三嶺書房、一九八六年、一二五―一三六頁。

(5) アダム・スミスは金銀の「価値」について、ただ「あらゆる他の商品と同じようにその価値が変動」するものとしてのみ取扱い。ロックが論じた鋳造価格と地金価格との乖離のもたらす影響を、さほど深刻な問題としては受けとめなかった(Smith, *op.cit.*, p.34. 邦訳、一五五頁)。

(6) J. A. Schumpeter, *History of Economic Analysis*, 1954, pp.288-289. 東畑精一訳『経済分析の歴史』岩波書店、第二分冊、六〇一―六〇四頁。

(7) 古代や中世において流通した鋳貨や銭貨は、しばしばその金属価値よりも低い価値で流通していたことは、何よりもこのことを証明する。中世末から近世にかけての市場と貨幣流通の歴史については、F. Braudel, *Les Jeux de L'echange; Civilisation Materielle, Economie Capitalisme*, XV-XVIII Siecle, tome 2(「交換のはたらき1」山本淳一訳、みすず書房)、湯浅赳男『文明の「血液」』第六章・第七章(新評論、一九八八)、および本山美彦、前掲書、第二―四章を参照した。

(8) ペティからスミス、リカード、マルクスに通ずる理論的な〈貨幣金属説〉においては、一般に、「金(銀)は生まれながらに貨幣ではないが、貨幣は生まれながらに金(銀)である」と誤解されてきたが、それは、こうした近代初頭の世界市場形成期に固有の論理として、〈貨幣の商品化〉の問題を把握し得なかったからであろう。

(9) 近代の商品貨幣の登場(貨幣の商品化)による世界市場システムの成立は、グローバルな蓄積機構としての資本主義世界経済の確立への第一段階であり、K・ポランニのいうように、「市場社会の成立」には、なお〈土地の商品化〉および〈労働(力)の商品化〉という第二、第三段階を経なければならない(K. Polanyi, *The Great Transformation*, 1957. 吉沢・杉村他訳『大転換―市場社会の形成と崩壊』東洋経済新報社)。

(10) ポランニにおいても「市場社会」の成立と自己調整的市場の形成とが同一に取り扱われているが(Polanyi, *op.cit.*, p.79. 邦訳、九一頁)、ハイエクは、従来の経済学の伝統に対して、「市場秩序を構成する多数の相互依存的経済のネットワーク」の形成と、「単一の目標に向けられた意識的選択と協調の行動」という狭義の「経済」の論理との、明確な区分を要請した(F. A. Hayek, *Law, Legislation, and Liberty*, vol.2, pp.107-120.)。

(11) スミス以降、モラル・サイエンスとしての政治経済学の復権に寄与したのは、いうまでもなく、ケインズであろう。道徳哲学者としてのケインズについては、間宮陽介『モラル・サイエンスとしての経済学』ミネルヴァ書房、一九八六年、第七章「ケインズの経済理論」を参照。

(12) 吉沢のいうように、マルクスもまた「貨幣は基本的には一般商品と同様、市場の需給メカニズムの作用のもとにあり、それによって貨幣の多寡も調整されるものだとする」「経済学の伝統」に制約されていた。重商主義の経済思想家たちのなかでもロックだけが、一般の諸商品とは異なり、金銀の「貨幣的役割が何らかの相違をもたらすことを、もっと容認する用意をもっていた」(Schumpeter. *op.cit.* pp.290-291. 邦訳、第二分冊、六〇六頁）人物ということになろう。

(13) ポランニの「原始貨幣」論をふまえ、メンガーやマルクスの一九世紀的な商品貨幣説について再検討した吉沢の「シンボルとしての貨幣」（前掲書、第五章・第九章）論を参照した。

(14) John Locke. *Two Treatises of Government, 1690, The Works of John Locke, vol.V,* pp.364-365. ―以下、*Two Treatises*と略―鵜飼信成訳「市民政府論」岩波文庫、五一―五二頁。

(15) 一六世紀の初期の重商主義者たちの関心は外国為替の規制にあったが、一七世紀にはマンをはじめ、貿易差額のバランスに関心が移っていった。その背景に、新大陸からの貴金属の大量流入によって、世界市場が金銀の無規律的な運動に左右される新たな段階を迎えたことがあろう。R. de Roover. *Gresham on Foreign Exchange, an essay on early English Mercantilism with the Text of Sir Thomas Gresham's Memorandum for the Understanding of the Exchange.* 1949. pp.179-180. 渡邊源次郎『イギリス初期重商主義研究』未来社、一九五五年、一四九―一六四頁。

(16) 一二、一三世紀の「大商業の復活」いらいの都市の出現と商業の発展がストレートに封建制の解体をもたらしたとする、アンリ・ピレンヌのテーゼ (H. Pirenne. *Les villes et le institutions urbaines, 2 vols.* 1939. pp.90-92. 佐々木克巳訳、「中世都市―社会経済史的試論」、創文社、一九七〇年、八七―八八頁）については、「商業ルネサンス」はむしろ〈封建制の強化〉を促したとする多くの批判がなされてきた。われわれは、一六世紀以降の急激な貴金属の大量流入に、世界史的エポックとなる自律的な世界市場の形成と封建制解体の起爆力を求めることができるのではないか。

(17) ハミルトンの「価格革命論」では、アメリカ産の金銀の流入によるイギリスの物価の全般的上昇に、賃金および地代が立ち遅れたことから、資本主義の成立が説かれた (E. J. Hamilton. *American Treasure and the Price Revolution in Spain, 1501-1650.* 1934. p.35)。金銀の流入の意義を、ハミルトンのような単なる相対価格の変動という問題ではなく、資本としていつでも投機的に運用できる大量の遊休資金が形成されたことに求めることができるのではないか。

(18) 「外国為替論争」におけるマリーンズおよびマンの所説については、渡邊源次郎、前掲書、および張漢裕『イギリス重商主義研究』岩波書店、一九五三年、を参照。

(19) J. Locke. *Some Consideration of the Consequences of the Lowering of Interest, and Raising the Value of Money, 1692.* ―

以下、*Some Considerations* と略—、rep. 1968, pp.6-12.（田中・竹本訳『利子・貨幣論』東京大学出版会、一九七八年、七—一三頁）一六九〇年代におけるロックと当時の経済思想家たちについては、Terence Hutchison, *Before Adam Smith*, 1988, pp.56-87を参照。

(20) バーボン、ノース、チャイルドの自由貿易論については、W・J・アシュレー以来、「彼らの唱える自由は、独占のための自由であって、本来の自由ではないとする、とくに日本において支配的となったといってよい解釈」（杉山忠平編『自由貿易と保護主義』法政大学出版局、一九八五年、一—二頁）があるが、杉山は「フリー・トレードの〈フリー〉とは……トレードへの自由な参入という意味での独占批判」と、「国家によるトレード規制への批判を意味するものとしてもとらえる」（杉山、前掲書、二頁）。

(21)『利子・貨幣論』におけるロックの経済思想が、外国貿易を通ずる「貨幣の循環過程のなかで生産物の循環をとらえ」ようとする、「一国社会内部における経済構造の総体分析にまで進んだ」ことについて指摘した平井俊彦（『ロックにおける人間と社会』ミネルヴァ書房、一九六四年、八九頁）を参照。

(22) Locke, *Some Considcrations*, p.49.（邦訳、四八頁）ロックが等しく「貨幣の価値」として論じたにしても、両者を明確に区分しているからには、貨幣と資本とを区別できなかったとする批判（例えば、H. R. Sewall, *The Theory of Value before Adam Smith*, 1901, pp.85-86.）は妥当しないのではないか。

(23) 田中正司はロック理論の限界性について、「彼の理論においては価値論が労働価値説と使用価値説と市場価値論（需要供給説）との三者に分裂し、価値論が価格論の基礎たりえていない」（ロック、前掲書、三六四頁）と批判される。

(24) Locke, *Some Considerations*, p.31.（前掲訳、三一頁）

(25) W. Petty, *A Treatise of Taxes and Contributions*, 1662.（大内・松川訳『租税貢納論』岩波文庫、一九五二年、七七—八〇頁）カルペパやチャイルドに対して利子引き下げが貨幣の退蔵や海外逃避、外資の引き揚げを招き、結局は国民経済にとってマイナスに作用するであろうというロックの批判は、マルクスの指摘もあるように、多分にペティに依拠したものといえるが、貨幣価値の認識においては基本的に異なっていた。

(26) Nicholas Barbon, *A Discourse of Trade*, 1690. 久保芳和訳『バーボン／ノース交易論』東京大学出版会、一九六六年、二〇—二一頁。

(27) Locke, *Some Considcrations*, pp.142-148.（前掲訳、一三六—一四二頁）

(28) Locke, *Some Considerations*, pp.66-71.（前掲訳、六四—六九頁）

(29) 上記のロックの叙述が必ずしも数量説を意味するものではないと羽鳥卓也から疑義がだされている。（羽鳥卓也『市民革命思想の展開〈増補版〉』御茶の水書房、一九七六年、八五―八九頁。）ロックにおいて「貨幣の価値尺度」という場合、個々の売買で実現される商品の市場価値の裏返しの表現と、長期的な貨幣の購買力の一般的水準をさす場合とが明確に区別されていなかった。これについては、T. Guggenheim, *Preclassical Monetary Theories*, 1989. Part I. および根岸隆「ロックにおける貨幣教量説のミクロ的基礎」（「経済論叢」、Vol.139, No.1, 1987）、大森郁夫「D・ヒューム以前の機械的教量説―初期貨幣数量説の形成と批判〈1〉」（「早稲田商学」、No.314・315, 1986）を参照。

(30) Locke, *Some Considerations*, pp.74-75.（前掲訳、七一―七二頁）

(31) 田中正司『市民社会理論の原型』御茶の水書房、一九七九年、および田中、平野編『ジョン・ロック研究』御茶の水書房、一九八〇年を参照。

(32) ロック市民社会論では、自然状態から社会状態への移行の契機として「貨幣使用の同意」が位置づけられたが、この段階は、いまだ国家が出てくる前の状態である。Locke, *Two Treatises*, p.365.（邦訳、五〇―五一頁）

(33) ロックにおいて、自然状態の第二段階から文明状態への移行（国家形成の社会契約）は、いわば貴金属貨幣の流通によって形成された自生的な市場秩序を、国民的に内部化するという、まさに経済的な論理ということにもなるのではないか。

(34) 金銀比価の変動、および貨幣の貶質がおよぼした為替および貿易の動向については、宮田美智也の研究を参照。教授はフェーヴァーやローヴァーの、イギリスが一六世紀になっても銀本位制であったとする見解に対して、「金・銀貨は法定比価に基づく本位貨であった」限り複本位制であったと反論し、法定比価と現実比価との「衝突」に伴う、固有な金銀の対外流出入のメカニズムについて詳細に検討した（宮田『近代的信用制度の成立』有斐閣、一九八三年、三九―四二頁）。

(35) 現実には、財政基盤の脆弱だったヨーロッパの各王室は、地金の持ち込み人に対して鋳貨の額面額から鋳造税（seigniorage）を差し引いた額を「鋳造価格」として渡しており、地金価格と「鋳造価格」は正確に一致していたわけではない。しかし、鋳造税の額がわずかなもので、また絶えず変動することがない限りは、基本的に、地金価格が「鋳造価格」に固定されて価値尺度機能を果していた。因みに一六六一年にイギリスが地金銀の輸出を自由化する一方、一六六六年には鋳造税をも廃止した。

(36) クラッパムは、「銀が有効な本位金属であるかぎり、金のスターリング価値は銀の現実の状態と価値とに調整されていなければなら」ず、「ギニー金貨は二〇シリング貨としてつくられたが、一六九五年までは、それは一般に三〇シリングとして適用した」（J. Clapham, *The Bank of England*, vol.I, 1944, p.35.（英国金融史研究会訳『イングランド銀行その歴史I』、四三頁）と指摘している。金銀の市場比価の公定比価からの乖離の原因については、海外相場という対外的な要因と、削損貨幣の流通という国内的要因とが、ともに考慮されなければなるまい。

(37) ロック貨幣理論の評価に際し、理論としての〈貨幣金属説〉と、政策としての〈重鋳論〉とが、必ずしも十分に区別されないで扱われてきたことが、ロックの過小評価につながったのではないかと思われる。

(38) 貨幣名目説においては、貨幣と、商品としての金銀が明確に区分されることになるため、商品としての地金の市場価格と鋳造価格の乖離があっても、それはむしろ当然ということになる。すなわち、「貨幣は法律によって一定の価値を有するのであるが、金や銀の価値は不定であり、またその価格も、銅・鉛あるいは他の金属と同じく変動する」(N. Barbon, *op.cit.*, 前掲訳、二二頁)。

(39) Locke, *Further Consideration*, pp.13-14. 邦訳、二三七頁。

(40) Locke, *Further Consideration*, p.35. 邦訳、二五八頁。

(41) Locke, *Further Consideration*, p.37. 邦訳、二六〇頁、こうしたロックの批判は、貨幣名目説に対する批判たりえても、軽鋳論に対しては有効な批判たりえていない。

(42) イギリスにおける金融制度の近代化については、関口尚志「金融制度の変革―イギリス市民革命における金融問題を中心として」(大塚・高橋・松田編『西洋経済史構座Ⅳ』岩波書店、一九六〇年、所収)、および依光良馨『イギリス金本位制成立史』東洋経済新報社、一九六七年を参照。

(43) 鋳貨そのものの海外への輸出や自由な溶解が認められなかった当時のヨーロッパの状況では、対外支払い用の地金の不足によってもプレミアが発生して、地金価格が「鋳造価格」を上回り、どうしても一定量の金銀の地金の確保が必要であった。

(44) 「金と銀のような二つの金属は、どの国においても、同時には商業の尺度たりえない。なぜなら、商業の尺度は、永遠に同一、不変で、その国のあらゆる地域において一律の価値を保持しなければならないからである。しかしそうしたことは一金属だけがおこなうか、あるいは銀に対しては銀、金に対しては金というように、それ自身に対してのみなしうることである。」(Locke, *Further Cosideration*, p.21. 邦訳、二四四頁)

(45) イギリスでは、「一七七四年の法令」で、〈無制限法貨〉としての地位がそれまでの銀貨から、商取引で一般的に使用されることの比較的に少ない金鋳貨(ソヴリン金貨)に譲られたのであるが、これも価格標準を、通常使用される頻度が高い銀貨の重量から解放し、国内的には〈象徴的基準〉にするための方策の一つであった。

第3章　一八世紀ヨーロッパ経済とJ・スチュアート

第1節　Ｊ・スチュアートにおける市場と貨幣

1　スチュアート貨幣論の位相

ロック、ラウンズ、バーボンからハリス、スチュアート、そしてヒュームにいたる貨幣的な経済分析（monetary analysis）も、周知のように、一八世紀の最後の二、三十年の間にしだいにその影響力を失い、一九世紀を代表する古典派経済学のいわゆる実物的分析（real analysis）に取って替わられることになる[1]。その歴史的背景には、イギリス国民経済の動向が外国貿易に依存し貿易収支や貴金属の流出入に左右された近世以来の「世界商業」の段階から、ヨーロッパの中核地域に世界市場をも自律的に編成してゆく産業基軸（蓄積基軸）を形成した、資本主義世界経済の新たな発展段階に移行しつつあったことを見なければならない。ヒュームの「自由貿易論」、およびスチュアートの貨幣的経済理論も、いちはやくこうした時代の新しい潮流を感じとり、形式的には、外国貿易や貴金属貨幣の分析を中心にした従来の重商主義の手法に拠りながらも、内容的には、むしろ国内市場と国内産業を重視し、勤労大衆のアーツ（arts）とインダストリ（industry）に近代社会の発展の基礎を置いていた点では、アダム・スミスの「自由主義の経済学」への過渡的な経済学説をなすものといってよい。

しかしその後、労働価値説に基づく古典派の資源配分論が体系化されていく中で、撹乱要因として貨幣的要素については、「貨幣の中立性」という了解のもとに〈価値と価格の理論〉の体系から排除されていくことになった。とはいえ、イギリス国内産業の自律的な蓄積機構にとっても、外国貿易はその後もやはり国内市場を補完し蓄積を促進する重要な市場であったことに変わりなく、一九世紀に入ってもなお「世界の工場」としてイギリスが、原料と食糧の輸入と工業製品の輸出とを海外に依存する新たな貿易構造を形成していったことは、周知のとおりである。ただ、こうした先進国型の貿易構造において、好況期に必然的な貿易収支の逆調はしばしば急激な貴金属の対外流失をともなうことになることから、本位貨幣としての貴金属鋳貨の流通に多く依存する近世以来の自生的な貨幣システムでは、とても対応しきれるものではなかった。

ジェームズ・スチュアートの『経済学原理』（*An Inquiry into the Principles of Political Economy: being an Essay on the Science of Domestic Policy in Free Nations*, 1767）―以下『原理』と省略―第三編「貨幣と鋳貨」と第四編「信用と負債」における貨幣・信用論、すなわちスチュアートのいう「流通の理論」（doctrine of circulation）は、第一義的には、いずれ到達するであろう「国内商業」の段階への転落を想定した有効需要の確保の方策について論じたものである。しかし同時にまた、「外国貿易」段階にある現下の〈開放経済〉下の国民経済において、「需給の拡大均衡による成長」を維持し、人々の「洗練」された「奢侈」と「勤労」を維持していくために、如何なる貨幣・金融システムが構築されなければならないかについても論じた、一八世紀を代表的する著作でもあった。

これまで、スチュアート『原理』第三編及び第四編における「象徴貨幣」と私的信用を中心にした「流通の理論」は、一方で前近代的なペーパーマネー・マーカンティリズムと位置づけられ、また他方では現代のケインズに通ずる「フィスカル・ポリシーの原思想」としても評価されてきた。たしかに、基本的には貿易差額説の上に立ち、経済成長の直接の原動力として〈富者の奢侈的消費〉を第一にあげる限りでは、スチュアート『原理』第一、二編の構成は、ハリスやヒュームの著作よりも重商主義諸学説の色彩を色濃く残していたといえるかもしれない。しかしそれは、貴金属貨幣のグローバル・ネットワークと外国貿易に支えられた、開放経済下の国民経済を想定していたからに他ならない。また、第三編をはじめ、イギリスに帰国後に執筆したと伝えられる第四、五編でのスチュアートの貨幣・信用論においては、流通する鋳貨の貴金属重量に〈価格標準〉を設定する当時の自生的な貨幣システムの諸問題について詳細な理論的、制度的検討を加えており、その具体的な改革案として、金属貨幣を補完する「紙券」(paper) ないし「象徴貨幣」(symbolical money) の流通する信用システムの積極的な活用を提起したことは、一九世紀以降のイギリスにおける通貨制度の改革を先取りしたものと、高く評価されなければなるまい(2)。

ところで、貴金属鋳貨についての学説史的な検討に際しては、これまで一般に、古典派経済学の〈理論的金属説〉の流れを汲むマルクスの『経済学批判』における貨幣金属（商品）説が一つの基準になってきた。しかしそこではスチュアートは、「価格の度量標準としてまた計算貨幣としてあらわれる貨幣の現象に、もっぱら執着している」ときめつけられ、あたかも貨幣の法定の計算名としての〈価格標準〉の問題のみに終始していたと、きわめて過小に扱われた(3)。しかしながらスチュアート『原理』の第三編「貨幣と鋳貨」を詳細に検討するならば、むしろスチュアートこそ、貨幣を、観念的な「度量標準」（計算貨幣）とともに「一般的等価物」としての二面性をもつものとして取り扱い、現実に流通する鋳貨の貴金属重量に〈価格標準〉が、すなわち〈固定平価〉の安定性が依存していた一八世紀当時の貨幣システムの実情を踏まえた分析をおこなっていたことが明らかになるであろう。〈価格標準〉の維持こそ、単なる貨幣名称の問題ではなく、当時のヨーロッパ世界経済を支えた貨幣システム（本位制度）の根幹にかかわる問題だったことに気がついていた数少ない論者だったといって良い。

むしろ後の古典派経済学こそ、こうした当時の貨幣（鋳貨）制度が直面していた現実的諸問題についてはこれを一切回避し、一方で、〈労働価値論〉の体系の中で貨幣も単なる一商品に解消することによって資源配分の最適化を論じ、他方では、「貨幣中立説」に立って安易に貨幣数量説に依存していった。そこでわれわれは、スチュアートの貨幣信用論をこれまでのように単なるペーパーマネー・マーカンティリズムと理解するのではなく、〈開放体系〉としてのヨーロッパ世界経済の新たな発展段階に対応した貴金属本位制度の改革について、はじめて体系的に論じたものとして高く評価すべきであろう。シュンペータのいわゆる「実際的金属説」に位置するものであり、古典派＝マルクスの「理論的金属学説」のみならず、クナップの「貨幣国定説」（表券説）をも超える、きわめて現代的な内容をもっていたのではなかろうか。

2　鋳貨論争の新展開

近代初頭の西ヨーロッパ諸国の貴金属（鋳貨）本位制度は、「世界貨幣」（money of the world）としての貴金属の流通を媒介にしたグローバルな市場ネットワークに、各国の通貨システムが受動的に対応し、一体化していくなかで、いわばコンベンショナルに成立したものであった。ここにわれわれは、「商品貨幣」としての近代貨幣の起源を求めなければなるまい(4)。具体的には、それまで一つの商品として不断に変動していた特定貴金属の地金価格を「鋳造価格」（mint price）に固定するような〈固定平価制〉と、いわゆる〈自由鋳造制〉が制度化されることを通じて、為替相場の公定レートが一定量の貴金属の各国での「鋳造価格」の比率として定まっていったのである。それゆえ、もし同一名称の鋳貨の貴金属重量に変更が生じれば、貨幣による諸商品の価値尺度においても、当然なことながら価値尺度の基準としての〈価格標準〉の変更を伴うことになる。具体的には、それに対応して、いずれ物価水準は名目的に上昇または下落することにもなろう。

こうして近代初頭のヨーロッパ諸国においては、〈価格標準〉と為替の公定レートの維持は、ひとえに国内に流通する貴金属鋳貨の実際の金属重量に依存していたので、個貨ごとの重量のバラツキを最小限におさえるだけの鋳造技術や、その流通に伴う明らかな目減り、そして何より故意におこなわれる鋳貨の「削り取り」（盗削）を防ぐことが、何よりも要請されていた。すでに見たように、一六九〇年代のロックとラウンズとの間の〈鋳貨論争〉は、当面とるべき政策をめぐっては「重鋳論」と「軽鋳論」とにわかれて対立したとはいえ、ともに貨幣金属説の上に立って、本位金属である銀の〈地金価格の鋳造価格からの乖離〉という異常な事態を回避し、いかにして〈価格標準〉の有名無実化を防いでその安定を図るべきかを論じた限りでは、同一の地平に立っていた。

しかしながら、こうした実際に流通する鋳貨の金属重量を〈価格標準〉の基準にするような貨幣システムには、すでに見てきたように多くの問題点があった。国民経済が自立的展開をとげるようになった一八世紀の中葉には、何よりそうした〈鋳貨本位制〉の制約からの解放こそが、通貨政策の当面の課題となっていた。ここにわれわれは、ジェームズ・スチュアートの貨幣的経済理論に固有の歴史的背景をみなければならない。すなわち、いまだロック＝ラウンズ論争が背景としていた「世界市場」（ヨーロッパ世界経済）への受動的な対応という段階から、次第にイギリス国民経済が自立的発展をとげるようになった新たな段階へのちょうどその過渡期において、貴金属流通を介する世界市場にイギリス国民経済をどう連携させるかを巡っての考え方の違いに、スチュアートとハリス＝ヒュームの間の論争を展望しなければなるまい。

ところで、一五六〇年にそれまで悪化していた「標準銀」（standard）の品位は一一対九の重量の純銀と銅の比率に戻され、そして一六〇一年には、一重量ポンドの地金（ポンド・トロイ）から鋳造されるペニー貨は七四四個に定められた。イギリス貨幣史上のエポックともいうべきこのエリザベスの「大改鋳」の意義は、中世以来しだいに進行していった〈貨幣の商品化〉という歴史的文脈の中ではじめて理解することができよう。ここに鋳貨は、もはや〈個数〉ではなく、本位金属たる銀の〈重量〉において「計算貨幣」としての機能を果たすようになり、それに伴って銀地金の価格も、イギリス国内ではつねに一重量ポンドあたり六二シリング＝七四四ペンスという公定相場に固定されることになった。[5] しかしこれは、単に造幣局による地金買い入れ価格としての「鋳造価格」を、かりに鋳造税がないとして、「標準銀」の銀地金一オンスあたり六二シリングの一二分の一、すなわち五シリング二ペンスと定めているだけにすぎない。これによって、たしかに地金の市場価格については、造幣局に持ち込めばつねに最低でも一オンスあたり五シリング二ペンスが保証されることになった。しかし、もし地金価格がそれ以上に騰貴した場合には、何らそれを妨げるだけの有効な規制が働かないところに、制度的な問題を残していた。事実、当時のイギリスでは、たびたび地金の市場価格が「鋳造価格」以上に上昇することによって鋳造要請が途絶え、貨幣供給量が確保し得なくなる事態に見舞われていたからである。その結果、すでに流通している鋳貨についてもすぐさま溶解されてしまい、イギリスの国内通貨はしばしば枯渇し、「貨幣の不足」に見舞われたのであった。

　いうまでもなく、自由に鋳造が行われ、また鋳貨の輸出入や溶解が規制されることなく自由である限りにおいては、こうした〈地金価格の鋳造価格からの乖離〉という事態は生じない。しかしそのためには何よりも、国内に内外商業の拡大に対応しうるだけの十分な量の銀ストックが確保されていなければならない。イギリスでは、金銀地金および外国鋳貨の輸出がようやく許可されたのは一六六三年であり、その後も引き続いてイギリス鋳貨の輸出や民間での溶解は禁止されたままであった。しかも、十分な量の銀ストックの裏付けをもちえなかったポンド・スターリングは、スチュアートのいうように、けっして法律によって固定されることなく、もっぱら「流通している貨幣の平均価値」によって規制されており、結局は、「地金の市場価格」によって左右されざるを得なかった。[6] こうしてポンドは、市場では実際には、造幣局の「標準」とは別個の価格単位だったわけである。当時かなり一般的にみられた鋳貨の削り取りや粗悪な私造鋳貨の流通こそ、何よりもこうした地金価格の「鋳造価格」以上への騰貴に起因するものであったが、これらはとりもなおさず、当時のイギリスのような「貨幣単位が全面的に鋳貨に固着」している、〈貴金属鋳貨本位制〉そのものの免れ得ない限界を示すものといってよかった。

そもそも、金属〈鋳貨〉本位制のもとで〈固定平価〉が完全に維持され、〈価格標準〉の安定を図るためには、まず、①造幣局が鋳造手数料（鋳造税）をとらずに、正確な純度と重量をそなえた鋳貨を地金の持ち込みと交換に発行することが必要であろう。また、②鋳貨の盗削を取り締まり、摩滅したものについては、それを定期的に取り替える手立てが講じられていなければなるまい。しかし何よりも、③本位金属の完全に自由な取引（溶解や輸出）の保証によって地金価格の「鋳造価格」からの乖離が阻止されなければならない。さらには、④複本位制下においては、新たに金銀の市場比価が公定比価から乖離しないよう、何らかの方策が必要であった。

一六九〇年代の「改鋳論争」におけるロックの「重鋳論」は、これらの幾つかの理由のうち、とりわけ削損鋳貨の流通に伴う、ポンドの〈価格標準〉と地金の市場価格の乖離という事態を踏まえて、銀貨の改鋳によって旧標準の回復をはかろうとするものであった。これは直接には、ポンドの〈標準〉を不変に守るべきだとするイングランド古来の慣習や理念に即したものであり、またロックが述べているように債権者とりわけ公債所有者の利益を擁護するという政策目標でもあったが、何より世界市場との積極的なかかわりのなかで〈ポンドの威信〉を維持・回復し、その「価値」の安定をはかることが何より要請されたからにほかならなかった。この鋳貨をめぐる論争は一八世紀の後半に、今度はハスリとスチュアートのあいだでほぼ同じ内容で繰り返されることになったが、しかしこの時期はちょうど「ニュートンの改革」後の、事実上の金銀複本位制から金本位制への移行期にあたり、また何よりもイギリス国民経済が世界市場を自律的に編成し得る産業基軸として成長するなど、その歴史的、経済的な背景はロック‐ラウンズ論争の段階とは全く異なっていた。

3　ニュートン以降のイギリス通貨事情

一七世紀末から一八世紀にかけてのイギリスでは、ロックの提言をうけた一六九六年からの改鋳政策の「失敗」によって、新たに鋳造された完全重量の銀貨は造幣局を出るやいなや消失してしまい、結局はロックの意図した「旧標準への復帰」も実現できず、またイギリスにおける「鋳貨の不足」を解消することにもならなかった(7)。もっとも、この「鋳貨の不足と信用収縮の結果」としての「急激なデフレーション」からは一六九八年末にはほぼ回復したといわれているが、そのなかで流通貨幣量の確保の必要から、〈金貨〉の需要と使用の習慣とを着実に拡大していくことになった。

ところで、チャールズ二世によってギニー金貨が発行された一六六八年以来、一二分の一一の純度をもつ一ポンド・トロイの標準金は、鋳造に際して四四・五ギニーに定められていた。そこでイギリスにおける金と銀の公定比価は一対一四・四八五となり、ほぼ一対一五といわれた市場の実勢よりも、銀に割高に設定されていたことになる。しかし当時は、額面一ポンド（二〇シリング）のギニー金貨は、いまだそのときどきの相場で評価されて取引されており、市場では銀貨に換算して二一シリング以上に相当するものとして支払いに用いられていた。こうして、ギニー金貨がときには三〇シリングに近い水準にまで高騰するなど、金（鋳貨）がしばしば国際相場より高く評価されたことから、イギリスでは一八世紀初めに再び銀貨が姿を消すことになり、その不足に見舞われることになったのである(8)。

そこで、一六九九年に造幣局長官に任ぜられたアイザック・ニュートンは、当時の〈銀貨の不足〉の原因が、何よりもギニー金貨が市場で二一シリング六ペンスでの支払いに用いられていることにあるとして、ギニーの市場価格の引き下げを提言した。これを受けて一七一七年一二月二二日には、「一ギニー金貨を、何人といえども、二一シリング以上の価格で支払ったり受け取ったりしてはならぬ」との布告が出され、この新たな一対一五・二一の公定比価で金貨および銀貨の自由鋳造が認められることとなった。こうして、両者はともに無制限に通用する法貨として認められ、ここにイギリスにおいて金銀複本位制がはじめて法制化されることになったのである。

この一対一五・二一というイギリスの公定比価は、まだフランスやオランダおよびアジア諸国に比して、相対的に金に高いものであったから、当然のことながらイギリス国内ではその後も銀の地金価格が上昇することになり、金銀の市場比価は一対一四・五の水準になっていたといわれる。こうして一八世紀半ばには、イギリスで銀貨の鋳造要請がほとんど途絶えて市場から消失することになり、しだいに金貨が一般的にも用いられるようになったことから、実質的には複本位制が有名無実化して、事実上の金本位制に移行して行くことになった(9)。その後、一七七〇年頃からヨーロッパ大陸で金価格が上昇しはじめたことから、イギリスでは今度は〈金の流出〉と〈金貨の削り取り〉に見舞われ、一七七三年に一定限度以下の軽貨の受領の拒否を金貨についても適用することとし、一七七四年には「金貨再鋳造令」を発布するなどして金鋳貨本位制の定着を図ろうとした。

スチュアート『原理』第三編の貨幣理論は、こうした「ニュートンの改革」以降のイギリス通貨事情を背景に、さしあたりジョセフ・ハリスの貨幣論への批判を課題にして展開されたものである。周知のように、ハリスはその著書『貨幣・鋳貨論』(J. Harris. *An Essay upon Money and Coins*, 2parts. 1757-1758) において、基本的にはロックの所説を継承しながら、独自に銀単本位制への復帰と、ギニー金貨の価格引き下げによる銀貨の標準の維持とを主張した。ハリスはあくまでこうした銀本位制に固執する根拠として、当時のヨーロッパ諸国のほとんどが銀本位であったことや、イギリス国内での商業における銀貨の流通の伝統、そしてとりわけ賃金を銀貨で支払われていた大衆の支持とをあげている(10)。たしかに、もともと〈計算貨幣〉として流通していたものが新たに〈等価物〉として商品化するなかで成立した近代の貴金属本位制度は、中世以来のヨーロッパの局地的商業（通貨圏）が世界市場に一体化していく過程で自然発生的に生まれた貨幣秩序である限り、こうしたハリスの銀鋳貨本位へのこだわりと〈価格標準〉（固定平価）の維持の主張は、一応の歴史的背景と現実的根拠をもったものといわなければなるまい。

「ニュートンの改革」によって金銀複本位制が法定された後のイギリス貨幣制度の混乱は、たしかにハリスなどが指摘するように、〈公定比価からの市場比価の乖離〉という、複本位制そのものが免れ得ない限界を示すものといわなければなるまい。一七一七年以前にギニー金貨が公定の二〇シリングをこえて上昇し、たえずその相場を変動させていたのも、何より市場そのものが単本位を志向する本性をもっているからに他ならない。そして一七一七年以降のように、いかに金銀両鋳貨の公定での交換比率を強制しても、地金価格での市場比価がそれから乖離することによって、地金価格の相対的に上昇した鋳貨の削り取りや市場からの消失に見舞われることは免れず、必要な貨幣供給量を維持することが困難になったのも当然であった。その限りでは、ロックに依拠して〈銀単本位制〉を主張したハリスの貨幣認識は、ある意味で、ニュートン以後みられた両金属の市場比価の変動に伴う通貨制度の混乱の原因を正しく把握していたといってよい(11)。

それゆえ「ニュートンの通貨改革」以降における、イギリスの金本位制への移行という流れは、決して人々の金への嗜好によるものでもなければ、また単なる時代の趨勢というようなものでもない。〈価格標準〉を現に市場に流通する鋳貨に含まれる貴金属重量に固定しようとする、近世以来の自生的な〈鋳貨〉本位制度及び金銀複本位制の免れ得ない欠陥がしだいに明らかになり、それを克服するような新たな通貨システムへの途が模索されていったからである。それには〈本位鋳貨〉をできるだけ市場から引き離して、「玉座」に祭り上げる必要があった。

すでに指摘したような商品経済の拡大・深化の中で、必要な貨幣供給量の確保に際して貴金属と鋳貨の自由な取引に制限を加えたことは、「鋳造価格」からの地金価格の乖離を引き起こして、結局は〈価格標準〉の動揺を来さざるを得なかった。そこで、一方でさまざまな呼称の諸通貨との対外的な交換比率を安定的に維持しながら、他方で市場が必要とする通貨の確保を容易にするためには、信用通貨をはじめとする代位貨幣の流通を前提に、〈価格標準〉と鋳貨の金属重量との切り離しが要請されることになるのである。その意味で、代位貨幣の流通を前提にした事実上の〈地金本位制〉が最も適当な貨幣システムといえるが、さしあたりは銀貨に較べて一般の商品売買や賃金の支払いに用いられることの相対的に少ない金貨を唯一の「法貨」に定め、銀貨を通用限度量の制限された補助貨幣に位置づけることによって、当面の解決を図ることになったのであった(12)。

4　一八世紀経済論争とJ・スチュアート

すでに見たように、ロックとニュートンの系譜を継ぐハリスは、一七一七年の「ニュートンの改革」によって制度化されたイギリスの金銀複本位制について、その制度的に免れえない制約から〈価格標準〉を不変に維持するだけの安定性をもち得ないことを明らかにした。しかしハリスは、銀本位から金本位への移行という歴史的趨勢の意味を理解し得なかったのみならず、〈鋳貨本位〉という通貨制度そのものがいわば一六、一七世紀の世界市場への従属段階に形成された慣習的秩序であり、一八世紀のイギリスにおける国民経済の自律的展開がその制約からの解放を要請していたことには気付かなかった。これに対して、「不変の度量標準」としての貨幣と「鋳貨としての貨幣」との原理的な区分の上に立ち、独自の代位貨幣（象徴貨幣）論を展開したスチュアートの貨幣信用論こそ、市場の〈開放体系〉を維持しながら同時に〈鋳貨本位制度〉の制約をも克服しようとしたものとして、その開明性と卓越性が指摘できよう[13]。

スチュアート『経済学原理』の背景となった一八世紀中葉のイギリスでは、初期産業資本と地主との共通利害のうえに展開されてきたウィッグの保護主義（後期重商主義）がようやくその使命を終えつつあり、またウォルポールのいわゆる妥協体制のもとでの深刻な政治的腐敗に対して、広汎な大衆の批判の嵐が吹き荒れていた。こうした中で、世界市場でのイギリスの生産力的優位に裏付けられた新たな自由貿易論（経済的自由主義）が、しだいに時代の潮流になりつつあった。ジュイコブ・ヴァンダーリントの『貨幣万能論』(Jacob Vanderlint, *Money answers all Things*, 1734) やジョセフ・ハリスの『貨幣・鋳貨論』、そしてヒュームの『政治経済論集』(David Hume, *Political Discourses*, 1752) などは、いずれもこうした立場に立ってアダム・スミスの『諸国民の富』への道を切り開いた〈経済的自由主義〉の先駆的著作であった[14]。

それらはいずれも、保護主義の理論的根拠にすえられた貿易差額説（労働・雇用・勤労差額主義）に対して、貨幣数量説およびそれに基づく「正金配分の自動調節理論」を批判の理論的な武器にしている点において共通しており、そこにまた、スミスの『諸国民の富』の登場によって克服されなければならない理論的な限界もあった。まず、誰よりも地主階級の利害に批判的であったヴァンダーリントは、名誉革命後のイギリスの経済的停滞の原因を、連帯保護制度による人為的な穀物価格と賃金の上昇がもたらした外国貿易における販路の梗塞にあるとして、貿易の自由と土地の耕作の自由を“nature of things”の前提をなすものと論じた。とりわけ彼の、貨幣量（物価）と貿易収支の相関関係の定式化、およびその国民の就業機会や実質賃金に及ぼす影響に関する論述は、それまでの保護主義の国民的利己主義から決別して、貿易差額政策に対する批判にはじめて理論的な根拠を与えたものとしては、画期的であった[15]。

また、もともと造幣局の試金官であったハリスは、鋳貨制度についてはすでに指摘したようにヒュームとは異なり、厳格な「重鋳論」に立って、銀単本位の擁護と貨幣標準の引き下げに強固に反対した。しかし他方で、貨幣が国内で〈価格標準〉として機能する限りでは、その絶対量の多少は単に「貨幣にたいする諸財の名目価値」を引き上げるにすぎず（貨幣数量説）、またその増減も「漸次かつ緩慢」であるかぎりでは国民経済にとって重要な影響を及ぼさないと理解していた。[16]「単なる商品」としてのそれは、「世界貨幣」（money of the world）として貿易差額の究極の決済手段に用いられる限りで、その量が問題になるにすぎないというのである。しかも、ハリスもまたヒュームとともにヴァンダーリントの所説をうけ、「貿易を行ういかなる国民も長いあいだ貨幣に欠乏することはありえず、またその取引につりあう一定量以上の金銀貨を保持することも不可能であろう」と、国際間での貴金属配分の平準化傾向に即して貿易差額説を批判した。[17]

こうした自由貿易論に立つハリスやヒュームの理論を批判した限りでは、スチュアートの貨幣的経済理論がこれまで「最後の重商主義経済学」として取り扱われてきたのも、蓋し当然であった。「ジャコバイトの乱」に加担して追放され、ながく大陸に滞在せざるをえなかったスチュアートが、イギリスの新しい時代の潮流とは直接かかわりのない所に位置していたからである。しかも理論的にも、これまで多くの指摘がなされてきたように、インダストリに基礎をおく国民経済の自律的な発展構造を論理化する為の資本蓄積論を欠いたことは、何よりも致命的であった。しかしながらスチュアートの貨幣信用論こそ、当時のイギリスが避けて通れない通貨制度上の諸問題について、ハリスの「重鋳論」やヒュームの機械的数量説（貨幣中立説）のみならず、ペティやスミスの素朴な〈貨幣商品説〉をも超える、新たな象徴貨幣論の視点から解決しようとするものだった。アダム・スミスが、貴金属貨幣や外国貿易にこだわったハリスやヒュームの理論的枠組を無視し、もっぱら国内市場を対象にした抽象の世界（自然価格論）の中で国民経済の発展の原動力としての arts や industry に即して生産的労働の理論（蓄積論）を展開したのとは対称的に、スチュアートはあくまで現実の世界市場と貨幣・金融システムに即して、当面解決しなければならない経済的諸問題を論じたのである。

すでに「貨幣の改鋳」をめぐるロック－ラウンズ論争のなかで、〈商品貨幣〉としての貴金属鋳貨が免れ得ないいくつかの制度的な限界が明確になっていたが、「ニュートンの通貨改革」をみてもわかるように、一七世紀まではいまだ鋳貨の金属実質を維持することで世界市場に適応することこそが、イギリスの通貨政策の基調であった。ところが一八世紀に入ると、次第に鋳貨本位制が免れ得ない制約からの回避が、イギリス国民経済の自律的発展にとって要請されるようになっていた。かくしてスチュアートは、その困難を克服する新たな通貨システムを、あくまで世界市場とのかかわりから逃れ得ない現実の〈開放体系〉の中で探ろうとしたのである[18]。いずれにせよスチュアートは、初期重商主義の金属主義の偏見にみちた素朴な貨幣観とは無縁であり、むしろこうしたスチュアートの貨幣観こそ、スミスの〈金紙代替論〉をはじめとする古典派の信用理論のなかに暗黙のうちに受け継がれていく、近代貨幣理論の一面だったのではないだろうか。

第2節　スチュアート有効需要論と貨幣数量説批判

1　貨幣と有効需要

すでに『経済学原理』の第一編の中で、スチュアートは貨幣について、「純粋にそれ自体としては、……質料的用途を持たないが、それについての人間の意見に基づいて、価値と呼ばれるものの普遍的尺度たりえ、譲渡される物の適当な等価物たりうるという評価を得ている財貨である」と、二重に定義している。(19) すなわち貨幣は、商品の相対価値を尺度する度量標準であるだけではなく、「食物や必需品と同等の価値をもつ」「一つの新しい欲望の対象」でもあるとされ、「欲望と欲望とを適合させることの難しさが、あらゆる物に対する適当な等価物である貨幣をおのずと導入する」という。

しかしこのことは必ずしも、こうした「等価物」(equivalent) としての近代貨幣を、単純に「物々交換の困難」を打開するための便宜的な手段として生まれてきたものと規定していることにはならない。それ自身が〈経済余剰〉を体現する一つの奢侈財であり、古くから蓄財の手段に用いられてきた貴金属が、近代に入って新たに貨幣性を与えられて交換の目的となり、それに対する人々の無限の欲望が経済活動の促進効果を発揮してきたことについて、もっぱら交換関係（分業）の拡大という視点から叙述したものと理解すべきであろう。(20) むろん、直接の消費対象にならない不朽性と耐久性をそなえた奢侈財として、将来の売却のために保有されるようになるというだけでは、貴金属に単なる商品をこえた貨幣という新たな規定性を与えることにはならない。「需要という言葉が、つねに商品に関するもの」であり、「貨幣にたいする需要は、為替手形の場合を除けば、けっして需要とは呼ばれない」という、この貨幣の商品に対する能動的な特性こそ、何よりスチュアートの〈有効需要論〉を根拠づける基本的な貨幣認識であった。(21) いわゆる〈鋳貨の起源〉とは別個に、人類は古くから交易において金銀を家畜や布などとともに交換の媒介や富の移転の手段に用いてきたことが、しばしば〈貨幣の起源〉といわれてきた。しかし、その限りでは財と財の対等な交換（物々交換の範囲）を超えるものではなく、我々はただ近代貨幣の諸機能の一面を、それらの金銀や家畜などに類推していただけにすぎない。貴金属がすべての商品に対して能動的な購買力（直接交換可能性）を与えられるようになったのは、あくまでその重量が〈価格標準〉の単位として制度化されてから以降のことといわなければならないからである。(22)

スチュアート『原理』第一編「人口と農業」は、表面的にはたしかに農工の分離過程に即した近代社会の形成史として展開され、そのなかにおける「最上の等価物」としての商品貨幣の必然性が論じられているが、しかしそれは、貴金属貨幣の流通に基づいて初めて自立し得た近代の「商業社会」（commercial society）についての、いわゆる「自然法のロマンス」に倣った表現と見るべきであろう。(23) すでに見たように、「世界貨幣」としての貴金属商品のヨーロッパへの大量流入のなかで、自生的に成立したグローバルな〈市場秩序〉の形成過程を、国民経済的に内面化する論理といって良い。ここに、始めから世界市場を射程におさめていたスチュアート市場理論（商業社会論）と、三大階級によって構成される一国経済を対象にしたスミス分業論（商業社会論）との相違を見なければならず、「自然価格論」に結実した古典派の労働価値説とは異なる方向で独自の貨幣的経済理論を構築した、スチュアート経済学の方法的視座を確認しなければならない。

すなわちスチュアートは、イギリス国民経済をつねに世界市場的連関のなかに位置づけるとともに、何より近代市場を、貴金属貨幣を媒介にした固有のグローバル・ネットワークの中で捉えていた。スミス以降の古典派経済学が「市場」をもっぱら資源（資本・労働・土地）の合理的配分機構と位置づけ、それに伴う所得配分を分析する均衡理論としての性格を有していたのとは異なっていたのである。スチュアートが、近代社会においては私的個人の利己的行動を放任する限り、「仕事と需要のバランス」や「富のバランス」をはじめさまざまな経済的「不均衡」を免れえないとしたのも、言われてきたような重商主義的偏見などではなかった。海外への流失や国内での退蔵といった商品貨幣に固有の不確実な動向に左右されざるを得ない、近代市場に不可避な無規律性（不安定性）についての、妥当な理解だったのである。

周知のようにスチュアートは、近代社会を〈トレードに導かれたインダストリの体系〉と理解し、私的個人の利己心を原動力に、「相互的欲望」の充足というかたちで形成されてきた「自由社会」と位置づけた。そこでは、人々の社会関係が「等価物」たる貨幣との任意の交換を通じて結ばれ、また貨幣への「自分自身の欲望の奴隷になるがゆえに、勤労にかりたてられる」社会であった。こうして『原理』の第一、二編では、貨幣はもっぱら〈経済余剰〉を体現する一つの奢侈財として取り扱われ、近代社会の形成と人々の勤労を促し、抽象的で一般的な富なるがゆえに無限の欲望の対象となるという意味で、「神」とされた。かくしてスチュアートは、「需要する者は与えるべき等価物をもたなければならず、「この等価物こそ全機構の起動力である」[24]として、人々をしてこの「等価物のために働かせるもの」を「有効需要」（effectual demand）と呼んだのである。

ところで、スチュアートにあっては、トレードとインダストリはそれ自体相互依存的に成長し発展するわけではなく、「ともに第三の原理、すなわちそれと交換にあたえるべき等価物を有している人々の剰余にたいする嗜好（taste for surperfluity）に依存」しており、「この嗜好が需要を生み」、さらにこの需要が「活動全体の主要な起動力となる」という。[25]すなわち、有効需要の具体的な担い手として地主階級を中心にした「富者」（the rich）が想定されており、彼らの奢侈的な消費支出こそがフリー・ハンズたる手工業者に就業機会をあたえ、それが農産物に対する需要の拡大になるから、その結果、地主の地代収入も増えて一層の有効需要の拡大につながるとの、独自な〈経済循環論〉を構想した。こうして、人々の「一般的欲望の対象」となった近代貨幣の自立的な運動に即して、それに制約される近代的市場に固有な編成原理を説くべき〈有効需要論〉が、スチュアート『原理』においては、そのまま地主階級の奢侈的消費に主導された国民経済循環の論理へと組み替えられてしまったのである。ここに市場理論として見た場合の、スチュアート商業社会論の方法的限界があった。

2　スチュアートによる貨幣数量説批判

物価と貨幣数量との比例関係を説く貨幣数量説は、あくまで貨幣の「流通速度」の短期的な変化を考慮しなくてすむような、きわめて長期の歴史的趨勢についての一つの経験的、結果的な「公準」として広く受け入れられてきたものであり、その限りでそれ自体は必ずしも誤りとはいえない。すでに見たように、ロックの「貨幣数量説」といわれるものも、多分にこうした性格のものであった。しかしそれが、ヒューム以降の古典派経済学の展開のなかで、新たに「貨幣の価値」についての因果的な説明の原理に彫琢され、一つの〈法則〉として装いを新たに再び登場することになった[26]。スチュアートは『原理』第二編第二八章において、さしあたりモンテスキューおよびヒュームの所説を対象に、貨幣数量説についての詳細な批判と検討を加えた。そこでの貨幣認識は、すでに見たように、貨幣を何よりも観念的な度量標準（計算貨幣）であるとする、のちの第三編での理解とは基本的に異なるものであった。すなわち、貨幣を市場で販売しうるすべての「労働や商品の代表物（representation）」とみなすヒュームに対して、何よりも「あらゆる物にたいする適当な等価物」であり、しかもそれは一つの「内在的価値」(intrinsic value）を有し、「土地とおなじ現実的にして真実の富」だという。ただ、こうした〈商品貨幣説〉の立場からの数量説批判といっても、アダム・スミスのいわゆる〈流通必要量説〉とは異なる方向において展開されることになったのである。(27)

まず貨幣数量説について、スチュアートはそれを次の三つの命題に要約し、それぞれについて検討する。すなわち、「命題一、価格は貨幣の豊富さに比例する。かくして、紙幣のような擬制的な富の増加であっても、その数量に応じて価格の状態に影響を及ぼす。……／命題二、一国の鋳貨や通貨その国のすべての労働と財貨の代表物である。そのため、この代表物の多少に比例して、その比較的大きな数量が、あるいは小さな数量が代表されている物の同一数量に対応することになる。……／命題三、財貨を増加させるとそれは安くなるし、貨幣を増加させると、財貨の価値は高くなる。(28)」

これらの数量説命題に対して、スチュアートは、貨幣が一つの「内在的価値」もつ「等価物」である限り、あるいは象徴貨幣であってもそれを一時的に代理する限りにおいては、その所有者にとって購買が妥当な〈貨幣価値の実現〉であるか否かについて決して無関心でいるわけにはいかないという。そこで、もし「勤労の最小の生産物が国内に存在する全部の正貨に対して販売されなければならない」とすれば、「貨幣を所持する人々が自分たちのきわめて控え目な欲望を充足するにあたっても所持するすべてを支出しなければならぬし、また国内で見出しうるよりも安い商品を［海外で］求めることは決してないものと想定しなければならない」と言う。むろん商品所有者についても、「正貨の総額がどんなにわずかであっても、勤労の最大の生産物が国内に存在するそれだけの正貨に対して販売されなければならぬとすれば」、「勤労者が国外にもっと良い価格を求めることが決してないものと想定」せざるを得ないことになると、その不自然さを指摘した。(29) こうして〈等価物〉でもある近代貨幣の本質を踏まえることで、スチュアートは、国内貨幣量の増減（貿易収支の変動）をそのまま商品価格の一般的水準の変動の原因に結び付けるような素朴な数量説を否定することができた。いかに多くの貨幣量が国内にあろうとも、インダストリにとっては貨幣を有効需要たらしめる「富者の消費性向」こそが問題であり、また実際に流通する貨幣量（有効需要）を抜きに商品価格を規定することは、スチュアートにとって誤りでしかなかった。すなわち、次のようにいう。

「一国の鋳貨が売りに出されるインダストリの生産物との比率以下の数量であるならば、インダストリ自体がやむにいたるであろうが、さもなければ、象徴貨幣のような新しいものが、生産物に対する等価物を準備するために考案されるであろう。だが、正貨がインダストリとの比率以上に存在しているものとしても、それは価格を騰貴させる効果を持たぬし、流通に入り込むこともなかろう。それは金庫に退蔵されるであろうが、そこで、それを所持する者の消費の欲求からの呼び出しだけではなく、この呼び出しを満足させようとする勤労者の呼び出しを待たなければならないのである。(30)」

ここからスチュアートは、「世界のほかの国民と交流をもっているある国民にどれだけの数量の貨幣が存在しているにしても、流通には富者の消費と貧しい住民の労働や勤労とにほぼ比例する数量しか絶対に残りえない」と結論づける。こうしてスチュアートの貨幣理論には、消極的ながら、貴金属鋳貨本位制のもとでは、商品と貨幣の自由な輸出入さえ保証されておれば、つねに商品と貨幣とが適正な比率で交換されうるような何らかの機構が作用することが含意されていた。そのうえで、「このような消費の対象たる個々の種類の、〈財貨の〉価値はそれぞれ国の内外の錯綜した諸事情によって決まるのであって、したがって、その比例は国内に現実に存在する貨幣の数量で決まるのではない」と、貨幣数量説を批判したのである。ただ、「正貨が、インダストリの割合を越えた場合には、それは、なんら価格を騰貴させるという効果はもたず、財宝として保蔵される」だけであるとするこの「流通必要量」の規定が、彼の積極的な有効需要の原理といかに整合的に論じられているかについては、必ずしも明確ではない。そしてこれは、〈価格標準〉とは区別される貨幣価値（購買力）の決定原理について、スチュアートが固有に論じ得なかったことに原因した。(31) 確かに貴金属鋳貨本位制のもとでは、一定量の本位貴金属には各国それぞれ固有な貨幣の名称として、つねに固定された「価格」が与えられるのであるが、その購買力すなわち「貨幣の価値」については、あらかじめ定まっているわけではない。それもまた、市場における商品価格の形成の中でたえず変化するものだからである。

こうして、貨幣と商品との「等価物」同士の交換とはいっても、「商品価値」のみならず「貨幣の価値」もまた、ともに売買過程のなかではじめて社会的に確定されうるものだとすれば、「貨幣価値」と「商品価値」の等値関係を前提するような〈流通必要量説〉は、論理的に同義反復で意味をなさないことになろう。何よりも有効需要論を基調とするスチュアートにとっては、「流通必要量」といっても、スミスやマルクスの自然価格論（生産価格論）が想定するような、自律的に調整される何らかの均衡基準を意味するわけではなかった。単に、財宝として蓄蔵されることも海外に流失することもなく、事後的に流通に残った貨幣量であり、もし国民経済の成長にとって不足するようであれば、象徴通貨の発行などによってでも政策的に捕われなければならない、貨幣の供給量であった。(32)

3　需要供給論の市場観

スチュアートによる貨幣数量説への批判は、たしかに貨幣が「等価物」であり、「内在的価値」をもったひとつの商品にすぎないというアダム・スミスに通ずる一面をもって出発していた。しかしスチュアートにとって貨幣は、何よりも不朽性と耐久性をそなえて広く社会的に保蔵されている著移財として蓄財の手段であり、その所有者（富者）たちの「意向」に国民経済の発展が左右されるという特殊な位置におかれていたことを忘れてはなるまい。こうして等しく〈貨幣商品説〉といっても、固有の有効需要論を展開したスチュアートと、一般諸商品と貨幣との単なる等置関係を想定するだけのスミスとでは、基本的に異なるスタンス（市場観）に立っていた。これはまさしく、鋳貨（貨幣）制度の近代化に即していわゆる〈実際的金属説〉に立っていたスチュアートと、労働価値説に基づく自然価格論を展開するなかで〈理論的金属説〉に立ったスミスとの相違ということになろう。[33]

スミスをはじめとするイギリス古典派経済学の労働価値説（自然価格論）では、貨幣を含む商品相互の相対的な交換比率の決定原理について、それを金銀の生産部門をも含む〈社会的生産の編成原理〉に即して考察する独自の〈価値と価格の理論〉を展開した。そこでは、商品として新規に産出された金銀の追加供給分のみが考慮されるにすぎず、それゆえ過去に産出された厖大な量の貴金属が保蔵されるか購買に向かうかで大きく左右される貨幣価値（購買力）の変動については明らかにされていない。ここにリカードにおけるような労働価値説と貨幣数量説との安易な接合を招く原因があった。たしかにその中で、価格形成について、〈商品相互の交換比率〉の決定と〈商品と貨幣との交換比率〉の決定との二つの原理に区分して論じたことは、一つの理論的貢献といってよい。そしてスチュアートが、こうした問題の所在に気付かなかったところに、すでに見たような有効需要論と流通必要量の規定の安易な併存の原因があった。

いずれにせよ、近代市場を貴金属貨幣の流通によって自立性を与えられたグローバル・ネットワークと理解するスチュアートにおいては、当然のことながら価格機構の分析についても、スミスとは異なるものとなった。すなわちスチュアートの市場分析は、もっぱら完全雇用を維持する為の国民経済の成長への諸階級の貢献という視角からなされており、商品相互の相対的な交換比率の決定原理についても、古典派のように生産諸要素（資本・労働・土地）の効率的配分の問題については、はじめから関心の外にあった。スチュアートにとって「仕事と需要の均衡」は、あくまで「社会のすべての構成員に食糧や他の生活必需品と雇用を供給する」という彼の「ポリティカル・エコノミー」の究極目標のための、いわばマクロ政策上の基準として語られていたのである。

こうしてスチュアートの貨幣数量説批判は、「需要と競争の原理」に基づく独自の価格理論へと展開されることになった。すでに周知のように、スチュアートによれば財貨の価格（価値）は、いわば費用部分をなす「真実価値」(real value) と、流通過程で付加される「譲渡利潤」(profit upon alienation) とからなり、それは市場における売り手と買い手の双方の事情によって不断の変動にさらされるものとされた。そしてそれを決定する主たる要因として、「第一に、評価される財貨の豊富さ」、「第二に、財貨にたいする需要」、「第三に、需要者間の競争」、「第四に、需要者の購買力の大きさ」などをあげた[34]。しかし結局は、何よりこの需要の「大きさ」にインダストリが依存するとし、ただその場合にも、「需要の漸次的増大は、その性質上供給を増やすことによって、インダストリを促進させる」のに対して、「需要の急激な増大は、その性質上価格を騰貴させる」だけで必ずしも産業的な繁栄には結びつかないとしたことは、「仕事と需要のバランス」(balance of work and demand) に即して市場と価格を論ずるスチュアート需要供給論の性格を知る上で、はなはだ興味深い[35]。すなわち、「インダストリとトレードが順調に進行し」、国民経済が絶えず成長し続けるためには、何よりも競争がつねに「両面的」(double competition) でなければならないといい、その限りにおいてのみ「競争は価格の変動を、買い手と売り手との双方の妥当な利潤 (reasonable profit) に適合的な範囲に限定する」という。これに反して、競争がもし「一面的」(simple competition) になれば、秤皿の振動がバランスの復元力を失うことになり、一方では、適正な利潤の減少によって職人たちが勤労の意欲を失うか、それとも他方では、過大な利潤が「商品の内在的価値と一合体 (consolidated)」して国内製造業の輸出競争力を減退させることによって、いずれにせよ国民経済の衰退を余儀なくするというのであった[36]。

このように、スチュアート『原理』における〈市場と価格の理論〉は、スミス的な自然価格論とは基本的に異なるが、しかしそれは、単に独立小生産者による〈単純商品経済モデル〉を想定したか、あるいは三大階級によって構成される〈資本主義経済モデル〉を想定したかの違いによるものではない。スチュアートにとって「妥当な利潤」(reasonable profit) とは、スミスの「自然価格」を実現するようないわゆる平均利潤とは違って一義的には決まらず、ただ「仕事と需要のバランス」という秤皿の振動に復元力を保証するような、ある一定の幅をもった利潤の大きさとして考えられていた。(37) それゆえ、商品価格の変動（競争）も、何らかの「基準価格」(standard price) に収束してゆくことが問題なのではなく、そうした「妥当な利潤」の範囲内においてのみ、「人口と農業」および農業と製造業とが相互依存的に安定した成長を可能にするというにすぎないのである。(38)

たしかにスチュアートは、「住民の諸階級の仕事と配置」との関わりに即して価格の規定をおこなってはいるが、しかしそれをミクロ的にインダストリの各産業部門への最適配分の問題として論じていると読み込むことは、解釈として妥当しない。そもそも、〈需要と供給〉の単なる力学的なバランスの問題としてではなく、あくまで「仕事と需要のバランス」の問題として論じた所以も、こうした雇用と成長の「ポリティカル・エコノミー」としての『原理』の性格に由来していた。(39) したがって「自由社会」を構成する諸階級についても、スミスのように生産諸用役の提供に対して賃金、地代、利潤といった所得の給付を受ける存在として論じたわけではなく、まずファーマーズとフリー・ハンズの相互依存関係を基礎に、とりわけフリー・ハンズのうちインダストリに従事する下層の人々と、彼らの「労働への需要」を左右する地主に代表される「富者」の「消費性向」(propensity to consume) との関わりのなかで、有効需要にもとづく独自の国民経済循環システムを構想していたのである。

4　「自由貿易論」への批判

スチュアートの『原理』第二編は、すでに多くの指摘があるように、「富国と貧国」の交替をめぐるヒュームとウォーレスとの間の論争への関わりのなかで、「トレードの三段階」論に基づくスチュアートなりの解答を与えることを課題にしていた。すなわちスチュアートは、国民経済の「幼年期、壮年期および老年期」に対応させて、「トレードを初期的（infant）、対外的（foreign）、および国内的（inland）なもの」に段階区分し、それぞれの発展段階に応じて採られるべき経済政策の指導原理を示すことを課題にした。(40) 当時のイングランドを「積極的外国貿易」による貿易差額の順調な第二段階に見たてたうえで、高利潤と生産費の「合体」（consolidation）によるコスト・プッシュ・インフレーションが、対外競争力の低下の低下を伴っていずれは第三の国内商業の段階への移行を余儀なくするであろうと、危機意識をもっていたのである。(41)

ところでこのトレードの第三段階については、『原理』の叙述に即してそのまま外国貿易を停止したアウタルキーな経済と見るのではなく、イギリス国民経済の繁栄が外国貿易における貿易収支の黒字に依存した段階から脱して、新たに世界市場を自律的に編成しうるだけの蓄積基軸を形成した段階と見ることの方が、むしろ『原理』第三、四編におけるスチュアートの貨幣信用論の実際的な意義をより適確に理解することになるのではなかろうか。当時のヨーロッパ諸国に一般的な貴金属（鋳貨）本位制は、必要な貨幣量の確保において自然的な限界があり、それゆえ産業資本の自律的な蓄積に基づく国民経済の成長を制約するものになっていたから、スチュアートはその打開策を、貴金属本位制度の枠のなかで、さまざまな信用供与を通ずる有効需要の拡大に求めたのであろう。

スチュアートは、外国貿易の停止によって失われるであろう就業機会を回復すべく、有効需要の拡大のための貨幣的諸政策を提示することを、みずからの「ポリティカル・エコノミー」の課題にした。しかるに、こうした貿易差額政策の行きづまりに対する有効な処方箋を、あくまで有効需要論（貨幣的経済理論）の立場から提示しようとしたことから、供給要因に即した分析（蓄積論）を欠き、その結果、のちに古典派経済学によって凌駕されなければならない致命的な難点を残すことになった。(42) とはいえ、こうしてスチュアートは「トレードの三段階」論のなかで、貿易差額に伴う貴金属の流入にもっぱら依存するような経済成長の行き詰まりの必然性を明らかにするとともに、来るべき「国内商業」の段階においてステイツマンがとるべき産業奨励（雇用確保）策として、国内消費を基盤にした有効需要政策の可能性を探ることになったのである。

さて、『原理』第一、二編におけるスチュアートの貨幣と市場の理論は、J・ヴァンダーリントやヒュームの「自由貿易論」を批判の対象とするものであったが、それはあくまで国際的均衡の実現への安易な市場メカニズムに対する信頼への批判であり、終始〈自由貿易〉を否定して〈保護主義〉の立場に立っていたというわけではない。彼が保護政策の必要を唱えたのは、あくまでも国民経済の「初期商業」の段階に限られ、一八世紀当時ヨーロッパ世界経済を想定していたと思われる「外国貿易」の段階では、むしろ自由に開放された世界経済のもとで、技術的優位に裏付けられた貿易差額の確保が国民経済の持続的成長を可能にするものとして論じられた。すなわち、スチュアートがヴァンダーリンやヒュームの「正金配分の自動調節理論」を批判し、貿易差額を梃子にした国民経済の持続的で安定的な成長を論じたといっても、決して海外からの貴金属の流入がそのまま国民経済の成長になるとしたのではない。「アメリカの富がヨーロッパの改善の原因ではなかった」のであり、「新しい奢侈財への志向が、新世界の鉱山からよりはわれわれ自身の金庫から、おそらくより多くの貨幣を流通に引き入れた」のだという。一方での「富者」による「奢侈財への嗜好」という有効需要の拡大と、他方での産業の技術的発展という二つの国内的要因と結びついて、はじめて成長が持続的に維持されると考えたのである。(43) ここに、貿易差額をマクロ経済的な「仕事と需要のバランス」にリンクさせて捉えるスチュアート独自の〈経済循環論〉を見なければならない。にもかかわらず、これまでスミス以来の市場均衡論の伝統によって、こうしたグローバル・ネットワークの開放体系の中で国民経済の成長を分析するスチュアートの理論は、前近代的な市場理論とされてきた。

ヴァンダーリントやヒュームにおけるような、「世界貨幣」の国際移動を通ずる物価と貿易差額のスタティックな均衡分析とは異なり、スチュアートは世界経済を単なる通貨システムや貿易収支の一面だけから見ることなく、国際間の不均衡の原因を何よりもそれぞれの国民経済の産業的な発展段階のズレと跛行性にあるとしていた(44)。それゆえこうした不均衡が、ヒュームが説くように貴金属の国際移動を通じて解消されるようなものではないことを、スチュアートは誰よりも熟知していたことになる。「トレードの三段階」論は、こうした事実認識のうえに立って、何より重商主義的な貿易政策（貿易差額主義）の限界を明らかにし、それにかわる新たな産業政策を提示しようとするものだった。それは、すでに見た「積極的外国貿易」の行き詰まりの必然性の論理のなかに、もっとも端的に示されていよう。

確かにスチュアートは「富者」の奢侈的消費と「貧者」の勤労によって主導された経済成長を基本にしていたとはいえ、過度の貨幣的富（貴金属）の流入による急激な国民経済の奢侈化は、かえって生産的労働の減少と需要の増大による価格騰貴を招くだけで、国民経済にとってマイナスに作用するともいう(45)。それゆえ、こうした有効需要の拡大政策は、いずれの発展段階においても、すでに見た「仕事と需要のバランス」が維持されるものでなければならず、さもなくば急激な価格の変動を引き起こしてむしろマイナスに作用し、国民経済の成長には結びつかないとさえいう。ここに、インダストリの繁栄と就業機会の確保にとって、ステイツマンによるきめ細かな〈有効需要の管理〉が何より必要な政策とされたのである。

こうしてスチュアートは、「すべての国が栄枯盛衰をくり返す」との固有の歴史認識に立ち、ヒュームやスミスと同様、彼なりに重商主義の貿易差額政策の限界を指摘した。ただ彼は、この重商主義政策の限界が、単なる「世界商業」を超えた西ヨーロッパ中枢を産業基軸とする蓄積循環の形成という、資本主義世界経済の新たな発展段階への移行を背景としたものであることには気付かなかった。いうまでもなくそれは、自由な農民や自由な職人および地主と商人からなる小商品生産者の社会を想定したことで資本蓄積論を欠き、したがって国民経済の成長をもっぱら需要要因のみに即して考察せざるをえなかったという、スチュアート経済学の方法的制約によるものだったのである。(46)

第3節　鋳貨と紙券信用の理論

1　スチュアートの貨幣信用論

スチュアート『原理』第三編および第四編の貨幣信用論は、たしかに一八世紀中葉におけるイギリスの貨幣制度の混乱と、改鋳政策をめぐるハリスとの論争を背景にして叙述された通貨改革論であり、きわめて時事論争的な性格の強いものであった。しかし理論的にみても、その鋳貨（改革）論のなかには、古典派＝マルクスの流れをくむ従来の素朴な「商品貨幣説」が見失ってきた、スチュアートのすぐれた〈貨幣の原理〉を読み取ることができよう。そしてそれは、スチュアートに即していえば、トレードの第三段階すなわち「国内商業の段階」において、ステイツマンが有効需要政策を遂行してゆくための新たな貨幣（通貨）システムの可能性を探るという、すぐれて実践的な一面をもっていたからである(47)。一方で「世界貨幣」として機能していた貴金属貨幣の意義を十分認めながら、他方では諸国民に固有な風俗・習慣のなかにステイツマンを導く「国民の精神」（spirit of a people）を見ようとし、象徴貨幣の流通や紙券信用に基づく積極的な公共政策の必要について論じた。こうして近世以来の貴金属（鋳貨）本位制の制約を克服し、産業資本による自律的な蓄積基軸を形成した資本主義の新たな発展段階に対応しうる、近代的な通貨供給システムを模索したのである。それは敢えていえば、一九世紀初めのイングランド銀行へのいわゆる「発券の集中」のなかで実現されていった近代的信用制度のもとでの金融ネットワークを展望したものとさえいえ、一八世紀末から一八四〇年代にかけての「地金論争」(bullion controversy) や「通貨論争」(currency controversy) を準備した先駆的な著作だったということにもなる。

すでに見たように、一八世紀前半を通ずる金銀の〈公定比価〉からの〈市場比価〉の乖離に原因する銀貨の軽鋳化と不足のなかで、ハリスはロックの〈重鋳論〉を批判的に継承して、あくまで銀本位制の堅持と本位銀貨の名目を維持すべく、ギニー金貨の価格を二一シリングから二〇シリングへ引き下げる案を主張した。これに反論して、スチュアートは次のような対案を提起する。(48) すなわち、金貨の使用の拡大と信用制度の整備という背景を踏まえて、さしあたり当面の通貨改革案としては、現在の市場比価（一対一四・五）にしたがってむしろ銀貨の標準を引き下げ、一ポンド・トロイの標準銀をエリザベス以来の六二シリングから六五シリングに分割することの方が、たとえば鋳貨の大改鋳などによって通貨システムを混乱させることなく金銀複本位制を維持しうる、最も影響の少ない賢明な選択ではないかと主張したのである。

すなわち、一七一七年のニュートンの改革によって一ギニーが二一シリングに公定されたので、当時の金銀の公定比価は一対一五・二であった。一六六八年以来、一二分の一一の純度の標準金一ポンド・トロイ（5760グレイン）が四四・五ギニーに定められたから、一ギニーは（5670×11/12）÷44.5＝118.64168で純金118.64168グレインになる。一方二一シリングは、一ポンド・スターング（二〇シリング）が純銀で1718.7095グレインだから、(1718.7095÷20)×21＝1804.6449で、純銀で1804.6449グレインということになろう。そこで118.64168/1804.6449＝1/15.21で、公定比価は一対一五・二となる。これに対するスチュアートの提案は、次のような計算の上に立っていたのではないかと思われる。すなわち、もし一二〇分の一一一の純度の標準銀一ポンドトロイ（5760グレイン）を新たに六五シリングに鋳造したとすれば、{(5760×111/120)÷65}×21＝1721.3538となるから、二一シリングは純銀1721.3538グレインを含むことになろう。そこで一ギニーをそのまま二一シリング（118.64168グレインの純金）に固定するとすれば、118.64168/1721.3538＝1/14.5088となり、一七五九年当時の市場比価である一対一四・五に一致するからである。(49)

そして次に、複本位制度そのものの免れえない制約を回避するためには、金銀いずれか一方の単本位制へ移行するか、もしくは、「貨幣単位の標準を両金属の平均値に定めてそれらのいずれにも固着させず、鋳貨を両金属の平均値にしたがって規制し、両金属間の比価に相当の変動がおこるたびに新しい鋳造をおこなうか、さもなくば一方の正貨の呼称を引き上げ、他方を引き下げて、貨幣単位を金銀の平均値に正確に維持する」などの方策がとられなければならないことを積極的に提言した。(50)スチュアートは、貨幣が「不変の度量標準」として「純粋に観念的な計算貨幣」という本来の機能を果たす上で、本位貴金属の一定量の〈貨幣名称〉が素材の市場価格の変動によってしばしば変更を余儀なくされるような、それまでの自然発生的な鋳貨制度そのものに疑問をもっていた。そこで、すでに見た「素材的貨幣をいっそう完全にするためには、金属の商品としての性質がそれから取り除かれなくてはならず、紙幣をもっと完全にするためには、それが金属ないしは土地の担保に基づいて流通させられなくてはならない」という、貴金属鋳貨本位制度の免れ得ない二律背反を克服すべく、「象徴貨幣」(symbolical money) の流通を軸とする紙券信用の理論を「流通の理論」(doctrine of circulation) と呼んで展開することになったのである。(51)かかる意味で、このスチュアートの貨幣信用論は、ロックおよびラウンズの貨幣金属説のみならず、ヒュームにまで継承された名目説をも踏まえたうえで、両者の対立を超える新たな貨幣理論の方向について彼なりに模索するものだった。

それは、鋳貨や地金での支払いが行われずに、もっぱら「銀行貨幣」（フロリコ・バンコ）で信用が与えられ、持ち込まれた金銀貨は銀行貨幣の価値の保証のために地下金庫に保蔵されていたという、当時のアムステルダム銀行の事例にヒントを得たものであった。スチュアートによれば、アムステルダム銀行の「銀行貨幣」は、銀行の地下金庫に保蔵されて出回ることのなくなった金銀にその価値を保証されながら、もはや両金属の素材価値及び市場比価の絶えざる変動から解放されており、しかも世界市場で普遍的に流通しうる不変の価値尺度（国際通貨）たりえたという。この「銀行貨幣」は、各国諸鋳貨をも含むすべての商品の価値の「観念的度量標準」として機能し得るのであり、したがって各国鋳貨の重量や呼称の変更にも左右されることなく、ただそれらに含まれる「両金属の実際の価値に応じて、より多くの銀行貨幣、あるいはより少ない銀行貨幣の価値」をもつものとして尺度することになるとした[52]。この場合、単なる一商品にすぎなくなった金銀の鋳貨は、固定平価による制約を解除されるのであるから、もはや諸通貨の「共通の尺度」として機能しなくなる。むろん「銀行貨幣」も、金銀鋳貨の一定量と交換されうるとはいえその量はつねに可変で、そのときどきの金銀の地金相場によって左右されることになり、為替相場における各国通貨の相対的な交換比率は、金銀からは完全に独立した観念的価値尺度としてのフロリン・バンコを基準に絶えず変動するものとされた。

こうした理解は何より、当時の国際金融の中心地であったアムステルダムの銀行勘定での振替を通じて多角的な決済機構が十分に機能するようになっていたことを背景にしていた[53]。「世界貨幣」としての金銀に代わり、普遍的に通用する「不変の価格標準」(invariable standard)としての「国際貨幣」が機能しうるならば、各国国内ではそれを前提に新たな通貨システムが構築可能になるというのであろう。しかしそこには、従来の鋳貨本位制度が支えてきた固定平価制度の意義を無視してしまうという、スチュアートの決定的な誤りがあった。グローバルな貨幣ネットワークの中で、各国通貨の安定した交換比率の維持こそが何よりも優先されていたのであり、そもそも貴金属本位制度もその為のものであったにもかかわらず、その不断の変動をもたらす「国際貨幣」の導入では何の解決にもならないからである。通貨の対外価値を安定させる中で、いかに国内的に「価格標準」を維持するかが解決すべき課題だったのである。

2　貨幣と鋳貨の区分

すでにみてきたように、『原理』第一、二編においてスチュアートは、貨幣を何よりもまず「等価物」として扱い、しかも土地とならんで不朽性と耐久性をそなえた「最上の等価物」と位置づけることによって、ヒュームの貨幣数量説への批判とともに、有効需要論に基づく独自の「ポリティカル・エコノミー」を展開した。しかるに『原理』第3編では、さしあたり〈貨幣と鋳貨〉を峻別することから出発し、何よりまず「貨幣」を、「販売品の相対価値を尺度するために発明された、同等の部分からなる任意の度量標準（arbitrary scale）」、すなわち観念的な「計算貨幣」（money of account）と定義したうえで、「すべての商品にたいして適切で比例的な等価物となりうる」「鋳貨としての貨幣」（money－coin）とは本質的に区別しなければならないと、次のようにいう。(54)

「諸金属がながく貨幣に使用されてきたので、貨幣と鋳貨は、原理的にはまったく異なるにもかかわらず、ほとんど同義語になっている。／それゆえ貨幣を扱う場合に最初になすべきことは、互いに混同されて主題の全体を不明確にしているこれら二つの概念を分離することである。(55)」「計算貨幣は、鋳貨としての貨幣とは全く別のものであり、すべての商品にたいして適切で比例的な等価物となりうる、何か実体（substance）のようなものがこの世になくても存在しうる。」否、むしろ「計算貨幣は、いかなる物体にも固着させることができない。というのも、物体の価値は、他の諸物との関係において、変化しうるからである。(56)」

スチュアートにとっては、貨幣とは何よりもまず「計算貨幣」であり、諸物の価値を尺度するために人為的に「考案」された、「不変の度量標準」（invariable scale）に他ならない。それゆえ、「それら（度量標準）の標準的な大きさというものは存在しないのであって、人間が習慣によってそれに与えるのが適当と考えられるもの以外には、何も必要がないのである。しかし、一つの部分が決定されるや、度量標準の性質には、何も必要がないのである。しかし、一つの部分が決定されるや、度量標準の性質によって、残るすべての部分は比例関係に従わざるをえない。」とすれば、それ自身が絶えず変動する価値をもつ「物体」(material substance) には固着させえず、したがって「等価物」としての鋳貨とは本質的に区別されなければならないというのであった[57]。こうして、素材貨幣としての鋳貨が「価値尺度 (measure of value)」とも代価 (price)」として、〈計算貨幣〉とともに〈等価物〉として二重に機能するさまざまな不都合を指摘し、それらについての検討を課題にしたのである。すなわち、計算貨幣としての貨幣の機能が、均質性・可融性・可鍛性といった素材的特性をそなえた金銀によって担われてきたが、仮に「金および銀が貨幣の役割を正確に果しうるとすれば、何か別の価値尺度を導入することは不合理であろう。しかし両金属には、度量標準の機能を果すうえで障害となるような、社会的 (moral) および物理的 (physical) な不適格性がある」と指摘する[58]。この「不適格性」とは、『原理』第三編、第三章での叙述によれば、二つの金属が同時に本位貨幣に制度化されることの不適格性と、その価値が可変であるような金属本位制度の不合理性であり、銀あるいは金が純粋性・可分性・耐久性をそなえた最適の財であること自体は否定していない[59]。

このスチュアートにおける〈貨幣と鋳貨の区分〉について、さしあたりいくつかの問題点を指摘しておかなければなるまい。まず、鋳貨といっても、その素材が何であれ人々の合意に基づいて流通していた古代や中世の鋳貨と、それに含まれる金属実質に流動性 (受容性) の根拠をおく商品貨幣としての近代の貴金属鋳貨とでは、本質的に区別されなければなるまい。しかも、それらが〈個数〉においてであれ〈金属重量〉においてであれ、計算貨幣として諸財の商品価値を尺度する限りでは、つねに「等価物」としてその持ち手を替えることにかわりはない。ただ、古代や中世の象徴的な鋳貨の場合には、鋳貨の貨幣単位とその素材の価格とはまったく無関係であり、したがってその素材の価格は絶えず変動しうるのに対し、近代鋳貨の場合には、鋳貨の貨幣名称はそのまま含まれる金属量の地金価格でなければならない為に、その金属素材の価格はもはや一般の商品のようには変動することなく固定されなければならなかった。(60) それゆえ、「観念的度量標準」としての貨幣が貴金属その他の素材に実体化してその一定量を表現するということが、そもそも「貨幣の本質」を損なうとするスチュアートの指摘は当たらず、貴金属鋳貨そのもの問題点というよりは、〈地金の市場価格と価格標準との乖離〉を招いた当時の貨幣制度上の不完全性（欠陥）という問題だったのである。

スチュアートは、「世界の揺籃期から、少なくとも人類の商取引について説明を遡らせることができる限りで、人類は、貴金属すなわち銀および金を共通の価値尺度として、また譲渡しうるすべての物に対する適当な等価物として採用してきた」という。そして、「商業が導入（introduction of commerce）される以前の、ひとびとが几帳面なまで正確に価値をはかる必要のなかった昔には、…それらの金属が度量標準としても、またあらゆる譲渡に際しての代価としても、十分に正確なものとして役立った。」しかるに「商業が導入されて以降、諸国民は、自分たちの利益と自負とを厳密な価値の等式（nicest equations of value）に換算することを学んできた」ことから、しだいに「これらの金属を、これまでどおり、尺度と代価の両方に利用することが不都合であることが明らかになった」と指摘する。(61) それゆえスチュアートは〈貨幣と鋳貨の区分〉が必要であるとし、それを制度化する貨幣システムが必要と考えたのである。

しかしながら、この〈貨幣と鋳貨の区分〉という問題提起についても、単純に価格標準（貨幣名称）の〈観念性〉と鋳貨の〈素材性〉との、一般的な対立と矛盾として論ずべきものではなかった。問題は、当時の貴金属本位制度がいまだ不完全なものであり、本位金属の地金の市場価格が「鋳造価格」の水準に固定されず可変的であったため、「価格標準」が有名無実化して、各国通貨は地金の市場価格を基準に交換レートを変動させるようになり、〈固定平価〉を維持するための貨幣システムとして機能しなかったことにあった。これとは異なり、貨幣の購買力を意味する「内在的価値」（物価水準）は、〈価格標準〉が安定的であるか否かとは全く関係なく、もっぱら景気の動向に左右されて不断に変動するものとして理解されなければならないものである[62]。本位金属の地金価格が〈価格標準〉から乖離しても、それ自体は物価には影響しない。ただ、地金価格の変動に対応させて一定金属量の貨幣名称としての〈価格標準〉が正式に変更されることになれば、結果として国内物価の名目水準に影響することはいうまでもない。

とはいえ、すでに一六九〇年代の貨幣の改鋳をめぐるロックとラウンズの論争において、絶えざる鋳貨の摩滅および削り取りや、本位貴金属の絶対量の不足による地金価格の平価以上への高騰、さらには公定比価からの市場比価の乖離等によって〈価格標準〉の変更を余儀なくされるなど、当時の貴金属鋳貨制度の欠陥が明らかになっていた。そうした中でスチュアートは、こうした近代の不完全な貴金属本位制度のもとで、国内的には〈価格標準〉を堅持しながら、対外的には固定平価システムを維持してゆくことの困難を、必ずしも適切とはいえないが、素材貨幣（商品貨幣）に一般的な「価値尺度と代価」の矛盾として表現したのであろう。

3 「不変の価値尺度」

〈貨幣と鋳貨の区分〉というスチュアートの問題提起は、結局のところ、周知の「不変の価値尺度」をめぐる問題に集約されるものである。当時の理論水準では、〈貨幣の価格〉としての本位金属の地金価格の固定（〈価格標準の維持〉という問題と、〈貨幣の価値〉としての物価水準（貨幣の購買力）の安定という問題とが、いまだ同一のレベルで論じられていた。商業取引が高度に進化し、信用取引に基づく債権としての金融資産が形成されると可能な限りで物価の安定を要請することになるが、しかしそれ以前に、開放経済体制の下で対外的に通貨の対外的価値の安定（固定平価）を維持することが、各国の通貨当局に課せられた必須の政策課題となっていた。当時はこれらの全く相異なる二つのテーマが、ともに「不変の価値尺度」の問題として論じられていたのである。スチュアートもまたこれらを同一に論じ、一方で素材貨幣としての鋳貨はその「内在的価値」(intrinsic value）の不安定性を免れ得ず、他方「象徴貨幣」(symbolical money）の安定性も、「それがつねに実体的な財産すなわち内在的価値に実現できるとは限らない」という欠点によって相殺されると、〈価格標準〉の安定性（尺度）と資産価値の保全性（等価）という〈二律背反〉を克服する新たな通貨システムを模索しようとしたのである[63]。しかしすでに指摘したように、本位貴金属の地金価格が変動したのは、それがもともと商品だからではなかった。問題は「価値尺度」と「等価」の矛盾ではなく、本位制度下で地金価格を公定の「鋳造価格」に固定できず、また金銀の〈市場比価〉の〈公定比価〉からの乖離を引き起こした当時の貨幣制度の欠陥にあったからである。

マルクスは『経済学批判』のなかでスチュアートの『原理』に言及し、スチュアートにおいては「貨幣の価値」と「貨幣の価格」、そして「貨幣単位（名称）」とが必ずしも明瞭に区別されて使い分けられてはいないと指摘する[64]。ウィリアム征服王以来の一ポンド＝二〇シリング＝二四〇ペンスという価格の度量単位（貨幣名称）の「比率」の固定性と、エリザベスの〈標準〉で一二〇分の一一の純度の標準銀一ポンド・トロイが六二シリングであるという貨幣素材の地金価格の安定性とが、そしてそれらとかかわりなく景気の動向によって絶えず変化する貨幣の購買力（価値）とが、しばしば区別されないままに「不変の尺度」(invariable measure）として論じられてきたことをいうのであろう。しかしスチュアートが「つねに等しい価値を維持し、諸物の変動する価値比率のあいだの正確な均衡点でいわば静止しているような貨幣だけが、それによって価値が計られる唯一の永続的で等しい度量標準である」というとき、「つねに等しい価値」というのは、本位鋳貨（正貨）場合には一定重量の地金価格の固定性であり、象徴貨幣の場合にはその一個あたりの貨幣名称の不変性であり、むしろ明瞭に区別していた。[65] ただ、スチュアートの『原理』においては、せっかく有効需要論を展開したにもかかわらず、本来の意味での「貨幣の価値」についてそれ以上言及することなく、もっぱら制度的・慣習的に固定された「貨幣の価格」としての〈平価〉の安定性を、「不変の標準」（invariable standard）の問題として取扱った。そしてそれは、何より本位制度の下における不完全な貨幣システムの改善こそが、資本主義成立期のイギリスに課せられた重要課題であることを認識していたからであろう。こうしてスチュアートこそ、近代の商品貨幣に固有に要請されるこの〈固定平価〉の制度的な諸問題についてはじめて体系的に論じた、近代貨幣理論の先駆者の一人として評価されなければなるまい。スミスやリカード、そしてマルクスをはじめとする〈貨幣商品説〉こそ、ともすればこうした現実の通貨制度上の諸問題について理論化することを怠ってきたことから、あたかも本位金属の素材価値（地金価格）の可変性を当然のことのように扱い、スチュアートが提起した問題の所在すら明らかにし得なかったのではなかろうか。[66]

近世から近代初頭にかけて、貨幣（鋳貨）が、〈固定平価〉の実現という対外的要請によって、国内においても一定重量の貴金属としての資格において流通性を与えられるようになり、それまでその市場価格を変動させてきた貴金属の地金価格を「鋳造価格」の水準に固定させなければならなくなった。にもかかわらず現実には、当時の貴金属［鋳貨］本位制度の制度的な欠陥によって、それらの貴金属の市場価格の公定価格（平価）からの乖離が生じ、政策当局はこうした本位貴金属の〈二重価格〉という非合理に対する対応を迫られていたのである。本位制度の下で、もし本位貴金属の地金価格が変動するならば、おのずから〈価格標準〉は有名無実化して為替相場と物価の名目的な変動を伴うことになる。ここにスチュアートのいう〈貨幣と鋳貨の矛盾〉が生ずるのであった。こうして「不変の価値尺度」の問題は、近代の商品貨幣に宿命的な、本位貴金属の公定相場、（平価）と市場価格との乖離の問題ということになろう。

すでに検討したようにロック‐ラウンズ論争の段階では、この銀の「鋳造価格」と市場価格の乖離、そして削損鋳貨の流通という、この悪循環の連鎖をいかに技術的に断ち切るかをめぐって議論が展開された。それゆえ論点も、一時的な改鋳に際して、有名無実化した旧平価への復帰か、それとも新たな地金価格水準での改鋳（公定標準の変更）かの選択の問題に尽きるものであった。スチュアートもまた、ロック‐ラウンズ論争を踏まえ、不完全な金銀複本位制下の固定平価の維持の困難という現実に直面し、ハリスの改鋳案に対する批判を行った。すなわち、ギニーの価格を二一シリングから二〇シリングに引き下げて〈銀の価格標準の引き上げ〉を主張したハリスに対し、スチュアートは逆に〈銀標準の引き下げ〉で対応すべきだと主張する。これは鋳貨の計算単位の価値が、造幣局の規制によってではなく、市場の現実の評価に基づく「内在的価値」によるべきだとの、スチュアートの基本的な考え方に基づくものであろう。確かにハリスの「重鋳論」に比べれば現実的な対応といってよいが、そもそも〈市場比価〉の変動を如何に制度的に阻止するかという視点が欠落していたことは否めない。

貴金属本位制は、ヨーロッパに大量に流入した金銀の流通によって各地の局地的な商業がグローバル・ネットワークの中に編入されていったヨーロッパ世界経済の成立局面で必然的に要請されたものであるが、しかしそれを保証し維持するための自由鋳造制度は、いずれの諸国においても完全な姿で実現されることはなかった。これまで多く指摘されてきたが、財政基盤の脆弱なヨーロッパ各王室はしばしば地金の持ち込みに対して、鋳貨の額面価格から鋳造税（seigniorage）を差し引いた額を「鋳造価格」（mint price）として渡していたにすぎず、はじめから地金の市場価格ともいうべき「鋳造価格」は鋳造貨幣の「額面価格」から乖離していたといってよい(67)。しかしより重要かつ深刻な問題として、自由鋳造制といっても、近代初頭の国内産業の拡大に伴う通貨需要の増大に苦慮していたヨーロッパ諸国のほとんどで、鋳貨の輸出とともにその自由な溶解をも厳しく制限禁止するという不完全なものであった。そのため、対外的な支払いのための地金需要が増大した際には、地金についてはそ

の価格にプレミアムが発生し、しだいに公定平価と地金の市場価格との〈二重価格〉がいわば常態化していたのである。(68)

さらに、こうした近代ヨーロッパの貴金属鋳貨本位制はいわば自生的に制度化されたものであったから、しばしば複数の貴金属がそのまま貨幣素材に用いられていた。それに対応すべく、イギリスなどではそれぞれそれらの〈公定比価〉を定められていたが、こうした固定比価は交易関係のあるすべての諸国で一致している場合には容易に維持されえても、一般には、いずれか一方の貴金属の国際相場の変動によってそれとは異なる〈市場比価〉が形成され、金銀複本位制はいずれ崩壊せざるをえない命運にあった。一七六〇年当時の金銀の市場比価は一：一四・五であったが、一七一七年のニュートンの鋳貨改革で一ギニーが二一シリングに引き下げられ、公定比価は一：一五・二になっていた。こうした金銀比価の変動によって、無制限な本位金属の買い入れと売却に応じたにしても、割安に評価された鋳貨（シリング銀貨）の流出（溶解と輸出）に歯止めをかけることは困難であり、「平価」の維持を難しくしていた。

スチュアートは、〈貨幣と鋳貨の峻別〉という手続きを経て、近代の商品貨幣システムに固有な固定平価の原則と、通貨システムの不完全性に由来する平価からの市場価格の乖離という現実、〈本位貴金属の二重価格〉について、「価値尺度と等価物との二重の機能の矛盾」という彼なりの方法に即して詳細な検討を加えたのであった。(69)こうして、「不変の価値尺度」の探求という形においてではあるが、あくまで商品貨幣システム（貴金属本位制）の制度的枠組のなかで、固定平価を維持しながら必要なだけの通貨を確保しうる通貨政策について、現代にも通用する水準で、いくつかの画期的な提言を行ったのである。

4　紙券信用の理論

『原理』第三編におけるスチュアートの貨幣理論は、計算貨幣（観念的な度量標準）としての貨幣の本性に即して、「等価物」としてのその鋳貨形態が免れ得ない制約を明らかにし、ヨーロッパ世界経済の成立期に慣習的で自生的な貨幣秩序として成立した各国の鋳貨本位制度の限界を、何よりも国民経済の成長に必要な貨幣供給量の確保の困難に求めた。スチュアートのいわゆる〈有効需要の理論〉も、こうした資本主義成立期のヨーロッパにおける貨幣の近代史の中ではじめて正当に評価できるものである。たしかに、本位金属の地金価格の「鋳造価格」（固定平価）以上への騰貴や、金銀の〈市場比価〉の〈公定比価〉からの乖離に伴う価格標準の有名無実化は、いずれも結局は、市場のグローバルな拡大と国内産業の発展に対して、ヨーロッパ諸国が不十分な量の本位貴金属しか保有していなかったことに原因するものだったからである。このことは、とりわけ各国の国民経済が自律的な成長をとげるようになった一八世紀に入ってより深刻な問題となり、そこで一七世紀末から一八世紀にかけてＨ・チェンバレンやＪ・ブリスコウ、Ｎ・バーボンらの、多くの「土地銀行論者」を生み出すことにもなった(70)。

ところでスチュアートは、ヨーロッパ各国の国内流通を、必ずしも世界市場に一体化したものとして捉えるのではなく、それからは相対的に独立した独自の通貨圏と位置づけ、そこにおいては「銀行券、銀行預金、手形、債権および商人の帳簿」などのさまざまな象徴貨幣が貨幣代替物として十分に機能しうることを理解していた。これに基づいて『原理』第四編では、信用制度について、利子の支払いを基礎に成立する債権・債務関係と理解したうえで、それを資本主義的発展に伴う貨幣の流通必要量の不足を補う通貨システムとして、「象徴貨幣」の発行に即した紙券信用（信用創造）の理論を展開した。信用の確立によって、「鋳貨は、私の考えでは、国内流通を推進するのに絶対不可欠なものだとはいえない」と言うまでになった。そして、チャイルド以来の利子率の人為的引き下げ案について一応はロックの反対論に与し、安易な法定利子率の引き下げはむしろ国内の流通貨幣量を減少させて消費を抑制しインダストリを阻害するだけであると、需給によって決定される市場利子率を何よりも重視した。すなわち、商工業の発展のためには利子率を低水準に誘導すべきとのチャイルドの「公理」そのものは否定しないが、しかし貸付市場・土地市場・公債市場が併存し、しかも国際的な資本移動が自由に行われるという一八世紀の現実のヨーロッパ世界経済の環境において〈法定利子率〉を〈市場利子率〉以下に引き下げるならば、資本の海外流出や銀行券の兌換要請を招いて信用の収縮と破綻を招くだけであると反対した。むしろ、土地に代表される「財産の溶解」を通じて市場を貨幣で「充満」させるべきだと、新たな銀行制度の樹立を提言したのである。

銀行についてスチュアートは、「流通の促進」に積極的な役割を果たし「国内流通を作動させるべくつくられた大エンジン」として機能すると位置づけ、それを更にアムステルダム銀行に代表される「預金の銀行」(bank of deposit)と、銀行券を発行する「流通の銀行」(bank of circulation)とに大別して論じた。そして、せいぜい〈帳簿上の信用〉によって支払い手段や流通手段の節約に寄与するだけの前者の「預金の銀行」よりも、新たな象徴貨幣を創造して積極的に流通手段の不足を補う後者の「流通の銀行」の方を高く評価したのである。そしてこの「流通の銀行」のなかでも、とりわけ、さまざまな担保に基づいて銀行券を発行する「私的信用にもとづく銀行」(banks upon private credit)こそが、無担保で商業手形を割り引くイングランド銀行のような「商業信用にもとづく銀行」(banks upon mercantile credit)以上に、その信用の堅実さにおいて評価されるべきであるとした[71]。それは具体的には、銀行が土地を担保に地主に銀行券で貸付けを行い、こうして信用を供与された地主の奢侈的支出を通じてトレードとインダストリが促進されるであろうと、いわゆる「土地銀行」(land bank)

の設立を構想した。すなわち、信用がもっぱら貨幣的現象としてとして捉えられており、次のような通貨供給システムが想定されていた。

「……一国の通貨は、つねに、そこで規則的に行われるトレードとインダストリ、消費および譲渡に比例している。その国内にすでにある貨幣がこれらの目的を遂行するのに十分でない場合には、その不足分に等しい不動産の一部を、すでにこう呼んだように、溶解（melt down）し、紙券のかたちで流通させることができよう。この紙券がその比率をこえて増加するやいなや、ただちに流通していた紙券の一部が債務者のもとに還流し、それはふたたび現金化（be realized）されなければならない。[72]」

この場合、銀行の設立時に出資された資本ストックとは違って、担保の土地は、それを銀行が直接に発行する銀行券の支払い準備にあてられるわけではないから、正確には土地の不動産価値が銀行券に「溶解」されるというわけではない。また、こうした銀行券の流通の根拠は、直接には、あくまで銀行の支払い準備に対する「私的信用」にあるのであって、不動産担保にあるわけでもない。むろんこの担保によって、地主に貸付けられた元本だけはつねに保証されるわけだから、年々の利子さえ支払われうる限り、この地主と銀行との債権・債務関係は継続され、さらに拡大されうるであろうという。「貨幣に対する一定の利子を永久に支払うという十分な保証を与えうる人は、たとえ元本を返済する能力が決してないことが明白であったとしても、いかなる額に対しても信用を獲得するであろう」という指摘も、かかる意味で理解できる。しかしながら、それに伴う銀行券発行量の増大に見合うだけの支払い（兌換）準備の保証が現金のかたちで銀行にない限りは、銀行経営が行き詰まることに変わりはない。

こうして、銀行券の流通が貴金属鋳貨の流通と併存している実際の貨幣、信用システムを想定する限り、土地を担保にした銀行券の発行（信用創造）とはいっても、やはり本位貴金属による制約を免れず、それをスチュアート自身も十分承知していた[73]。ここに、ジョン・ローのきわめて投機的な発券銀行論とスチュアートの紙券信用論との基本的な相違があった。ただ、「象徴貨幣」とはいっても強制通用力に基づく国家紙幣とは異なり、銀行券も一般の流通手形と同じように債務者（銀行）の支払い能力に対する信用を基礎にしてはじめて流通性をもち、貨幣代替物としても機能しうるものである。それゆえ、「信用の対象は貸付けられた貨幣であり、貸付けの基礎は利子の支払いである」と〈取引の継続性〉に信用の根拠を置く理解と、「信用の本質とは、目にみえ手にふれることのできる支払いのファンドにもとづいて打ち立てられた信頼である[74]」と〈担保〉に根拠を置く理解とでは、内容的にずれがみられた。

スチュアートの信用理論では、手形割引を主たる業務とする「商業信用にもとづく銀行」についての十分な考察を欠いたとはいえ、発券銀行による信用創造の理論に基づく近代的信用制度の分析への一つの方向性を明確に志向していた。スチュアート『原理』においては、遊休資金の社会的な融通関係に即した個別資本の蓄積機構の分析は視野になく、もっぱらマクロ的な視座から、すでにみてきたような貴金属鋳貨の流通に依存する通貨システムのさまざまな制度的制約をいかに克服するかを当面の課題にしていたからであろう。したがって、『原理』の貨幣信用論において、信用制度のもつ通貨供給の側面を中心に考察されたのも、蓋し当然であった[75]。

第4節　外国貿易と貨幣システム

1　外国貿易と不均等発展の理論

J・スチュアートは『経済学原理』において、国民経済を持続的に成長することによって人々の生活に「洗練」さを実現していくものと捉え、その長期的な経済発展に伴う不可避な種々の不均衡についてステイツマンがいかに対応すべきかを論じた。文明の発展を支えるそれぞれの国民経済の成長と発展について、既に見たようにスチュアートは、①初期商業の段階、②外国貿易（対外商業）の段階、③国内商業という「トレードの三段階」に区分し、しかもそれらが世界的規模で跛行的に併存し、相互に関連しながら推移していることも想定していた。それゆえ、ヒュームらの「正金配分の自動調節論」が想定するような国際均衡は、非現実的な想定と理解していたことになろう。

貴金属本位制のグローバル・ネットワークの中にリンクされていたとはいえ、それぞれ不均等な発展段階にある各国国民経済は、世界市場で極めて熾烈な競争関係にあって極めて不安定なものとして捉えられた。それゆえ、スチュアートがステイツマンによる助力を必要とすると考えたのも、しばしば言われてきたように、決して彼が亡命中のいまだ幼年期の段階にあった大陸の「市民社会」しか見ていなかったからではない。開放経済下の「外国貿易」の段階にあるイギリスの商業社会を想定してステイツマンの役割を論じたのであり、日々の競争に曝され、また需給の拡大的均衡による安定した成長も時として「調子が狂う」ことから、「経済的自由主義の原則に則りつつ」もそれを「穏やかに誘導する」ような何らかの経済政策が不可欠だと考えたのである。(76)

スチュアートにおいては、「初期商業」段階のみならず、「外国貿易」の段階においても、また最終の「国内商業」の段階においても、国民経済の不断の成長はそれぞれの段階に固有の不均衡を招くものとして捉えられた。この成長は、「新機軸」と呼ばれた諸種の技術革新等によってもたらされるものと考えられ、それは結果として「農業と工業」の不均衡、や「仕事と需要」の不均衡、「富」の不均衡、さらには国際収支の不均衡など、様々な不安定要素を免れ得ないものとして論じられている。そして、この商業社会が不断に発展していくためには、何よりも、「富者の消費性向」と「貧者の勤労意欲」の合計額に「流通貨幣の比率」をバランスさせることが必要だとしていた。(77)

スチュアート『原理』においては、あくまで国民経済の持続的な成長が一貫した課題であり、それゆえ〈短期的均衡〉の問題もさることながら、むしろ〈長期的不均衡〉に関心があり、たとえばヒュームの自由貿易論におけるような安易な国際均衡論には与しなかった。後に詳しく見るようにヒュームは、貿易収支の不均衡はそれを均衡させる貴金属の流出入とそれに伴う国内物価の調整によって、長期的には国際間の均衡が達成されるとして〈貿易差学説〉を批判した。これに反してスチュアートは、経済発展のいずれの段階にあっても国民経済の成長は新たな不均衡をもたらすがゆえに、各国政府は持続的成長のためには、そうした不均衡を是正する政策を遂行しなければならないと考えたのであろう。まず「初期商業」から「外国貿易」の段階への飛躍のためには、農業や「幼稚工業」の育成を図らなければならず、自国製品に技術的な輸出競争がつくまでは、技術開発を促進させる意味で「高利潤」を保証する徹底した保護主義的政策が必要だとした。次に「外国貿易」の段階では、高利潤政策に終止符を打ち、製品価格を国際相場の水準まで引き下げて人々の生活様式を「洗練」させることも可能になるが、それでも貿易差額によって流入する海外からの貴金属のうち、「一国がその流通に必要な量を超えて所有する通貨の量」、すなわち過剰流動性があれば、それを新たな投資にまわすことを促進する施策をとらない限り、新たな不均衡を招いて輸出は停止し、持続的成長は困難になると考えた。(78) スチュアートは自らの時代を、すでに第一段階の保護主義を脱した、この開放経済下にある「外国貿易」の段階に位置づけていたのであった。

ところでウォーラーステインは、一七世紀以降のヨーロッパ世界経済において、「通貨としての地金の流れは、ヘゲモニー国家が他国より優位に立つメカニズムのひとつ」であると、次のように指摘する。「ヨーロッパ世界経済の内部における地金の流れは、各種の金融決済機構に依存しているばかりか、特定の国が総供給量をどこまで支配できるかという点にもかかっていたのである。一七世紀のいわゆる貴金属の欠乏に関する論争が生じるのは、まさしくこの点においてである。」スチュアートが経済発展の第二段階である「外国貿易」の段階と位置づけていたのも、まさしく一七、一八世紀の貴金属の流通を介してグローバル・ネットワークとして編成されていた、こうしたヨーロッパ世界経済の現実の姿だった。(79) それゆえ一八世紀ヨーロッパ経済における現実の「自由貿易」政策は、決してヒュームやスミス、そしてのちのリカードが想定するように、各国に対して対等の条件下で互恵的に作用したわけではない。現実には、政治的にも軍事的にも、また経済的にもそれぞれの時代の「主導的国家」に導かれて発展し、周辺国はむしろ従属的であった。「初期商業の段階」にある周辺国は、金融的には本位制度によって基軸国の通貨へリンクさせながらも、貿易においては、将来の工業化に向けた保護政策の使い分けを必要とした。それゆえ、ヒュームをはじめとする市場の国際均衡論（正金配分の自動調節論）は、そもそもはじめから基軸国に主導されたグローバルな経済成長という視点が欠落しており、各国の勢力均衡とその維持という非現実的な想定の上に立つものでしかなかった。

こうしてスチュアートの商業社会論においては、国内的にしろ国際的にしろ、経済発展は何らかのリーディング・セクターによって牽引されるものとして把握されており、その波及効果は必然的に不安定（不均衡）要因として作用するものと考えられていた。[80]すなわち、不安定な幼年期の段階の商業社会を想定していたからではなく、長期的な発展のプロセスに従って商業社会を論じ、ヒュームのような静態的な正金配分論やスミスの「自然価格論」などの市場均衡論とは無縁だったのである。自由な「外国貿易」が行われる第二段階においても持続的成長を維持するための政策が必要としたが、それは「初期商業」の第一段階の保護主義政策とは異なるものであり、両者は同じものではない。

2　世界市場と多角的決済機構

スチュアート『原理』の第二編及び第四編における価格決定の論理において、すでに竹本洋の研究もあるように、「スチュアートは、財市場と貨幣市場（貸付市場）と資産市場（債券市場・土地市場）とを統一的な視野におさめるとともに、国内市場（国内流通）と世界市場（対外流通）とを分断せずに把握する視点をも獲得したのである。[81]」すなわちスチュアートの関心は、国内における需要と供給の変化に伴う価格の絶対的・相対的な変動の分析もさることながら、いずれかの国において本位貴金属の市場価格と鋳造価格の乖離が生じて為替相場が変動するようになった場合に、それが金融のグローバル・ネットワークの中でいかに調整されて行くか、そしてそれを回避するために各国は如何なる貨幣制度の改革（貨幣システムの近代化）を行わなければならないかを明らかにすることにあった。スチュアートが「貨幣と鋳貨の矛盾」として取り上げた問題も、グローバル・ネットワークとしての世界市場における各国の連携が、貴金属の流通を介して形成されたものであるにもかかわらず、しばしばいずれ地金銀の不足による地金価格の「鋳造価格」からの乖離やそれを原因とする削損鋳貨の流通が、かの国で〈価格標準〉の変更とそれに伴う物価の名目的変動、及び為替相場の変動を余儀なくしてきたことに、いかに対処すべきかをめぐるものであった。貴金属本位制の下では、貨幣単位（価格の度量標準）は一定重量の本位金属の名称として一定不変でなければならないにもかかわらず、それが地金価格の変動によって有名無実化することは、為替相場の変動を伴って安定した外国貿易を損ない極力回避すべきだというのが、スチュアートの基本的なスタンスだった。

持続的成長のためには安定した外国貿易が維持されなければならず、そのためには固定平価制度を維持していかなければならないが、貴金属鋳貨本位制という、しかも金銀複本位制度という、当時のヨーロッパ各国の自然発生的な国際金融システムのもとでは、これまで見てきたような様々な制度上の困難を免れ得なかったのである。スチュアートがその解決策の一つの手がかりとして、固定平価制度の意義を看過したのは問題ではあるが、アムステルダム銀行の銀行貨幣（フロリン・バンコ）に、金銀に代わる普遍的な「不変の価値尺度」としての「国際通貨」の〈可能性〉を求めようとしたのも肯けよう。国内流通は「社会の貨幣」（money of the society）としての紙券通貨に代位させていわば事実上の〈地金本位制〉に移行し、価値尺度のために流通する貨幣と平価を固定するための金属準備とを分離させることができれば、〈価格標準〉の安定を図るというだけでなく、更には「世界貨幣」（money of the world）としての金銀による制約についても、多角的決済機構によって最小限に回避できるものと考えられるからである。(82)

ただ、金銀の市場価格が「鋳造価格」から乖離し、各国通貨制度と国際金融に混乱をもたらしたのは、しばしば誤解されているように、そしてまたスチュアートもそう考えたように、何も金銀が本来的に貴金属商品としてその価値の変動を免れないからではない。本位金属として定められたにもかかわらず、第一に、自由鋳造制の下での無制限の買い入れと売却の要請に対応できるだけの準備が通貨当局になかったことや、第二に、本位制度が複本位制として制度化されたにもかかわらず、当時のイギリスのようにギニー金貨だけは市場比価で取引されるという極めて不完全なものであったこと等から、仮りに当該国に十分な金属準備があっても、海外市場での金銀の市場比価の変動による影響を免れ得ない貨幣システムだったからである。周知のようにアムステルダム銀行は、鋳貨ないし地金での支払いは行わず、銀行貨幣で信用供与を行い、同行に流入してきた金銀貨は銀行内に保蔵した。スチュアートは、これによって金銀貨が「商業の圏外」におかれたために、金銀はもはや商品としての価値の変動を免れるだけでなく、また市場比価の変動による影響も受けなくなったと理解し、同じ試みをイングランド銀行にも期待したのであろう。確かに、自然発生的な国際金融としての貴金属鋳貨の流通に依存した国際通貨システムの限界を指摘し、新たな多角的決済機構へ移行を提唱したことは、のちの〈ポンド・スターリング体制〉への移行を予感させるものとして高く評価することができる。しかし、これをもって金銀が「商業の圏外」におかれ、商品としての価値の変動を免れることで、「鋳貨と貨幣の矛盾」を解決することになると理解するのは適切ではなかった。

そもそも問題は、商品としての金銀の価値の変動にあるのではなく、金銀貨の「鋳造価格」と地金の市場価格との乖離にあり、一般物価の変動に左右される金銀価値の変化とは直接関係しない。仮りに金銀貨がアムステルダム銀行に閉蔵されたにせよ、それが可能であったのは、国際取引がアムステルダム銀行の銀行勘定での振替を通じて処理され決済されるという、多角的決済機構がすでに出来上がっていたからに他ならない。この銀行貨幣（フロリン・バンコ）が国際通貨としての流動性をもちえたのも、アムステルダムが一八世紀における世界商業と国際金融の基軸的地位を占めており、しかも閉蔵されていた金銀貨及び地金にその信用が担保されていたからであって、それが単なる「観念的計算貨幣」だったからではない。こうした金融ネットワークに裏打ちされて初めて、その一単位は一定重量の貴金属を代表するものとして、各国為替相場との安定した交換レートを維持し得たのである。[83] この一八世紀初めのヨーロッパ世界経済における多角的決済機構の成立について、ウォーラーステインはプライスやスパーリングの所説に基づきながら、それまで世界貿易の拡大を支えてきた銀の供給が、一六六〇年以降急激に収縮し始めたことから急激に為替手形の使用が増え、それを処理するためにアムステルダム＝ロンドンに国際決済センターが成立していったことを指摘している。この時期に信用手段の少数者への集中と、それに関連して国際的多角決済機構が発展していったというのであるが、スチュアートの銀行貨幣論もこうした歴史的事実と符号するものであろう。[84]

またスチュアートは、商業社会の最終段階である「国内商業」の段階になれば、それまでの貿易差額による貴金属の流入に先導された外需依存型の経済成長は終焉を迎え、国民の消費水準の上昇が諸製品の国内価格を引き上げる為に、貿易収支の恒常的な赤字を招いて、外国貿易の停止という新たな局面に移行するという。この将来の来るべき「国内商業」の段階は、むしろアダム・スミスの『諸国民の富』が想定するような〈内需主導型〉の経済成長モデルに近いものだったのではなかろうか。そこでの国内流通は、スチュアートの場合もスミスの〈金紙代替論〉を先取りした形で、土地銀行の発行する銀行券等に賄われるものとされ、貴金属は通貨の対外価値の保証と対外的支払いのみに限定されるものになっていた。

3　スチュアートからスミスへ

これまで見てきたように、資本主義世界経済はまず「世界貨幣」としての貴金属のグローバルな流通を通ずる自主的な市場秩序として成立し、それが一つの社会経済システムとしていわば内部化してゆくなかで、西ヨーロッパ中枢に〈営業の自由〉の体制としての近代市民社会を形成した。近世から近代初頭におけるヨーロッパ各国の貴金属鋳貨本位制は、いわばこうした歴史の所産としての自主的な貨幣秩序であり、その成立過程でもともとは単なる貨幣名称にすぎない各国の〈価格標準〉も、それぞれ一定重量の本位金属の公定価格（平価）に固定されていった。しかしながら、この自生的な貨幣秩序としての貴金属鋳貨本位制が、いくつかの理由でかならずしも完全な通貨システムとして作動しなかったことから、地金価格の「鋳造価格」からの乖離、あるいは金銀の〈公定比価〉の〈市場比価〉からの乖離等によって、しばしば公定平価を有名無実なものにしてしまった。それにより、単なる「貨幣呼称の政策的な変更」とは違って、すでに築き上げられている債権・債務関係までも否定しかねないような不断に進行する事実上の〈価格標準〉の変動という、市場経済にとって異常な事態を招いていたのである。

スチュアートは、こうした近代初頭の西ヨーロッパにおける貨幣（鋳貨）をめぐる混乱と論争の原因を、自主的に制度化された貴金属本位制度のもとにおける「貨幣と鋳貨」の矛盾としてとらえた。すなわち、〈貨幣の商品化〉のなかで「計算貨幣」（価格標準）と「等価物」という二つの機能を同時に担わざるをえなくなった近代貨幣（鋳貨）の現実の二律背反構造をあきらかにし、その制約を踏まえたうえで、産業資本の自律的な蓄積機構を形成するに至った資本主義世界経済の新たな発展段階に対応しうる、あるべき貨幣・信用システムについて検討しようとしたものである。(85)

そこでまず、『原理』第一、二編では、近代社会を「自由な人間が、交易を通じてあらゆる欲望の充足に対応できる手段を手に入れるために、創意に富んだ労働にいそしむ」、「洗練」された「勤労社会」（industrious society）と位置づける。そこでは、貨幣はなによりもまず人々の無限の欲望（利己心）の対象である「等価物」と位置づけられており、それに基づいて第三、四編では、こうした近代貨幣の商品（等価物）性が〈価格標準〉の不安定性の原因になるということから、これら二つの機能を矛盾なく両立させうるような新たな通貨システムの確立を、独自の象徴貨幣（紙券信用）論のなかで模索したのであった。

スチュアートの貨幣金属説に基づく貨幣数量説批判は、たしかに一面ではアダム・スミス以降の貨幣商品説の先駆をなすものといってもよいが、しかしそれは当時のヨーロッパ諸国の〈固定平価〉と〈自由鋳造制〉という具体的な通貨事情に即したものであり、むしろロック‐ラウンズ以来の貨幣金属説に位置するものであって、W・ペティからアダム・スミスへの労働価値論の系譜における貨幣商品説（理論的金属説）とは基本的に異なるものであった。われわれはここに、労働・資本・土地からなるもっとも基本的な生産諸要素の各生産部門への適正な配分機構に即して「自然価格論」を展開した古典派経済学と、商品に対する貨幣の購買手段としての能動的な機能に即して価格形成と経済成長を説くスチュアート〈有効需要論〉との、それぞれの市場分析の方法的な分岐点を見ることができる。いうまでもなく、貴金属をも含む諸商品の相対価格（交換比率）の決定原理を説くだけの自然価格（生産価格）論のアプローチにおいては、一七、一八世紀に多くの英知を悩まし続けてきた〈価格標準〉の問題も、単なる〈貨幣名称の変更〉というノミナルな問題につきることになり、その意義が理解されえなかったのも蓋し当然であった。

自由鋳造制のもとでは、過去に生産されて保有（蓄財）されている貴金属はすべていつでも市場にでることのできる潜勢力をもつから、その鋳造と溶解をくりかえす無規律的な運動は、価格形成的な市場において諸商品価格の絶対水準を左右することにもなる。それをスチュアートは、近代の「自由社会」に固有な不安定要因の一つと理解したのであろう。ただこの不安定性を、もっぱら「富者」の奢侈的消費への性向という恣意性に原因するとし、貨幣と市場機構に即して明らかにし得なかった。そこにスチュアートの有効需要分析の方法的限界が指摘されなければならない。しかし同時に、こうした近代的市場の免れ得ない無規律性、不安定性は、貨幣をも単なる一商品に解消し、市場をもっぱら生産諸要素の効率的な配分の機構という一面だけで論じた、古典派経済学の

「自然価格論」の射程にも入り得ないものだった。

スチュアートにとっては、何よりまず、実際に流通する鋳貨の貴金属重量に〈価格標準〉が一義的に依存するような当時の不安定な貨幣秩序を改革し、いかにして対外交易と固定平価を維持しながら必要な通貨供給量を確保しうるかが当面の課題であった。そのため、さしあたり摩滅や削盗を免れ得ない鋳貨の重量と固定されるべき〈価格標準〉とを切り離すことが、何より要請された。対外的な支払い準備とは別に、国内通貨の「象徴化」が必要であることを、スチュアートはいちはやく理解していたのであり、まさにアダム・スミスのいわゆる〈金紙代替論〉の先駆といってよい。こうして、しだいに補助貨幣化していった鋳貨や、それと同じ役割を果たす信用通貨の供給によって、スチュアートは政策的に有効需要を拡大することが可能になると理解していた。それゆえ、自律的な蓄積にともなう国民経済の拡大深化のなかで、当時の鋳貨本位制度のもとでの貨幣供給量の限界を踏まえて、スチュアートが、本位貴金属のいわば代位貨幣として位置づけられた「象徴貨幣」の流通に依拠する通貨システムを構想したことは、評価できる。それは、「等価物」と〈価格標準〉という近代貨幣の矛盾する二側面を、いわば制度的に分離するようなシステムにほかならず、「地金論争」と「通貨論争」を経て一八四四年の「ピール条例」の制定にいたるイギリスの金本位制の展開過程の基調は、結果的にみれば、こうしたスチュアートの通貨改革案の延長線上にあったといっても過言ではない。

注

（1）　ハリス、ヴァンダーリント、ヒュームの自由貿易論、及びスチュアートの『経済学原理』の学説史的な系譜と位置付けについては、小林昇による研究（『小林昇経済学史著作集』Ⅲ－Ⅴ、未来社、一九七六年）を参照。そこでは、一方におけるハリスやヒュームの貨幣数量説と「正金配分の自動調節論」に基づく保護主義への批判と、他方におけるスチュアートの需要供給論に基づく数量説批判とをいわば批判的に統合したものとして、アダム・スミスの『諸国民の富』が位置づけられている。

（2）　一七四五年の「ジャコバイトの乱」に加担して大陸へ亡命していたスチュアートは、そのヨーロッパ滞在中に当時のヨーロッパの政治経済問題への関心を高めたといわれる。ドイツのチュービンゲンで一七五五年頃から『原理』の執筆を開始し、その第一、二編をほぼ一七五八年までに仕上げ、ドイツ鋳貨史の研究を踏まえて一七六〇年には第三編を書き上げたと推測されている。一七六二年に許されて帰国したあと、アントワープに滞在中のアムステルダム銀行の研究と、帰国後のスコットランドの銀行制度の分析をもとに、一七六六年までに第四、五編を執筆した。

（3）マルクスは『経済学批判』において、「貨幣の観念的度量単位説は、サー・ジェームズ・スチュアートにおいて、かれの後継者ら……が、ひとつの新しい言いまわしも、ひとつの新しい例も見い出せなかったほど、完全に展開されている」と評価しながらも、もっぱら労働価値説の視点から、スチュアートが「価値の尺度と価格の度量標準との混同」したことを批判したにとどまった。（Karl Marx. *Zur Kritik der politischen Ökonomie*. 1859. S.78-80. Dietz Ver., 1968. 武田・遠藤・大内・加藤訳、岩波文庫、九六―九八頁）

（4）個数で取引されて計算貨幣として機能していた象徴的な通貨とは別に、古くから計算貨幣として機能することなく、もっぱら現在の余剰を将来の支出のために蓄える手段として利用されていた貴金属鋳貨の存在が知られている。例えば、一六六三年のギニー金貨以前に流通していた旧ソヴリン金貨も、その価格（銀価格）を変動させながらも人々に広く受け入れられていた。それは鋳貨の姿をとっているが、計算貨幣としての機能を果たすことのない奢侈財（商品）として蓄蔵手段の役割を果たしていた。

（5）イングランドにおけるポンド（Pound）の歴史は、すでに八世紀の初頭の頃からさまざまな意匠をほどこされて鋳造された、「ペニー」とよばれる小さな銀貨にはじまるとされる。それはサクソンのあらゆる王国に広がり、個数で支払いと受取がなされて、その二四〇個がつねにポンドとよばれていた。これらの中世のポンドは、金属の価値からほとんど独立した計算単位であり、債権・債務関係がさまざまな純度と重量の貨幣の個数計算によって決済されていた。ノルマンとイングランドの諸王がイングランドの商人たちに見守られて「イングランド古来の正しい標準」に復帰することに心掛けてきたこともあり、比較的に純度の安定していたペニー貨は、一二世紀頃にはすでに「スターリング」（sterling）とよばれて大陸でも高く評価され、世界の各地で通商用の銀として用いられていた。こうしてイングランドにおいては、価格の度量単位としてのポンド・スターリングが、近世から近代初頭にかけての世界商業の飛躍的な発展のなかで、しだいに一定重量の銀の貨幣名称としての社会的な属性をあたえられていった。それゆえ貴金属鋳貨は、しだいに単なる価値の標準尺度（standard measure）としてのみならず、新たに等価物（equivalent）としても機能するようになっていった。

（6）「貨幣単位が全面的に鋳貨に固着されている国では、その現実の価値はその鋳貨の法定標準にしたがうのではなくて、債務が支払われる通貨の現実の価値の平均にしたがう。」（Steuart. *Principles*, vol.2, p.332.）

（7） Fearveayear. *op.cit.* pp.142-145.（前掲訳、一五九―一六三頁）

（8） ホートーレイは、ギニー金貨のプレミアムが高騰した理由の一つとして、市場に流通していた銀鋳貨が不完全であったことをあげ、このプレミアムが一六九六年からの銀貨の改鋳後においてもいぜん発生していたことを指摘している。（R. G. Hawtrey. *The Gold Standard in Theory and Practice*. 1927. pp.60-61.）

（9） クラッパムはギニー金貨の流通の定着について、その引金になったのはブラジルでの金の増産による相対価格の低下にあると指摘する。「二一シリングではギニー貨がいささか過大に評価され、金の増産につれていっそう過大に評価されることになったため、その決定は、銀貨―名目的に本位貨であった―を名目貨幣の地位に徐々に下落させた。はやくも一七三〇年に、造幣局長官が書き記しているように、〈イングランドにおけるすべての支払いのうち、八、九割あるいはそれ以上がいまや金でなされている。」（J. Clapham. *The Bank of England*. 1944. vol.I. pp.131. 英国金融史研究会訳、ダイヤモンド社『イングランド銀行』I、一四八―一四九頁）その後、ラフリンによれば、一七六〇年までに金の価格は下落して、比価は一対四・一四にまで下がったという。（J. L. Laughln. *A New Exposition of Money Credit and Prices*. vol.1. p.153.）

（10）「この国の彪大な国内商業ないし国内取引は、主として銀によって……いとなまれている。あらゆる種類の労働者、手工業者、製造業者は、その日賃金を銀で支払われている。彼らの受け取るものが彼らの標準であるということは明々白々であって、労働はいっさいの富の基礎なのであるから、その価格の支払いにひろく用いられるところのものは、……国民の真の標準であるであろう。」（Harris. *An Essay upon Noney and Coins*. p.91. 小林昇訳『貨幣・鋳貨論』東京大学出版会、二四〇頁）

（11） ハリスはロックのように、〈価格標準〉の安定をはかることと、「イングランド古来の正しい標準」へ復帰することとを、同一視しなかった。金銀複本位制のもとで、イギリスにおける金銀の公定比価が国際相場に較べて金に高くなり、それゆえ市場の強制力は銀の地金価格を引き上げる方向に作用した為、あくまで銀本位のもとでの〈価格標準〉の安定に固執したハリスは、ギニー金貨の価格の引き下げを主張した。

（12） 銀貨による支払いを二五ポンドに制限した一七七四年の「銀貨支払い制限法」以後、イギリスにおいて銀貨は法貨としての地位を金貨に明け渡し、次第に補助貨幣としての性格を強めていった。その後、一七九八年には支払い制限にくわえて銀貨の「自由鋳造」も禁止され、ついで一八一六年のGold Standard Actにおいて金本位制が制定された。一八二一年にはそれまでのギニー金貨が廃止され、新た二〇シリングのソヴリン金貨が発行されて本位貨幣の地位をしめ、それは純度一二分の一一の一トロイ・オンスの金が三ポンド一七シリング一〇・五ペンスに相当するものとして鋳造されたので、その価格はニュートンの時代に採用されたままの水準であった。(R. G. Hawtrey. *The Gold Standard in Theory and Practice.* 1927. pp.63-65.)

(13) 貨幣を〈価値尺度〉と〈等価物〉という二重の属性において捉えたのは、スチュアートだけでなく、ハリスにおいても同様である。ただハリスは、その等価物（商品）としての「価値」については、それに対する需要の無限性に基づき「貨幣は流通しているその総量に応じてみずからの価値を定める」と、貨幣数量説に依拠して理解した。(Harris. *An Essay upon Money and Coins.* p.40. pp.66-71. 前掲訳、五一―五二頁、七九―八四頁）これに対してスチュアートは、貨幣素材が商品として価格（価値）をもち、それが〈地金価格の鋳造価格からの乖離〉や、金銀の〈市場比価の公定比価からの乖離〉といった問題を生み出すとした。しかしこれは、地金価格を「鋳造価格」の水準に維持できない、当時の本位制度の不完全さによるものにすぎなかった。

(14) スミスの近代的自由主義の源流ともいうべきヒューム、ハリスの政治経済思想は、人民の〈抵抗権〉より〈平和と正義のコンベンショナルな秩序〉を選好し、名誉革命体制の正統性に根拠をあたえた。しかしそのことは、必ずしもウォルポールの政策を支持することにはならず、むしろその保護主義的な貿易政策とフランスとの戦争遂行に伴う租税負担の増大を批判した。これについては、田中敏弘『イギリス経済思想史研究』御茶の水書房、一九八四年、一二一―一三〇頁、隅田忠義「イギリスの党派の考察」（斉藤、田中、杖下編『デイヴィッド・ヒューム研究』御茶の水書房、一九八七年、所収）を参照した。

(15) J. Vanderlint. *Money answers all Things.* p.48.（浜林・四元訳『貨幣万能論』東京大学出版会、六五頁）わが国において、ヴァンダーリントの自由貿易論、とりわけ貨幣数量説とむすびついた国際間における貨幣量の自動調節機能論についての、そのヒュームとの異同をふまえながら、はじめて体系的かつ詳細に研究したのは、小林昇「ジェイコブ・ヴァンダーリントとイギリス重商主義」（小林昇、前掲書、所収）である。

(16) ハリスは、貨幣の〈価格〉と、不断に変動する購買力としての〈価値〉とを区分していた。後者については、「貨幣の一定量の価値はつねに、かなり正確に、その総計すなわち流通にあるその総量に逆比例するであろう」と、貨幣数量説に即して理解した。そこには、「貨幣それじたいは、たんに生産物や財貨の流通のための用具(以上の用途をもつものではない」というハリスの貨幣認識があり、ひとしく〈重鋳論〉を展開したロックが、貴金属を商業の目的にする貿易差額論に立つていたのと決定的に相違した。(Harris. *op.cit.* p.68. pp.86-87. 前掲訳、八一―八二頁、九八―九九頁)

(17) *ibid.*. pp.80-90. 前掲訳、九二―一〇二頁。

(18) スチュアートは、当時のイギリスの通貨制度の混乱の原因を、正当にも〈鋳貨本位〉に必然的な、「価値の一般的尺度」と「等価物」という二つの属性の二律背反にあるとして、「素材的貨幣をいっそう完全にするためには、金属の商品としての性質がそれから取り除かれなければならず、紙幣をもっと完全にするためには、それが金属ないし土地の担保にもとづいて流通させられなくてはならない」(*Steuart, Principles of Political Economy; The Works, Metaphisical, and Chronological of the late Sir James Steuart*, vol.2. ―以下、Principles, Works, vol.2. と略記― p.420.) と、ここから両者の二律背反を止揚する通貨制度として、貴金属の地金に根拠をもつ代位貨幣の流通や、土地を担保にした信用システムを構想した。

(19) Steuart, *Principles, Works*, vol.1, p.42.

(20) 「等価物」と「価格標準」という二重の定義にもかかわらず、第一、二編では、もっぱら前者の視点から貨幣が考察され、第3編とは論旨の趣を異にしているのであるが、こうした第一編と第三編におけるスチュアートの貨幣認識の相違については、「貨幣の諸機能を並立的にとらえ、それを各編に振り分けて論述したと理解するのは、適切ではない」とした、竹本洋「ジェームズ・スチュアートにおける貨幣と鋳貨」(小林昇編『資本主義世界の経済政策思想』昭和堂、一九八八年、六八頁)の指摘が適切であろう。

(21) Steuart, *Principles, Works*, vol.1, p.154. 前掲訳、第一編、二二一頁。

(22) スチュアートが『原理』第三編で、貨幣一般の本性を、等価物としての〈商品性〉にではなく、むしろ観念的度量標準という計算貨幣 (money of account) としての一面に置いた。そこで本位貴金属が「あらゆる財貨の共通の価格 (common price)」として「価値とよばれるものの普遍的尺度」たりうるために、いかにして鋳造価格の水準に維持されなければならないか、あるいは金銀の市場比価の公定比価からの乖離をいかに阻止しうるかという、「不変の価値尺度」について執拗に論じた。

(23) スチュアートの『原理』第一編は、一八世紀のヨーロッパにおける食糧の不足と人口の減少をめぐるヒュームとウォーレスとのあいだの論争に関与し、とりわけウォーレスを批判して、農業における剰余の生産も商工業の比例的な拡大をともなわなければ、人口の増加と国民経済の成長にはむすびつかないことを明らかにしようとした。このヒュームとウォーレスの人口論争と、スチュアート『原理』とのかかわりについては、川島信義『スチュアート研究』(未来社、一九七二年、一一五―一三八頁) を参照。

(24) Steuart, *Principles, Works*, vol.1, p.232.

(25) Steuart, *Principles, Works*, vol.1, p.231.

(26) 貨幣数量説は、現代にいたるまで連綿とその系譜を維持してきているのであるが、それについてはシュンペータの『経済分析の歴史』(J. Schumpeter: *History of Economic Analysis*. 1954, pp.311-317, p.708. 東畑精一訳、岩波書店、第二分冊、六五二―六六六頁、第四分冊、一四七頁)、及び三上隆三『貨幣的経済理論の研究』の第五章(有斐閣、一九六〇年、一七七―

二六九頁）を参照。またスチュアートが批判の対象にしたロック、ヒュームの数量説について大森郁夫は、「貨幣数量と物価との長期的な変化の中にみられる比較静学的な比例性を強調したロック以来の〈公理〉は、過渡期における短期の動学的調整過程をそこに組み入れることによって、〈貨幣数量の変動はそれに比例する物価変動をひき起こす〉と表されるような因果関係を説明する原理に統合され、一つの〈理論〉になる」と指摘している（大森郁夫編『市場と貨幣の経済思想』昭和堂、一九八九年、一〇九頁）。

(27) マルクスは『経済学批判』のなかで、スチュアートこそ「流通する貨幣の量が商品価格によって規定されるのか、それとも商品価格が流通する貨幣の量によって規定されるのか、という問題を提起した最初のひとである」と位置づける。そして、「彼の叙述は、価値の尺度についての空想的な見解や、交換価値一般についてのあやふやな叙述や、重商主義のなごりのためににごっているとはいえ、しかもかれは、貨幣の本質的な形態規定性と貨幣流通の一般的法則とを発見している」（Karl Marx. *Zur Kritik der politischen Ökonomie*. S.173. 前掲訳、二一八頁）と評価した。

(28) Steuart. *Principles*, *Works*. vol.2, pp.94-106.

(29) Steuart. *Principles*, *Works*. vol.2, p.96.

(30) Steuart. *Principles*, *Works*. vol.2, p.95

(31) スチュアートは、一応「貨幣の価値と商品の価値との間には、現実的な、ないしは適当な比例は存在しえない」と断ったうえで、「それでもなお、どの国においても比例が定まっているが、これはどのように説明したらよいのであろうか」自問する（Steuart. Principles. Works. vol.2. p.79.）。そしてこの「比例」は、「第一次的に必要な品目の標準価格（standard prices）」に依存し、その「生活資料の標準価格」はさらに「購買せざるをえない人間の数」と「それを購入せざるをえない人間にどの程度の仕事が見いだされるか」という「二つの重要な事情によって決定される」という。（*ibid*. p.83.）

(32) スチュアートの叙述には〈流通必要量説〉に通ずる表現がみられ、それはアダム・スミスの『諸国民の富』にも受け継がれていった。しかしスミスとは違い、あらかじめ流通させられるべき「年々の生産物の総額」を前提に、事後的に流通量が調整される機構を想定したわけではない。このスチュアートの「必要量」の規定について、川島信義は、インダストリを稼働させて財の生産と流通を拡大するために、ステイツマンが心掛けねばならない事前の有効需要量の問題と解釈した。（川島信義、前掲書、三〇二頁。）

(33) 金銀もまた、商品として生産される限りで、〈利潤率の均等化〉が作用することにかわりない。ただ一般の商品の場合とは異なり、貨幣による価格形成が限界生産力水準にある鉱山での採掘を決定するという形で作用する。スミス以降の古典派理論が、いわばその結果だけをとりあげて、商品と貨幣との〈等価交換〉を想定したのであろう。

(34) Steuart, *Principles, Works*, vol.2, pp.271-272.

(35) Steuart, *Principles, Works*, vol.2, pp.214-215.

(36) Steuart, *Principles, Works*, vol.1, pp.289-290, p.295.

(37) 『原理』第二編におけるスチュアートの市場分析と、スミス『諸国民の富』の自然価格論の相違については、大森郁夫はスチュアートの「妥当な利潤」を「一種の平均利潤の成立」と位置付け、「最終需要の変数が均衡価格の決定におよぼすこのようなメカニズムでは、トレードから得られる情報にもとづき各々の予想収益率にしたがって自由に生産量を調整することのできる独立生産者の世界が想定されており、『諸国民の富』の資本主義的モデルのもとで展開された〈自然価格の法則〉とは理論的性格を異にする『原理』の価格論を特徴づけていたのである」(大森郁夫編、前掲書、一〇八頁)と指摘する。

(38) スチュアートの市場理論においては、「両面的競争」による「均衡」といっても、それ自体がたえずステイツマンの助力がなければ維持されえないようなものと位置づけられ、古典派のように競争を通じて実現される〈基準〉として扱われているのではない。競争が「均衡」を実現するというのではなく、適正な利潤を保証して「両面的競争」が維持されうる状態を「均衡」としてとらえ、そのもとで生産と雇用の安定的で持続的な拡大が確保されうるとした。

(39) スチュアートにおいて「仕事と需要のバランス」はそのまま「富のバランス」(balance of wealth) に接合されており、「住民のさまざまな階級のあいだにおける富の絶えざる変動 (fluctuation) のうえに、公共の富の基礎が築かれる」(Steuart, *Principles, Works*, vol.2, p.22.) と、富者と貧者の絶えざる交替のなかにインダストリと就業を維持する独自の機構を設定し、ここにステイツマンの従うべき政策の基準をみていた。

(40) Steuart, *Principles, Works*, vol.1, pp.398-405. スチュアートの外国貿易論の位置づけについては、渡辺邦博の「外国貿易の発展・停滞とジェームズ・スチュアート」(竹本洋編『経済学の古典的世界』昭和堂、一九八六年)を参照。

(41) Steuart, *Principles, Works*, vol.1, p.369.

(42) 蓄積と技術革新は、コストの削減によって貨幣的要因に変化がなくとも利潤の確保を可能にし、それによる価格の低下は蓄積に伴う雇用の拡大とともに新たな需要を喚起し、さらなる蓄積を実現しうる。とはいえスチュアートの経済循環の理論は、こうした供給要因に即した成長分析としての資本蓄積論として十分成功していない。

(43) Steuart, *Principles, Works*, vol.2, pp.140-141, vol.1, pp.237-238. スチュアートは、「貨幣は流通しなければ存在しないとの同様である」との基本認識に立って、「交易が確立されるようになるのは、鋳貨の量の結果であるよりは、奢侈財への嗜好による」と、何より富者の〈消費性向〉こそが貨幣を流通に引き入れて国民経済の拡大を実現するのだとする独自の経済循環論に基づいて理解した。

(44) ヒュームの〈正金配分の自動調節理論〉についてスチュアートは、「われわれのいう差額は流体を水平ならしめるのではなくて、ある国々で国民全体のインダストリと倹約によってそれが蓄えられ押し上げられるのがいわゆる順なる差額であり、反対に、ほかの国々で国民全体の奢侈と浪費によってそれが押し下げられるのがいわゆる逆の差額である」とし、「かくして、水平にかんする一般理論が成り立ちうるのは、すべての国民が一様に質素で勤勉であると想定した場合、あるいはそれとは逆の性質が同じ割合で混合していて、しかも完全に公開された相互貿易がおこなわれていると想定した場合においてだけである」(Steuart, *Principles*, *Works*, vol.2, p.256.) とその虚構性を指摘する。

(45) Steuart, *Principles*, *Works*, vol.1, pp.370-371.

(46) 有効需要論に基づくスチュアートの経済循環論は、「悪徳」である奢侈的消費こそが文明社会の富裕を実現するとの、マンデヴィルの奢侈論の影響を強く受けたものであろう。しかし、金融資産の投機的運用という〈資本の論理〉を欠落させたことが、彼の経済循環論の限界であった。

(47) 竹本洋は『原理』第三編の構成について、「貨幣原理の演繹とその大ブリテンへの適用」を扱った「第一部」と、「鋳造料の賦課が外国貿易にあたえる影響について、フランスとオランダの鋳貨制度と関連させて論じられる」「第二部」とに大別し、「第一部」後半の「一七六〇年当時の大ブリテンの鋳貨（改革）問題」を扱った箇所についても、「著者の原理的演繹を尊重する姿勢」が十分に窺えるとして、従来の『原理』第三、四編研究の再検討への第一歩を示された（竹本洋「ジェームズ・スチュアートにおける貨幣と鋳貨」、小林昇編『資本主義世界の経済政策思想』昭和堂、一九八八年、六六―六七頁）。

(48) 重量単位の一ポンド・トロイは一二オンスからなり、各オンスは二〇ペニー・ウエイトで、一ペニーが二四グレインだから、一ポンド・トロイは5760グレインからなる。エリザベスの本位では、一二〇分の一一一の純度の標準銀一トロイ・ポンドが六二シリングに分割されたので、〈価格標準〉としての一ポンド・スターリングすなわち二〇シリングには、(5760÷62)×20＝1858.0645で1858.06グレインの標準銀、もしくは、1858.064×111/120＝1718.7095で1718.7グレインの純銀が含まれることになる。そこで、一ギニーを二一シリングから二〇シリングに引き下げるハリスの「改革案」についてスチュアートは、銀貨をエリザベスの標準に改鋳することなくギニーの価格を引き下げても、「ポンド・スターリングの標準を、現在流通している摩滅した銀貨の平均的比率すなわち平均価値に固定する」だけで、ハリスが意図するように一ポンド・スターリングが法定の1858.06グレインの標準銀、あるいは1718.7グレインの純銀という標準を回復することにはならないという。その結果として、実質をもたない軽いギニーが「個数においてポンド・スターリングで流通」し、また「すべての新ギニーの溶解」のみならず「鋳貨がすべて消滅する」と批判した。(Steuart, *Principles*, *Works*, vol.2, pp.348-349.)

(49) ただしこれは、鋳造費がないとした場合において、われわれの考えうる計算例であるが、『原理』第３編でのスチュアートの計算は必ずしも正確なものではなく明晰とはいえない。(Steuart, *Principles*, *Works*, vol.2, pp.333-338.)

(50) Steuart, *Principles*, *Works*, vol.2, p.292.

(51) Steuart, *Principles*, *Works*, vol.2, p.288.

(52) Steuart, *Principles*, *Works*, vol.2, pp.276-277. マルクスは、スチュアートが実例にあげたアムステルダム銀行のフロリン・バンコの安定性を、「銀行の地下室で惰眠をむさぼっていたためによくふとって完全な重さをもっていた」「スペインのドゥブロン貨幣」の準備に支えられていたと批判した。(Marx, *Zur Kritik der politischen Ökonomie*, ss.79-80. 前掲訳、九九頁) しかし、小林昇も指摘するように、それはスチュアートも承知ずみのことであった。(『小林昇経済学史著作集Ⅴ』、三六八―三六九頁)。こうした誤解は、スチュアートが「象徴貨幣」という言葉をその本来の意味ではなく、兌換を保証された〈代位貨幣〉について使用したことにある。

(53) スチュアートにとってフロリン・バンコは、近代貨幣における〈等価物〉と〈価格標準〉機能とを分離する具体的な事例として持ち出され、それを範例にして国内通貨の「世界貨幣」からの相対的な自立を可能にする貨幣信用システムを構想しようとした。この「世界貨幣」とは区別される「国際貨幣」(フロリン・バンコ) の想定は、彼がアムステルダムを中心にした当時の多角的決済機構の現実を見据えていたことを示し、ヴァンダーリントやヒュームの素朴な〈正金配分の自動調節理論〉の水準を遥かに超えていた。

(54) 『原理』第一、二編と、第三編におけるスチュアート貨幣論の「論理次元」の違いについて、竹本洋は、これまでのようにただ「貨幣の諸機能を並列的にとらえ、それを各編に振り分けて論述したと理解するのは適切ではない」といわれる (小林昇編、前掲書、六八頁)。第一、二編は「近代社会の形成を促す欲望と勤労の動因……としての貨幣」について、すなわち奢侈財としてそれ自身が無限の欲望 (利己心) の対象になりうる近代の商品貨幣の意義について論じたものであろう。これをうけて第三編では、商品貨幣にのみ生ずる「尺度と代価」の齟齬、すなわち固定平価からの本位貴金属の地金価格の乖離という現実問題について論じた。

(55) Steuart, *Principles*, *Works*, vol.2, p.270.

(56) Steuart, *Principles*, *Works*, vol.2, p.271, p.277.

(57)「諸物の価値を尺度する不変の度量標準」といっても、慣習的に与えられた貨幣の名称であり、「貨幣単位は（unit in money)、価値のどのような部分とも不変で一定の比率をもちえない」、「すなわち、それは金、銀あるいは他のいかなる商品の特定の量にも永続的に固定させることはできない」ことを指摘した。そのうえで、「しかし貨幣単位は、当面のあいだは、確定できるであろう」(Steuart, *Principles, Works*, vol.2, p.271.) と、可能な限り貨幣単位と一定量の貴金属との「比率」を固定する貨幣制度を模索したのである。

(58) Steuart, *Principles, Works*, vol.2, p.274.

(59) Steuart, *Principles, Works*, vol.2, pp.282-290.

(60) スチュアートの貨幣および鋳貨の位置づけは、貨幣の本質を単なる「観念的度量標準」(ideal scale) としての機能に限定し、また鋳貨をそのまま近代の商品貨幣に等置する限りでは、必ずしも適切ではない。貴金属鋳貨はその全てが商品貨幣ではなく、こうした〈貨幣と鋳貨の区分〉によれば、古代からある商品性のない鋳貨の存在については説明できなくなる。貴金属鋳貨が商品貨幣となるのは、自由鋳造制のもとで、本位金属の地金価格が公定の平価（鋳造価格プラス鋳造費）に固定されることに基づく。

(61) Steuart, *Principles, Works*, vol.2, p.275.

(62) すでに第一章第一節でみたように、マルクスの価値形態論の批判的検討の成果として、貨幣財の価値（購買力）は、価格形成の結果としての一般的物価水準のうち現れるにすぎず、古典派＝マルクスのように、一般の商品と同じく「内在的価値」を想定するのは適切ではない。「価値」を持つがゆえに貨幣なのではなく、貨幣としての地位を占めることで、固有の「価値」を与えられるのである。岩井克人『貨幣論』（筑摩書房）でもほぼ同様な捉え方であった。

(63) Steuart, *Principles, Works*, vol.2, p.288.

(64)「かれ（スチュアート）は、価値の尺度が価格の度量標準に転化することを理解していないので、自然にまた、度量単位として役立つ一定量の金は、尺度としてほかの金量に関連するのではなくて、価値そのものに関連するものだと信じている。」(Marx, *Zur Kritik der politischen Ökonomie*, s.79. 前掲訳、九八頁) これは、「不変の度量標準」という場合に、スチュアートのみならずイギリスでは一般に、“scale”あるいは“measure”が、尺度の〈基準〉としての“standard”とともに、その単位名としての“unit”という意味でも使用されていたための誤解であろう。スチュアートが『原理』第三編のテーマについて、①「財の価値を決定する原理」、②「不変の度量標準の有効性」、③「計算貨幣が、一方で価値を、他方で価格をはかるために、いかに正確に用いられるか」に求め、〈価値の尺度〉と〈価格の尺度〉とを区別していた。(Steuart, *Principles, Works*, vol.2, p.270.)

(65)　Steuart, *Principles, Works*, vol.2, p.276.

(66)　マルクスは労働価値論を前提に、〈価格標準〉それ自体は本位金属の一定量に対して制度的・慣習的に与えられた単なる〈貨幣名称〉にすぎず、一般的には〈価格の単位名〉にすぎないものとして、重視しなかった。(Marx, *Das Kapital, Karl Marx Friedrich Engels Werke*, Bd.23, s.113. 大月書店版『資本論』、第一分冊、一三〇頁) しかし〈価格標準〉が、貨幣の個数ではなく金属重量を基準にする貨幣（鋳貨）制度の場合、例えば地金価格の鋳造価格以上への上昇は不完全鋳貨の流通を一般化して物価を引き上げ（インフレーション）、〈価格標準〉は実質的に引き下げられることになる。こうした実質的に進行する〈価格標準〉の変動は、すでに形成された債権・債務関係を破壊することになり、それを阻止する制度的な保証が要請される。したがって一六九〇年代の改鋳論争では、ラウンズはこうした標準の実質的引き下げに対応すべく、法定標準の引き下げ(devaluation) とそれに基づく改鋳とを主張した。ロックが、エリザベスの古い標準への復帰にこだわり〈重鋳論〉に立ったことは、こうした実質的な〈価格標準〉の変動を無視し、現実的妥当性を欠くものだった。

(67)　イギリスでは一六六六年まで、地金の持ち込み人に対して鋳貨の〈額面価格〉から〈鋳造税〉を差し引いた額を〈鋳造価格〉として渡していたが、チューダー朝の悪鋳期をのぞいて、その鋳造手数料は額面の二・二パーセントから一二パーセントのあいだを上下していたといわれる。(Feavearyear, *The Pound Sterling*, p.12. 前掲訳、一五頁) こうした鋳造税の廃止の要請についてスチュアートは、『原理』第三編、第七章で、鋳造税の徴収が物価と為替相場におよぼす影響について考察し、他国（フランス）が鋳造税を徴収するのにイギリスが徴収しない場合にはイギリスにとって不利に作用するときわめて実際的な立場から、再び鋳造税を徴収することを主張した。(Steuart, *Principles, Works*, vol.2, pp.315-324.)

(68)　フェヴィヤーによれば、イギリスであらゆる形態の貴金属の輸出が禁止されるようになったのは、一四世紀に入ってからであるが (Feavearyear, *The Pound Sterling*, p.12. 前掲訳、一五頁)、ようやく一六六三年に至って、外国鋳貨および金銀の地金にかぎり、その輸出が認められるようになった。その直接的な要請は、東インド会社をはじめとする特権的な商人資本の外国貿易における対外支払いの必要からのものだった。

(69)　人類は古くから金や銀などの貴金属を鋳貨の形態で貨幣に使用してきたが、それだけでは〈貨幣と鋳貨の矛盾〉は生じない。それは、近世より前には貴金属素材とその鋳貨は本質的に異なるものであり、貴金属鋳貨といえども人々の合意の象徴として流通していたにすぎなかったからである。金や銀などの貴金属それ自体も、古くから対外的に交易に際して支払いの決済（富の移転）手段に用いられ、「世界貨幣」としての機能を果たしてきたが、いわば負債の代償にその時々の市価で譲り渡される一商品にすぎず、〈価格の不変性〉を要請されることはなかった。かかる意味で、スチュアートが価格の変動を免れ得ない「世界貨幣」と、国際的に「不変の価値尺度」としての役割を果たし得るとしたアムステルダム銀行の「銀行貨幣」とを区別したのであろう。

(70) 一六九四年のイングランド銀行の設立に対抗して提起された「土地銀行」論は、いずれも〈貨幣の不足〉による利子率の高騰がおよぼす様々な弊害について憂慮し、土地を基礎にした信用創造（紙券の発行）によってトレードの拡大をはかったものとしては、スチュアート信用論の先駆をなす。しかしイギリスでは、実際の土地銀行設立の試みが失敗したこともあり、一八世紀におけるジョン・ローの企てを最後に、ほとんどその勢いを失っていた。これらについては、杉山忠平『イギリス信用思想史研究』（未来社、一九六三年）、および田中生夫『イギリス初期銀行史研究』（日本評論社、一九六六年）を参照。またこれらの背景となった、イギリス市民革命期における金融危機については、関口尚志「金融制度の変革―イギリス市民革命における金融問題を中心にして」（大塚・高橋・松田編『西洋経済史講座Ⅳ』、岩波書店、一九六〇年、所収）を参照。

(71) スチュアートは、手形割引を通じて銀行券を発行する「商業信用にもとづく流通の銀行」が成熟した商業社会においてのみ機能しうるのにたいして、「私的信用にもとづく流通の銀行」は、むしろトレードとインダストリがいまだ未成熟な段階の後進的な諸国で設立されなければならない銀行の型としたうえで、その紙券信用の堅実さの視点からロンドンの商業銀行よりもスコットランドの発券銀行の方をあえて評価した。(Steuart. *Principles, Works.* vol.3. pp.195-206.)

(72) Steuart. *Principles, Works.* vol.3. p.147.

(73) スチュアートは象徴貨幣について、「普通に信用と呼ばれているもの、すなわち鋳貨の形をとっている貨幣のもつもろもろの名称で表示されていて、当事者間の貸借を記録するための手段となっているもの」(Steuart. *Principles, Works.* vol.2. p.39.)と定義し、一般的には金属鋳貨に対する請求権として流通するものと位置づけた。そして「銀行券の量が必要な比率をこえるやいなや、それらは停滞して、それらを実現することのできる債務者のもとに還流する」とし、「この実現（realization）は、通常、金属でなされる」が、「なぜならば、金属は世界貨幣であり、土地と同じく現実的で真実の富だからである」(Steuart. *Principles, Works.* vol.3. pp.175-176.) という。

(74) Steuart. *Principles, Works.* vol.3. p.320.

(75) スチュアートは、「私的信用にもとづく銀行」や「商業信用にもとづく銀行」とならんで「公信用にもとづく銀行」(banks upon public credit) を構想し、その積極的な公債発行による有効需要の拡大策について論じた為、その財政理論が経済学史上、いわゆる「ペーパーマネー・マーカンティリズム」と称されてきた。フランスにおけるローの失敗を踏まえた上で、公債利子の支払いに充てるだけの租税収入が確保される限りでは、それを財源とする公共支出は民間の遊休資金の活用になり、「この債務は個々人のあいだに流通の新部門をつくりだすが、国の基本財産からはなにひとつ取り去らない」ので、「負担であるよりはむしろ有益である」と推奨した。

(76) Steuart, *Principles*, *Works*, vol.1, p.331.

(77) Steuart, *Principles*, *Works*, vol.2, p.53. スチュアートが流通貨幣を「富者の消費性向」と「貧者の勤労意欲」とに対して「適当な割合」にすることが求められるとしたことについて、竹本洋は「前者が消費需要、後者が投資需要を指している」とみなし、これら二つからなる有効需要のバランスの取れた拡大を、ステイツマンの政策目標としていたと指摘する。（竹本洋『経済学体系の創成』名古屋大学出版会、一九九五年、二四〇頁）

(78) 「一国がその流通に必要な量を超えて所有する通貨の量は、所得を生み出すことのできる何らかの形態へ転換されなければならない。」（Steuart, *Principles*, *Works*, vol.3, p.147.）竹本はこれを、「資産選択の問題」と適切に解釈された。すなわちスチュアートは商業社会を、単なる〈交換の体系〉としてでなく、〈所有の体系〉として分析していたことになろう。（竹本、前掲書、一七三頁）

(79) I. Wallerstein, *The Modern World-System II*. Academic Press 1980, p.109.（川北稔訳『近代世界システム1600〜1750』名古屋大学出版会、一二一頁）

(80) スチュアートにおいては、必ずしも、基軸国をリーディングセクタートするグローバルな経済成長という視点があったわけではないが、各国の不均等発展という現実を前提する限りで、ヒュームの推論のように自由貿易が互恵的に機能し得ないことは当然であった。「状況次第で自由貿易主義が強国の論理とも、また弱小国の論理ともなりえるということを示したかったのである。」（竹本、前掲書、二〇二頁）

(81) 竹本、前掲書、一七八頁。

(82) 「鋳貨は、私の考えでは、国内流通を推進するのに絶対不可欠なものだとはいえない。」（Steuart, *Principles*, *Works*, vol.3, p.211.）「我々が同胞のあいだで支払いをするときには紙券で十分こと足りる。」（*ibid*., p.216.）

(83) 竹本もまたフロリン・バンコについてのスチュアートの見解について、「アムステルダム銀行における国際的な振替、つまり多角的な為替決済機能が、この銀行貨幣を国際貨幣に押し上げた、と考えていたと思われる。言い換えれば、貴金属の保有（量）ではなく、銀行貨幣の世界貨幣とは別の次元での国際的流通性に、その国際貨幣としての存在理由があり、フロリン・バンコは国際金融の中心的機能（位置）において、それを担ったのである。」（竹本、前掲書、二一四頁）

（84） Wallerstein, *op.cit.* p.106.（前掲訳、一一八頁）

（85） 当時の複本位制度下における金銀の公定比価からの市場比価の乖離についてスチュアートは、貨幣単位の標準を金銀の平均値に設定したうえで、比価の変動に応じて改鋳するか、または騰貴した金属の呼称を引き上げ、下落した金属の呼称を引き下げる案を提案したが、こうした標準の変更そのものを阻止できるわけではない。(Steuart, *Principles*, *Works*, vol.2, pp.292-293.) だからこそ後に、『ベンガル鋳貨論』（一七七二年）では、「金銀混合貨」の製造という、より現実的な提案を行った。

第4章　イギリス産業革命と古典的貨幣理論の原型

第1節　ヒュームからアダム・スミスへ

1　スチュアートとヒューム

近世から近代初頭のヨーロッパにおいて、それ自身が素材的有用物である〈商品貨幣〉の登場によって、それまでのギルド的に管理された市場は、しだいに自律的に運動する価格形成的な近代市場へと大きく変容していった。貨幣は単なる〈計算貨幣〉としての機能だけでなく、蓄財や対外的な支払い手段にも用いられ、そのより少ない譲渡とより多くの取得とが人々の市場行動（経済人）の規範にもなったからである。しかも、少数の富裕な人々の手に蓄えられた貨幣資産が不断の物価変動によって資産価値の変動を免れ得ないことから、逆に価格変動を利用してそれを投機的に運用しようとする資本家的な行動原理が生まれていったことは推測に難くない。こうして、独自の自己更新原理をそなえた自律的な経済システムが制度化されていく中で、供給の価格弾力性をそなえた自由な商品生産も取り込み、それを軸にしてグローバル産業連関を編成する蓄積機構としてのヨーロッパ資本主義が成立していった。

このように一八世紀の西ヨーロッパ諸国では、外国貿易に依存してきた寄生的、従属的な商品経済から次第に脱皮し、むしろ「世界市場」そのものを自律的に編成しうる新たな国民経済が形成されていったのである。この自律的な蓄積機構にとって貨幣それ自身は副次的な制約要因にすぎないものとなり、この産業化の段階ではむしろ、〈固定平価〉を維持しながら同時に貨幣による外部的な干渉をいかに回避しうるかが、政策当局の主要な課題となっていた。そこで、より多くの貴金属の確保とその消費支出の増大を国民経済の成長の前提と位置づけるそれまでの前期的な経済思想とは異なり、むしろ消極的に、蓄積に伴う国民経済の規模の拡大に必要なだけの貨幣供給量をいかに内部的に確保していくかが問われていくことになったのである。

ヒューム（D. Hume）とスチュアート（J. Steuart）こそ、こうして近代ヨーロッパの〈商業社会〉が新たな産業的段階へと移行したこと踏まえ、ともにそれまでの慣習的で自生的な貨幣秩序であった〈鋳貨本位制度〉による制約からの脱却を目指して、それぞれ独自に〈商業社会〉の成長と発展を論じた代表的な経済思想家であった。ただ、スチュアートが、国際経済における各国国民経済の跛行的発展と熾烈な競合関係という現実を前提に、ヨーロッパ世界経済を牽引する強国となるべく雇用の拡大と産業の育成のための経済政策を模索したのに対して、ヒュームは、国際間の政治経済的な「勢力均衡」を前提にしながら、農・工・商の分業の展開と生産力の発展を梃子にした各国経済の均衡的成長を展望していたという点で、それぞれ全く異なる経済理論を展開する結果になった。

スチュアートはその『経済学原理』第三編のなかで、すでに検討してきたように、何よりも近世以来の自然発生的な貨幣（鋳貨）制度の改革の提言から出発した。スチュアートによれば、本来観念的な価値尺度（計算貨幣）である貨幣が、鋳貨のように特定の貴金属やその他の商品に実体化して、その一定量で商品価値を表示するということは、「不変の度量標準」としての貨幣の本質を損なうものだという。そこで、一方で、「等価物」（商品貨幣）としての近代貨幣の本性を踏まえたうえで、貨幣を労働と財貨の「代表物」と位置づけるモンテスキューやヒュームの貨幣数量説を批判しながらも、他方で、その素材価値の変動を免れえない商品貨幣に固有な制約をいかに克服できるかを示すことが、スチュアート貨幣信用論の二つの課題となった。すなわち当時の、慢性的な〈価格標準〉の動揺を免れ得なかった不安定な〈鋳貨本位制度〉を改革すべく、対外的に〈固定平価〉を維持しながら同時に国内で必要な貨幣供給量を確保しうる新たな通貨システムを、独自の紙券信用論のなかで模索したのである。(1)「鋳貨と貨幣の区分」に始まるスチュアートの貨幣信用論では、貴金属の地金価格が「鋳造価格」をこえて騰貴するか、あるいは金銀の〈市場比価〉が〈公定比価〉から乖離することによる〈価格標準〉の動揺と物価の名目的変動を回避すべく、鋳貨本位制度のもとで互いに矛盾する〈価値尺度〉と〈等価物〉という二つの機能をいわば制度的に分離する通貨システムとして、信用通貨の流通を前提に事実上の〈地金本位制〉への移行を志向したものであった。その意味で、アダム・スミスの〈金紙代替論〉の先駆をなし、また一八四四年の「ピール銀行条例」にいたるイギリス金本位制への途をいち早く展望したものとして、評価されなければならない。しかし、〈価格標準〉を実際に流通する鋳貨の金属重量から解放（鋳貨の象徴化）することを提起したにもかかわらず、その紙券信用の理論は、貴金属本位制度を補完する通貨供給の論理としてよりも、むしろ「富者」の奢侈的消費の拡大による有効需要の論理（ペーパーマーネー・マーカンティリズム）として取り扱われたため、その近代通貨理論としての先駆的意義が損なわれることにもなった。

スチュアートにおいては、決して貨幣（金銀）の獲得を国民経済循環の自己目的にしていたわけではない。「一国の流通はただ一定量の貨幣を吸収しうるのみ」であり、その量はそれぞれの国における「商業および工業の状態、住民の生活様式、および慣習的支出」に規定される「現金に対する需要の総量」によって規制されるとしていた。(2)そこでステイツマンは、貨幣の絶対量が一定の水準を保ち、「産業の生産物と流通する等価物の量との間に適当な比率が維持されるよう」配慮しなければならないとして、ヒュームの貨幣数量説を批判したのである。ただ、貨幣を実際に有効需要として作用せしめる要因を、スチュアートの場合には、地主をはじめとする「富者」の奢侈的欲望という偶然的で外部的なものに求めざるをえなかった点では、〈生産の自律的編成の原理〉

として〈奢侈〉と〈アーツ（技芸）〉と〈インダストリ〉の統合を説いた、ヒュームからの理論的後退が指摘できる。それゆえ紙券信用も、スチュアートにおいては産業と商業の拡大に対応した追加的な貨幣供給（貨幣の節約）の問題として論ずるまでには至らず、「土地銀行」の不動産を担保にした融資による奢侈的消費の拡大の論理として展開されるに留まった。

これに対して、ヒュームの商業社会論においては、こうした貨幣制度上の制約といった具体的で技術的な諸問題は直接のテーマとはならず、むしろより根源的に「文明社会」（civilized society）としての近代社会の内部構造に即して、国家と国民の富裕の本質的な原因を「労働の貯蔵庫」（stock of labour）としての〈国民的な生産力〉に求めることを課題にしていた。それゆえ、スチュアートが論じたような貨幣制度上の諸問題については、国民と国家の富裕化にとっては副次的要因にすぎないと、貨幣数量説に一元化して論じたのである。その意図は、「金銀貨の存在量の多寡それ自体は［私人の幸福と国家の偉大とのいずれとも］全く無関係である、という原理」を確立することによって、これまで「貨幣の欠乏が原因と想定されている……結果は、実は、その国の民衆の生活様式と生活慣習（manners and customs）とが原因」であることを明確にすることにあった(3)。そのため、本位貴金属の不足による価格標準の動揺と有名無実化といった、スチュアートが取り上げたような当時の貨幣制度の下での具体的なテーマについては考慮されず、むしろ貨幣の一方的な増大がもたらすであろう「物価上昇」というマイナスの効果だけに議論が集中した。そしてヒュームは、さしあたり〈奢侈〉のない「簡素な生活方法」が停滞をもたらす農耕社会との比較から出発し、たえず進歩しつづける近代の商業社会では、人々の奢侈的な欲求とインダストリとを結びつける「生活様式と生活慣習」が形成されているとして、その限りにおいて、商業とりわけ外国貿易とその媒介の役割を果たしてきた貨幣の意義を認めたにすぎない。それらのインパクトによってはじめて、農業と製造業との社会的分業が成立し、〈インダストリと奢侈〉とを統一する「文明社会」に独自な「生活様式と生活慣習」に基づいて、自律的な経済成長を実現しうる機構を確立し得たという。それゆえヒュームにおいては、農業社会に自律的な成長の可能性が否定され、近代化に及ぼした外国貿易の意義を評価する限りで、独自の〈国民的生産力の理論〉を構築したにもかかわらず、アダム・スミスとの違いが指摘できよう(4)。

2　文明社会と貨幣

モンテスキューの後継者としての名声とともに、イギリス近代を代表する経済思想家の一人としての地位をも確立した著作である『政治・経済論集』(*Political Discourses*, 1752) においてヒュームは、「文明社会」としての近代社会について、古代社会のように「一国の強大とその被治者たちの幸福」とが相互に対立するのではなく、むしろ互いに促進しあうような〈商業社会〉として位置づけることから出発した。「奢侈の欠如」と「簡素な生活慣習」によって強大な軍事力をまかなった古代スパルタの場合とは異なり、近代社会においては、人々の〈奢侈への欲望〉こそが、「インダストリと知識と人間性」とを「解きがたい鎖で結び合わせ」ることによって「技術の洗練と進歩」をもたらし、それによって、有事には「労働の貯蔵庫」として軍事にも振り向けうるような、商業活動と生産活動が促進されるという(5)。こうしてヒュームにおいて、農業と商工業との分業のうえに成立した当時の「文明社会」というのは、人々の〈奢侈〉への欲望と〈インダストリ〉とを統合しうる特有の「生活慣習」を確立した、もっとも「洗練された時代」として理解されていた。この場合、〈奢侈〉がそれ自身で「悪徳」であるか否かを明らかにすることに全く関心がなく、ただ、いかなる場合にそれが社会にとって「有益」に作用し得、また他の場合にはそうでないのかを見極めることが問題であった。かくして、この高度に商業と産業の発達した「文明社会」においては、「技術の洗練」を基礎に、「技術を無視する洗練されない粗野な国民の場合」とは異なって、〈奢侈〉が国民経済の自律的な発展を可能にする限り、仮に「ひとたびこうした状態に達すれば、国民はその外国貿易の大部分を失うかもしれないが、しかもいぜんとして偉大な国民であろう」と結論づけたのである。(6)

このように、「文明社会」の洗練された生活慣習（refinement）そのものの中で、奢侈（luxury）と技術（arts）とインダストリがいわば〈近代的生産力〉として統合され、それによる商業と産業の自律的な成長を通じて、国民と国家の歩調を合わせた富裕化が実現され得るのだとするヒュームの理解は、それまでの重商主義の偏狭な枠組をはるかに超えた、古典派経済思想のプロト・タイプといってよい。それゆえヒュームが、外国貿易を国内産業に先立って「奢侈」と「生活の洗練」を生み出したものと評価し、また商人についても「インダストリを国のすみずみに運ぶ運河として役立つことによってインダストリを生み出す」有益な存在としたことは、あくまで近代ヨーロッパ諸国の具体的な史実に即したものであり、彼の理論の前近代的な一面を意味するものではない。ヒュームにとって外国貿易は、何より自由に行われるものでなければならず、しかもそれは「貿易差額」による近隣諸国の〈窮乏化〉をもたらすものなどではなく、むしろ逆に、各国の経済発展を相互依存的に促進する機構とされていた。

そして、貨幣については、こうした〈近代的生産力〉が確立し得ない限り、たとえばポルトガルやスペインのようにいかに新大陸からの大量の貨幣の流入があっても、それが産業的な発展に結びつかない場合には国内に確保することはできないし、また逆に、すでに洗練された奢侈的な生活慣習を確立していたイングランドでそれらの直接の流入がなかったとしても、いずれは他の諸原因によって産業化が進行しそれに見合った貨幣の流入をもたらしたのだと、貴金属の流出入はあくまで経済活動の結果であるとしてその意義を過大に評価しなかった。(7)

こうして貨幣を、「労働と財貨の代表物以外の何物でもなく、これらを秤量し評価する手段」であると、単なる

〈計算貨幣〉として取り扱ったことから、これが後世においてヒュームのいわゆる〈機械的数量説〉へと固有に定式化されて理解されるようになった。

確かにそれは、スチュアートが批判したように近代貨幣の〈等価物〉としての特性について立ち入った検討をすることなく、市場における「需要と供給の複雑な作用」の分析を欠いた不十分なものといってよい。しかも、信用通貨の恣意的な過剰発行に伴う物価の上昇は貴金属の流出をもたらすだけであると、紙券信用（paper credit）については、終始懐疑的であった。(8) ヒュームにおいても貨幣は何よりも貴金属でなければならず、貨幣数量説とはいっても、いわゆる〈表券説〉の場合とは異なり、それぞれの国民経済の産業的、商業的な発展程度に応じて、相対的に、各国にいかに適正に配分されうるかが主たる関心となった。それゆえ、産業活動の拡大に対する貨幣金属の絶対的な供給量の確保という、当時の貨幣制度のもとで平価（価格標準）を安定的に維持する為の至上命題については、まったく考慮していなかった。もし産業の拡大に貨幣供給量の増加が伴わなくとも、その国における物価水準の一般的な下落は貿易収支の順調をもたらし、海外からの貴金属の流入を招いて、結局は適正な価格水準に収束するという。しかし現実には、貴金属鋳貨本位のもとで一七、一八世紀のヨーロッパ諸国の通貨当局が悩まされ続けたように、貨幣金属の不足は、地金価格の「鋳造価格」以上への高騰を招いてしばしば〈価格標準〉に動揺をきたし、それが産業社会の自律的な発展に対する制約になっていたのである。

貴金属の国際移動は、一七、八世紀における新大陸からの長期にわたる大量の流入の場合のように、そのまま追加的な購買力の形成に作用する場合もあったとはいえ、それはむしろ世界史的エポックにおけるきわめて例外的な事情にすぎなかった。その後の安定した国際貿易体制の中では、貴金属（貨幣）は単に貿易差額の実物的な決済の手段として流出入するだけであり、必ずしもそのまま貨幣の国内流通量の増減となって積極的に有効需要に影響するわけではなかった。その意味では、貴金属貨幣システムといっても、ヒュームが「正金配分の自動調節論」のなかで理解しているように、その増減が産業および国民経済の発展にとって積極的な〈規制原理〉になるわけではなく、産業活動や商業活動に対してはむしろ受動的で〈中立的〉であったといってよい。ただ、近世以来の鋳貨本位制度のもとでは、産業および商業の自律的な発展に比例するだけの通貨供給量（鋳造要請）を確保できなければ、仮りに信用による「貨幣の節約」（通貨供給）がないとすれば、諸産業に対する有効需要の減少となり、物価の連鎖的な下落と生産の停滞を招くことになるであろう。

スチュアートとは異なり、ヒュームはこうした貨幣制度の具体的な実情についてはほとんど考慮しなかったことから、「一国だけをとってみれば」そうした貨幣量の多少は国家および国民の富裕と幸福には直接かかわることなく、ただ物価に比例的な影響を及ぼすだけであると結論付けるにとどまった。また対外的には、諸国の産業的、商業的な発展程度に対して、それとは大きく掛け離れた貴金属保有量のアンバランスが生じた場合には、結局は市場の強制力によって調整されるだろうと理解した。しかし実はこうしたアンバランスは、金本位制のもとでは、ヒュームのいわゆる「正金配分の自動調節論」が想定するような、物価と貿易収支の相関関係を通じて〈調整〉されるという性格のものではなかった。貴金属本位制度は、むしろ各国の貿易収支に現れた基礎的不均衡を積極的に貴金属保有量の格差として追認するだけのものであり、それによって〈為替平価〉を安定的に維持しようとする国際金融システムだったからである。(9)

3　二つの貨幣理論

ヒュームの『政治・経済論集』における貨幣理論を検討するに際しては、さしあたり〈貨幣数量説〉といわゆる〈連続的影響説〉という互いに齟齬するような二つの論理が、彼の「商業社会」論の全体像のなかでいかに整合的に位置づけられているかが明らかにされなければならない。すでに見たように、ヒュームの社会経済論の基礎的な視座は、何よりも「民衆の生活様式と生活習慣（manners and customs）」に置かれており、貨幣やインダストリ、さらには奢侈といったそれ以外のすべての経済的諸要因は、それによって従属的に規定される副次的な要因にすぎないものであった。この限りにおいて、〈奢侈〉と〈勤労〉と〈技術（知識）〉を内部的に自己組織化するシステムとして、「国民的生活様式」の論理を構築したヒュームの〈文明社会〉論は、スミスに始まるイギリス古典派経済学の方法を先駆的に開拓したものといってよい。

貴金属貨幣（鋳貨）とはいえ、ヒュームにとっては単なる「労働と財貨の表示物（representation）」であり、それらの「評価や勘定」に役立つだけの名目的な存在にすぎないものである。すなわち、「貨幣は商品流通において主題の一つとなり得るものではなく、財貨の交換においてそれを円滑にするために、ひとびとが互いに同意しあっている交換用具にすぎない。商品流通を車にたとえるならば、貨幣は車輪の一つなどでは決してない。そうではなくて、それら車輪の回転をより円滑にするための潤滑油のようなものである[10]」。ここから、「どのような国家であれ、その国家だけに問題を限定して考察するならば、誰の目にも明らかなように、その国の所有する貨幣量の多少は全く何の意味も持たない。というのは、物価はつねにその国の貨幣量に比例する」だけであると、周知の数量説命題に言及した。すなわち、ある一国だけをとって見る限りにおいて、「金銀の存在量の多寡それ自体は［私人の幸福と国家の偉大とのいずれとも］全く無関係」であり、その〈絶対量〉の多少は名目的な物価の水準を規定する以外には「何の重要性ももたない」と指摘する。これは「貨幣の価値」（物価水準）が、あくまで市場によって決まることを明らかにしたものであり、その限りでは正しかったのである。

こうしてヒュームにおいて貨幣数量説は、ただ貨幣がその素材的大きさにおいて商品価値を量的に表現するという関係について、すなわち〈計算貨幣〉としての機能について、一般的に述べたものであった。しかも、素材的実体をもった貴金属貨幣といっても、その〈購買力〉としての価値は、財貨および労働との相対的な量関係において絶えず変動する「擬制的（fictitious）」なものにすぎないことを、抽象的に表現したのである。その限りでヒュームは、貨幣価値の国際的な平準化を説いたとはいえ、後のリカードやマルクスとは異なり、国内の「均衡価格体系」に対応する長期的な平均水準として「貨幣価値」の決定を論じたわけではなかった[11]。しかも、この「自明な原則」として提起された、「物価は財貨量と貨幣量との比率に依存する」という数量説命題も、子細にみれば、「価格はその国に存在する財貨および貨幣の絶対量に依存するよりはむしろ、現に市場に到来しているかもしくは到来する可能性のある財貨の量と現に流通している貨幣の量とに依存」するにすぎず、「もし貨幣が金庫にしまいこまれているならば、物価にかんするかぎりその貨幣は無に帰したも同然である」と、その内実はかなり〈有効需要論〉に近いものであり、その意味で〈連続的影響説〉と接合しうるものでもあった[12]。

すなわちヒュームは、貨幣数量説に基づく貨幣価値の規定の一般命題を補完するものとして、国際間での貴金属移動に原因する貨幣量の短期的な増減に言及し、その中で一見すると数量説命題とは抵触するような、貨幣的要因を独立変数とみなし実物的変数を従属的に取り扱う、いわゆる〈連続的影響説〉を展開した。「つまり、物価の高騰が金銀貨の増大のもたらす必然の結果であるとはいえ、そのような高騰は金銀貨の量が増大したとたんに始まるというのではなく、増えた貨幣が国内にくまなく流通してゆき、その影響があらゆる階級の人々に感得されるようになるには、若干の時間がかかるということです。」「最初のうちは何の変化も認められない。徐々に物価が、まずこの財貨、ついであの財貨、という具合に上昇してゆく。そしてついに物価全体が、その国に存在する新たな貨幣量と正しく比例するようになる。わたくしの見解では、金銀貨の保有量の増大がその国の生産活動に有益な影響を与えるのは、貨幣の取得と物価の上昇との間のこの期間、つまり、そのような過渡的状態のときだけに限られる[13]。」ここからヒュームは、問題は貨幣量の増減にあり、「貨幣を漸増の状態に保つならばそれにより、国内における生産への熱意をいやましに高め、いっさいの真の兵力といっさいの真の富とがそれから成り立つあの労働の蓄積量を増大させることになる」という。

すなわち、金銀の流入が漸次的で継続的である限り、個々の財に対する需要の増加とそれに対応する生産の拡大の連鎖的な波及を通じて、結果において、貨幣量と財貨との新たな比例関係（物価水準）を形成するという。しかしこの〈連続的影響説〉において、もし貨幣量の継続的な増加が連鎖的な生産の拡大という実物的効果をもたらすとすれば、それが結果において一般物価の比例的な上昇を招くというのは、論理的に説明がつかない。[14] またそれは、「正金配分の自動調節理論」として定式化された国際収支均衡に即した国際間での貴金属の適正配分のメカニズムと、どのように整合的に位置づけられているかについても不明確なままであった。貨幣量の増加が、ヒュームの一方の設例のように「一夜にして」急激に起こるような場合では、はじめから財の供給の価格弾力性がゼロであり、貨幣の流通速度に変化がないとして、ただ物価が比例的に上昇するだけであろう。しかしこれは、非現実的であることを承知したうえでの、一つの「思考実験」にすぎない。より現実的な「漸次的に増加」する場合、貴金属の海外からの流入がそのまま有効需要の拡大に結びついて物価の一般的な上昇をもたらすというのであるが、これは新大陸で発見された金銀のヨーロッパへの大量流入という、近世から近代初頭にかけての具体的事実に当てはまるものであろう。一六世紀から一七世紀にかけて、ポトシ鉱山をはじめ新大陸での金銀鉱山の発見に基づく地金価格の急落によって、金銀の新たな国際相場の水準に各国の〈価格標準〉（平価）が切り下げられていく中で、財の需給関係に変動がなくとも、物価は名目的に上昇することになったからである。

事実ヒュームは、「アメリカにおける鉱山の発見以来、それらの鉱山を所有している国々を除けば、ヨーロッパのすべての国々において生産活動が上昇してきているという事実」[15] に即して、貨幣の絶対量の〈多寡〉ではなく、その〈増減〉の国民経済におよぼす影響について論じたのである。たしかに、新大陸における新鉱山の発見による金銀の流入は、貿易差額の決済のために支払われる場合とは異なって、一方で、ヨーロッパ諸国にたいする新たな追加的な購買力を提供することになるから、それら諸国での産業的発展に寄与することにもなる。また他方では、貴金属の地金価格の低下を招いて、その水準にまで旧来の「鋳造価格」を引き下げる原因になったから、それによってヨーロッパにおける物価水準は名目的にも上昇することになった。このように、新大陸からの安価な金銀の流入がもたらされたこれら〈二つの効果〉がそれぞれ固有に抽象化されるとき、いわゆる「連続的影響説」と「貨幣数量説」との二面的な論理の併存として取り扱われることになったのであり、歴史的事実に即してこれを論じたヒューム本人にとっては、必ずしも矛盾するものでなかった。ただ、貨幣数量説が具体的に作動するシステムとして想定していた〈正金配分の自動調節論〉との整合関係が問われることになった。

4　「正金配分の自動調節論」について

一六九〇年代および一七二〇年代のイギリスにおける〈自由貿易〉か〈保護主義〉かをめぐる論争も、結局は、いずれもトーマス・マンの「貿易差額説」(balance of trade system) の理論的枠組のなかで展開されたものであった。もともとマンの「貿易差額説」は、貨幣（貴金属）の取得を自己目的にした「取引差額説」(balance of bargain system) に対して、貴金属の流出入が外国貿易の結果において生ずるものにすぎず、その人為的な規制が有効に作用しないことを指摘した限りでは、むしろ「正金配分の自動調節論」と自由貿易論の系譜のルーツということになる。ただ、貿易収支をつねに順調に維持するなかで、国民経済の継続的な拡大とそれに伴う貴金属の持続的な流入を確保することが積極的に構想されていたところに、重商主義の理論たる所以があった。こうしたマンの「貿易差額説」は、一八世紀の初頭には、一方では保護主義（労働・雇用・勤労差額主義）の論拠として用いられるとともに、他方では、調和のとれた国際分業関係の維持と拡大という視点から、D・ノースやN・バーボン、C・ダヴィナントなどの自由貿易論（正金配分の自動調節論）にも継承されていくことになったのである。

ヒュームもまた、後者の視点に立って、貨幣と外国貿易の理論を展開した一人であった。たしかに彼は、すでに見たように、一方では新大陸からの貴金属の流入を想定した〈連続的影響説〉において、貨幣供給の漸次的増加に伴う産出量と雇用の増大という、貨幣量の増減が及ぼす短期の実物的効果に言及した。しかし、ヒュームの基本的立場は、より一般的な貿易関係に即した貴金属の流出入の論理としての、〈正金配分の自動調節論〉にあったといわなければなるまい。それは、より多くの貨幣をもたらすものは国内における生産活動の増大だけであり、自由な外国貿易は「近隣すべての国々における貨幣の保有量を必ず永久的にそれぞれの国の技芸と生産活動とにほぼ比例させるということは明白である」との了解のうえに立つものであった。それによって、人為的な方策（制限）を用いて貴金属（貨幣）を国内にとどめようとしてきた、それまでの重商主義政策についてその非合理性を説いたのである。[16] すなわち、貨幣について「猜疑心」をもつ国々における貿易上の「さまざまの禁止措置が自国貨幣の為替相場を不利にし、さらにいっそう多量の貨幣の外国への輸送、という結果を招くだけであってそれ以外のなんの役にも立たぬ」ことを明らかにしようとしたのであった。[17]

たしかに、貴金属鋳貨の海外への持ち出しやその溶解に制限を加えることは、地金の市場価格を「鋳造価格」以上に人為的に引き上げることになるから、結局は為替相場を引き下げて一層の地金流出を招くだけであろう。ヒュームは、国際分業のメリットを説くだけのノースやバーボンの貿易差額説批判とは異なり、人口や生産活動および財貨の量が絶えず増大しつづける積極的な国民経済を想定し、そうした国々において〈通商の自由〉(open commerce) が保証される限りは、必要なだけの貨幣量はおのずから確保されうるとして、その産業的発展はもっぱら〈奢侈〉と〈インダストリ〉とを統合する洗練された〈国民的生活様式〉にのみ依存することを示そうとしたのである。そして、そのことを正当化すべく、「隣接するあらゆる国民のあいだで貨幣をたえず各国民の技術と産業活動とにほぼ比例するように保持させる」システムとして、いわゆる〈正金配分の自動調節論〉が提起された。しかしその結果、国民経済の実物的な拡大に対応しうるだけの本位貴金属の〈絶対量〉の確保という、何よりも〈固定平価〉を維持するために切実な問題となっていた制度的要請については、まったく不問に付されたままとなった。

　こうしてヒュームにとっては、諸国間の不均等発展に対応した、相対的な意味での貨幣（貴金属）量の適正な配分だけが、物価の平準化の機構として問題だった。そこで、国際間で仮りに「貨幣保有量の法外な不均衡」が生じたとしてもそのまま維持されるものではないことを「水は隔壁でさえぎられず自由に移動し得る場合、つねに同じ水位を保つ」と、国内物価と貿易差額との関係において、〈物価の国際的な平準化のメカニズム〉の存在を提示しようとしたのである。[18]したがってそれは、単に機械的な貨幣数量説に依拠したというだけでなく、貴金属の流出入をそのまま国内流通貨幣量の増減に直結させていた点においても、金属貨幣制度の理論としては難点をはらんでいた。またヒュームは、金属貨幣だけがそれぞれの産業的発展の程度に応じて、国際間に適正な比率で配分されるシステムを形成しうるのだと、かかる視点から恣意的な発行によって強いインフレ圧力をもたらすような信用貨幣の流通について批判的であり、紙幣の過剰発行の可能性を否定したスミスとは対極的であった。[19]すなわち、貨幣保有量をそれぞれの地域における労働と財貨の量との適正な比率としての「自然の水準」以下に引き下げる要因として、銀行、国債（funds）、紙券信用（paper credit）の制度の諸問題について取り上げたのであるが、商業手形や銀行券などの〈信用通貨〉と〈政府紙幣〉との区別がなされていないために、それらの発行はそのまま「労働と財貨との価格をその分だけ騰貴させ、したがって、その国の金銀貨の大半を流出させるか、もしくは、その国の金銀貨のそれ以上の増大を阻止する」と考えたのである。

かくしてヒュームは、国民経済の発展が人々の「洗練された生活様式」やインダストリといった非貨幣的な要因に依存するものであることを明らかにすべく、国内流通貨幣量の増減こそが実物的な独立変数に従属すると、数量説に基づく〈正金配分の自動調節論〉として論じたのであった。こうした貨幣認識は、金本位制のもとでの貨幣供給について、あたかも何らかの自動的な調整機構が作用するかのように想定するいわゆる〈流通必要量説〉として、その後、古典派経済学やマルクスの経済学に継承されていったものでもある。それゆえ、近代市場の成立当初から各国が悩まされ続けてきた、生産と取引の拡大に見合った貨幣金属の絶対量の確保という問題は、ヒュームや古典派にとってはまったくの杞憂とされた。ただアダム・スミスだけは、おそらくスチュアートの影響のもとに、貴金属鋳貨本位制が免れえなかった制度的な制約を考慮して、このヒュームの〈正金配分の自動調節論〉を彼の自由貿易論の中で周到に排除していたことは、蓋し慧眼であった[20]。

そもそも貴金属本位としての当時の通貨システムというのは、世界貨幣（等価物）としての金銀の流出入を通じて、貿易差額という不均衡をいわば実物的に決済しようとする国際金融の仕組みに他ならない。そこで、こうした貴金属の流出入も、それぞれの諸国で〈価格標準〉の基準となる〈鋳造価格〉を維持しうる限りは、直接にはいわゆる「鋳貨準備金」の増減に作用するだけであり、この緩衝装置の存在によって、必ずしも物価には比例的な影響を及ぼすことにはならない。にもかかわらず、ヴァンダーリントやヒュームの「正金配分の自動調節論」では、保護主義の貿易差額政策の非有効性を説くために、この金属本位制度の実情と市場の価格機構を無視して、抽象的な貨幣数量説に依拠し、貿易不均衡の調整を通ずる物価の国際的な平準化（貴金属配分の適正化）の機構を想定したのであった[21]。

資本主義成立期の近世ヨーロッパ諸国において、貴金属確保をめぐる執拗な貿易・貨幣政策は、決してこれまでいわれてきたようなブリオニズムの偏見によるものではなく、鋳貨本位制の下において為替の〈固定平価〉を安定させるために必然的に要請された政策であった。そして、資本主義市場経済の拡大深化に対応して、貴金属地金の供給量における自然的制約をいちはやく察知したスチュアートは、その紙券信用論でこうした制約を回避しうる方向性を模索したのであり、〈金紙代替論〉にもとづくスミスの信用論も、結局はその延長線上に位置するものであった。すなわち、スミスの〈金紙代替論〉においてはじめて、ヒュームの〈国民的生産力の理論〉とスチュアートの〈紙券信用論〉が統一的に論じられることになるのである。それゆえわれわれは、次に、一七七四年の「金貨再鋳造令」にいたるイギリス産業革命期の貨幣信用制度の展開を背景に、アダム・スミスの貨幣信用論について検討することにしよう。

第2節　産業革命期における貨幣と信用

1　スミス貨幣論の時代背景

ヒュームの貨幣・経済思想は、新大陸からの貴金属の流入と外国貿易に導かれたヨーロッパの産業的発展を背景に、確かに、「貿易差額説」に通ずるいわゆる〈連続的影響説〉の一面を持っていた。しかし全体の構成と基調においては、むしろアーツとインダストリこそが「文明社会」としての近代社会の内発的な成長を支える原動力であることを、「正金配分の自動調節論」に補完されて論じるものでもあった。アダム・スミスもまた国民経済の自律的な成長を説く限りにおいて、基本的にはこうしたヒュームの貨幣観と同一の立場に立つものであったが、しかしその貨幣数量説やその系論である「正金配分の自動調節論」を受け入れたわけではない。その理由は何よりもスミスが、おそらくはスチュアートの影響のもとに、「ニュートンの改革」から一七七四年の「金貨再鋳造令」にいたるイギリス鋳貨制度の実情を踏まえていたことから、ようやくその産業的基礎を確立しつつあったイギリス国民経済の成長も、現実にはいかに様々な貨幣制度上の制約を受けざるを得なかったかを熟知していたからだと思われる。だからこそスミスは、ヒュームとは異なり、素朴な〈貨幣ベール観〉に陥ることなく、貨幣それ自身が何よりも国民的総資財の一部であることの非生産性の指摘から出発し、そのうえで〈金紙の代替〉による「剰余正金の自動輸出の原理」という独自の理論を展開したのであろう。

スミスは「過去四世紀」のイギリスの貨幣史について、さしあたりローマ帝国没落から西インド諸島の発見までを第一期とし、次に、アメリカの銀がスペイン経由でヨーロッパに大量に流入して「価格革命」をもたらした一六世紀中頃からほぼその影響が終息したとされる一七世紀の中頃までを第二期に、そして、その後ふたたび貨幣価値が上昇し始めた「金貨再鋳造令」までを第三期として、三つの時期区分をおこなった。〈価格標準〉が国家みずからの手で不断の動揺にさらされていた第一期と、逆に国庫負担での改鋳による〈固定平価の維持〉が明確な政策目標となり近代的な鋳貨本位制度が確立しつつあった第二期、そして内外市場の拡大とともにしだいに旧来からの慣習的な鋳貨本位制の制度的限界が露呈しはじめ、その改革をめぐって論争が始まる第三期とに分けられた。一七世紀初めの「エリザベスの大改鋳」、および一六六六年の「金銀貨の自由鋳造許可の宣言」によって、銀の価値をノルマン・コンクェストの時代のおよそ三分の一に評価するなかで、一重量ポンドの標準銀の地金から六二個のシリング貨（七四四のペニー）を鋳造するような新たな〈価格標準〉が確定された。この自由鋳造制のもとでの通貨供給（鋳造要請）の維持は、地金価格が鋳造価格の水準かそれ以下にある場合にはじめて保証されるのであるが、それはアメリカ大陸からの大量の金銀の流入とそれによる地金価格の低下という、あくまで一六、一七世紀の特殊な歴史的事情を背景にしてはじめて可能であった。それゆえ、「価格革命」の影響がほぼ終息し再び銀の地金価格が上昇しはじめた一七世紀の中頃からスミスの時代にかけて、〈鋳貨の削り取り〉が横行し、そこで鋳造要請も途絶しがちになった。また、そうした軽量鋳貨の流通が一般化したことによって、それを基準に、すでに有名無実化してしまっていた〈価格標準〉の引き下げが不可避となっていた(22)。

そこでわれわれは、さしあたりスミスの貨幣信用論が当面の対象にしていた一七七四年の「金貨再鋳造令」を手掛かりに、一八世紀当時のイギリスの通貨事情から見ていくことにしよう。既に見たように一七一七年の「ニュートンの通貨改革」では、一二月二二日の日付で、何人といえどもギニー金貨を二一シリング以上の価格で支払いに用いたり受け取ったりしてはならぬとの布告がだされた。これは、一六九六年から一六九九年にかけての一般的改鋳で鋳貨が完全量目に引き戻されたのを受け、すでに有名無実化していた一対一四・四八五（一ギニー＝二〇シリング）というチャールズ二世以来の金銀の〈公定比価〉を、新たに一対一五・二一へと改訂しようというものである。すなわち、摩滅や盗削によって状態の悪化した銀貨を基準にしてギニー金貨には一時は三〇シリング近い相場がついていたことから、これを是正するために、すでに一六九八年秋にギニーの価格は二一シリング六ペンスに引き下げられていた。ところが、それでは大陸諸国に較べて金を割高に評価することになったので、低く評価されたイギリスの銀は海外に流出してしまい、国内には相変わらず不完全な銀貨だけが流通するという状況だった為、こうした貨幣事情の改善を目指したものであった[23]。

一七一七年に新たな金銀の公定比価での取引を法的に強制しようとしたことは、それまでの名目だけの〈金銀複本位制〉を実際に稼働させようとする、画期的な試みといってよい。しかし、この一ギニーが二一シリングという一対一五・二一の新たな〈公定比価〉でも、ほぼ一対一五であったとされる大陸諸国に比べていまだ金に割高だったことから、当然のことながらイギリス国内では銀の地金価格が「鋳造価格」以上に上昇してしまい、意図した通りには銀の流出を阻止しえず、それゆえ金貨とともに完全重量の銀貨の流通を確保するという所期の目的を果たすことにはならなかった[24]。折しも当時は、ポトシ鉱山での銀の生産性がしだいに低下しはじめたことから銀の一時的な高騰がみられ、しかも一八世紀中期のイギリス経済にとりわけ大きな影響を与えたブラジルからの金の大量流入によって、一七六〇年頃には金銀比価が市場では一対一四・一四にまで変動していた。さらには、フランスにおける銀に割高な鋳造比価の実施という事情にも加速されて、金の市場価格は大幅に下落することになった。これを受けてイギリス国内では、ある程度の重量をそなえた銀貨はほとんど流通界からその姿を消すことになり、削り取られてはなはだしく摩滅した粗悪な銀貨のみがわずかに流通しているだけというきわめて憂慮すべき状況に陥っていた。

かくして一八世紀中葉のイギリスでは、こうした背景から、次第に金貨のみが〈価格標準〉の機能を果すようになっていったのであるが、いまだ軽量鋳貨を回収して完全重量のものに置き換えるというシステムが確立していなかったために、そのギニー金貨もまた目立って軽量化しつつあった。その結果、当然のことながら金の「鋳造価格」と地金の市場価格とのあいだに乖離が生じ、一七七〇年ごろには標準金の市場価格が、ときには一オンスあたり四ポンド一シリングにまで上昇していた。そこで、新たに発行された金貨は、造幣局を出るやいなやすぐに溶解されてしまい、海外に輸出されるようにもなったのである。こうした事態に対処する為に、まず一七七三年に、「一六九八年の法令」を金貨についても拡大し、鋳貨がもし一定重量以下であれば廃貨しなければならないとの命令がだされた。また、廃貨にされた鋳貨を重量に応じて「鋳造価格」で購入するという取り決めが、イングランド銀行とのあいだで結ばれた。そして一七七四年になって、残りの粗悪な鋳貨はすべて公費で処理すべく、それらを額面価格で買い入れるとともに、新たに一六五〇万ポンドにのぼる金貨の再鋳造がおこなわれたのである(25)。

この一七七四年の「金貨再鋳造令」(Recoinage Act of 1774)では、いわゆる〈通用最軽量目〉が規定され、完全重量に近い金貨の流通が保証されることになったから、少なくとも摩滅や削り取りに原因する〈価格標準〉(平価)の動揺とそれに伴う物価の変動という事態はひとまず回避できることになった。他方で、著しく軽くなっていた銀貨の改鋳はあえて行われず、むしろ銀貨による支払いは二五ポンドに制限され、それ以上の金額については重量で受けとらなくてはならないとされた。ここに銀貨は、イギリス貨幣史上はじめて、法的にも〈補助貨幣〉としての地位に引き降ろされることになったのである。とはいえ、銀貨の自由鋳造が正式に禁止されたのはようやく一七九八年になってからのことであり、それまでは依然として一ポンド・トロイの銀が六二シリングの「鋳造価格」で自由に鋳造されたから、完全な意味での金の単本位制だったわけではない。それゆえ、一七八五年の一時的な銀価格の低下に際して、ふたたびイギリスに銀が流入して造幣局に持ち込まれた為、銀貨の自由鋳造が一時停止されたことを契機に、最終的にイギリスにおける「銀の復位」が阻止された[26]。

こうして、当時のもっとも一般的な交換媒体であった銀貨は、スミスの時代には完全な意味で補助貨幣になっていたわけではなく、従来どおり造幣局に地金が持ち込まれて自由に鋳造されるものだったので、相変わらずその貴金属としての価値に基づいて流通していた。そのため、すでに見た〈公定比価〉からの〈市場比価〉の乖離や、さらにはヨーロッパにたいするアジアでの銀の過高評価に制約されて、市場が必要とするだけの流通量を確保することを困難にしていた。他方で、イギリスでは、古くから小売商人たちによる章標貨幣の私造の歴史があったことから、当時の貨幣鋳造における技術上の制約もあって、造幣局による半ペニー貨やファージング貨などの銅貨の発行は大量の偽造を引き起こし、供給過多にさえなっていた。例えば、一七五三年には、イングランドの小額貨幣の半分は偽物だったとさえいわれていたのである。フェヴァーのいうように、一方で「銀貨は、造幣局がそれを重くしすぎたために不足し」たのに反して、逆に「銅貨は造幣局がそれを軽くしすぎたために過剰となった」という状況にあった[27]。

おそらくは、こうした一方における〈銀貨の不足〉と他方における〈銅貨の過剰〉という事実にヒントをえて、スミスは一七七四年の金貨改鋳の直後に、割高な鋳造費を課すなどして銀貨を意図的に過大評価（軽量化）すべきであり、一ギニーまでの支払いにおいてのみ法貨とされるべきであるとの、いわゆる銀貨についての〈制限法貨〉を提起したのであろう[28]。すなわちそれは、一応は銀貨の〈自由鋳造制〉をそのまま維持しながら、同時に銀貨の鋳造要請と流通を確保してゆくための便宜的な方策であり、「ニュートンの改革」以降の事実上の銀貨の補助貨幣化を積極的に追認する提言と位置づけることができる。

2　一七七四年の「金貨再鋳造令」

アダム・スミスの『諸国民の富』が執筆された時代には、一方において、一七一七年の「ニュートンの通貨改革」以降の銀の対外流出とブラジルからの大量の金の流入が続くなかで、それまでもっとも一般的な支払い手段に使用されてきた完全重量の銀貨が完全に市場からその姿を消し、それゆえ鋳造要請もほとんど途絶えてしまっていた。また他方では、後に見るように、「七年戦争」後しばしばヨーロッパで発生した金融恐慌に対応すべく、地方銀行による銀行券の無秩序な発行権の乱用から公衆を守るため、信用創造に対するさまざまな公的規制の必要が叫ばれていた。(29) それゆえ一八世紀中葉のイギリスは、しだいに信用貨幣の流通が一般化していくなかで、銀貨が補助貨幣の地位へと引きずり降ろされ、事実上の金の単本位制へと移行しつつあったちょうどその過渡期に位置していたのである。近世以来の貨幣システムである〈鋳貨本位制度〉が次第に〈価格標準〉の安定性を確保するようになる中で、その鋳造要請の量的確保という点においては、むしろますます困難を強いられることになった。一八世紀の産業化の進展に伴うイギリス国民経済の膨張は、少額の取引や賃金支払いの為にもっとも必要としていた銀貨について、自由鋳造の停止による完全な意味での補助貨幣化（国庫負担による供給）を実現するような、政府による貨幣制度の改革を待つだけのゆとりはなかった。すでにそれ以前に、いわば市場自身の自己組織化ともいうべき近代的信用制度の形成を通じて、市場みずからが弾力的な通貨供給を確保すべく対応していったのである。

こうしたイギリスの貨幣制度の近代化のプロセスの一つの到達点をなす一七七四年の「金貨再鋳造令」は、単に銀貨の補助貨幣化（金本位への移行）を実現したというだけでなく、鋳貨本位制という近世以来の自生的な貨幣秩序が多かれ少なかれ免れ得なかった〈価格標準〉の不安定性を払拭するものとして、きわめて画期的なものであった。まずギニー金貨の金属実質を法定標準に回復させ、そのうえで新たに「最軽量目規定」を設けることによって、鋳貨の削り取りによってしばしば生じた〈価格標準〉の事実上の変更（平価の地金価格水準への修正）が、はじめて制度的に阻止しうることになったからである。[30] ロック以来の〈重鋳政策〉とは基本的に異なる対応であり、貨幣史上はじめて〈価格標準〉が鋳貨の実際の金属重量の変動から解放されたということになろう。これによって、スチュアート以来の通貨制度上の懸案であった〈鋳貨と貨幣の峻別〉が、法制的にも実現されることにもなったのである。

この一七七四年の法令は、さしあたりまず、当時の最も一般的な支払い通貨であるシリング銀貨を補助貨幣化することで、ニュートンをはじめとする当時の通貨当局をもっとも悩ませた金銀の〈市場比価〉の変動による影響を回避するとともに、〈価格標準〉をそれに原因する銀貨の目減りから解放した。そのうえで、唯一の本位金貨となったギニーについては、「最軽量目規定」を通じて定められた基準以下の軽量貨の流通を阻止し、それによって仮に地金価格（国際相場）が上昇傾向にあっても、その〈価格標準〉への影響を極力回避しようとしたのである。すなわち、海外で「鋳造価格」をはるかに超えて金の地金価格が上昇する傾向にある場合、たしかに国内での鋳貨の溶解は阻止しえないにしても、それまでのような鋳貨の削り取りによる事実上の〈価格標準〉の引き下げを阻止する限りで、それに伴う物価の名目的な上昇が生じないような制度的保証と歯止めを与えるものだったからである。[31] それゆえこの改革は、いわば〈商品としての金〉の地金価格の変動から、〈貨幣としての金〉の固定された「鋳造価格」を制度的に分離することによって、国内での〈価格標準〉（物価）の安定と債権・債務関係の安全性をはかろうとするものだったといえよう。

しかしその当然の結果として、海外で地金価格が上昇するような場合には本位貨幣の不足を招くことになったから、これに対処すべく、銀行券をはじめとする信用通貨による代替を通じて貨幣需要の充足を要請することになった。市場の拡大に対応するためにはそれに見合うだけの新たな本位金貨の鋳造要請が確保されなければならなかったが、「最軽量目規定」は、スミスの提起した鋳造手数料の賦課とともに、新たな追加的な貨幣供給量の確保という点においては、むしろマイナスに作用するものだったからである。きわめて制限された限度までとはいえ、目減りしたギニー貨の流通をいわば容認する「最軽量目規定」や鋳造税の賦課はそれ自身が地金価格の上昇要因にもなり、たしかに〈鋳貨〉の所有者に対しては、その許容される軽量化の範囲までは溶解を抑制する効果を持つことになるが、〈地金〉の所持者に対しては、それだけ新たな鋳造要請を抑制する要因にもなるからである。[32]そこで例えば海外で豊富な金鉱が発見されて金の市場価格が下落するといった、偶然の外部的な要因によってでも鋳造要請が増大しない限りは、拡大する市場の持続的な通貨需要を安定して充足させるということは、こうした鋳造制度の改革だけでは困難であった。このことが、この時期にイギリスで急激に発展しはじめた初期銀行業や「紙券信用」(paper credit)の背景にほかならなかったのである。

「一定程度に発達した商品流通」は、マルクスもいうように「信用制度の自然発生的基礎」をなし、必然的に信用に基づく売買関係を伴うものである。自立した市場経済は、売り手と買い手とのあいだに債権・債務関係という新たな貨幣的関係を形成し、〈所有権〉に対する〈債権〉の相対的な独自性と優越性を生み出すことにもなる。そして、この信用に裏づけられた取引こそ、一種の等価物同士のバーター取引ともいうべき貴金属貨幣による購買とは異なって、新たな売買関係を生ぜしめるものとなった。ここでは、信用売買において遊休資金の融通関係がもたらす当事者たち相互のメリット（資本の節約と販売の促進）についてはさておき、一定期間後の貨幣の支払いを指図する手形や一覧払いの銀行券の流通が、他方で貸借関係の広汎な社会的連鎖を形成するなかで、貨幣抜きの新たな売買関係を実現していったことに着目しなければならない。とりわけ信用関係が組織化され、手形の交換や帳簿上の信用における振替業務を媒介にして複数の債権・債務が相殺されることになれば、その〈貨幣請求権〉を代表する手形や銀行券それ自身が、単なる債務証書にとどまらずに、新たな支払い手段としての貨幣性を強めていくことになるからである。

もともと内国の為替手形が使用されるようになったのは、外国為替手形の場合と同様に、鋳貨や貴金属の地金を送る費用と危険とを回避するための、いわば送金目的の手段としてであった。そしてそれは、当然のことながら、相互に取引のある地域間でそれぞれの債権と債務を互いに相殺する手段としても機能するようにもなった。ところが、これらの手形が例えば三カ月や六カ月というように、単なる送金目的のために必要な期間以上に振り出されるようになったことから、それぞれの地域内でも購買手段（貨幣）として転々流通し、また資金の余裕のある人に割り引かれるなどして、信用の手段としても用いられるようになっていったのである(33)。こうした手形の転々流通も、裏書人と被裏書人との間における複数の債権・債務関係の社会的連鎖を伴いながら、諸商品の価格を形成してゆく限りでは、りっぱに貨幣として機能し、その〈貨幣性〉もしばしば誤解されて来たような流通媒介物（流通手段）としての類似性に基づく「擬制」などではなかった。手形の流通性は、あくまでその背後の債権・債務関係の形成によって、それゆえそれを可能にした債務者の〈信用〉によって支えられているのであり、はたして支払い期日に名宛人によって債務を支払われて信用の社会的連鎖が全て清算されるか否かは商品の価格形成そのものには直接に関係しないという、新たな不確実性と危うさを伴うものでもあった。

かくして、産業革命初期のイギリスではすでに、一方では一七七四年の改革で〈価格標準〉を安定的に維持しながら、他方では手形の流通や次に見る地方銀行券の発行を通じて、市場の拡大に対応する通貨供給の確保を、金地金生産高に制約されることなく、いつでも必要なだけ確保できる体制を整えていった。ただスミスの時代には信用組織の未整備から、これらのうち銀行券については、あくまでギニー金貨に対する直接的な兌換可能性によって支えられていたにとどまった。そこで、金の地金価格が高騰すれば兌換した鋳貨の溶解によって利鞘が得られたために、しばしば取り付けに見舞われることにもなった。その結果、イングランド銀行券も含めて、信用の逼迫期にギニー貨に対して大幅なディスカウントを受けるようになったり、また流通性を持たなくなって十分な貨幣機能を果たし得なくなったこと等から、次第にイングランド銀行への〈準備の集中〉を背景に、イングランド銀行券の〈法貨〉としての位置づけへの要請が生まれてくることとなった。

3　初期銀行業の展開

こうして一七七四年「金貨再鋳造令」における鋳貨制度の改革も、結局は、手形や銀行券の流通を軸にした近代的信用制度によって補完されなければならない性格のものであった。すでに一七一七年の「ニュートンの通貨改革」における金に割高な比価の設定のために、銀の対外流出によって払底したシリング貨をはじめとする少額鋳貨を求めて、賃金を支払わなければならない工業生産者たちは幾日も駆け廻らなければならず、悪名高い〈現物支給〉や〈長期支払制〉とともに、手形や私造鋳貨での支払いが横行する始末でさえあった。これはアシュトンが指摘するように、「政府自身の責任である貨幣制度の不備」に原因するものであり、「もし適切に組織された銀行制度があったなら、こうした混乱の多くは避けられた」ものだったといってよい(34)。そこで地方では、産業革命の進行とともに、それまで送金業を営んでいた地方商人や代書人（Money Scrivener）とならんで、ボウルトン・ウオット商会やアークライト家、ウォーカー家などの多くの工業資本家たちまでが、いわば彼ら自身のために銀行を開設することになった。その目的は、たしかに一方では、増加した資本の投資先を求めるものであったが、他方では、原料供給者への送金用の手形の確保とともに、賃金支払いのための地方的な流通手段の供給にあったといわれている。事実これらの銀行は、何よりも少額の私造鋳貨や紙券の供給を業務の特徴にしていた(35)。

商業手形は、もともと対外的な貨幣の現送を相互に相殺する手段として用いられていたものであり、一四、一五世紀頃からの外国貿易における為替手形の振り出しを起源とするものであった。それが一七世紀頃から、それぞれの国内で裏書譲渡される慣習が普及するとともに、もはや遠隔地間での送金コストの節約のためではなく、むしろ商品売買における信用の手段としても積極的に振り出されるようになっていった。それと同時に、約束手形や支払指図状（初期の小切手）もまた、本来の債権を回収する用途以外に広く信用供与の手段にも使用されて、通貨としての機能をもつようになっていた。そして、それを引き受けることによって資金の融通をはかった金匠をはじめとする初期の金融取り扱い商人たちは、しだいに銀行という専門的な金融機関へと脱皮していくのである。これらの銀行家たちは、もはや特定の預金や個人名とは無関係な約束手形を、現金小切手（running cash note）として自己の責任と計算において発行するようになり、これが近代的な銀行券へと発展して行ったことは周知の通りである。[36] こうしてイギリスでは、はやくから手形や小切手をはじめとするさまざまな信用貨幣の流通がみられたが、しかし一八世紀の前半までは、そうした信用貨幣の使用はもっぱら商工業者たちの間だけの取引に限定され、しかも大きな取引額に限られていた。いまだ賃金の支払いや小売取引に使うような少額の持参人払い銀行券はみられず、それゆえ貨幣の供給システムにおける制度的な立ち遅れを補うものにはなっていなかった。[37] ところが一七五〇年代からの「地方銀行の生成期」において、それらの発行する銀行券が、利付きで一覧後確定日払いの、額面が発行時に記入される預金受領書としてのキャッシュ・ノートと、一覧払い無利子で額面がラウンド・ナンバーの銀行券とに分化し、そのうち後者は、その低額面化によって商取引から一般流通に入ってキャッシュとして受容されるようになっていったのである。そしてそれが、とりわけ地方において甚だしかった一八世紀後半の「鋳貨の欠乏」を補うものとして広く受け入れられ、一般的に流通するようになっていた。

これらの地方銀行は、それぞれロンドンに取引銀行（代理店）をもち、顧客には為替手形（draft）の提供や自己の約束手形（promissory note）を振り出して貸し出し（通貨供給）を行い、そのために鋳貨での支払い準備をもっていなければならなかったが、それは通常は少額でよかった。というのは、手形をロンドンの代理店に送ることによってそれをいつでも手に入れることが可能だったからであり、またその代理店もまたイングランド銀行に手形を送ることで準備金を補充しえた(38)。こうした全国的な規模での金融ネットワークの形成を背景に、地方銀行もしだいにロンドンの銀行と同じような〈預金銀行〉としての性格を強めていくことになっていった。その背後には、必ずしも銀行券の発行によらなくとも、商業信用の連鎖の形成を通じて信用の通貨機能が一般的になり、また預金銀行業務における信用創造によっても通貨供給が十分可能になったことがあった。事実、ランカシャー地方のリヴァプールやマンチェスターなどでは、一八世紀中も地方銀行券の流通はほとんどみられず、手形の裏書譲渡や帳簿上の振替などによって十分にその機能を代替していたのである(39)。

ただこの一八世紀中には、特にイングランドやウェールズでは、もっぱら発券が地方銀行の主たる業務であり、しかも全国レベルでの金融的連繫もいまだ緩やかなものにすぎなかったことから、金融危機にはきわめて弱いものであった(40)。すなわち、準備金の減少からイングランド銀行による割引が制限されると、たちまち多数の地方銀行が支払い不能に陥るという有り様だった。これらの地方銀行は、往々にして短期信用と長期信用との区別を無視した信用拡張をおこなったこともあり、その焦げつきからしばしば倒産に見舞われることになったのである。そこで、こうした地方銀行による発券の乱用にたいして社会的な規制が叫ばれるようになり、まず一七七五年には一ポンド以下の発券が禁止され、さらに一七七七年には銀行券の最低額面が五ポンドに引き上げられたほどである(41)。そのため、ただでさえ賃金や少額の支払いのための追加的な通貨の需要が生じた好況期に、こうして少額銀行券の流通が禁止されるようになったことから、地方銀行家はロンドン銀行から預金を引き出し、ロンドンの銀行家はイングランド銀行券を現金化する以外になく、鋳貨がイングランド銀行から大量に引き出されて、しばしば準備金の枯渇をもたらしたのである。

かくして、一八世紀におけるイギリスの商工業の飛躍的な拡大は、それに対応する通貨の供給増加を要請するものであったにもかかわらず、いまだギニー金貨の一般的な流通を軸に支えられていた通貨体制のもとでは、景気が過熱した信用の逼迫期などに、一旦、手形や銀行券に対する信頼が失われると金貨が引き出されて退蔵され、いわゆる金融恐慌を引き起こすことになった。これに対処するには、本位金貨をもっぱら対外的な支払いや資産としての保有のための要請にこたえる兌換準備に限定し、それにかわってイングランド銀行券を最終準備とするような金融システム（準備の集中）を確立する必要があった。しかし当時は、いまだイングランド銀行券がロンドン以外には流通せず、地方に支店を設けなかったこともあって、ギニーに対してイングランド銀行券は地方銀行券や商業手形と対等の地位に置かれたままであったから、そうした銀行間組織も信用の逼迫した時期には有効に作用しえなかったのである。

しかし、すでに一七四五年の恐慌後に、有力な商人団体がイングランド銀行券に対する信頼を宣言し、それが現金として受け入れられて換金のためにイングランド銀行に再流入するようなことがなくなると、イングランド銀行はその準備金の限度いっぱいまでの発券（割引き）を行うことが可能になった。また、それが鋳貨とともに地方銀行券の支払い準備にも用いられるようにもなっていたから、すでに〈発券の集中〉の以前においてもイングランド銀行は、好むと好まざるとにかかわらず、事実上の〈中央銀行〉として公共的責任を果たさなければならなくなっていた。しかも、イングランド銀行は手形割引率を五パーセントに維持しており、また優良手形でなければ割引に応じなかったことから、利子率の低い平時の割引はもっぱら他の銀行の業務になっていたので、おのずから地方銀行やロンドンの銀行にとっての〈最後の拠り所〉としての性格を強めていったのである。(42)

4　イングランド銀行と銀行間ネットワーク

周知のようにイングランド銀行は、名誉革命後の国家財政の再建と、一六八九年からの英仏植民地戦争の戦費調達を直接の目的にして、一六九四年の「トン税条例」を根拠に創設された金融機関である。設立当初はもっぱら「政府の銀行」として、政府への貸し上げと国庫証券の取り扱いが業務の大半を占め、産業革命期にはいってようやく手形割引をはじめとする民間業務の比重が増大しはじめたにすぎない。とはいえイングランド銀行は、アムステルダム銀行をはじめとする大陸の預金銀行（振替銀行）とは異なって、はじめから本質的に発券銀行(Bank of Issue)としての性格を備えており、事実、八パーセントの利子で国王に貸し上げられた一二〇万ポンドのうちの四八万ポンドは、イングランド銀行の捺印のある手形（Sealed Bill）で支払われていた。このことは、その発足が銀貨のはなはだしい欠乏と金属貨幣制度の混乱によって急がれたことからも明らかなように、長期資金の供給よりも、むしろ経済の膨張に対する通貨供給の確保を急務の課題にしていたという当時のイギリスの通貨事情を反映していた(43)。

ところで、イングランド銀行券の最低額面は一七九三年までは一〇ポンドであり、またその流通はおもにロンドンを中心とする狭い地域に限られていたこともあって、賃金の支払いや個人的消費のための支払いに用いられるような一般的な通貨ではなかった。またイングランド銀行は、一八世紀の初めには、クラッパムがいうようにいまだ「ロンドンの銀行」の一つにすぎず、それゆえ信用不安が生じた際には、預金の支払いおよび兌換のために、現金準備はしばしば取り付けに直面するという有り様であった(44)。こうしたなかで、産業革命の進行にともなう商業の拡大とともに、一八世紀の中頃から、まずロンドンにおいては手形割引を主たる業務とする銀行業者を、また農業地方や工業地域においては銀行券やキャッシュ・ノートなどのさまざまな信用貨幣を発行する多くの地方銀行を輩出し、それらがイングランド銀行を軸にしてしだいに組織されていくことになったのである。

一八世紀当時、ロンドンおよびロンドンから半径三〇マイル以内での発券業務はイングランド銀行に委ねられていたが、イングランド銀行券が非利付きのためにロンドン以外ではあまり流通せず、またイングランド銀行が地方に支店を持たなかったことから、商工業の拡大に伴う通貨供給はそのために設立されたといってもよい地方銀行が発行する銀行券や小切手に依存していた。また、銀行が銀行券を発行しなかったランカシャー地方などでは、通貨供給は当座預金の設定に基づく信用創造を通じても積極的に展開されたが、それを可能にしたのは個々の銀行の本店支店間の取引、及び個別銀行間でのコルレス関係の形成、更に手形交換所の設立による債権債務の社会的な規模での相殺関係の制度化にほかならなかった。とりわけ、この当座預金の設定による信用創造においては、銀行間での上位・下位の階層構造を形成し、そのもとで下位の銀行が上位銀行で当座勘定を設定することによって、支払い準備金の節約が最大限に可能になったことから、いわゆる〈ピラミッド型信用組織〉が成立していくことになったのである。一九世紀初めの兌換再開後におけるイングランド銀行への〈発券の集中〉も、結局は、一八世紀末までに形成されていたこうした全国的規模での信用組織に支えられていた[45]。

また、これらの〈国民的信用体系〉ともいうべき金融組織は、いわばロンドンの銀行を仲介として、農業地方の余剰資金を工業地方で有利に運用しうるような、イギリス近代の信用機構（貨幣市場）の骨格を形成するものでもあった。すなわち、農民が農産物と引き換えに受け取った手形は、農業地方の銀行家にそれぞれの銀行券で買い取られたあと、代理店であるロンドンの銀行に送られて取り立ててもらい、その口座に預金として保有されたが、これらにもとづいてロンドンの銀行家は、ランカシャーをはじめとする工業地方の取引先銀行が振り出した２ケ月程度の手形を引き受けた。これらの手形は、とりわけ地方銀行券が流通していなかったランカシャーやウエストライディングでは、唯一の紙幣（paper currency）であったとさえいわれている。そして、ロンドンの銀行家は、準備金としてイングランド銀行券を保有するか、あるいはイングランド銀行に口座を開かざるをえなかったことから、しだいにイングランド銀行のギニー貨のストックがすべての信用の最終準備としての性格をもつようになり、イングランド銀行をおのずと「銀行の銀行」としての地位におくようになっていった。(46)

イギリスの産業革命期には、いまだ経営基盤の脆弱な個人銀行家たちが、景気の過熱に伴う旺盛な資金需要にたいしてもっぱら銀行券の過剰発行（over issue）をもって応えたことから、しばしば事業の破綻をきたして倒産した。一七八三年および一七九三年、一七九七年の恐慌に際して、これらはいずれも地方銀行の脆弱さと過剰な信用供与に原因するものであったとはいえ、イングランド銀行は必ずしもそれらに援助の手を差しのべたわけではない。むしろ逆に、割引率の引き上げと銀行券の発行量の縮小によって準備金の流出を抑え、もっぱら自己防衛につとめるだけであった。これは、たしかに国内金融の要として他の諸銀行とは一定の距離をおかなければならないというイングランド銀行のおかれた特殊な立場にとって当然の措置であったかもしれないが、しかし何よりもイングランド銀行券がいまだギニー金貨に匹敵するだけの信用力と流通性をもっていなかったことがその第一の理由であった。(47)

スミスの時代には、いまだイングランド銀行券の流通が地域的に限定されて、ギニー貨を補完する存在にすぎなかったことから、こうした信用の逼迫した時期における国内への鋳貨の流出に対して、イングランド銀行の規制力は有効に作用せず、むしろ逆にそうした鋳貨の流出と退蔵を助長するだけであった。事実、一七九三年にはフランスとの戦争の勃発とそれ以前のブームの崩壊によって、イングランド銀行の正貨準備が激減したことをきっかけに、おびただしい地方銀行の破産がおきた。ここに、ナポレオン戦争下の一七九七年の兌換停止、および一八二一年の兌換再開後の〈発券の集中〉をはじめ、イングランド銀行のいっそうの規制力の強化を求めて、「ピール条例」にいたるさまざまな通貨改革の試みがなされていくことになった。すでにイングランド銀行は、いわば〈経験則〉として、投機が危険な水準に達した場合には取引の縮小が始まるまでは徐々に信用を引き締め、ひとたび縮小が開始されるや否やその縮小を緩和するためにおもいきった信用の拡大が必要であるという、中央銀行としての行動規範を確立していた。(48) その直接のモチーフは、あくまで自行の信用と経営の安全を維持するためであったとはいえ、社会的には、イングランド銀行に〈国民的信用体系〉の要としてふさわしい公共的な機能を付与することにあったといってよい。

それゆえ、一七九七年からのイングランド銀行の兌換停止の時代（銀行制限時代）のあと本格化していったイングランド銀行への〈発券の集中〉のプロセスは、しだいに「最後の貸手」としての性格を強めていったイングランド銀行の、「銀行の銀行」（中央銀行）としての統制力（金融政策）への要請を背景としたものといえよう。すなわち、イングランド銀行券が、もはやその他の地方銀行券の最終準備にとどまらずに、むしろそれにとって代わり、国民経済の拡大に対応した通貨の供給量とその流通性とに一層の安定性と弾力性を確保しようとしていた。(49) かくしてイングランド銀行券にギニー金貨と同等の流通性を与えることになり、それまでのように兌換停止を引き起こしたイングランド銀行券に対する不信や、その金に対する〈減価〉という事態を阻止し得ることになった。むろんこうした〈発券の集中〉は、ギニー金貨の流通そのものを排除するものではなかったが、それへの兌換を少額の取引に必要な場合などに限定することになった。

このようにスミスが対象にしていたのは、イングランド銀行券がいまだ信用力の弱い地方銀行券や自由鋳造制下の金銀貨と相並んで流通しながら、しだいにそれらを統括していく時代であった。それは、のちの兌換停止下の「銀行制限時代」を経てイングランド銀行に発券が集中するなかで、金に対する〈銀行券の減価〉をもたらすような不完全な信用システムの難点が次第に克服されていくプロセスの第一段階だったといえよう。それゆえスミスの〈金紙代替論〉は、単なる信用貨幣の流通一般を論じたものではなく、こうした中央銀行を軸とする〈銀行間ネットワークの組織化〉とそれへの〈発券の集中〉を背景に、あくまで金属流通の枠のなかで、しかも追加的貨幣需要をもはや貴金属鋳貨の鋳造要請だけに依存しなくても済むような、新たな信用通貨の供給システムを展望したものといわなければなるまい。

第3節　アダム・スミスの貨幣信用論

1 「不変の価値尺度」と貨幣

『諸国民の富』第一編、第四章において、スミスは「貨幣の起源および使用」について論じ、まず貨幣を何よりもその素材的有用性に基づいて受容される交換媒体と位置づけ、〈商品貨幣〉あるいは素材貨幣としての近代貨幣の性格規定から出発した。そのうえで、こうした交換の用具には、「耐久的」で「可分的」であるというその素材の特性から金銀や銅などの金属が使用されるようになったこと、しかもこうした金属を正確に衡量することの不便さから、それらの金属には純分および重量を確認する便宜として公的な刻印が押されるようになり、いわゆる鋳貨本位制度が導入されるようになった理由を明らかにしている。[50] そして第五章「諸商品の実質価格および名目価格について、すなわち、それらの労働価格および貨幣価格について」では、この鋳貨が価値の「名目的尺度」として機能する際に生ずる不都合について詳細に言及した。

すなわちスミスは、貨幣（鋳貨）が諸商品の価値を尺度する場合に生ずる困難について、「その第一は、同一名称の鋳貨に含まれる金・銀の量が、さまざまな時代に異なることから生じる変動であり、第二は、等量の金・銀の価値が、さまざまな時代に異なることから生じる変動である」と、二つの場合に区別して論じている。[51] これらは、スミスにおいて必ずしも明らかにされていないが、すでにスチュアートが「貨幣と鋳貨の矛盾」として論じ、またのちにリカードが〈貨幣の価格〉と〈貨幣の価値〉との区分として取り上げた問題である。第一の問題は、〈価格標準〉の安定性（固定性）という貨幣制度のいわば根幹にかかわる問題であり、エリザベス一世以降の度重なる重鋳（改鋳）政策を通じて軽量化した鋳貨も法定標準に回復させられるなかで、次第に解決されるようになっていた。そこで問題は、もっぱら第二の〈貨幣価値の変動〉が及ぼす影響ということになろう。具体的にはローマ帝国没落後の「過去四世紀」における「銀の価値の変動」に即したイギリス貨幣（鋳貨）制度の混乱と改革の歴史を思い描いていたのであろうが、しかしそれらは価値尺度としての貴金属鋳貨の不適切さを示す事例というよりは、むしろ不完全なイギリスの金銀複本位制の下の金銀の〈市場比価〉の不安定性と、市場経済が免れ得ない景気と物価（貨幣価値）の変動とによるものであった(52)。

スミスは、「金・銀は、あらゆる他の商品と同じようにその価値が変動」するがゆえに「他の諸商品の価値の正確な尺度には決してなりえない」と、商品の「実質価格」（実質尺度）と「名目価格」（名目尺度）とを区分したうえで、金・銀の価値は「たとえ世紀から世紀にかけて大きく変動する場合はあっても、年々の大きな変動はめったになく、半世紀または一世紀間をつうじて、ひきつづき同一またはほとんどまったく同一であることがしばしばある」ことから、それゆえ短期的には財の価値尺度として十分に機能を果しうると指摘する。すなわち、「年々のばあいであれば、等量の銀はいっそう近似的に同一量の労働を支配するであろうから、銀は穀物よりもすぐれた尺度なのである」と結論づけた(53)。こうして結局は、一般の商品に比して金銀の価値の変動が短期的には緩やかであったという素朴な経験的事実に即して、金銀が「同一のときところでは完全に正確」な尺度であるというにとどまったのである。

この「名目的価値尺度」としての貨幣とは区別して、スミスは、それ自身の価値を変動させない労働だけが、すべての商品の価値を時と所の如何を問わずに評価し、また比較しうる、「究極の、真実の価値尺度」であるとし、いわゆる「不変の価値尺度」論を展開した。それは、貨幣の価値尺度としての不適切さから要請されたものというよりも、貨幣商品（価値尺度財）をもその中に含む相対価格の均衡体系としての〈自然価格論〉のなかではじめて意味をもつ、「商品価値」についての抽象的な「実体」規定に基づいていた。これによって国民経済は、蓄積に伴う生産的労働の増大を通じて自律的に成長しうる、一つの自己完結した経済システムと位置づけられうると考えたからであろう。こうした〈経済学的世界〉のなかでは、マルクスも指摘しているように「貨幣材料の価値を与えられたものと前提」しなければならず、貨幣の購買力（貨幣価値）を規定する一般的な物価水準がいかに決定されるかは不問に付されることになる。(54) だからこそ、ここから「労働価値論」に基づく相対価格の体系に貨幣数量説がいわば接ぎ木されるという方法的要請が生まれ、価値と価格の二元論というリカード以降の古典派経済学の理論的構造が形成されていったのであろう。

スミス自身は、賢明にもこうした貨幣数量説の受容を拒否しながら、しかし彼のいう〈貨幣の流通必要量〉を規定するはずの物価水準については、積極的に言及することはしなかった。いずれにせよ、貨幣が絶えずその「価値」を変えるにしても、だからといってスミスがいうように貨幣が「近似的」にしか商品価値を尺度しえないというのでは、理論的にも正しくない。その価値（購買力）を変化させようとさせまいと、貨幣はつねに正確に諸商品の相対価値を尺度しうるからである。そもそもスミスが、貨幣性を与えられた金や銀の「価値」の独自性を無視して、一般の商品と同じように相対価値の変動を取り扱ったこと自体に問題があった。(55) この「貨幣の価値」の変動を、法制的な〈価格標準〉の変更と区別するならば、第一に、不完全な複本位制度の下で免れえなかった金銀比価の変動が及ぼす影響と、第二に、免れ得ない景気の動向に左右される一般物価の短期的変動にもとづく本来の意味での「貨幣価値」、すなわち〈貨幣の購買力〉の変動を区分けして論じなければならなかった。そもそも後者の物価の変動については、貨幣以外のすべての商品の相対価値の尺度の基準としては、何ら支障をきたすものではない。むしろ価値尺度機能にとって問題になるのは、前者の金銀比価の変動もしくは「鋳造価格」の有名無実化による、〈価格標準〉すなわち「貨幣の価格」の変更に限られるであろう。そして、鋳貨の目減りに伴う事実上の〈価格標準〉の変更も、金銀の〈公定比価〉からの〈市場比価〉の乖離に伴う影響も、いずれも一七七四年の「金貨再鋳造令」によってほぼ解決ずみであった。

しかしスミスは他方で、〈価格標準〉の維持という制度的な要請を考慮にいれながら、金銀の地金の市場価格の「鋳造価格」からの乖離という一八世紀中葉の現実的な問題についても、積極的に論じていた。まずイングランドにおける一七七四年の金貨の改鋳について、それ以前には鋳造価格を多少とも上回っていた標準金地金の市場価格を「鋳造価格」以下に抑えるべく有効に作用していると、肯定的に受けとめている(56)。こうした重鋳政策は、不完全重量の金貨の流通の一般化による〈価格標準〉の形骸化、すなわち事実上の〈平価の引き下げ〉に対する事後的な対応策として妥当なものだったからである。次に、「ニュートンの改革」以来の金銀複本位制についても言及し、歴史上ヨーロッパ諸国民は複数の金属を貨幣に鋳造してきたが、「本来」は「法貨になりえたのは、とくに価値の標準または尺度と考えられた金属からつくられた鋳貨だけであった」とし、また「鋳貨のさまざまの金属のそれぞれの価値のあいだに、あるひとつの規制された割合が存続するあいだは、実際には、もっとも貴重な金属の価値が全鋳貨の価値を規定する」と、事実上、金の単本位制への移行の必要を示唆している。これは、複数の金属の〈市場比価〉が「ある一つの規制された割合」から乖離すると、相対的に低い評価しかあたえられていない鋳貨は溶解されたり削りとられたりして標準重量から磨損し毀損されることになったという、過去の多くの事例を踏まえた適切な指摘といってよい(57)。

しかもスミスは、銀貨のみならず本位貨幣としてのギニー金貨についても、それに造幣手数料を課して軽量化することが、何よりも「溶解を防止し、輸出を阻止する」ための適切な措置であると、これを積極的に支持した(58)。

しかしこうした軽量化も、すでに見たようにその溶解をある程度までは阻止することにはなっても、他方でかえって新規の鋳造要請を抑制することにもなることから、こうした純粋に金属鋳貨の流通だけに依存するシステムでは、一方において〈価格標準〉の安定をはかりながら他方で拡大する通貨需要に対応するにはおのずから限界があり、ここに紙券信用による貨幣の節約が必要となったのであろう。そこで、貨幣を消極的にしか取り扱いえなかった「自然価格論」とは異なり、『諸国民の富』第二編の資本蓄積論では、積極的に〈金紙代替論〉としての独自の貨幣信用論を展開することになったのである。

2　流通必要貨幣量と〈金紙の代替〉

スミスは確かに「社会の富が貨幣に存するという観念」を支持したトーマス・マンやJ・ロックの貿易理論について批判したとはいえ、ヒュームのように貨幣をもっぱら〈流通用具〉あるいは〈計算貨幣〉とみなして、貨幣＝富観を否定した訳ではない。スミスは、近代貨幣が何よりも金銀の一定重量としての金属実質に裏づけられたものであるという、現実のイングランド鋳貨の否定しがたい事実から出発していた。しかも、貨幣数量説論者が静態的な均衡理論の枠組のなかで、〈正金配分の自動調節論〉に基づいて貿易差額説を批判したのとは異なり、スミスは積極的な資本蓄積論に即して、絶えず増大しつづける商品価値の関数としての貨幣の〈流通必要量〉の確保に言及していた(59)。そのなかでスミスは、外部的な貨幣供給に依存する国民経済を構想していたスチュアートとも異なり、国民経済循環の内部における貨幣供給の確保について考察した。そして、一方で、近代の商品貨幣が社会的富（総資財）の一部をなすものだからこそ、その生産的消費からの控除によって賄われなければならないことの非生産性について批判し、〈金紙の代替〉による貨幣費用の節約を論じたのである。また他方では、鋳貨の輸出や溶解を禁止してきたそれまでの諸規制についても批判したが、それは国内の必要を超える剰余の金銀を積極的に海外へ輸出することが国民の消費生活の向上にとっていかに有益であるかを示すものであり、また逆に正貨が不足した場合にも、地金価格の「鋳造価格」以上への騰貴によって鋳貨の削り取りと〈価格標準〉の動揺が生ずるのを避けるために必要な措置であることを理解していたからであろう(60)。

スミスは『諸国民の富』第二編第二章において、まず「流通の大車輪であり商業の偉大な用具」である貨幣を、「社会の総資財の特殊部門」をなす「国民資本」と位置づけ、それによって流通させられる財貨とは基本的に異なり、社会の資本の一部ではあるが決して社会の収入の一部をなすものではない、と両者を区別することから出発した。貨幣をさしあたり「流動資本」のうちに分類されるものとしたが、しかしそれを維持するために必要な経費が社会の「純収入」からの控除によって賄われなければならない限りでは、「固定資本」と同じような特性をもつという。それゆえ貨幣は、それが金属貨幣（鋳貨）である限り「きわめて費用のかかる商業用具」であり、もしそれが手形や銀行券などの紙券によって代替されうるならば、社会的労働の一部が節約されて生産的に利用されうることになるから、「全流通資本が供給することのできる原料、道具、および生活資料の量は、それらのものを購買するのに使用されていた金銀の価値総額だけ増加されるであろう」と指摘した(61)。この銀行信用に基づく〈金紙代替論〉をうけて、第四章「利子つきで貸付けられる資本について」で、本来の信用理論（貸付資本論）を展開することになったのである。

こうしてアダム・スミスの貨幣信用論の核心は、近代の市場社会が負担しなければならない「国民資本」としての貨幣の維持費の節約にあり、「金銀貨のかわりに紙幣を代用するのは、商業のきわめて高価な用具を、はるかに経費がかからず、しかも同等に便利な用具に置き換えることである」と、ここに銀行券を始めとした「紙幣」による金属貨幣の代替が要請された(62)。たしかに、近代社会における絶えざる再生産の拡大を想定すれば、それに見合うだけの貨幣量の供給はスミスのいうように、その分だけ「あらゆる国において、人民に食、衣、住を与え、彼らを扶養したり雇用したりするその富を必然的に減少させるに違いない」。ただこの場合、スミスは、金銀貨の存在それ自身が必ずしも社会的コストだといっているわけではない。非産金国イギリスの場合には、金銀が外国からの輸入によって賄われなければならず、奢侈財としての貴金属の輸入はその分だけ生活必需品の消費を削減することになるから、「生産的労働」の雇用を抑制するという意味でマイナスに作用するといっているにすぎなかった。

金銀は、もともと直接の消費対象にならない奢侈財として広く社会に蓄財されていたがゆえに貨幣性を与えられていた。そして自由鋳造制のもとで〈価格標準〉を厳格に地金価格にリンクさせるためには、その「鋳造手数料」(seigniorage) について、鋳造要請者ではなく社会的が負担しなければならないとされた[63]。これにたいしてスミスは、そうした貨幣費用の節約の方策として、第一に鋳造手数料制度の導入による政府財政の負担軽減を、第二に紙券発行による「流通必要貨幣量」そのものの削減を通ずる貨幣費用の節約を提起したのである。しかしこの「鋳造手数料」の賦課にしても、銀行券流通による貨幣費用の節約にしても、直接にはこれらのコストの節約としてよりは、自由鋳造に基づく鋳貨本位制のもとで〈価格標準〉を安定的に維持しながら貨幣の流通必要量を確保するための手段として機能していたのであり、〈金紙代替〉を説くスミスの終局的な意図もそこにあったのではないかと推測できる。

スミスはまず、「あらゆる国における鋳貨の量はそれによって流通されるべき諸商品の価値によって規制される」と、あくまで商品価値の関数として貨幣の〈流通必要量〉を設定することによって、ヒュームらの貨幣数量説とは対極的な立場に立った。ここでスミスが商品価値によって規定される〈流通必要量〉という場合、抽象的にはペティ以来の貨幣と商品との〈等労働量交換〉の関係から出発するだけで、ヒュームおよびリカードのような、貨幣数量説に依存した物価と正金移動の国際的調整メカニズムを想定していたわけではない。ただ、「金銀の量がこの需要を超過する場合には、その輸出を防止することは不可能であるし、またもしその供給が有効需要におよばぬ場合、その輸入を防止することは同様に不可能であろう」というにとどまり、それがいかにしておこなわれるかについては、リカードも批判したように、スミスは何も明らかにしていない(64)。

「ある国へ輸入された金銀の量が有効需要を超過する場合、どれほど政府が警戒したところで、その輸出を防止できるものではない」というが、この地金を造幣局に持ち込む限りいつでも「鋳造価格」が保証されており、必ずしもその過剰部分がすべて海外に流出してしまうことにはならない。また「これに反して、もしある特定国におけるそれらの量が有効需要におよぼすそれら［地金］の価格を近隣諸国のそれ以上に引き上げるほどのものであるならば、その国の政府としては、それらを輸入するために骨をおる必要は少しもなかろう」というが、その理由は明確ではない(65)。むしろ逆であり、金銀の地金の不足が生じた場合、その国の地金価格を公定の「鋳造価格」以上に引き上げる傾向があればすでに流通している鋳貨の溶解を促進することになるとはいえ、市場における鋳貨の不足が〈正金配分の自動調節論〉が想定するようにそのまま海外からの金銀の流入を促進するという保証はないはずである。金属鋳貨本位制というのは、こうした本位貴金属のストックの不断の過不足のなかで安定的に固定平価を維持していかなければならないが、それを可能にしたのは、実は信用による内部的な通貨供給システムにほかならなかった。

スミスは『諸国民の富』第一編、第一一章の補論において、過去数世紀にわたるイングランドでの金銀の価値の変動や鋳貨制度の混乱に伴う〈価格標準〉の動揺の歴史を踏まえたうえで、近世における〈貨幣の商品化〉の自然発生的な形式として継承されて来た貴金属鋳貨制度（銀貨および金貨本位制）の制約を克服する新たなシステムとして紙券信用を論じた。もはや近世以来の純粋の鋳貨本位制が、絶えず拡大しつづける近代の文明社会にとっては克服しがたい制約になっていたことを踏まえて、新たな信用を通ずる通貨供給の確保を、金紙の代替による社会的費用の節約の問題として提起することになったのであろう。スミスは一方では、すでに見た鋳造手数料制の導入（鋳貨の名目化）によってその溶解や対外流出をある程度まで抑制する方策を示しながら、他方では、次に見るようにイングランド銀行を媒介にした銀行券発行の公的管理を主張したのである。ただ、これまで多くの指摘がなされてきたように、こうしたスミスの〈金紙代替論〉では、貨幣費用の社会的節約という通貨制度上の問題と、個々の資本のもつ遊休資金の銀行を媒介にした相互的な融通関係という、本来はそれぞれ質的に区別されなければならない内容が、ともに非生産的な資本の生産的活用の問題として同一に論じたことに災いされて、いくつかの問題点を残すことにもなった(66)。

3　信用と銀行券流通

すでに見たようにＪ・スチュアートの〈有効需要論〉では、幼年期の段階にある産業的後進国の経済的不安定性や、市場経済の不確実性に対する対応策として一般的に述べたものにとどまらず、世界市場と一体化する中でもっぱら金属貨幣流通に依存してきた近世以来の鋳貨制度の限界を踏まえたものであった。資本の蓄積がともすれば本位貴金属の存在量といった外生的な要因に左右されざるをえないという、素材価値に基づいて流通する貴金属鋳貨に依存していた前期的市場の特質と限界について述べていた。ところがスミスは、こうした一八世紀までの鋳貨制度の混乱の歴史をつぶさに見てきたにもかかわらず、ヒュームと同じように「通商の自由」さえ保証されておれば市場が必要とする貨幣量はおのずから確保され得るというにとどまり、それがいかにして可能かは明らかにすることはなかった。ただ、アダム・スミスの貨幣信用論がもっぱら〈金紙代替論〉として展開された所以も実はここにあり、一方では対外的に自国通貨の固定平価を維持しながら、しかも他方では、自律的な資本の蓄積過程に対して必要なだけの通貨供給量をいわば内部的に確保しうるような、新たな貨幣制度の在り方を模索していたのであろう。

一八世紀末から一九世紀の初めにかけての金属流通から紙券流通への移行というイギリス通貨制度の近代化のプロセスを踏まえるとき、ちょうどその過渡期に位置するスミス貨幣信用論の意義を見なければなるまい。すなわちスミスは次のようにいう。「ある国のなかで流通し、その国の土地と労働の生産物が年々流通させられて本来の消費者たちのもとに分配されるのを媒介する金・銀貨は、商人の現金と同じように、すべて死んだ資財である。それは、この国の資本中のきわめて貴重な部分ではあるが、国にとってはなにものも生産しない。銀行業の賢明な操作はこうした金・銀貨の大部分を紙券でおきかえることによって、この国がこのような死んだ資財の大部分を活動的で生産的な資財へと、つまりこの国にとってなにものかを生産する資財へと、転換させることを可能にするのである。ある国に流通している金・銀貨は、公道にたとえて見るのがいちばん適切かもしれない。公道は、国の牧草や穀物のすべてを流通させて市場に運搬するけれど、それ自身は、このどちらのひとかたまりも生産しはしない(67)。」

しかし他方で、信用を遊休資金の社会的な融通関係に即して、次のようにも捉えていた。「銀行業の最も賢明な操作によって一国の産業は増進するものであるが、それは、国の資本が増加するからではなくて、銀行のこうした操作がない場合よりも、その資本のいっそう大きな部分が活動的で生産的なものになるからである。商人がときどきの請求に応じるために遊休させたまま現金で保有しなければならない資本部分は、それだけの額の死んだ資本（dead stock）であって、このままの状態にあるかぎり、それは商人にとっても、その国にとっても、なにものも生まない。銀行業の賢明な操作は、商人がこのような死んだ資本を活動的で生産的な資本、すなわち、加工される材料、作業のための道具、作業の目的である食料品その他の生活資料へと、つまり彼自身にとっても、彼の国にとっても、なにものかを生産する資本へと、転換させることを可能にするのである。[68]」ここからスミスは、当時のスコットランドの諸銀行において行われていた、一種の対人信用ともいうべきキャッシュ・アカウントについて言及し、それが手形割引と同じように、購買と支払いのために遊休させておかなければならない準備金を相対的に節約することによって、それを利用しない「ロンドンの商人よりもいっそう多くの利潤をあげることができるし、またそのような財貨を市場に供給するいっそう多数の働き手に、恒常的な雇用の機会を与えることもできる」と指摘している。こうした手形割引やキャッシュ・アカウントは、たしかに個々の企業にとってはさもなくば必要とされる支払準備金を節約することになるから、所与の資本額に対する利潤率を引き上げることになろう[69]。

こうしたスミス信用論の相異なる二つの内容のうちの、前者の〈金紙代替論〉については、ソーントンにも継承されていった通俗的な貨幣理論の一面として、どちらかといえば否定的に扱われてきた。これに対して、もっぱら後者のみが、トゥークやフラートンらの銀行学派にも通ずる、近代的信用理論の一面として高く評価されてきた。しかし、信用を個別資本相互の資金の融通関係の一面だけで捉えるとき、資本の蓄積機構に対する弾力的な通貨供給システムとしての近代的信用制度の果した積極的な意義を見失うことになるのではなかろうか。ここに、一九世紀の中葉においてもいまだ中央銀行への〈発券の集中〉とそれによる銀行券の公的管理の意義を十分には理解しえず、あくまで金貨流通だけを基本にした前期的ともいえる貨幣システムを構想するような、いわゆる地金主義（通貨学派）の人々を生み出すことになった理論的な背景があった。たしかに信用論の展開として見るとき、従来から多くの批判がなされてきたように、スミスのそれは資金の相互融通関係に即した商業信用についてはほとんど触れることなく、はじめから銀行信用のうちでもとりわけ発券に即した展開に終始し、帳簿上の信用についての考察を欠くなど、その不十分さが指摘されるかもしれない。[70] しかしそれは、商人や企業家たちによる商業手形の振出とその引き受け、さらにはその裏書譲渡が、資金の相互的な融通関係を実現するという信用制度そのものの分析にスミスが直接の関心をもたなかったからにすぎない。その限りでは、銀行信用の基礎に商業信用があることを指摘して銀行券流通の基礎に手形流通を見たソーントンにおいても同様であり、当時の人々にとって紙券信用は、もっぱらこうした貨幣費用の節約という視点から論じられていたからである。

スミスにおいては、商業手形の広汎な振り出しと一般的な流通とを前提に、銀行に集められた遊休資金を手形の割引を通じて社会的に融通しあうような、確立した金融機構がはじめから想定されていた。むしろその上で、手形割引が銀行の約束手形である銀行券の発行をもって行われる事の積極的な意義について言及し、いわゆる〈信用創造〉による「流通必要貨幣量」の節約として論じたのである。「たいていの銀行や銀行業者がその約束手形を発行するのは、主として為替手形を割り引くことによってである。いいかえると、為替手形が満期になるまえに、手形に対して貨幣を前払いする方法によるのである。」しかもこの場合、「銀行家が商人の手形を割り引いて前貸しをする場合、それを金・銀貨でしないで自分の約束手形ですれば、かれは、その経験上ふつう流通しているとみとめる自分の約束手形の全価値だけ、それだけ多く割り引くことができるという利益をもっている」という。[71] すなわち、銀行券の発行と流通は、たとえばスミスの例で、一〇万ポンドについて金・銀貨で二万ポンドもあれば随時の支払い要求に応えうるということから、社会的には八万ポンドの貴金属の節約になるとともに、個々の銀行にとってもそれだけ利潤の増大になるというのである。たしかに、信用による資金の社会的融通といい、また〈金紙代替〉による貨幣費用の節約といい、いずれも所与の資本量をより生産的に活用するという関係に即して分析されている限りでは、スミスは同一の視点に立って論じていた。ただ後者の場合、素材的により有用な財貨の生産に寄与する資本の相対的な割合を増すことによって、国民一人当たりが消費する便益品を増加しうるのに対して、前者の場合には、所与の社会的総資本量が生み出す財貨の量を増大させ資本の一般的な利潤率をも増大させることが含意されており、等しく資本の生産的な活用の効果といってもその内容に違いがあることはいうまでもない。いずれにせよ、こうした資本の生産的な活用の論理は、最終的にはいかにして国民一人当たりが消費し享受しうる生活必需品を最大にしうるかという、『諸国民の富』の一貫したモチーフに即したものであることに変わりはなかった[72]。

こうしてスミスの貨幣信用論は、単なる流通費用としての「貨幣費用の節約」の論理にとどまらなかった。しかもこの〈信用創造〉を伴う銀行券や手形の発行と流通は、スミスにおいて、単なる企業間信用における遊休資金の融通の媒介とは異なり、銀行や商人たち自身による積極的な通貨供給のシステムとして論じられていた。更にこうした銀行券の発行においては、「それが代位する金・銀貨の価値、いいかえれば（商取引は同一と仮定して）かりに紙幣が全然ないばあいにそこに流通するであろう金・銀貨の価値をけっしてこえることができない」という。すなわち、流通必要量をこえて過剰に発行された銀行券は、イングランド銀行を頂点とする銀行間組織を通じて適切に管理されている限りにおいては、預金あるいは兌換請求としていずれは銀行に還流するであろうと指摘し、ヒュームの貨幣数量説の地平をこえることができた。

4　銀行券の過剰発行と「還流の法則」

一八世紀中においてもすでにイギリスは、一七六三年、一七七二年、一七八三年および一七九三年とほぼ一〇年の周期で経済恐慌を経験しており、それらがいずれも銀行券の取り付けとそれによる銀行の破産に端を発したものであった。そこで、紙券信用による投機資金の供給（信用インフレ）を厳しく戒めたヒュームとは異なり、金紙代替による信用通貨の供給を積極的に展開したスミスは、こうした問題に答えなければならなかった。すなわちスミスは、金属通貨が一般的に流通している経済のもとにおいては、兌換銀行券と正貨の総額は、「取引の必要」を満たすに足る額を長期間にわたって超えることはできないとして、ここに〈剰余正金の自動輸出メカニズム〉を提起することになった。すなわち、銀行券の過剰発行はそれだけの正貨の対外流出を招くだけで、貨幣供給量の増加は生じえないと、信用インフレの可能性を否定して次のようにいう。

「ある国でたやすく流通しうるあらゆる種類の紙幣の総額は、それが代位する金・銀の価値、いいかえれば、(商取引は同一と仮定して) かりに紙幣が全然ないばあいにそこに流通するであろう金・銀の価値をけっしてこえることができない。……かりに、流通紙幣がある時期にこの額をこえたとすれば、この超過分は海外へ送ることもこの国の流通界で使用することもできないから、金・銀と兌換されるためにただちにこの銀行に還流せざるをえない[(73)]。」「紙幣の増加は、全通貨の量を増加させることによって、またその結果、全通貨の価値を減少させることによって、必然的に諸商品の貨幣価格を高めるといわれている。しかしながら、通貨からとりのけられる金・銀の量とそれにつけ加えられる紙幣の量とがつねに等しいのであるから、紙幣が必ずしも全通貨の量を増加するとはかぎらない[(74)]。」

後に詳しく見るように、一七九七年のイングランド銀行の兌換停止とその後のポンドの価値の低下、紙幣の減価をめぐる「地金論争」は、理論的には、こうした銀行券の過剰発行によるインフレーションの可能性をめぐるスミスとヒュームの対立にその源流をもつのであった。すなわち、それらは、結局は、スミスによって提起された〈流通必要量の原則〉、〈真正手形原則〉および〈還流の法則〉の現実的な妥当性をめぐる論争といってよいからである。スミスは、こうした金融恐慌を信用経済にとって不可避なものとしてではなく、個々の銀行家の放漫な経営における過大な信用供与という、あくまで個別的な事情に求めざるをえなかった[(75)]。すなわち、「ニュートンの通貨改革」後の銀の流出と銀貨の不足を背景に、信用貨幣による金紙の代替を主張したにもかかわらず、スミスは、スコットランドや北アメリカにおけるような小額の銀行券の流通の普及については、必ずしも好意的ではなく、次のように反対している。

「小額の銀行券の発行が許されていて、これが一般に流通しているところでは、多くの資力の乏しい連中も銀行家になることができるし、またそうなりたいという気持ちになる。五ポンドどころか二〇シリングの約束手形ですら誰からも拒絶されるような人でも、六ペンスといった小額のものなら、ためらうことなしに受け取ってもらえるだろう。だが、こんな貧弱な銀行家はしばしば破産におちいるにちがいないから、そのために、かれらの銀行券で支払いを受けた多くの貧しい人たちは大変な迷惑をこうむり、またときには、非常に大きい災難すら被るであろう。おそらく、この王国のどの地方でも、五ポンド以下という小額の銀行券は発行しないことにしたほうがよかったであろう」という。[76]すなわち小額の銀行券の一般的な流通は、経営的基礎の脆弱な個人銀行家による発券を促し、しばしば信用の支払い連鎖を不安にすると、これを批判した。そもそも信用による準備金の節約は、商人および企業家の間の高額な取引に関わるものである限り、「商人と商人との間の流通面にだけ主として用いられるような金額だけしか紙券の発行が許されなかったとしても、銀行や銀行業者はやはり、一部は真の手形の割引によって、また一部はキャッシュ・アカウントによる貸付けをつうじて」、十分にその役割を果しうるというのである。これは一八世紀末に、発券を行っていた個人銀行家の倒産によって、イングランドやスコットランドでしばしば信用不安におちいった経験を踏まえて、スミスが提起した解決策の一つといってよい。

こうして小額銀行券の発行が制限され、また兌換が保証される限りは、すでに見たように過剰に発行された銀行券はいずれ銀行の手元に還流するだけであろうと、いわゆる〈還流の法則〉を提起し、その限りでは後の銀行学派の水準にまで到達していた。そこでスミス銀行券論の課題は、何よりも、個人銀行家による紙券の濫発が空手形すなわち融通手形の割引を通じて行われることの回避にあった。しかしそれが、融通手形の割引ではないとしても、投機的な在庫投資が信用を伴う場合は、売り手によって振り出された手形は実際の取引に裏付けられたものであり、投機の破綻による支払い連鎖の中断は防ぎようがないからである。信用は何らかの形でそうした投機資金を提供しているからである。(77)にもかかわらずスミスは、銀行による手形割引が「真正な為替手形」に限定される限りでは、銀行の貸付額は「企業家」が「貸付けを受けぬ場合、随時的な請求に応じるため、寝かせたままの現金で手元に保有させられるであろうその部分」、すなわち支払い準備金を超えることはないとして、次のような事例を挙げている。

「もしもすべての銀行業が、つねに各自の利害をよく理解し、そしてそれにたいして注意を向けているなら、流通界はけっして紙券の供給過剰におちいることはなかったはずである。だが、すべての銀行は、かならずしも各自の利益をよく理解したり、また注意を払ったりしていなかったので、流通界はしばしば紙券の供給過剰におちいったのであった。イングランド銀行は、あまりにも多量の紙券を発行し、その過剰分が金銀貨と兌換されるためにたえず還流してきたので、何年にもわたって年額八〇万ポンドないし一〇〇万ポンド、平均すると約八五万ポンドにのぼる金貨を鋳造することを余儀なくされた。(78)」

こうした一八世紀後半の〈発券の分散〉のもとで、個々の銀行の過大貸付がもたらした信用不安についてのスミスの議論は、一見すると、あたかものちのリカード貨幣論を彷彿とさせるような、貨幣代替物の過剰流通(excessive circulation of paper money)による紙幣の減価（インフレーション）という論理に通ずる内容であるかのようにも見える。(79)しかし、この場合の銀行券の過剰発行は、単に個々の銀行の信用力（現金準備）をこえる過大な貸付けによって生じた信用不安の問題として語られているにすぎず、決してマクロ的な意味で「この国の流通界が容易に吸収し使用し得る額以上の多額の紙券」の流通の問題を論じているわけではない。スミスの本意は、あくまでその割引が「真正の手形」に限られ、また銀行券による貸付けも流動資本だけに制限されて「穏当な期間内に限られ」る限りでは、個々の銀行の財務状態において、一定期間内における銀行の貸付額と銀行への償還額がおのずからほぼ均等になるから、それゆえ銀行券の過剰発行による経営不安に陥ることはないということにあった。

こうしてスミスの〈金紙代替論〉においては残念ながら、一方で本位金属の地金価格の「鋳造価格」からの乖離を阻止して〈価格標準〉と固定平価を維持させるために、また他方でこうしたイングランド銀行の兌換のための金銀の買い入れによる損失を回避するとともにあわせて個々の銀行の独自の発券による信用供与の限界を克服するためには、いかなる方策が必要であるかについて、必ずしも明確にしなかった。確かに、当時の金銀の地金価格の高騰は、決して貨幣数量説論者が説くような銀行券の濫発による「銀行券の減価」によって生じたものではなかったことを、すでにスミスは明らかにしていた。仮りに個々の銀行券のディスカウントがあっても、それは地金価格の上昇には結び付かず、スミスがいうように、それはあくまで鋳貨の磨損や地金の不足などの別個の原因によるものであった。そしてこれらは、中央銀行券が金銀貨と同等の流通性（受容性）をもつことによって解決されうるものであり、その為には〈信用（準備）の集中〉が何よりも要請されたのであるが、スミス信用論はその水準にまでは至っていなかったのである。

注

（1）「鋳貨と貨幣の矛盾」に即して貨幣制度の改革（近代化）を論じたスチュアートの『経済学原理』第三編の意義は、具体的な鋳貨改革の提言もさることながら、銀行券の発行に懐疑的であったヒュームを批判し、銀行券をはじめとする信用貨幣の一般化こそ、「鋳貨と貨幣の峻別」を制度的に実現しうる唯一の方向であることを展望したことにあった。

（2）「貨幣の流通必要量」についてスチュアートは、「一国の流通を維持していくのに必要な鋳貨の比率を決定することは不可能」であるとし、その理由は、それ「鋳貨の数量」のみならず「それを所有する人々の意向」にかかわる問題だからだというにとどまった。(Steuart, *Principles, Works*, vol.2, p.55.) しかし問題は、この事後的にしか把握できない流通必要量にではなく、具体的な〈鋳貨本位制〉のもとで鋳造価格以上への地金価格の騰貴を招かないだけの本位貴金属量の確保にあった。

(3) D. Hume, *Political Discourses*, 1752, ed. by Eugene Rotwein 1955, pp.39-41.(小松茂夫訳『市民の国(下)』、岩波文庫、一九五二年、六一—六二頁)

(4) *ibid*., p.13.(前掲訳、二一頁)

(5) *ibid*., pp.22-23.(前掲訳、三三—三四頁)〈奢侈〉と〈インダストリ〉との統一として国民的生産力(労働の貯蔵庫)を説くヒュームの「文明社会」のなかには、国民の「奢侈的な生活様式」という〈需要の契機〉が内部的にビルト・インされていた。これは、生産と消費を階級的に分担させ、外部的に対立させたスチュアートとは異なり、分業論から出発して国民経済を論ずる後の古典派経済学の方法の先駆をなすものである。ヒューム文明社会論の方法的意義については、坂本達哉「ヒュームにおける勤労・貨幣・文明社会」(大森郁夫編『市場と貨幣の経済思想』、昭和堂、一九八九年)を参照。

(6) *ibid*., pp.14-15.(前掲訳、二三頁)

(7) *ibid*., p.59, p.64.(前掲訳、八五頁、九六—九七頁)

(8) ヒュームは紙券信用において、「紙幣を正しく利用するとき生産活動と信用とは促進されて増大する」という「利点が欠点にまさるとみなせる」場合があることを、無視した訳ではなかった。(*ibid*., p.70. 前掲訳、一〇六頁)

(9) 近代の貴金属貨幣は貿易不均衡の決済に用いられ、それによって、それぞれの貨幣単位相互の安定した交換レート(為替平価)が維持された。ヒュームは、こうした〈富の移転〉の手段としての貴金属貨幣の対外的な役割については考慮しなかった。現実には、貴金属保有量のアンバランスは、ある程度以上に進行した段階ではじめて、それが不足する諸国で政策的に〈平価の切り下げ〉が行われるものであった。

(10) Hume, "*Political Discourses*", p.33.(前掲訳、五一頁)

(11) マルクスのように、「流通手段の数量と商品の価格運動の関係にかんする全ての科学的な研究は、貨幣材料の価値を与えられたものとして前提しなければならない」(Karl Marx, "*Zur Kritik der politischen Ökonomie*", Diez Ver. 1968, S.168. 武田・遠藤他訳、岩波文庫、二一二頁)というのでは、逆に、固定平価のもとでただその購買力(価値)だけを絶えず変動させるようになった金銀の、貨幣としての特殊な社会的属性が見失われるのではないか。

(12) *ibid*., p.42.(前掲訳、六三頁)

(13) *ibid*. pp.37-38.(前掲訳、五七—五八頁)ヒュームの〈連続的影響説〉についてペトレラは、奢侈的支出による産出高増大の理論と位置づけ、これを、産出高の増大が生産的資本支出の関数であるとするスミスの論理と対比させた。（F. Petrella. *Adam Smith's Rejection of Hume's Price—Specie—Flow Mechanism, in Adam Smith: Critical Assessments*. Routledge, vol.III. p.218.）、奢侈とインダストリとアーツを統合した国民的生活様式に即して経済成長を論じたにもかかわらず、有効需要の拡大を、蓄積に伴う投資需要と消費需要の増加として内面化することなく、外部的な貨幣の流入の問題として扱った。これは、国民経済をもっぱら貨幣と商品の世界からなる市場の論理に即して分析した、ヒュームやスチュアート、ハリスをはじめとする、当時の経済思想家たちの方法的限界であった。

(14) ヒックスはヒュームの〈連続的影響説〉ついて、「数量説は長期の均衡条件として成り立つ」ことを示したものと位置づけ、整合的に解釈しようとした（Hicks. *ibid*., p.161. 前掲訳、二一九頁）。ただヒュームは、貨幣供給がもたらす短期の実物的効果について、あたかも市場の模索過程で相対価格の変動がもたらす部分的で一時的な混乱とみなし、いずれは新たな水準に収束していくプロセスの一局面であるかのように述べており、こうした解釈は論理的整合性に欠けるのではないか。

(15) Hume. *op.cit*., p.37.（前掲訳、五六頁）一六世紀及び一七世紀に新大陸で生産性の高い鉱山が発見されてヨーロッパへ貴金属が大量に流入し、結果において「価格革命」といわれる物価の長期的な上昇に作用した。その背景には、一方で、いまだ価格弾力的な供給システムが、すなわちヒュームの〈勤勉〉と〈奢侈〉とが結合した「生産的な生活様式」が確立していなかったことから、とりわけスペインやオランダにおいて貨幣資産の増大が名目的な物価の上昇に向かわざるを得なかった事情があるが、他方では、金の地金価格の低下が鋳造価格（平価）の引き下げに作用したこともある。

(16) *ibid*., p.63.（前掲訳、九六頁）

(17) *ibid*., p.61.（前掲訳、九二頁）

(18) *ibid*., p.63.（前掲訳、九六頁）

(19) Smith. *The Wealth of Nations*. p.276.（前掲訳［2］、二六四頁）

(20) スミスは『グラスゴウ大学講義』のなかでヒュームの〈正金配分の自動調節論〉に言及し、「貨幣と財貨は、すべての国でだいたい一定の水準を保つであろう。このヒューム氏の推論は非常に巧妙である。」（Smith. *Lectures on Jurisprudence*. p.507. 前掲訳、三七三頁）としたことから、これが『諸国民の富』で排除されていったのは何故かとの問題がたてられ、これまで「経済学史上の謎の一つ」とされてきた。

(21) 貨幣数量説および「正金配分の自動調節論」それ自体は、一七、一八世紀における貨幣・貿易理論の一般的なパラダイムであり、ヒュームにとっては重商主義の貿易差額政策の非有効性を明らかにするための道具だての一つにすぎず、当時の鋳貨制度や外国為替制度の複雑なシステムについての考察という余計な回り道を回避するための都合のよい論理だった。

(22) すでに見たように、一六九〇年代のロックとラウンズの改鋳論争、および一七一七年のニュートンの通貨改革などは、結局のところ、鋳貨本位制度にとって免れえない、こうした地金価格の鋳造価格以上への高騰による慢性的な貨幣の不足と、〈価格標準〉の変動に対処するためのものだった。(Smith. *The Wealth of Nations*. pp.210-214. 前掲訳［2］、一〇二―一一二頁)

(23) ニュートンの試算では、当時の金銀貨の品質と重量において大陸諸国の比価で換算すれば、一ギニーは約二〇シリング八ペンスに相当していたといわれる。(A. Feavearyear. *op.cit*. p.155. 前掲訳、一七〇頁。J. L. Laughlin. *A New Exposition of Money, Credit and Prices*. Vol.1. pp.152-153.)

(24) ニュートンは、一ギニーが二一シリングでは、二つの金属が並んで流通することはないだろうということを承知していたが、そのうえで金価格の上限を規制して銀価格の維持をはかろうとした。フェヴァーによれば、これは彼が、金の価格の下落が必ずしも銀価格の上昇と同じことではないということに気付かなかったことによるものだという。A. Feavearyear. *op.cit*. pp.168-170. 前掲訳、一八四―一八六頁。

(25) 金銀複本位制から金の単本位制への移行は、一七八五年に枢密院委員会に提出されたリヴァプール伯のパンフレットのなかで集約されているような、名目的な補助通貨に支えられた本位鋳貨制度についての、当時の代表的な考え方に沿うものであった。鋳貨本位制度を維持していくには、もっとも日常的な支払いにもちいられて摩滅や削り取りの危険性が高い銀貨よりは、比較的に使用頻度の少ない金貨の金属重量に〈価格標準〉を固定した方が、〈価格標準〉の安定をはかるうえでより適切だったからであろう。(Feavearyear. *op.cit*. pp.158-159. 前掲訳、一七三―一七四頁。R. G. Hawtrey. *The Gold Standard in Theory and Practice*. 1927. pp.61-62.)

(26) 金貨については、「最軽量目規定」によって、軽量化に伴う〈価格標準〉の事実上の変更が制度的にも防がれることになった。あとは、金銀比価の変動による〈価格標準〉の動揺を防ぐため、何よりもまず銀の自由鋳造を停止して、銀貨がその額面価値を大幅に下回る金属しか含まないよう、銀貨を象徴化する必要があった。しかし長い銀（銀貨）本位制の伝統があるイギリスでは、そうした銀貨の急激な品位の低下には社会的な抵抗が予想されたためであろうか、その後も銀の「鋳造価格」は依然として一トロイ・ポンドあたり六二シリングのままであった。

(27) Feavearyear. *op.cit*. pp.168-170.（前掲訳、一八四―一八六頁）

(28) Smith. *The Wealth of Nations*. p.61.（前掲訳［1］、一七八―一七九頁）

(29) 七年戦争後の一七六三年および一七七二―一七七三年、さらに一七八三年のイングランドおよびスコットランドにおけるイングランド銀行からの地金の流出と金融恐慌と、そしてそのなかでの地方発券銀行の乱立および倒産については、J. Clapham, *op.cit.*, pp.157-163（前掲訳、二七三―二八五頁）を参照した。

(30) 一七七四年の法令による事実上の金本位制への移行に際して、いわゆる「最軽量目規定」が設けられ、金貨の重量がつねに法定重量に近い範囲内に維持されうることが、イギリス貨幣史上初めて財政的にも裏付けられた。この改鋳を定めた法律によって、軽量貨を切断あるいは額面の抹消が認められただけでなく、軽量貨を所持する者はむしろそれを義務づけられた。（Feavearyear, *op.cit.*, pp.168-169. 前掲訳、一八四―一八五頁）

(31) 最軽量目規定は、定められた範囲内で軽量化した鋳貨について市場での流通を保証し、金貨の重量をつねに法定重量に近い範囲に維持することで〈価格標準〉の安定とポンドの対外価値の維持を図るものであり、〈鋳貨の象徴化〉をもたらす訳ではない。その意味で、シリング銀貨の〈補助貨幣化〉の場合とは本質的に異なる。マルクス鋳貨論以来の、最軽量目規定に基づく〈鋳貨の象徴化〉の論理の問題点については、山口重克の前掲書を参照。

(32) 自由鋳造制のもとで地金価格が上昇傾向にある場合、通貨当局の採り得る対策としては、その自由な溶解や輸出を認め、鋳貨の不足を招いてでも「鋳造価格」（価格標準）を維持しようとするか、それとも地金の市場価格の水準に〈価格標準〉を変更してでも鋳貨流通量を確保するかの、いずれかしかない。ただスミスがいうように、「現在でも、金地金について同様の輸出許可と、金貨については同様の輸出禁止とがおこなわれているが、それにもかかわらず、金の地金価格はなお造幣価格以下に下落している」（Smith, *The Wealth of Nations*, p.61. 前掲訳［1］、一七七頁）とすれば、当時は金地金に対する需要がほぼ賄われ、国際的にその価格が安定していたからであろう。

(33) 内国市場での商業信用の広範な展開を通じて、一八世紀初頭までに為替手形および約束手形の裏書譲渡が合法化され、一七世紀末から一八世紀初めにかけて、そうした商業信用の流動化機構としての割引市場が形成されて行った。これについては、W. T. C. King, *History of the London Discount Markert*, 1935, pp.3-4.（藤沢正也訳『ロンドン割引市場史』有斐閣、五―六頁）、Feavearyear, *op.cit.*, p.162.（前掲訳、一七七―一七八頁）を参照。

(34) T. S. Ashton, *The Industrial Revolution 1760-1830*, 1947, pp.99-101.（中川敬一郎訳、『産業革命』、岩波書店、一〇七―一〇九頁）またヤッフェは、銀行券発行業務の初期地方銀行にとっての重要性について、「発券はロンドンではすでに成立していた預金業務のいっそうの発展としてあらわれ、そしてロンドンでは進展する信用集中の手段となったが、地方では銀行業務が開始された当初には、個人銀行が信用をその顧客にあたえる手段であった。」（E. Jaffe, *Dasenglishe Bankwesen*, 1910, SS.152-153. 三輪悌三訳『イギリスの銀行制度』、日本評論社、一六三―一六五頁）と指摘している。

(35)「このようにして小さな単位名称の鋳貨が払底していたことは、賃金を支払わねばならない工業生産者にとっては大問題であった。彼らの多くは、シリング貨を求めてあちらこちら幾日も駆け回った。あるものは過去の工業体制から〈長期支払い制〉long—payの習慣を持ち込むことによってやりくりをした。また一九世紀の初期における少なくとも一人の木綿紡績業者は、賃金の支払いをたがいちがいにすることによってその場を逃れていた。……それほど賢明でもなく、あるいはそれほど都合の良い立場にもない他の工業生産者は、現物支給(payment in truck)という手段をとった。そのほかまたジョン・ウィルキンスンや〈アングルシー銅会社〉などは、それぞれの私造鋳貨を鋳造し、それをその労働者たちに支払った。」(Ashton, *op.cit.* pp.101-102. 前掲訳、一〇九—一一〇頁)

(36) マサイアスは、信用の通貨機能について次のように述べる。「手形による送金業とは別に、地方銀行業者はその銀行券によって、地方の主要な流通手段を提供した。地方銀行のうちで、発券によって利益を得たものの数は極めて多い。すなわち彼らは、信用を拡大すると同時に通貨を創出したのであり、あるいはまた、通貨を創出することによって信用を拡大したのであった。」(P. Mathias. *The First Industrial Nation*. 1969. 小松芳喬『最初の工業国家』日本評論社、一八四頁)

(37) Feavearyear, *op.cit.* pp.159-161.(前掲訳、一七五—一七六頁)を参照。また一八世紀後半の一覧払地方銀行券の発行についての詳細な研究としては、楊枝教授の前掲書(二三一—二四一頁)を参照。

(38) Ashton, *op.cit.*, pp.103-104.(前掲訳、一一二頁)

(39) Ashton, *op.cit.*, pp.101-102.(前掲訳、一〇九—一一〇)ランカシャー地方で発券業務が一般化せずもっぱら手形流通に依存した理由としては、かつての融通手形の操作で公衆が受けた損害に対する反省とともに、アシュトンは「大規模な企業規模と相対的に狭い地域への生産の集中」というランカシャーの産業構造上の特性を指摘している。

(40) マサイアスは、「このような相異なる要素が結合して、全国的につながった金融組織」が形成されても、それはいまだ「ゆるやかな結合体であって、金融恐慌には弱く、戦時にはたやすく中断」するようなものでだったという(マサイアス 前掲訳、一八五頁)。これについてアシュトンは、「イングランド銀行がどんどん自由に貸してくれる限り、すべてはうまく運んだ」が、「政府の過重な要求その他の理由」などで「イングランド銀行がその割引を制限」するやいなや、たちまち支払い連鎖の中断を引き起こしたが、その原因を銀行業者の〈抵当と手形の混同〉による過剰信用に求めた。(Ashton, *op.cit.* p.104. 前掲訳、一一二頁)

(41) Clapham, *op.cit.* p.162.(前掲訳、一八五頁)

(42) マサイアス、前掲訳、一八六頁。

(43) 一六八九年に勃発した対仏戦争を背景に、財政的危機を克服すべく一六九四年の条例（Tonnage Act）で設立されたイングランド銀行は、大陸のアムステルダム銀行やハンブルク銀行などの純粋な〈預金銀行〉とは異なり、「本質的に発券銀行」であった。その設立の由来によって創設当初から政府財政と結び付いた公的性格をもってはいたが、しかし他方で、「ねらいは、はじめからイングランド銀行が通常の銀行業務を行うべきであるという点、すなわち、預金を受け入れ、信用貨幣を創出すべきであるという点にあったことは疑いない」ものだった。(A. Andreades, *History of the Bank of England, 1640 to 1903*, 1931, pp.45-54.（町田義一郎訳『イングランド銀行史』日本評論社、五七―七〇頁）

(44) たとえば、一七六三年の恐慌に際してのイングランド銀行からの地金の流出と、パニック終了後の還流のプロセスについては、Clapham, *op.cit.*, pp.239-242.（前掲訳、二七三―二七六頁）を参照。

(45) 設立当初、イングランド銀行の預金振替業務は、いまだ小規模で付随的なものにすぎなかった。(Clapham, *op.cit.*, pp.143-144. 前掲訳、一六三頁）産業革命期に至ってようやく、しだいに形成されつつあった全国的な金融のネットワークを背景に、それから一定の距離をおいて相対的な独自性を維持しながらも、イングランド銀行の中央銀行としての性格が確立していった。(Feavearyear, *op.cit.*, pp.166-167. 前掲訳、一八二頁）

(46) 「一八世紀末期には、イングランド銀行はロンドンの銀行業者に対しても、貸付機関としての最後の頼みの綱の役割を果たしていた。……このようにイングランド銀行は、銀行組織のなかで唯一の大きな金準備保有銀行となり、かくして流動性危機……の矢面に立ったのである。……／このような事態は、イングランド銀行の正式の政策に何ら変化がなくても、またその理事たちが中央銀行としての公的責任を受け入れたということをみずから認めなくても、起こったのである。」（マサイアス 前掲訳、一八六頁）またフェヴァーは、「製造工業の地方化と諸州の貸手と借り手への分割がひじょうに早い時期に近代的銀行制度の骨格をつくりあげ、イングランド銀行を統制的地位に置いた」と指摘する。(Feavearyear, *op.cit.*, pp.166-167. 前掲訳、一八二頁）

(47) 「地方銀行のどこかで取り付けが生じた場合には、鋳貨が同様の方法でイングランド銀行から引き出された。というのは、イングランド銀行券は法貨ではなく、また実際地方の人にはあまり受け取られなかったため、彼らの要求を満たすために使用することができなかったからである。」(Feavearyear, *op.cit.*, pp.176-177. 前掲訳、一九二頁）

(48) フェヴァーは、こうした中央銀行としての行動原則にのっとり「イングランド銀行が明確に貨幣市場のある種の統制を実施しようとした最初のケース」を一七八三年恐慌にもとめている(Feavearyear, *op.cit.*, p.177. 前掲訳、一九三頁）。割引の制限と緩和、それにともなう金銀の流出入の具体的経過については、Clapham, *op.cit.*, pp.253-257. 前掲訳、二八九―二九三頁を参照。

(49) ナポレオン戦争を契機に一七九七年から二十数年におよんだ、イングランド銀行の兌換停止は、何よりも地方銀行券の信用力への不信に基づいた国内流出に、すなわち信用の収縮期における「臆病な人々」のギニー金貨の引き出しによるものだった。そこで、二月二六日の枢密院の勅令によってイングランド銀行の支払いが停止され、ギニーの代りにイングランド銀行券を使用させるため、新たに五ポンド未満の小額面券を発行し、またイングランド銀行券を《法貨》に定めるなどの手だてが講じられた。

(50) Smith, *The Wealth of Nations*, pp.37-44.（前掲訳［1］、一三三―一四六頁）スミスは『グラスゴウ大学講義』の段階では、貨幣を「何よりもまず価値尺度として、次に交易または交換の媒介物として」(*Lectures on Jurisprudenc: The Glasgow Edition of the Works and Correspondence of Adam Smith*, vol.5, pp.499-500. 高島・水田訳『グラスゴウ大学講義』三五三―三六三頁）考察していたのに対して、『諸国民の富』では、貨幣は初めから交換の媒介物とされた。

(51) Smith, *The Wealth of Nations*, p.51.（前掲訳［1］、一五八頁）

(52) ここでスミスが取り上げている「貨幣価値」の変動は、短期の物価水準の変化に伴うそれではなく、数十年にもわたるような極めて長期の問題として論じている。しかも具体的には、金銀の市場比価の歴史的変化が、長期にわたる土地の賃貸借契約に及ぼす影響などに限られた問題として取り扱った。

(53) Smith, *The Wealth of Nations*, pp.53-55.（前掲訳［1］、一六二―一六五頁）

(54) スミスが貨幣数量説を拒否し、諸商品の金、銀ではかった価格は「いかなる場合にも、ある特定の国で流通している特定の紙幣の性質や量に依存しているのではなく、たまたまある特定の時期に商業世界という大市場にこれらの金属を供給している鉱山が豊かであるか乏しいかということに依存している」(Smith, *The Wealth of Nations*, pp.328-329. 前掲訳［1］、三三四―三三五頁）という。

(55) この点についてマルクスは、「通貨currency」と「貨幣money」の区別を要請した。ただマルクスもリカードと同様に、物価の長期的な安定化の機構を次のように想定した。「金がその交換価値以上に、つまりそれにふくまれている労働時間によって規定される価値以上に騰貴すれば、金の生産の増加が促されるであろう、そしてついには、供給の増加が、金をふたたびその正しい価値の大きさまで下落させるであろう。」(Karl Marx, *Zur Kritik der politischen Ökonomie*, S.176. 武田・大内・遠藤・加藤訳、『経済学批判』岩波文庫、二二二頁）

(56) 「金貨の改鋳以来、標準金地金の市場価格が一オンスにつき三ポンド一七シリング七ペンスをこえることはまれになった。金貨の改鋳以前には、市場価格はつねに多少とも造幣価格を上回っていた。この改鋳以来、市場価格は一貫して造幣価格を下

回っている。」(Smith. *The Wealth of Nations*, p.59. 前掲訳［1］、一七五頁)

(57) Smith. *The Wealth of Nations*, pp.58-59.（前掲訳［1］、一七三頁）

(58) Smith. *The Wealth of Nations*, p.62.（前掲訳［1］、一八一頁）また別の箇所でも次のように指摘している。「たとえば、もしちかごろの金貨改鋳以前に、鋳造にたいして五分の造幣手数料があったならば、金貨を溶解すれば三分の損が立ったであろう。……それゆえ、貨幣が重量ではなく個数で受け取られる所ならどこでも、造幣手数料というものは、鋳貨の溶解にたいするもっとも有効な予防剤であり、同一の理由から、その輸出に対してもまたそうである。」(*ibid*. p.552. 前掲訳［3］、二五一頁)

(59) スミスが貿易差額説に対する有力な批判理論である「正金配分の自動調節論」を受け入れなかった理由は、何よりも経済成長を制約するような対外的要因をその理論の枠組みから排除することが要請されていたからではなかろうか。そしてここに、国内的な通貨供給システム論としてのスミス信用論（金紙代替論）の意義があった。

(60) Smith. *The Wealth of Nations*, pp.511-512.（前掲訳［3］、一六六頁）

(61) Smith. *The Wealth of Nations*, p.296.（前掲訳［2］、二六九頁）

(62) Smith. *The Wealth of Nations*, p.292.（前掲訳［2］、二六二頁）

(63) イングランドで鋳造手数料が賦課されて来なかったのは、「相当巨額の地金を造幣局へ送る唯一の会社」であったイングランド銀行の個別利害を考慮してというよりは (Smith. *The Wealth of Nations*, pp.554-555. 前掲訳［3］、二五六頁)、何よりもポンド価値の対外的な保証を第一にしてきた重鋳論の影響というべきであろう。

(64) ホランダーもいうように、「スミスは、正貨の流出を―それが直接に行われるにせよ金準備の減少を通ずるにせよ、ヒューム型の価格水準の変化に基づく正貨流出メカニズムには関係なく記述している」(S. Hollander, *Classical Economics*, 1987, p.282. 千賀・服部・渡会訳『古典派経済学』多賀出版、三五三頁)。

(65) Smith. *The Wealth of Nations*, p.436.（前掲訳［3］、二〇—二一頁）

(66) 玉野井芳郎はスミスの信用理論について、「一般的に金属貨幣に代位しうるものとしての銀行券の流通が主題をなして、そのもとで銀行信用がとりあげられているにすぎず、したがってその基礎をなす商業信用が明らかにされていない」（玉野井『経済理論史』東京大学出版会、一九七七年、五三頁）と批判する。ただ商業信用による貨幣の節約にも言及し、「信用で売買し、さまざまの商人が、一カ月に一回か一カ年に一回、たがいにかれらの信用を決済すれば、よりわずかの不便でそれに代位することになるであろう。よく整備された紙幣でそれに代位させるならば、なんの不便もないばかりか、場合によっては若干の利益さえともなうであろう。」(Smith. *The Wealth of Nations*, p.437. 前掲訳［3］、二二三頁）という。

(67) Smith, *The Wealth of Nations*, pp.320-321.（前掲訳［2］、三一八―三一九頁）
(68) Smith, *The Wealth of Nations*, p.320.（前掲訳［2］、三一八頁）
(69) Smith, *The Wealth of Nations*, p.300.（前掲訳［2］、二七七頁）
(70) 「一国の、とくにこの国の商取引の状況を今のままとし、もしあらゆる種類の銀行券が何らかの方法で絶滅されたとすれば、その取引はことごとくギニー貨によっていとなまれるだろうというのであるが、しかし、もしも銀行券が全部廃止されるようなことがあれば、それに代わって流通するかなりの部分は為替手形となるであろう。」（H. Thornton, *An Inquiry into the Nature and Effects of the Paper Credit of Great―Britain*, 1802, p.95. 渡邊・杉本訳『紙券信用論』実業の日本社、七六頁）こうしてソーントンは、手形流通における貨幣の節約についても積極的に言及している。
(71) Smith, *The Wealth of Nations*, pp.298-299.（前掲訳［2］、七三―二七四頁）
(72) Smith, *The Wealth of Nations*, p.10.（前掲訳［1］、八九―九〇頁）
(73) Smith, *The Wealth of Nations*, pp.300-301.（前掲訳［2］、七八頁）
(74) Smith, *The Wealth of Nations*, p.324.（前掲訳［2］、三二六頁）
(75) スミス信用論を素朴な信用インフレ論と区別して、玉野井は次のように指摘する。「…スミスにおいてとりあげられた紙券のいわゆる過剰発行の問題は、後にミルようなソーントンやリカードなどのばあいとはちがって、主としてイングランド銀行券の過剰発行とその減価の問題たるにとどまらず、いなそれよりもむしろ一般に商業銀行自身の貸付けについて、その一定期間内の額が償還額と一致しない形で示されるところの、過大貸付けないし過大信用の問題として、とりあげられている点が特徴である。」（玉野井、前掲書、四二頁）
(76) Smith, *The Wealth of Nations*, p.323.（前掲訳［2］、三二一―三二三頁）
(77) スミスの〈真正手形原則〉についてリカードは、ソーントンに依拠しながら、利潤率が貸付利子を超過する限りは、いかなる量のイングランド銀行券でも使用されうるから、兌換制のもとにおいても妥当しないと批判した。
(78) Smith, *The Wealth of Nations*, p.301.（前掲訳［2］、二八一頁）
(79) 玉野井教技はこのスミスの叙述を「ソーントンをへてリカードへと継承」された数量説的見解と解釈し、「スミスはここでイングランド銀行券の減価の状態を取り上げて、これを二通りの原因から説明しようとしている。ひとつは紙券の供給過剰、いいかえると銀行券の過剰発行であり、それによってイングランド銀行券が減価し、したがってまた地金価格が騰貴した……」（大河内一男編『諸国民の富研究Ⅰ』、筑摩書房、一九七二、一二九頁）という。

第5章　H・ソーントン、リカードと「地金論争」

第1節　スミス信用論の限界

一七七四年の「金貨再鋳造令」から一八一六年の「金本位法」を経て、一八四四年の「ピール条例」の制定に到るイギリス貨幣制度の近代化のプロセスは、何よりも貴金属鋳貨の法定重量を制度的に保証する貨幣システムを確立したことに、その歴史的意義があった。これによって、グローバルな基軸通貨となっていくポンド・スターリングの対外的価値（為替相場）が「鋳造価格」の水準に制度的に固定され、古典的国際金本位制というイギリスを軸に編成された一九世紀資本主義の基本的枠組みの一つを築くことができたからである。にもかかわらず、アダム・スミス以降の経済学の正統は、こうした古典的金本位制に基づくグローバルな貨幣システムについては、十分な理論的分析を行ってはこなかった(1)。

近代国家のもとで〈価格標準〉の維持が法的に担保されるようになると、もはや鋳貨の目減りなどによってポンドの対外的価値がなし崩しに変更されるようなことはなくなった。すなわち、ロック－ラウンズ論争以来、スチュアートやヒュームをはじめ、〈価格標準〉を維持するための様々な方策が議論されてきたが、これを受けて地金価格の変動を抑制する自由鋳造（溶解）の制度が確立していくことになった。また「最軽量目規定」が設けられ、限度を超えた鋳貨の目減り分が国家によって保証されることで、「一定重量の本位金属の貨幣名」としての〈価格標準〉も安定することになった。これらはいずれも、世界市場でポンドの対外価値を維持するための、不可欠な制度的要件だったのである。アダム・スミスの〈金紙代替論〉もまた、こうした歴史的背景の中で、近代的市場がその増大しつつある通貨需要を市場の内部で賄うべく、信用通貨の利用によっていかに対応しなければならないかを論じた先駆的な著作の一つであった。それは多分にジェームズ・スチュアートの貨幣信用論の影響を受けたものであったが、金と銀行券との関係、および銀行券と手形流通との関係等については、いまだ厳密な分析を欠いていた。とくに銀行券については、それを銀行にとっての債務証書としてよりも、政府紙幣と同等の単なる流通手段として取扱った為に、商業信用を基礎とする債権・債務の相殺関係に即したマネー・サプライの分析へと展開させるまでには至らなかった(2)。

スミスにとって貴金属鋳貨は、その維持に多額の社会的コストを要し、できれば流通手段には用いないで済ませたいものであった。ただ、素材的に無価値な紙券が市場で金銀と等しい購買力を持つことができるのは、それが「要求があれば無条件で支払われる」ことが保証されているからであると、その限りで支払準備としての貴金属貨幣の効用を認めていた(3)。しかし〈産業のナショナリズム〉の視点から国民一人当たりの実質所得の引き上げを課題に国民経済を分析していたため、スミスにおいては、こうした一八世紀のヨーロッパ世界経済を支えていた貴金属本位制のシステムと機能について積極的に論じられることはなかった。しかし、一九世紀を通じて金は、貿易収支および資本収支の決済の手段として国際的に移動を繰り返し、それによって各国通貨の対外価値を固定させる重要な働きを果たしていた。各国の通貨当局は〈価格標準〉、すなわち為替相場を安定させるため、単に鋳貨の重量の目減りだけでなく、地金価格が「鋳造価格」から乖離しないだけの十分な支払準備を確保しなければならなかった。ポンドの対外価値は、「鋳造価格」での無制限の買入れ売却の保証によって支えられ、そしてそれは豊富な金準備によって依存していた。一八世紀から一九世紀にかけて多角的決済機構の中心がアムステルダムからロンドンに移っていったのも、「世界の工場」としてのイギリス産業の国際競争力の向上もさることながら、こうした豊富な金属準備によってポンドが担保されていたからであった。

近代ヨーロッパの市場経済は、すでにスミスの時代までに、一方で、貨幣制度の技術的及び法制的な整備によって、それぞれの通貨の固定平価を維持しうるようになり、他方では、銀行券による手形割引の普及や手形交換所の設立など、銀行を軸にした信用のネットワーク化によって、債権・債務が広く社会的に相殺される仕組みが構築されつつあった。とりわけイギリスでは、はやくからイングランド銀行とロンドン貨幣市場を中心にして全国的な規模での信用の組織化が進行し、すでに一八世紀の終わりには、金属貨幣制度の技術的制約を克服して、国内の通貨需要の過半をほぼ信用で賄えるまでになっていた。しかし当時のイギリスの信用制度は、しばしば地方銀行の取り付けと破産を引き起こすなど、いまだ極めて脆弱なものでしかなかった(4)。

そのころのイギリスでは、地方銀行間の直接取引はほとんどなく、地方銀行とロンドン銀行との代理店契約を通じて、ロンドンを中心にした放射状の連繋が緊密化した。しかも、イングランド銀行券が地方銀行の支払準備に用いられることで、イングランド銀行券に、全国の信用組織の頂点に立って、それを調整すべき地位を与えるまでになっていた(5)。ところが、イングランド銀行券の流通がロンドンを中心にした狭い地域に限定されていたことから、戦争の勃発といったような不確実性の増大によって流動性選好が増大すると、金貨への兌換請求が殺到してもそれ阻止することはできなかった。しかも、その原因となった投機的な資金需要への地方銀行の銀行券の増発に対しても、イングランド銀行は何ら積極的に関与しようとはしなかった。イングランド銀行の理事たちには、通貨管理についての〈公共的責任〉の自覚のみならず、裁量的な金融政策を行うだけの政策能力も未だ十分ではなかったのである。むしろ逆に、投機が破綻した信用の逼迫した時期に、対外収支の悪化による金準備の減少を理由に、国内への信用を制限したのであった。

こうしてイギリスでは、一八世紀末から一七八三年、一七九三年、一七九七年と、しばしば金融恐慌に見舞われた。そこで、信用通貨の供給をイングランド銀行の公的管理のもとに置くことで、いかに銀行券の過剰発行を未然に防ぐことができるかについて、当時の識者たちの間で議論がなされた(6)。信用の組織化を通じて債権・債務が広く社会的に相殺されるようになり、鋳貨の流通が大幅に節約されたことから、今度は「一般的受容性のある交換手段のストック量と支払いのフロー量とが大きく乖離」し、その結果として市場がそれらの乖離をどう調整しうるかが新たな課題になったからである。マクロ的な通貨の過剰の可能性についてスミスが、銀行が一定期間内における貸付額と償還額とが等しくなるようにさえ配慮すれば回避できるだろうと否定するとき、こうしたフローとしての取引総額の膨張の問題を、銀行券発行量というストックの問題と誤解していた(7)。

何よりも通貨当局が解決を迫られていた焦眉の課題は、金及び銀の地金の市場価格の変動にいかに対処するかということであった。外国貿易の取引規模が膨大になった当時のイギリスで、いまだ自由な〈鋳貨の溶解〉が制限されていた為に、貿易収支の逆調は当然、その地金価格を「鋳造価格」の水準以上に引き上げることになるから、その影響を最小限に食い止めなければならなかった。これは、かつて金貨の摩滅や銀行券の信頼の低下による「減価」がもたらした地金価格の上昇などとは本質的に異なる、新たな事態であった(8)。ところがスミスは、もはや外国貿易による貨幣素材の供給に制約されることなく、信用によるだけで自律的成長に必要な通貨が十分賄え、対外的にも対応できると考えていた。その限りでは、貴金属の流出入も国内物価の変動によって結局は流通必要量の水準に落ち着くとしたヒュームの楽観論と、共通していたといってよい。ともに貨幣的要因を、国民経済の活動水準としての実物的要因に対して、従属的に取扱っていたからである。ただ、貯蓄＝投資によって支えられる内需主導型の経済成長をイメージして、自己完結した一国経済モデルを想定するスミスとしては、ヒュームの外国貿易を通ずる国内物価の調整メカニズムをそのまま受け入れるわけにはいかなかった。

信用による内部的な通貨供給を論じたスミスにとって、市場での通貨量の変動は、それが〈投機的動機〉によるものか正常な〈取引需要〉に基づくものかを問わず、あくまで市場の要請によるものでしかないことを明らかにすることで、貿易収支の動向によって外生的に通貨量と物価の変動を説いたヒュームの水準を超えていた。スミスにとって信用の拡大による物価上昇は、投機的であれ、あくまで需要の増大に支えられたものであり、銀行券発行量の増大はその結果でしかないことを指摘することで、素朴な貨幣数量説の水準を克服できたからである。国内物価水準の安定については、すでに見たように〈流通必要量の法則〉と〈還流の法則〉とによって、紙幣（銀行券）の発行もその分だけの金銀の流出を招き、銀行券発行高に鋳貨の流通額を合計したものが流通必要額を長期にわたって超えることができないと論じた。(9) たしかに「物価－正貨移動メカニズム」は、古典的自由主義における〈市場の自己調整機能〉への信頼にかなうものであるが、スミスにとって銀行券はあくまで金鋳貨の代替物であり、その購買力も「金の価値」による以外には規定されないものだったのであろう。

こうしてスミスもまた、〈貨幣の価値〉については、その「自然価格論」の制約のもとに、「ある特定の時期に商業世界という大市場にこれらの金属を供給している鉱山が豊かか乏しいかに依存して」あらかじめ決まっていると逆に理解した。それゆえ、現実の景気変動を伴う非可逆的な時間の流れの中での短期の物価変動については、これを適切に論じることができなかったのである。しかも、「金紙の代替」による通貨供給量の確保と生産的資本の節約をいうあまり、ポンド・スターリングの固定平価を維持していくうえでの金鋳貨の役割については、その金属重量の維持以外に考慮しなかった。すなわち、一方における信用による弾力的な通貨供給と、他方におけるポンドの対外価値の維持とを両立させるべく、貿易収支とそれに伴う金準備の変動にいかに対応すべきかについて、スミスは初めから考慮していなかったといってよい。ヒュームの〈正金配分の自動調節論〉は、いわば景気の反循環メカニズムに即して国際金移動を想定するという非現実的な均衡論と言って良いが、スミスもまた、金本位制のもとで信用のはたす景気の〈国内的増幅化〉と〈国際的同調化〉のメカニズムについては、これを適切に論ずる方法的視座を持たなかった。

スミスは、個々の銀行による銀行券の過剰発行がしばしば投機を過熱させてきたことを必ずしも否定しなかった。しかし基本的には、兌換準備の制約によって必要以上の発券が制約されているからには、信用通貨の供給それ自体は必ずしも市場の撹乱要因にはならないと、銀行券の発行がそのまま一般物価の上昇をもたらすとしたヒュームの貨幣数量説を批判した。とはいえ商業信用の分析を欠いたことで、景気の好況局面での信用にささえられた投機的な需要形成のメカニズムについて積極的に論ずることができなかったのである(10)。現実には通貨供給は、手形割引を通ずる銀行券の発行だけでなく、融通手形や預金創造によってもファイナンスされ得るから、景気の過熱した好況末期においては、いかに兌換準備によって銀行券の発行が制限されたとしても、完全雇用状態のもとでは、ある程度まで物価が上昇してゆくのを阻止できない。信用膨張によるこうした物価上昇は、一般的には貿易収支の逆調をもたらして金の対外流出の原因の一つになるが、鋳貨の溶解が制限されている当時のイギリスでは、金準備の不足によって、金の地金価格の上昇を招くことになったのである。

こうしてスミスにおいては、確かに信用の自己組織化によって市場の拡大に必要な通貨供給を内部で賄いうることを初めて明らかにしたが、その反面、多角的決済機構の基軸国としてポンドの固定平価を維持するために、国内に十分な金準備が必要であったことについてほとんど考慮しなかった。「産業のナショナリズム」に制約され、外国貿易を通ずる蓄積と景気循環のプロセスにビルト・インされたグローバルな貨幣的メカニズムと、金準備高の増減に対応して裁量的に制御されなければならない中央銀行を頂点にした国内信用システムについて、分析するには至らなかった(11)。

第２節　一八世紀末の金融危機から兌換停止へ

イギリス経済とその貨幣（信用）システムは、すでに一八世紀の終わりにはかなり進化したものになっており、H・ソーントンの『紙券信用論』がスミス批判から出発したように、もはや『諸国民の富』では対応できなくなっていた。何よりも、イギリスを基軸にして景気と物価の連動を伴う世界的規模での成長のメカニズム、すなわちグローバル資本主義が始動し始めると、もはや一国経済モデルによって内需主導型の予定調和的な経済成長を論じて「金紙の代替」を説くだけの『諸国民の富』の貨幣信用論のパラダイムでは、当時の金融的諸問題について十分な政策的指針を与えることはできなくなっていた。

一八世紀後半から一九世紀の二〇年代にかけて、イギリスは産業的、金融的そして文化的にも飛躍的な進歩をとげ、世界に先駆けて産業革命を達成した。とくにナポレオン戦争に先立つ三十年間には、綿製品や銑鉄、石炭などの工業生産額が急激に増大し、それに対応して工業品の輸出額と、綿花や羊毛などの原料および食料品の輸入額も増加した。生産力的に比較優位にたち「世界の工場」となったイギリスは、国内の旺盛な産業投資に主導された蓄積機構を確立し、他のヨーロッパ諸国や後進諸国との間で相互依存的な貿易連関を形成しながら、それら諸国を引き込む形で周期的な景気循環を繰り返すようになった。また産業革命期における地方都市の発展は、地方銀行の設立ブームを引き起こし、アンドレアデスによれば、一七五〇年にロンドンの外にわずか一二銀行しかなかったものが、一七九三年には四〇〇行近くにまで増大していたという(12)。これらの地方銀行は、ロンドンにビル・ブローカーとバンカー（個人銀行）という役割を異にした二つの代理店を持ち、彼らの取扱う手形や資金のほとんどがロンドンに集中したことから、ロンドンにそれらを決済する金融機構が形成されることになった。手形や銀行券そのものよりもこの債権・債務の決済機構こそが、供給に自然的制約のある金貨流通を補完し、弾力的なマネー・サプライを保証したのである。ロンドンの銀行家たちの準備金には、ロンドンを中心とする地域で唯一排他的な流通性を持っていたイングランド銀行券が保有され、小切手や手形、地方銀行券の決済に用いられたことから、好むと好まざるとにかかわらずイングランド銀行は、ピラミッド型に組織された国内信用体系の頂点となっていった。それとともにイングランド銀行の金準備は、いわば国内金融と国際金融との結節点となり、イングランド銀行は、銀行券発行量と金準備高の変動との対応をめぐって、景気と国際収支の動向を勘案しながら裁量的に信用を拡大あるいは収縮しなければならなくなっていたのである(13)。

その当時は、いまだ自由な〈鋳貨の溶解〉が制限されていたので、地金が不足するとしばしば地金価格が「鋳造価格」以上に高騰した。そこで、名目額でしか流通しない鋳貨で持つことは当然不利になり、溶解や海外への輸出を目的にして市場からのギニー貨の流出を招くことになった。また地方ではいまだイングランド銀行券が流通しなかったことから、通貨需要が増大すると地方銀行家たちは、ロンドンから鋳貨で彼らの預金を引き出したので、ロンドンの銀行家たちもイングランド銀行券を現金化するか、イングランド銀行の彼らの預金を取り崩す以外になかった。とくに地方銀行で取り付けが生じた際には、こうした経路での金および金貨の大量の国内流出が発生したのである。また手形割引市場においても、イングランド銀行は、ロンドンの個人銀行とも競合関係にあった。それゆえ、すでにピラミッド型の信用体系が形成されていたにもかかわらず、いまだイングランド銀行が「最後の避難所たる貸し手」として行動するだけの環境が整っていなかったため、同行が手形割引率の引き上げや引き下げによって金融政策を有効に活用できる状況にはなかった。

一七八三年、一七九三年、一七九七年のようにひとたび信用不安が発生すると、イングランド銀行はギニーの流出に対応する術がなかっただけでなく、自己防衛のために信用の引き締めを余儀なくされ、それが支払い連鎖の崩壊にも繋がった。イギリスの全信用がイングランド銀行に集中する決済機構が形成されつつあったにもかかわらず、イングランド銀行券の流通性の限界によって、正貨への兌換請求にイングランド銀行が無力だったわけである。そこで、もし国際収支の悪化によってイギリスが金の国外流出に見舞われることになれば、イングランド銀行の金準備率の低下は発券量の縮小を余儀なくすることになるため、その代替手段として国内でもギニー貨への需要をいっそう高めることは必至であった。しかも、金がいまだ流通手段および支払準備として広くイギリス国内に分散していたこともあって、イングランド銀行券の発行量も低い水準に押さえられており、信用が動揺しても必要なだけの決済手段を提供できなかったことから、こうした信用パニックをより激しいものにしていた。それゆえソーントンの指摘するように、一七九七年にイングランド銀行が兌換停止に追い込まれたのは、「地方銀行が自らの能力を超えてあまりにも過大に銀行券を発行し、逆にイングランド銀行がその公共的責任にもかかわらず、あまりにも過小にしか銀行券を発行しなかったため」であったということになろう[14]。一七九七年のイングランド銀行による兌換停止こそ、こうした金融システムの不完全性という背景のなかでのいわば必然的に生じた出来事だったのである。

さて、一七九七年からの大陸での戦争のための費用の調達と、ナポレオンとの戦争の準備のため、首相ピットは莫大な政府支出を、イングランド銀行からの借入によって賄おうとした。これらの資金はヨーロッパ大陸における自国の軍隊への送金と同盟国への援助に充てられたから、その結果イングランド銀行の金準備は減少しはじめた。こうしたなか、一七九七年二月にニューカッスルの銀行が支払いを停止したことが信用不安を高め、たまたまフランスの巡洋艦がウェールズの港に入港したことをきっかけに、公衆はギニーを手に入れようと懸命になった。これが金融恐慌へと波及し、兌換請求に見舞われた地方銀行はロンドンからギニーを取り寄せようとしたので、イングランド銀行の正貨準備は激減して底をついた。そこでイングランド銀行の理事たちはピットに助言と援助を求め、一七九七年二月二六日の枢密院会議でイングランド銀行券の兌換停止が決定されたのである。ここに、イングランド銀行券が完全に兌換を再開する一八二一年五月までの二〇年以上にわたって、いわゆる「銀行制限期」を迎えることになった。

一七九七年恐慌そのものは、兌換停止と政府証券担保での前貸しの拡大、五ポンド以下の小額銀行券の発行などによって短期間に終息した。イングランド銀行券が〈法貨〉に定められると、ギニーの退蔵がやんだだけでなく、イングランド銀行に還流するようにさえなった。一七九七年末には穀物価格の下落もあって国際収支は改善に向かい、イングランド銀行の貴金属保有量も兌換停止直前をはるかに超える七〇〇万ポンドに達して、ポンドの為替相場も高騰した。にもかかわらずイギリス政府はその思惑から、正貨支払い再開へのイングランド銀行理事会の意欲を押さえて何度も「銀行条例」を延長し、最終的には平和条約が締結されてから六カ月後までの有効期限とした。この「銀行制限期」では、何よりも、標準量目を持ったギニー金貨と不換銀行券がともに〈法貨〉として相並んで流通するという、世界史上でも例を見ない特異な時代である。しかしその間に、イングランド銀行券による支払いが正式に「現金による支払い」と見なされ、イングランド銀行券が地方でも受け入れられるようになっていった。一七九八年には銀の自由鋳造も禁止されたから、ソーントンもいうように、この間イギリスは「金と紙との複本位制」であったということになろう(15)。

ところが兌換停止下にもかかわらず、貿易（為替）と金（銀）取引が通貨当局によって厳格に管理されていたわけではなかったので、名目だけになっていた「鋳造価格」の水準にポンドの為替平価を維持することには、最初から無理があった。それ以前の金本位制下でも、自由な鋳貨の溶解や輸出が制限されることで地金価格はしばしば「鋳造価格」以上に上昇したが、当局による「鋳造価格」での無制限の金の買い入れと売却の保証によって、一定の限度を設けることができた。それゆえ不換制下では、適切な〈貿易管理〉と〈金取引の規制〉がなければ、金現送点を超えるその著しい変動を免れ得なくなるのは、蓋し当然だったのである。この事は逆に言えば、仮に国際収支が安定的に推移し、また国内への通貨供給も首尾よくコントロールされている限りでは、「地金論争」で問題になったように国内物価の安定というだけで、必ずしも兌換再開と金本位への復帰にこだわる必要がなかったということにもなろう(16)。

こうして対外支払いのために金が流出すると、その都度イギリス国内で金の地金価格が「鋳造価格」以上に高騰し、ギニーの退蔵や溶解、さらには削り取りを招いた。ギニーの不足分は、兌換による制限を解除されたイングランド銀行券の増発によって賄われたため、大幅な〈金紙の乖離〉を引き起こすことになった。外国通貨に対するポンドの相場はそれだけ低下し、外国通貨と国内物価は一八〇七年から一八一〇年にかけて二〇パーセント近く上昇したといわれている。すでに一七九九年には最初のインフレーションが発生していたが、その後一八〇九年のブームのなかでイギリスは急激な信用インフレーションに見舞われ、それが一八一一年の恐慌へと繋がっていった。これらは、必ずしも金本位からの離脱を直接の原因としたものではなく、反地金主義者たちが指摘するように、ブームによる投機の過熱や穀物不作による貿易収支の悪化といった要因を抜きには論じられないものであった(17)。

兌換停止の原因については、ナポレオン戦争を背景に、イギリス経済の不確実性に対する〈流動性選好〉がもっぱらギニー貨によっておこなわれたことや、多くをイングランド銀行からの借入によって賄おうとした政府の戦費調達の安易さを無視できず、すべてをイングランド銀行の責任に帰すことには無理がある。また一九世紀初頭の〈金紙の乖離〉とポンドの為替相場の下落についても、兌換停止にもかかわらず金の自由な取引への規制が行われておらず、しかも貿易と為替管理の方法とルールが確立していなかった以上は、やむを得ない一面があった。しかし、いかにそれが市場の要請に応えたものであったにしても、投機を支えた過剰信用がイングランド銀行の過大な銀行券の発行によるものであり、それが結果として地金価格を引き上げたという責任は免れえない。イングランド銀行は、そうしたブーム期の信用膨張に際しては、市場の投機的な要請に対して、「銀行の銀行」すなわち〈中央銀行〉としてそれを抑制すべき役割を果たさなければならなかったにもかかわらず、それをしなかったのである。(18)とりわけ兌換停止下では、完全に市場をコントロールすることは無理であるとしても、国内経済安定のために可能な限りの裁量的な通貨政策が要請されるからである。

兌換停止下においても、金取引や為替の管理によって可能となるポンドの対外価値の安定、すなわち〈金紙の乖離〉の回避という問題と、イングランド銀行の信用政策を通ずる国内物価の安定、すなわち信用インフレーションの回避という問題は、一応次元の異なるものとして区別しなければならない。にもかかわらず、リカードおよび「地金委員会」では、信用インフレによる国内通貨価値の低下と、ポンドの対外価値の低下をもたらす〈金紙の乖離〉とが同一に扱われ、〈金紙の乖離〉もイングランド銀行による過剰流動性の供与によるものだと結論づけた。確かに、兌換が停止された中で金取引が自由に放任されれば、ブーム期の信用インフレの発生は、一商品にすぎなくなった金価格の上昇をもたらすから、それは結果としてポンドの金価値（為替相場）を引き下げることになる。しかしだからといって、信用インフレを回避しえたからといっても、金の地金価格の動向いかんでは、必ずしもポンドの対外価値を安定させることにはならないことも事実なのである。

こうして、一八世紀の終わりにはすでに自律的な拡大と収縮を繰り返していた〈ヨーロッパ世界経済〉にとって、貨幣的メカニズムは決して予定調和的なものではなかった。にもかかわらず、スミス以降のイギリス古典派経済学は、貨幣と信用の問題をマクロ的な経済変動とは無関係に、物価水準の規定をも含めて、相対的な資源配分にかかわる価格の均衡化のメカニズム（自然価格論）のうちに解消してしまうことになった。こうした、国際収支の変動とそれに伴う地金の市場価格の「鋳造価格」からの乖離、そしてまた兌換停止下における信用インフレーションの発生と中央銀行の通貨政策といった新たな状況について初めて本格的に検討したのが、ヘンリ・ソーントンであり、またデヴィッド・リカードであった。そしてこの二人の所説こそ古典派経済学のみならず、現代のケインズやマネタリズムにいたる貨幣理論の基礎を作り上げることになったのである。

第3節　ソーントンの紙券信用論

ヘンリ・ソーントンの『紙券信用論』(*An Enquiry into the Nature and Effects of the Paper Credit of Great Britain*, 1802) は、兌換停止後の一八〇〇年秋に物価騰貴と為替相場の下落が生じた際に、その原因をイングランド銀行券の過大な発行量に求めたW・ボイドの見解について検討する目的で書かれたものである。(19) ボイドの所説そのものは、のちのリカードを彷彿とさせる地金主義の原型ともいうべきものであるが、ソーントンの意図は、従来の貨幣理論の抽象的な推論に欠落している信用の具体的なメカニズムと、イングランド銀行のとるべき行動原理を明らかにすることにあった。そこで彼はまず、アダム・スミスの〈紙券代替論〉、および〈流通必要量の法則〉についての再検討から出発した。

ソーントンがアダム・スミスについて、「商業信用こそが紙券信用の基礎である」ことに配慮していないと批判するとき、スミスが単純に為替手形の流通を無視したといっているわけではない。国民経済の円滑な循環が、ストックとしての鋳貨や銀行券の流通だけでなく、その背後にある膨大な額の債権・債務関係(取引のフロー量)の存在によって支えられていることについて、スミスが言及していないことを指摘したものであろう。(20) 信用を、もっぱら個別企業間の遊休資金の融通関係として捉えるだけでなく、国民経済の活動水準まで射程に収めたマクロ的視点から、追加的購買力の創出を通ずる信用の実物的効果を明らかにしなければならないと考えたからである。(21) また、鋳貨、銀行券、商業手形をそれぞれの〈流通速度〉の違いによって序列づけるソーントンの理解には、資産選択における〈流動性選好〉の考え方の萌芽さえ看取することができる。政情不安などの不確実性が増大した場合には、具体的には一七九七年のような事態に際して、何ゆえに〈予備的動機〉に基づく金の国内流出が発生するのかについても論じたのである(22)。そしてそれは、信用の逼迫した際に、中央銀行としてのイングランド銀行がいかなる行動とるべきかの指針を提示するものでもあった。

ソーントンの『紙券信用論』は、「地金論争」が顕在化する以前に書かれたものであるが、後に彼が「地金委員会」のメンバーとなった際に、金流出の原因を紙券の過剰に求めて〈地金派〉寄りに見解を修正していった時よりも、はるかに現実的でバランスのとれた分析を行っており、ヒックスもいうように今日の貨幣理論の水準からみても高く評価できる。ソーントンはまず、一七九七年の兌換停止に至った経緯について分析し、イングランド銀行の対応の不手際について次のように判断していた。すなわち、イングランド銀行券にイギリス全体の信用が依存し、イングランド銀行が「他のすべての銀行の流動性準備を後見し管理」しなければならなくなると、もはやイングランド銀行はその個別利害だけで行動することはできない。一七九七年のように急激に信用が動揺したときには、国際収支の逆調によって少々金準備が減少しても、支払手段を確保し信用体系を維持するために、銀行券の発行量を安易に制限すべきではなかったというのである。そうした時期に信用を収縮させることは、いたずらにギニー貨や金地金の国内流出に拍車をかけるだけで、国民経済にとってはマイナスにしか作用しないからだという。むしろこうした時期にこそ、一時的にではあるが銀行券を増発すべきであり、そうすることで国内の信用秩序が回復されるならば、その結果としてギニーも還流し、結局は金準備の確保にもなるとした。ここには、「銀行券の発行に関してはイングランド銀行は個々の地方銀行と同一の立場に立っていない」との、イングランド銀行の〈公共性〉についてのソーントンの一貫したスタンスが指摘できる。

ソーントンの『紙券信用論』は、こうして緊急時における信用の拡大の必要を説きながらも、全体の基調としては、地方銀行およびイングランド銀行による銀行券の過剰発行を強く戒めた。すなわち、兌換停止下のみならず金本位制のもとでも、しばしば過剰信用が市場の混乱をもたらすという。そこで、スミスが〈流通必要量の原則〉、〈真正手形原則〉および〈還流の法則〉に基づいて銀行券の過剰発行の可能性を否定し、そしてそれは当時のイングランド銀行当局の見解でもあったが、ソーントンはこれらを批判することから出発した。マネー・サプライが決して貸し手の側の要因だけによって決まるものではなく、貸し手の側の資金需要にも依存し、それを決定するのは利潤率と利子率との相対的な関係であると、次のようにいう。

「同行（イングランド銀行―引用者）から貸付けを受けたいという欲望が、ある時期にどの程度まで実行に移されるものと予期したらよいかを確定するためには、その時に存する状況のもとで、同行からの借入から獲得されるべき利潤の量は如何という問題にたちいって論究しなければならない。……この問題は、同行において受取られる利子率と商業利潤の現行率とを比較することに主として帰着するものと考えてよいであろう。[23]」「であるから、ある種の仮定、つまりイングランド銀行の紙券をして、それがおのずから限度を守るままにまかせておく方が安全であろう、蓋しその方がより自然の推移をたどるであろうから、という仮定はまったくの誤謬である。」「……それゆえに、イングランド銀行における借手の側にみずから進んで限度を画くそうとする傾向が常に存在しているのであろうし、しかもその限度はまさにイングランド銀行の安全を考慮するとき想定されるものと合致するであろうと推定するのは、何ら理由がないのである。[24]」

かくしてソーントンは、信用の拡大が単に短期的に実物的な効果を生みだすというだけでなく、経済活動の水準を拡大するような要因、すなわち例えば資本の限界効率が上昇するような場合には、それを助長するかたちで信用もひとりでに拡張し、景気を過熱させるという。またひとたびパニックが発生するやいなや、〈流動性選好〉を高めて、ひとりでに縮小するといった自律性を備えているともいう。そしてそれが、国民経済にとって必ずしも好ましくない結果をもたらすという(25)。それゆえ、ソーントンはあくまで金本位制への信頼のうえに立ちながらも、イングランド銀行による状況に応じた信用管理の必要を説いた。そして、マネー・サプライをコントロールする手段として、弾力的な金利政策を実施するために、イングランド銀行に五パーセント以上の金利を禁止していた古くからの「高金利制限法」の撤廃が必要だとしたのである。もしイングランド銀行が、景気が過熱する以前に必要に応じて金利を引き上げ、通貨供給を抑制することができれば、信用の支払連鎖の崩壊を未然に防ぐことができると期待したからであろう(26)。

こうして、紙券流通の効用を推奨したアダム・スミスの見解を基本的には受け入れながらも、ソーントンは商業信用を基礎にして、帳簿上の振替や債権・債務の相殺による通貨供給を論じることで、信用にささえられた好況期の投機的な需要形成のメカニズムを明らかにすることができた。景気の好況局面では、投機的な物価上昇が高い期待利潤率に裏付けられた信用の拡大によって進行し、それに伴う割引需要の拡大が結果的に市中の銀行券流通量の増大をもたらすだけでなく、雇用の拡大と産業の発展という実物的効果を生むという、マクロ・メカニズムをも解明しようとしていたのである(27)。また、金の地金価格の変動と為替相場、およびイングランド銀行券の発行量との関係についても、銀行家としての実際的な知識に基づいて検討し、金の地金価格を目安にした信用のコントロールを要請した。さしあたり、兌換停止後の一八〇〇年秋の物価騰貴と為替相場の下落を背景に、金の地金価格（市場価格）の鋳造価格以上への高騰の原因について、地金価格の高騰の原因を単純に〈鋳貨の摩滅〉に求めたスミスの水準を超えて、たとえ鋳貨の重量に変化がなくても、国際収支の動向とイングランド銀行の通貨政策の如何によっては、いつでも地金価格の上昇とその海外流出を招き得ることを明らかにした(28)。

第一に、金の市場価格の鋳造価格以上への高騰の「直接的な原因」として、貿易収支の不利による為替相場の下落を指摘した。長期的には、二国間の貿易収支は、「各個人の支出とその所得との間の均衡化が、つまりは商業上の輸出と輸入との間の均衡を生ぜしめる傾向を持つ」との常識的な理由で相互に均衡化するにしても、穀物の不作や対外的な支払いなどの一時的な貿易差額の不利によって地金需要が増大する場合には、短期的に「鋳造価格」と地金価格の間に逆鞘が生ずるという。これらの「一期または二期以上の穀物の不作」といい、「商業上の輸出入にもとづかない送金」といい、いずれも一八世紀末から一九世紀初頭にかけてのナポレオン戦争下のイギリスで発生した事態であり、兌換停止の直接の原因であった。ただここで、為替相場の下落が地金価格の高騰をもたらすというのは、しばしば誤解されてきたように、兌換停止という特殊な状況だけを想定した論理ではない。金本位制下でも、当時のように〈自由な溶解〉が制限されておれば、海外への支払いのための地金の不足は地金価格を「鋳造価格」以上に引き上げたからである。いずれにせよ、これらの突発的な原因によって金流出が生じた場合、銀行券の収縮によって貿易収支の不利を是正すべきではないと、ソーントンは兌換停止措置を是認した(29)。

第二に、金の市場価格を鋳造価格以上に高め「間接的な原因」として、銀行券の過大な発行がもたらす物価の上昇と、それに起因する為替相場の下落を挙げる。その際、銀行券発行量の増大が、物価高の結果にすぎない場合があることも考慮しながら、しかしいくつかの場合には紙券量の増大が間違いなく物価上昇の原因であり、それが貿易収支の逆調を通じて、地金価格の上昇をもたらすという。これは、兌換停止後の一八〇〇年当時の事情を想定したものであり、こうした事態に際しては、信用の収縮によって物価を引き下げなければならないとした。信用の拡大に支えられた好況期の物価上昇は、イングランド銀行券のみならず、標準量目をもったギニー貨の購買力を低下させ、それは輸出の減退と輸入の増加による貿易差額の不利によってポンドの為替相場の低下をもたらすが、「地金はその（通貨の）一部となっていない」から、地金価格と「鋳造価格」との間に開きが生ずるという。ここでソーントンは通貨の量を問題にしているといっても、必ずしも貨幣数量説に陥ったわけではなく、信用による購買力の創出効果を論じたにすぎない(30)。そして、スミスが過剰な銀行券発行はそのまま不必要な金鋳貨の国外流出をもたらすだけで、物価や経済活動の水準に影響しないとしたのとは異なり、積極的に購買力を創出する限りで、好況末期に物価上昇を通じて地金価格と「鋳造価格」との乖離をもたらし、その結果として金流出を招くといっていうのであった。

ただソーントンの『紙券信用論』では、物価変動と銀行券流通量との関係、為替相場と金の地金価格との関係については、金本位制下と兌換停止下とでの事情の違いには必ずしも考慮することなく論じたことから、その後の「地金委員会」での議論の過程で、貿易差額の不利よりも紙券の過剰こそが金流出の原因であるとする、リカードをはじめとする地金派の主張に限りなく接近していく結果になった。たしかに、市場の要請に基づく好況期の信用の拡大が物価上昇を伴う場合、兌換停止下では、景気と物価は十分な国際的連動性を失っているために為替相場の変動としてのみ反映し、それが各国鋳貨の相対価値の変化となっていく。それゆえ、国内物価の変動に即して貴金属の国際移動を説く限りでのソーントンの論理は、あくまで兌換停止下において現実に作用した貨幣的メカニズムにほかならず、逆に金本位制下でも貨幣数量説によって国際間の物価の平準化のメカニズムを想定しようとしたヒュームやボイドの抽象的な議論とは、本質的に異なっていた(31)。

もともとソーントンは、金については、それが内在的価値を持つがゆえに時として流通から引き上げられて市場を混乱させるため、貨幣としては最適とはいえず、そこで内在的価値を持たない紙券通貨に代替させることで、市場をその黄金欲から解放すべきだとの理解のうえに立っていた(32)。こうしてアダム・スミスの金紙代替論を継承しながら、しかもその安易な自動調整論に埋没することなく、ナポレオン戦争と「過渡恐慌」を背景に、中央銀行としてのイングランド銀行の果たすべき〈公共的役割〉について検討したのであった。

第4節 「地金論争」とリカード

一八〇九年頃から、南米への輸出ブームをきっかけに、イギリスでは再び急激で顕著な信用インフレーションが発生し、旧平価以下にポンドの価値が低下した。そこで一八一〇年に、フランシス・ホーナーやソーントン、ハスキッソンらを中心メンバーとして、ポンドの価値の低下と地金の高騰の原因を調査しその対策を講ずるための「地金委員会」(Bullion Committee) が下院に設置されることになった。同年六月に議会に提出されたこの委員会の『報告書』では、地金価格の騰貴と為替相場の下落の原因が、もっぱらイングランド銀行による銀行券の過剰発行にあるとされた(33)。そこで、この報告書の内容の是非をめぐって、主としてイングランド銀行の理事たちとの間で「地金論争」(Bullionist Controversy) が展開されることになった。「地金委員会」のメンバーたちに共通した了解は、もし兌換と金の自由鋳造さえ保証されておれば地金の「鋳造価格」からの乖離は生じえなく、またイングランド銀行の理事たちが身の潔白の拠り所にしたスミスの「真正手形原則」も、兌換制のもとでのみ妥当するものにすぎないというものであった(34)。これに対して、S・ボウズンキットをはじめイングランド銀行の理事たちは、銀行券の発行が手形割引など市場の要請に基づいて行われるものであり、兌換停止下であっても「還流の法則」が作用して、必要以上の銀行券が出回ることはありえないと反論した。〈金紙の乖離〉とポンドの為替相場の下落は、商品としての地金に対する需要増加の結果にすぎず、それはナポレオン戦争による政府の膨大な海外支出やヨーロッパへの輸出の停滞、穀物不作による貿易収支の悪化などイングランド銀行券の発行量とは無関係な、外部的な要因によるものだと主張したのである。この「地金論争」は、単に一八世紀末から一九世紀初頭にかけての個々の金融政策の妥当性をめぐる論争という以上に、兌換再開後のイギリス通貨制度が、ポンドの〈対外価値〉と〈国内価値〉、すなわち為替相場と物価水準の安定のために、いかなるものでなければならないかを問うものであった。さらに、〈中央銀行〉としてのイングランド銀行が、兌換停止下および金本位制下において、それぞれいかなる金融政策を実施すべきかについても言及した。

すでにリカードは、一八〇九年八月二九日の『モーニング・クロニクル』紙に匿名で「金価格について」（*The Price of Gold*, 1809）という一連の論稿を寄せていたが、一八一〇年にはそれを骨子にして『地金の高い価格』（*The High Price of Bullion, A Proof of the Depreciation of Banknote*, 1810-1811）と題する小冊子を発表し、早期の金本位への復帰と、そのための過剰なイングランド銀行券の回収を要請した。それは「地金委員会」の『報告書』に影響を与えることになったが、金本位制下での銀行券の発行や、貴金属の国際的な移動メカニズムの分析、銀行発行量と為替相場との相関関係等の検討については、多分にソーントンの知識に負うものだったのではなかろうか[35]。

ところがリカードは、ソーントンが一七九七年の兌換停止措置を支持して、急激な貿易収支の悪化に際して「金地金にたいする需要が増加して、その価格が騰貴」した場合には〈支払制限〉を行ってイングランド銀行券を増発することもやむをえないとしたことについて、適切でないと批判した[36]。金本位制のもとでは、「金地金にたいするどのような需要も、その商品の貨幣価格を騰貴させえない」のであり、「このような推論の誤りは、金の価値における上昇と金の貨幣価格における騰貴とを区別しないことから生まれるのである」という。こうしてリカードは、金本位制度への信頼のあまり、兌換停止の直前に金の市場価格が「鋳造価格」以上に騰貴することで、〈価格標準〉が事実上有名無実化していたという事実そのものをも無視する結果になった[37]。あくまで金本位制は、貴金属の地金価格をつねに「鋳造価格」の水準に維持し、為替相場を公定平価の水準に安定させる国際金融システムとして制度化されたものであり、そのためには金の買入れと売却に無制限に対応できる金準備が必要であるが、戦争のための対外支払いや凶作のための穀物輸入の増大といった不意の急激な国際収支の変動には必ずしも十分に対応できないという限界もあった。リカードの言う「金の貨幣価格」としての貨幣名称の変更、すなわち平価の切り上げや切り下げも、金の地金価格（市場価格）が「鋳造価格」の水準に維持されている限りにおいてのみ必要ないものだからである。ソーントンは、基本的には金本位制への信頼のうえに立ちながらも、こうした金本位制の現実的な制約を十分に踏まえたうえで、中央銀行としてのイングランド銀行の裁量的な金融政策が必要であると理解していた。

リカードは「銀行制限期」におけるポンドの価値の低下とインフレーションについて、兌換停止下で「鋳造価格」を超える地金の市場価格の高騰が生じたことを問題にし、それを「貨幣の減価」と呼び、一定量の金の貨幣名称の引き上げ、すなわち「その商品（金）の貨幣価格の騰貴」とは区別した上で、その原因を分析しようとした。たしかにこれは、イングランド銀行の理事たちが主張した単なる金に対する需要の増大による地金価格の高騰とは、本質的に区別されなければならない現象であろう。そこで、「金の価格が高いというのは間違っている。金ではなく紙幣の価値が減価したのである。」というとき、リカードは、金生産部門においても市場の調整機能が働くことを抽象的に想定することによって、金の購買力が相対的には安定していることを前提し、イングランド銀行券の過剰発行にすべての原因をもとめようとしたのであった(38)。

たしかに、兌換の停止によって金も一商品としてその価格を自由に変動させるようになると、ポンドの対外価値は、もはや形骸化した「鋳造価格」ではなく、不断に変動する地金価格を一応の基準にしながら、国際収支の動向に左右されるようになる。そこでリカードは、こうした為替相場の変動と金移動を、もっぱら国内通貨量の増減によって上下する国内物価水準の反映としてのみ受け止めた[39]。しかも、イングランド銀行による通貨（信用）調整によっては、このように金属から切り離された通貨の価値を安定させることは不可能であると、裁量的な通貨調整には懐疑的であった。たしかにリカードの指摘するように、〈価格標準〉と為替相場の安定は、金の地金価格が「鋳造価格」の水準に維持されることによって確保され、そのためには速やかな兌換の再開が必要であった。しかしそれは、ホーナーがいうように金の価格が相対的に安定しているからでもなければ、またヒュームやリカードが想定するように何らかの国際的あるいは国内的な調整メカニズムが作用するからでもない。もともと貴金属本位制というのは、国際収支の不均衡が生じてもこれを金や銀で実物的に決済することで、為替を平価の水準に固定させ〈価格標準〉を維持することのできる通貨システムだからである。

リカードおよびブリオニストたちは、純粋な金属流通および兌換制度の意義を、兌換停止下でポンドの対外価値を決定する〈価格標準〉すなわち金の「貨幣価格」の安定にではなく、「貨幣の価値」すなわち国内物価水準の安定に求めようとした。そして、兌換制限によって同一名称の通貨が、例えそれが金貨であれ紙券であれ、その購買力を変化させることは、社会的正義に反すると考えた[40]。急激なインフレーションの進行によって「貨幣の減価」がすすめば、スミスが危惧したように「勤勉で倹約的な債権者を犠牲にして怠惰で浪費的な債務者を富ませ」るという好ましからざる分配上の効果をもたらすと、旧平価での兌換再開を要請した。その為には、かつてのＪ・ロックの轍を踏まないためにも、兌換再開後に金地金に鋳貨に対するプレミアムが発生しない環境を整えておく必要があった。そこでリカードは、イングランド銀行券の発行額を抑制し、あえてデフレ政策をとってでも、旧平価で金本位に復帰すべきだと主張した[41]。イングランド銀行による銀行券の過剰発行の責任を追求するリカードの本意もここにあったといってよい。しかし、兌換停止後の金の地金価格の変動の責任を全てイングランド銀行の信用政策の失敗に求めることには無理がある。「鋳造価格」での無制限の買い入れ売却が保証されず、しかも自由な金取引への規制や為替管理が行われていないため、銀行券発行量とはかかわりなく、その時々の需給に応じた地金価格の変動を防げないのは、当然だからである。

リカードは物価水準にも均衡値を想定して「貨幣の価値」と呼び、物価変動についても、市場の安定化メカニズムを想定していた。しかしその時々の物価水準は、金本位であるか兌換停止下であるかを問わず、その時々の景気の動向によって左右されるものである。そして銀行券発行量の増減も、反地金派がいうように、あくまで市場の要請に受動的に対応しなければならなかった。ただ、すでにソーントンが明らかにしたように、利潤率が利子率を上回る限り信用需要は拡大を続け、またスミスが指摘したように、同一商品についてその何倍もの手形が振り出され得るから、これらが銀行に持ち込まれることで銀行券発行量はおのずから膨張した(42)。金本位制のもとでも、こうして物価は景気の特定の局面で投機的に上昇するのであるが、しかしそれによってポンドの金価格の低下という意味での「貨幣の減価」は生じない。リカードは、ソーントンについて、「貨幣の価値」の低下と「貨幣の減価」とを区別しないと批判したにもかかわらず、そしてそれは兌換停止下では同一の現象だったからであるが、逆に貴金属本位制の下で金銀の地金価格が「鋳造価格」の水準に維持され、「貨幣の減価」さえ生じなければ、あたかも「貨幣価値の低下」をもたらす物価水準の上昇も生じないかのように、次のような金の国際移動を通ずる物価の平準化のメカニズムを想定したのである(43)。

「諸国の［商業と富の］相対的状態が不変である間は、諸国は相互に豊かに通商し合うであろうが、しかし、各国の輸出入は、全体としては均衡するであろう。……為替手形が所要の支払いをなすであろうが、しかし、貨幣は［各国間に］まったく授受されないであろう。なぜならば貨幣は、すべての国において同一価値をもつであろうからである」(44)と。例えば、新鉱山の発見によって「国の通貨は、流通に持ち込まれる貴金属量が増加する結果、その価値が低下し、したがって、もはや他国の通貨と同一の価値ではなくなるであろう。鋳貨であれ、地金であれ、金銀は他のあらゆる商品を規制する法則にしたがって、ただちに輸出品となるであろう。金銀は低廉な国を去って、高価な国に向かうであろう」[45]。また、兌換が保証されておれば、銀行券がもし「銀行がなかったとしたら、流通したであろう鋳貨総額」を超えて過剰に発行されたとしても、その価値が低下するために、超過分はただちに兌換されてより高く評価される外国に輸出されるから、その結果として物価が各国間で均等化するように正金配分が調整されるというのである[46]。

たしかに、各国が同一の貴金属を〈価格標準〉に設定し、また自由な貿易が保証されておれば、同一財の金価格は世界市場で均一化するし、また物価水準についても各国間でほぼ平準化してゆく。しかしこれらは、国際金移動のメカニズム（正金配分の自動調節）とは関係なく、前者は単なる〈一物一価の原則〉に基づくにすぎない[47]。リカードは国際金移動について、国際収支の不均衡を実物的に決済するプロセスとしては理解せず、始めから国際収支の均衡を前提して、何らかの事情で「各国の商業と富の状態」に比例しない金銀配分のアンバランスが生じた際に、物価水準の格差を是正する調整メカニズムとして論じたにすぎない[48]。たしかに、「純粋金属流通」（pure metallic circulation）、および兌換制度に基づく混合通貨を採用している諸国の間では、リカードのいうように本位金属を基準にした固定平価が維持されることで、一定重量の貴金属の購買力がほぼ均等化していた。しかし、これは何もヒュームやリカードのいうように、金の国際移動によって維持されていたというわけではなく、景気と物価の国際的な〈同調性〉によって実現されたものである。そして、ヒュームやリカードの想定とは逆に、特に基軸国となったイギリスで金準備が比較的潤沢であり、また多角的決済機構等によって国際間での金移動がそれほど大量に生じなかったからこそ、固定平価を目的にした金本位制が一九世紀を通じて維持できたのではなかろうか[49]。

そもそも貴金属の国際移動は、各国間の物価の不均等によってではなく、景気の各局面における国際収支の動向に左右され、その不均衡を実物的に決済することで、為替相場の安定を可能にしていた。そして、こうした古典的な「国際金本位制」は、為替相場の安定を基礎にして、イギリスを中心にした自律的な成長メカニズムのうちに各国を編成できたからこそ、各国の国際収支に慢性的あるいは大幅な不均衡をもたらすことなく、一九世紀世界経済の基本的な枠組みになり得たのである。いずれにせよ、リカードが兌換停止下で発生した一九世紀初頭の信用インフレーションと地金価格の高騰について、金一オンス＝三ポンド一七シリング一〇・五ペンスという価格標準（鋳造価格）が事実上有名無実化しており、しかも金と為替の取引が政府に管理されていないという事情を考慮することなく、一方的にイングランド銀行の過剰発行の責任に帰したのは、適切ではなかった。物価は景気の動向によって変動し、兌換停止によって一商品にすぎなくなった金も、それに左右されるようになっていたからである。こうした銀行制限下のもとでこそ、景気の動向までは左右できないとはいえ、国内物価と金融システムの安定のために、イングランド銀行による裁量的な通貨管理が要請されたのである。にもかかわらずイングランド銀行の理事たちは自らの責任を回避し、またリカードも金本位への回帰という〈地金主義〉の原則を述べるだけで、兌換停止下における中央銀行の行動原則の指針を提示することはなかった。何よりも一八世紀末の金本位制そのものが不完全で、安定的なシステムではなかったからこそ兌換停止に追込まれたにもかかわらず、その事の検討がリカードに欠落していたということができよう(50)。

第5節　兌換再開と「インゴッド・プラン」

一九世紀初頭に発生した信用インフレーションをめぐる論争は、当初は、①一七九七年の兌換停止の直接の原因、および②兌換停止下におけるイングランド銀行の通貨政策の妥当性を争点に出発した。しかしその内容は次第に理論的な進化を見せ、③金の市場価格の高騰とその為替相場への影響、④物価と国民経済の安定にかかわる金本位制の調整機能、さらには⑤金本位制と中央銀行の金融政策のあり方をめぐる議論へと展開していった。一八四〇年代の「通貨論争」は、いうまでもなくこの延長線上にあったといってよい。

「地金論争」そのものは、一八一一年五月に、銀行券の兌換はできるだけ速やかに回復されるべきだとの「地金委員会」の勧告に沿ったホーナーの「一六ケ条の決議案」が下院に上程されたが、大差で否決され、一応の終結を見ることになった。そして、兌換停止下でも鋳貨にプレミアムがついて取引されていない以上は「銀行券の減価」という事実はないとこれを否定し、戦争終結後六カ月間はいかなる現金支払いの再開をも認めるべきではないとのヴァンシタートの決議案が採択された。(51) この背景には、地金主義の原理には同意しながらも、財政的理由で戦争の間は信用の制限を受け入れられない政府が、「地金委員会」の勧告を支持しなかったという事情があった。事実、ブーム期の銀行券流通量の増加については、単に民間の旺盛な資金需要だけでなく、一八〇七年から一八一〇年にかけて二〇〇万ポンドを超える政府への短期貸付けが行われていた。しかしそれ以上に、『地金報告書』が本格的に討議されはじめた一八一一年の五月というのは、一八〇九年からのブームが崩壊したあとの深刻な不況局面にあり、物価の下落と信用の支払連鎖の中断がイギリス全土を覆っており、とても兌換再開のために急激な信用の引き締めができる状況ではなかったからである。

ようやく一八一五年一一月にパリ条約が締結されてナポレオン戦争は終結したが、正貨の支払い停止は延長され、しばらくは不換銀行券が流通する時代が続いた。しかしこの間にも兌換再開の準備は着々とすすめられ、リヴァプール卿を中心に、新たな造幣局の設立をはじめとする、一連の鋳貨改革が実行に移されることになった。そして一八一六年七月二二日に「金本位法」(The Gold Standard Act of 1816) が発布され、実際には形骸化していたこれまでの〈金銀複本位制〉にかわって、ようやく〈金本位制〉がイギリスではじめて正式に採用されることになる。これを受けて、一八一七年七月五日にギニー貨に替わる新たなソヴリン金貨が発行されることになったが、この二〇シリングのソヴリン金貨は正確に一ギニーの二一分の二〇の重量をもって流通し、大英帝国が栄華を誇ったその後の一〇〇年にわたり、世界で最も信頼を受けた通貨として君臨したものである。

金は一八一六年の一〇月頃にはほぼ「鋳造価格」の水準にまで下落し、イングランド銀行が保有する鋳貨および金地金の量も過去最高の水準にまで達した。そこで同年一一月から段階的に正貨の支払いを開始することを発表し、その後は徐々にその範囲を拡大していくことが決められて、ここに金本位制への復帰が完了するかにみえた。(52) ところが、その後の投機的な輸入ブームと大陸諸国への巨額な借款などを原因に、対外支払いが再び増大したことから為替相場がイギリスに不利になり、一八一八年から一八一九年にかけて地金の高騰と流出が始まった。一八一九年二月にはイングランド銀行の金準備がわずか四〇〇万ポンドにまで落ち込み、再度兌換を停止せざるをえなくなったのである。議会は、ロバート・ピールを議長とする秘密委員会を設置し、兌換再開の具体策について検討をはじめた。とくにこの委員会では、銀行券流通量の縮減が為替相場の状態を改善するか否かについての意見を求められ、リカードやトマス・トゥークが理論的な観点から証言した。またイングランド銀行の総裁や理事たちも含めて、証人の多くが紙券流通の縮減による為替相場の改善策を支持したことから、委員会は比較的短期間のうちに旧平価で金本位へ復帰すべきことを提言し、これに基づいて一八一九年の「ピール通貨法」が制定されることになったのである。(53)

一八二〇年には、金の大量流入と地金価格の下落によって、予定より早く金本位制に復帰できるようになり、ようやく一八二一年五月に完全に正貨兌換の再開が実現された。イギリスは金属本位に基づく価値尺度を回復することで「国家の信義」を保持できるようになったが、ちょうどその頃ナポレオン戦争後の深刻な不況に陥っており、農産物を中心に急激な物価の下落に見舞われていた。一八一〇年をピークに、イギリスの物価や賃金は平均で一八二一、一八二二年にはその半分近くまで下落しており、小麦では三分の一、綿花に至っては四分の一にまで下がっていた。(54)「ピール委員会」での多くの証言が、現金支払いの再開のためには政府がイングランド銀行に借入金のかなりの額を返済すべきだというものであったから、政府はただちに一〇〇〇万ポンドにのぼる借入金の返済に着手した。事実上の〈買いオペ〉ともいうべきこのデフレ政策が、一八一八年のブームのあとのリセッションの時期にとられた効果は大きかった。

すでにリカードは、理論的には地金主義の原則に基づきながらも、兌換再開への手順についてはきわめて現実的な対応を要請していた。兌換停止でのインフレーションの進行によって、旧平価での兌換再開のためには厳しいデフレ政策が必要となるから、もしそれが国民経済にとって耐えられない場合には、〈平価の切り下げ〉も仕方のないことと考えていた。(55)リカードは、事実上の〈平価の切り下げ〉になるとしても、さしあたりは地金の市場価格での兌換を再開し、その後にイングランド銀行による金の販売価格の緩やかな引き下げをはかることが、はるかに現実的な政策ではないかと考えたのである。(56)そこで「ピール委員会」において、兌換再開に際しては、ポンドの為替相場を安定させイギリス国内での金需要を増大させないための現実的な方策として、イングランド銀行券を金の地金とのみ交換させ、金鋳貨を流通に入れないこと、そしてその代替物として小額の銀行券を法貨として発行すべきことなどを提言したのである。

「インゴッド・プラン」と呼ばれるこの提言は、すでにリカードが一八一六年の『経済的でしかも安定的な通貨』(*Economical and Secure Currency*, 1816) のなかで論じていたものであり、地金にプレミアムがついている状況のもとで兌換を再開する場合の、やむをえざる対応策として提起されたものであった。しかしこの時にはリカードは、すでに素朴な〈地金主義〉からは離れており、国内での鋳貨流通の必要性については懐疑的になっていた[57]。兌換再開によってイングランド銀行は、再び造幣局の代理機関としての役割を果たさなければならなくなり、無制限の金の売却と買入れにも応じなければならなくなるからであろう。そこでもし金の急激な内外流出入が発生すれば、国内への信用供与にも十分に対応できなくなるため、国内における金貨での決済をできる限り回避し、イングランド銀行券に代替させることが望ましいと考えていたものと思われる。しかし、こうしたリカードの勧告は受け入れられず、そのうえイングランド銀行および地方銀行の小額銀行券が回収されたことから、フェヴィヤーによれば、兌換再開後に一〇〇〇万ポンドから一一〇〇万ポンドの金が鋳貨となって市場に流出したと推計されている[58]。しかも当時は、ヨーロッパ各国が金貨を回収しつつあり、限られた金の配分をめぐってさながら争奪戦を展開したことから、兌換再開後もイギリスは決して安定した通貨体制へと軟着陸することにはならなかった。ここに、「地金論争」が完全に終結することなく、再び一八四〇年代の「通貨論争」へと引き継がれていく背景があったといってよい。

リカードおよび地金主義者たちのもともとの意図は、兌換停止下におけるイングランド銀行の信用供与のあり方を問うことにあった。それゆえ、ただ兌換再開と金本位への復帰を説くだけではなく、兌換停止下でいかにして通貨の膨張を回避することができるかという、〈中央銀行〉としてのイングランド銀行の通貨管理について明らかにするものでなければならなかった。それはまた、金本位制下でも、景気と国際収支の動向によって不断の金準備の変動にさらされるイングランド銀行にとって、国内通貨政策の指針となるものであった。「不変ということが価値の根本である」との基本認識の上にたって、リカードは何よりも金本位制のもとでの「貨幣の価値」の安定を論じたが、一八一六年の時点では、もはや貨幣数量説と〈正金配分の自動調節論〉に基づいて物価水準の安定を論じていたわけではなかった。既にこの頃には、「通貨の価値は一つの商品との比較によってではなく、多数の商品との比較によって判断されうる」との「抽象的通貨」という考え方が登場していたにもかかわらず、リカードはこの今日の〈物価指数〉にも通ずる考え方を採用せず、あくまで金地金との関係においての「通貨の価値」の安定だけが重要であるという立場を鮮明にするだけにとどまった[59]。しかし、ヨーロッパ世界経済の景気変動の実状がしだいに明らかにされていくなかで、金本位制のもとでも国内物価水準は必ずしも安定させることができないことを踏まえ、むしろ通貨の対外価値を維持し、為替相場を安定させることを第一の目的に、金の地金価格が「鋳造価格」の水準を上回らないよう〈通貨管理〉を行うべきではないかと考えるようになっていったのである。

リカードは、「紙券の発行者たちは発行をもっぱら地金の価格によって調整すべきであって、けっして流通紙券量によって調整すべきではない。紙券が本位と同じ価値をもつかぎり、その数量が過大または過小になることは決してありえない。」という[60]。しかし、紙券通貨の数量調整によって、「地金の価格」が「鋳造価格」から異ならないようにすべきだというのは、あくまで兌換停止下での話であり、鋳貨の溶解や輸出が保証され、十分な金準備さえ確保できれば兌換再開によって、もはや金の地金価格が「鋳造価格」から乖離するようなことは原則的にはなくなるはずである。事実、鋳貨の輸出を禁止する法律も、この時には廃止される予定になっていた。したがって、金の地金価格が変動しないように管理されなければならないとすれば、急激な金準備の枯渇をもたらすことのないよう〈事前〉の国際収支の動向に配慮することであり、〈事後〉に国際収支動向に対応させて国内通貨供給量を調整することではなかったはずである。実はこの取り違えにこそ、リカードの提言を実行に移した一八四四年の「ピール条例」の悲劇が生まれた原因があった。

ところでイングランド銀行の理事たちは、いかに兌換停止下とはいえ、同行が私企業であることを理由に、通貨価値（物価）の安定と〈価格標準〉の維持といういわば公共的責任を課せられることで、その営業活動が制約されることには強く反対していた。確かに一八一〇年をピークにした物価上昇が、あくまで市場の要請に対応した信用の拡大によるものであり、また「紙幣の減価」の基本的原因が兌換停止による「鋳造価格」の有名無実化にあったとすれば、ポンドの価値の下落と金価格の上昇に関して、その責任を全てイングランド銀行の過失に求める「地金委員会」の批判は厳しいものであろう。ただ、全国的規模での〈信用の組織化〉のなかで、イングランド銀行が資金の最終的な供給者となって他のすべての銀行の流動性準備を支えるようになり、一方で「銀行の銀行」としての地位を占めるようになったからには、そのマネー・サプライが及ぼす効果に無頓着であるわけにはいかなくなっていた。他方で、兌換の再開によってイングランド銀行は、地金の購入と鋳貨の発行において造幣局の代理機関としても行動しなければならなくなり、地金価格が「鋳造価格」から乖離するような場合には大量の金の流出入に見舞われることになるため、自らの信用の維持のための信用のコントロールも必要になっていたのである。(61)

変動常なき市場経済において、債権・債務関係を維持し経済の活動水準を安定的に推移させていくためにも、イングランド銀行には可能な限りの信用へのコントロールが要請されたのであるが、理事たちには発券の拡大収縮がもたらす効果についての〈公共的責任〉という自覚はなかった。すなわち、〈正金配分の自動調節論〉に依拠した地金派の人々とは基本的に同じく、きわめて消極的な態度だったのである。それゆえしばしば誤解されてきたが、こうした反地金派の貨幣思想のなかに現代の通貨管理の思想の源流をみようとするのは、決して適切ではあるまい(62)。また、兌換再開はあくまで通貨改革への第一歩にすぎず、すでにソーントンが予期していたように、それだけではポンドの対外価値を回復することになっても根本的な解決にはならず、信用不安の発生に際しては再度の兌換停止を余儀なくされる状況のままであった。そしてその危惧は、次章で見るように、最初の近代的な「循環性恐慌」といわれる「一八二五年恐慌」において、現実のものとなった。金貨への熱狂を阻止するためには、リカードの「インゴット・プラン」が示したように、国内流通に関しては基本的に銀行券が鋳貨にとってかわり、必要に応じて通貨供給を事前に裁量によってコントロールできるようになっていなければならないが、それが実現されてはいなかったのである(63)。

注

(1)　古典派経済学では、〈価格標準〉の安定、それゆえ自国通貨の為替相場の安定という、当時解決を迫られていた貨幣制度上の課題について理論的にはほとんど考慮されなかった。「紙幣減価」を本格的に論じたリカードにおいてさえも、その『経済学原理』の中では、「不変の価値尺度」の問題を抽象的に取り扱ったにすぎない。それは何よりも、貴金属本位制度の意義を、当時のヨーロッパ経済を支えた固定相場制の維持にではなく、国民経済レベルでの〈物価水準の安定〉に求めようとしたところに原因があった。

(2)　アダム・スミスは、銀行による為替手形の割引やキャッシュ・アカウントを通じた資金の融通関係については十分に理解し、ソーントン以上に積極的に論じた。ただ、その商業信用の分析に欠落していたのは、手形流通とその債権債務の決済機構を通ずる、マクロ的な通貨供給システムとしての分析だった。「スミス博士は、かなりの長さに渡って紙券流通の問題を論及しているけれども、為替手形が銀行券の使用を節約する傾向があるとか、または多くの場合に前者が後者に代位しうる働きがあるとかいう点には、ぜんぜん注意を払っていない。」(H.Thornton, *An Inquiry into the Nature and Effects of the Paper Credit of Great Britain*. 1802, p.91.)

(3)　「銀行券からなる紙券が、信用の確実な人々によって発行され、要求があれば無条件で支払われるものであり、そして実際に提示され次第、いつでもただちに支払われている場合には、それはあらゆる点からみて金・銀貨と価値において等しい。なぜなら、いつでもそれと引換えに金・銀貨が入手できるからである。」(Smith, *The Wealth of Nations*, p.324. 前掲訳［2］、三二六頁）

（4）当時の金融システムの脆弱性について、Ph・ディーンは「当時の信用システムは、統一性を持った秩序も、責任ある中央銀行による保護もなかったし、幾多の小さな財政的に脆弱な主体が、お互いに結ばれあった信用の連鎖を突き壊してしまう危険を、常に内包していたのである。」と指摘する。(Ph. Deane, *The Evolution of Economic Ideas*, pp.47-48, 1978. 奥野正寛訳『経済思想の発展』岩波書店、八六頁）

（5）イングランド銀行の「統制的地位」について、フェヴァーは、「イングランド銀行の銀行券と預金がロンドン銀行業者の準備金を形成し、またイングランド銀行のギニー貨のストックが、あらゆる信用発行にたいする最終準備となっていた」ことを指摘する（Feavearyear, *op.cit.* p.167. 前掲訳、一八二頁)。「地金報告書」から見る限り、後の通貨学派とは異なり、地金委員会のメンバーはイングランド銀行の裁量的措置を否定していなかったと思われる。

（6）一七八三年恐慌と一七九三年恐慌の違いについて、フェヴァーは、「信用の収縮によって生じた今回（一七九三年）の国内流出と、信用膨張によって生じた一七八三年の国外流出との相違」として区別している（Feavearyear, *op.cit.* p.178. 前掲訳、一九四頁)。

（7）Ph. Deane, *op.cit.* p.45.（前掲訳、八二頁）ところがスミスにおいては、銀行の過剰信用とは、企業家が「彼が貸付けを受けない場合に、彼の手もとに遊休させたまま随時の請求に応じるための現金として保有しておかなければならない部分」を超えることであり、リカードやソーントンのようにマクロ的に見た流通手段量の過剰の問題としてではなく、銀行の視点から見た「過大貸付けないし過大信用の問題」として取り扱われている。（玉野井芳郎『経済理論史』東京大学出版会、一九七七年、四二頁）

（8）アダム・スミスの時代にも、紙幣減価は、一つには摩滅した鋳貨の流通によって、それから第二には、ギニーに対する兌換請求によって準備が不足したイングランド銀行が自行の銀行券で割高な価格で金を買い入れることによっても生じた。スミスはこれら二つを同一に論じたが、後者は、いってみればイングランド銀行券について発生した個別的なディスカウントにほかならず、ソーントンやリカードの想定した信用インフレーションのもとでの減価とも一応区別しなければならない。

（9）貨幣数量説についてのスミスの批判の内容は、次のようなものであった。「紙幣が増加すれば全通貨の量が増加し、その結果として、その価値が減少するから、必然的に諸商品の貨幣価格を高める、といわれてきた。しかし、通貨から取り去られる金・銀貨の量は、それに付加される紙券の量とつねに等しいのであるから、紙券はかならずしも通貨総額の量を増大させるとは限らない」(Smith, *The Wealth of Nations*, pp.324-325. 前掲訳［2］、三二六頁)。

(10) スミスにおいて銀行の過剰信用は、あくまで個々の銀行の立場から見た過大信用、過大貸付の問題にすぎなかった。それゆえ、国民経済の実物的な水準を超えるマネー・サプライといった、信用パニックの原因になるマクロレベルでの過剰信用とは異なるものであった。

(11) 「スミスは例えば、すべての紙幣は自動的に正貨に兌換できると考え、紙幣信用の源泉は一般には〈リアル・ビル〉であり、紙幣の増発は全国的国際的というよりは、地方的影響しか持たないと考えた。またスミスは、信用システムにおいてイングランド銀行は特に重要な役割を果たしていないと考えた。」(Deane, *op.cit.*, p.47. 前掲訳、八五頁)

(12) Andreades, *op.cit.*, p.173. 前掲訳、二二八頁。またソーントンは、「グレートブリテンにおける地方銀行は一七九七年には三五三行に達していたと思われる。一七九九年に行われた調査までには、それらは三六六行となっていた」と指摘する。(Thornton, *op.cit.*, p.168.)

(13) この時期にはすでに、通貨当局およびイングランド銀行は、為替相場の安定のための景気対策と国内的な通貨需要の充足という二つの金融政策を、いかに矛盾することなく両立させていくかという難問に遭遇していた。例えばヒックスは次のようにいう。「貨幣的統御が中央銀行家たちによって実行されていた古い時代には、中央銀行家たちの第一の関心事は外国為替から見た自国通貨の安定性にあった。この目標は新しい時代には古い位置から降りてしまった。ＩＭＦの最初の憲章でさえ、外国為替の安定には中央銀行家たちが過去に達成しようと勤めてきた目標のような神聖さはない。」(J. Hicks, *Critical Essays on Monetary theory*, 1967, p.171. 江沢・鬼木訳、二三五頁、東洋経済新報社)

(14) Thornton, *op.cit.*, p.137. ソーントンは、一七九七年の兌換停止に関する限りは、一八一〇年前後のインフレーションとは異なり、その原因をイングランド銀行の過剰信用に求める一般的な風潮を事実に反すると否定する。アンドレアデスもこうしたソーントンの指摘を肯定的に受け入れ、次のようにいう。「……為替相場は今は有利になっていたけれどもイングランド銀行は引き続きその発券高を制限していた。……しかるに商業上の支払総額はその一七八二年の総額に比して数倍であった。何が起ころうと支払われなければならなかったし、また紙幣が不足したのでその支払いは鋳貨で行われた」(Andreades, *op.cit.*, p.194. 前掲訳、二六一頁)

(15) ソーントンの『紙券信用論』は、兌換停止後でも、いまだギニー金貨が流通していた一八〇九年頃までの時期を想定して論じたために、後にリカードによって批判されたように、必ずしも明確に兌換停止下と金本位制のもとにおける貨幣メカニズムの相違を意識しないままで論じていた。それゆえ彼がイングランド銀行の裁量的な金融政策の必要を説くのは、もっぱら兌換停止下でのことであり、金本位制のもとでの中央銀行の行動原理については明確にしえなかった。

(16) アンドレアデスによれば、銀行制限期の第一期である一八〇九年頃までは、「紙幣の発行は多大の注意をもって管理され」ており、最大でも発行額は一八〇二年から一八〇三年にかけての一三〇〇万ポンドで推移したという。(Andreades, *op.cit.* p.208. 前掲訳、二七八頁) トゥークもまた、「一八〇八年二月における本行の状態はあたかも金で支払いを行っていたのとおそらく同一であった」とさえ評価している。

(17) 兌換停止の原因について、ベアリング卿は、次の四つをあげている。①地方銀行による銀行券の過剰発行。②フランス群の侵入による金融パニック。③大陸への地金および鋳貨の輸出過多。④政府による巨額な貸し上げ。(Andreades, *op.cit.*, p.178. 前掲訳、二五四頁) 極めて妥当なものであろう。

(18) フェヴァーによれば、「理事たちはすでに一七八三年に、為替相場が不利な場合には、貸し出しをおさえねばならないことを理解していた」という (Feavearyear, *op.cit.*, p.202. 前掲訳、二二七頁)。にもかかわらずイングランド銀行が公共的な視点から引締め政策を展開できなかったことについて、ヒックスは「私の考えでは、これは銀行家たちが自分たちは受身であると―つまりいくつかの〈ルール〉を守って行動するだけだ―と主張するために、また自らそう考える上でもきわめて適していたからである。なぜならば、もし銀行家たちが積極的に統御を行っているという疑いが持たれるとすると、人々はおそらくどういう権利で統御を行うのか、と質問しただろうからである。」(Hicks, *op.cit.*, p.168. 前掲訳、二三〇頁) と指摘した。

(19) 『紙券信用論』が課題にしているのは、第一に、一七九七年の兌換停止措置の妥当性を明らかにすることであり、そのためには金本位制といえども安定的ではないことを示めさなければならなかった。しかし第二には、兌換停止下における信用インフレーションにたいするイングランド銀行の対応策であった。

(20) 「流通する紙券、すなわち流通する資格のある紙券の量は大であっても、現実に流通している量は小さいこともある」。(Thornton, *op.cit.*, p.96.) これについてヒックスは「説明さるべき事柄……の第一は、〈紙券信用〉(紙幣と手形類) が経済全体の資産‐負債構造の中で占める役割であった。つまり、債務と債権とともに各企業のバランスシートの中にあらわれる実物財貨 (経済学者のいう〈資本〉) にたいする債務構造の関係であった。」(Hicks, *op.cit.*, p.176. 前掲訳、二四二頁) という。

(21) 例えば玉野井は、こうしたソーントンの信用論について、むしろスミスからの理論的な後退ではないかという。「スミスにあっては銀行信用の作用は、すでに見たように産業資本家の流通貨幣資本の節約によって媒介される生産資本部分の増大として把握され、実にこの点にスミスの信用理論の優越点が認められたのであったが、このような信用の把握が、ソーントンになると早くも消失しはじめて、銀行信用は商業信用と相ならんで、たんなる〈紙券信用〉と把握され……」(玉野井、『経済理論史』、六九頁）たという。

(22)〈予備的動機〉に基づく自発的貨幣需要の存在、すなわち貨幣の流通速度の変化について、ソーントンは次のように指摘する。「例えばロンドンの銀行家の机の引出の中に予想外の事態への備えとしてしまってあるイングランド銀行券の準備金を増大させる事情は、それがなんであってもここで全体の流通速度の低下と呼ばれる事態をもたらす。」(Thornton, *op.cit.*, p.96.)

(23) Thornton, *op.cit.*, pp.253-254.

(24) Thornton, *op.cit.*, p.254.

(25) ソーントンは、マネー・サプライが、単に貸し手の側すなわちイングランド銀行の側の態度によって左右されるというものではなく、借り手の側の資金需要にも依存し、それを決定するのは利子率と利潤率との相対的な関係であることを明らかにした。「ソーントンは短期には貨幣的原因が実物面への影響を持つ可能性があることを認めているだけではない。彼はさらに信用制度の下では逆も起こりうることを認めていた。つまり、実物面の原因が貨幣面に影響を及ぼすことである。経済活動の拡張を助長するような実物的原因―ケインズが後に資本の限界効率の上昇と呼ぶことになったものにほぼ相当する―がある場合には、信用制度は自動的に拡張するとみられる。」(Hicks, *op.cit.*, p.164. 前掲訳、二二四頁）こうした貨幣需要についての理論的分析は、その後の貨幣数量説に立つ古典派経済学ではまったく見失われ、一九世紀末にヴィクセルが取り上げるまで忘れ去られたものである。

(26) ソーントンは、一般的には、金本位の調整機能にかわってイングランド銀行の通貨管理を説いたのではなく、金本位制もイングランド銀行の通貨管理によって初めて十全に機能しうることを指摘したにすぎない。ただ、兌換停止という異常な事態では、イングランド銀行が地金と為替相場の変動を基準にどのような政策をすべきかについても、具体的に検討した。その意味でもリカードに近かった。

(27)「すなわち、紙券の発行の増加は現存の財貨に対する需要をより活発にし、さらにそれらの消費を多少ともより早くさせる傾向がある。さらに消費がより速くなることは在庫が平常水準以下に下がることを意味し、その消費される部分が新規の産業を生みだす目的に充てられることを意味する。……このようにして流通手段の増加はそれ自身で雇用の大幅な増加を生みだすことになろう。」(Thornton, *op.cit.*, p.237.)

(28) Thornton, *op.cit.*, pp.148-150. リカードは、「ソーントン氏はその著述をなした当時にイングランド銀行において銀行券と引換えに正貨を要求しえなかったことを反省すべきであった」と批判するが (Ricardo, *The High Price of Bullion, 1810-1811*, *The Works and Correspondence of David Ricardo*, ed. by Piero Sraffa, vol.III, p.77.『リカード全集』III、蛯原良一訳、「地金の

高い価格」、九五頁、雄松堂)、その当時の金本位制では鋳貨の溶解と輸出が制限されており、貿易収支の逆調による金準備の不足から、リカードの想定する信用インフレーションとは無関係に、しばしば地金価格の「鋳造価格」からの乖離が発生していた。

(29) ソーントンは国際収支の悪化を是正するためにデフレ政策をとることには反対して、次のように言う。「製造工業の作業が中止せざるをえなくなるほどの逼迫を経済界に課することは、輸出向きの生産物を増加させることにはならないことは明らかである。国内にもたらされるはずの金は、この輸出品が輸入品を超過する分なのであるが。」(Thornton, *op.cit.* p.118) ソーントンは一七九七年恐慌をあくまで国際収支の逼迫の結果と考え、その原因を戦争と穀物不作に求めた。

(30) 「拡張された紙券の発行は物価高の唯一の、もしくは主要な一結果であると考えた方が往々にして正しい場合があることを、私は否定しようと思わない。しかし、少なくともいくつかの事例については、より正しくいえば紙券の増大した量が間違いなくその原因であると主張したい。」(Thornton, *op.cit.* p.198) 長期に渡って地金価格が「鋳造価格」を上回るというのは、兌換停止下での信用インフレーションがたんなる一商品になった金価格の引き上げをもたらす以外になく、一八〇〇年当時はむしろこうした事情によるものであった。

(31) ソーントンは、兌換停止が過度のイングランド銀行券の発行を伴う危険性を持っていることは否定しておらず、だからこそ彼はイングランド銀行が銀行券の発行量を厳格にコントロールし、管理する必要を説いた。この意味で彼は決してインフレ主義者ではなかったが、しかし同時に、信用インフレーションが短期的に実物的効果を生みだすことを認めていた。

(32) Thornton, *op.cit.* p.276. すなわち、通貨の対外価値を一定に維持する固定平価制度としての金本位制は、ソーントンにとってやむを得ざる選択だったのであろう。

(33) この「地金委員会」の『報告書』は、一八一〇年のブームの絶頂期において、わずか四カ月の内に調査がなされたのであるが、提出された後なんらの検討もなされないまま約一ヶ年にわたって放置されたままであった。下院でようやく討議に付されたときには、破産者の続出する恐慌の真っ只中であったから、金本位への復帰のためのデフレ政策を要請する報告書の提言がが受け入れられなかったのも、当然であった。

(34) 「地金委員会」もリカードも、ともにイングランド銀行の過剰発行が低い為替相場と紙幣減価の原因であるとした。しかし「地金委員会」は、スミスの真正手形原則が兌換制度のもとでのみ過剰発行に対する保障たりうると考えたのに対して、リカードはソーントンの影響の下で、真正手形原則は不換制下のみならず兌換制のもとでも妥当しないという (Ricardo. *High Price*. III. pp.91-92. 前掲訳、一一二—一一三頁)。

(35) Ricardo, *High Price*, III, p.75. 前掲訳、九二頁。

(36) 「ソーントン氏は、不作とその結果としての穀物輸入により、いちじるしく不利な貿易差額がこの国に生じうるし、しかも同時に、われわれの債務を負う国がその支払いにわれわれの財貨をうけとりたがらないということがありうる、と想定する。したがって、外国に借りている差額は、われわれの通貨中の鋳貨よりなる部分から支払うほかはない。そのために金地金需要が生じ、その価格は、[兌換・不換の区別なく] 騰貴する、と」。(Ricardo, *High Price*, III, p.59-60. 前掲訳、七三―七四頁)

(37) リカードは、「金貨を地金に溶解してそれを輸出することを禁止する法律は、容易にくぐりぬけられる」から、いかなる原因から生ずる「金需要も、決してこの商品の貨幣価格を騰貴させうるものではない」と反論する (Ricardo, *High Price*, III, p.60. 前掲訳、七四頁)。

(38) Ricardo, *High Price*, III, p.80. 前掲訳、九九頁。貨幣の「価値」と「価格」を区別するリカードの立論からしても、ここでは、金の他の財に対する相対的な「価値」は一定のままであるが、物価上昇によって「紙幣の価値」が下がることで、それによって評価される「金の価格」が高騰したといっても誤りではない。金本位制からの離脱によって、それまで「鋳造価格」の水準に固定されていた金の価格が変動し、その上昇こそが〈価格標準〉の有名無実化を伴う「紙幣減価」であった。

(39) 「鋳貨が輸出されるのは、それが安価だからであって、その事は不利な貿易差額の原因ではあっても、結果ではない。」「通貨の輸出は、まったく利害関係の問題に帰着する。」(Ricardo, *High Price*, III, pp.61-62. 前掲訳、七六頁) こうしてリカードでは、貿易差額の決済としての〈金の国際移動〉ということは想定されなかった。

(40) リカードが貨幣価値の短期的変動を強調することを好まなかったことについてヒックスは、「彼が経済学における静学的均衡の方法の偉大な創始者だった、ということ」にその理由あるという。「この種の問題は、均衡という見地に立った分析に著しく適していたということである。」そして、「短期の効果にあまりに重点をおくと粗野なインフレーション主義者に好都合になる、ということであった。」(Hicks, *op.cit.*, p.162. 前掲訳、二二〇―二二一頁)

(41) 「もしイングランド銀行の理事たちが……彼らが公言していたように、イングランド銀行券を正貨と交換する義務があった時と同様に、銀行券の発行を制限していれば、つまり、彼らが銀行券の発行を、金の鋳造価格を超えない程度に押さえていれば、我々は現在のように、減価し、常に変動している通貨に悩まされることは、なかった筈なのである。」(Ricardo, *High Price*, III, p.95. 前掲訳、一一六頁) そして、「もしイングランド銀行が、同行銀行券の価値を一五パーセント引き上げるまでそれらの額を縮小させるならば、支払制限法は無事に廃止されうるであろう。」(Ricardo, *High Price*, III, p.81. 前掲訳、一〇〇―一〇一頁) という。

(42)「イングランド銀行はイングランド銀行券の流通を強制する権能をもっていない」との、ボウズンキトの当然ともいうべき反論について、リカードは貨幣に対する需要にはあたかも制限がないかのように、「銀行は貸し出しようと思う限り、借り手はつねに存在する」(Ricardo, *The Price of Gold*, 1809, III, p.17. 蛯原良一訳「金の価格」、『全集』III、一九頁、雄松堂）ということから、過剰発行の責任をイングランド銀行に求めた。

(43) リカードはこのヒュームやヴァンダーリントの正金配分の自動調節論を、「全世界に渡って貴金属の分配を調節し、そして、各国における貴金属の価値を規制することによって一国から他国にそれらを移動させ、また制限するところの法則」と位置づける。(Ricardo, *High Price*, III, p.65. 前掲訳、八〇頁)

(44) Ricardo, *High Price*, III, pp.53-54. 前掲訳、六六―六七頁。

(45) Ricardo, *High Price*, III, p.54. 前掲訳、六七頁。

(46) リカードは、必ずしも兌換制下での銀行券流通の過剰化を否定しなかった。そこで、金の「価格」の高騰を媒介することなくしても、過剰化にともなう兌換請求を導き出すことができるように、金の「価値」（購買力）の変動による貴金属の国際移動といった、〈正金配分の自動調節〉を説くハリスやヒュームの推論に依拠したのであろう。

(47) 金本位制の意義が、リカードの想定するような物価の〈国際的な平準化〉とは逆の、〈国際的な同調化〉に求めるべきであることを指摘したのは、西村閑也教授である。（西村閑也『国際金本位制とロンドン金融市場』、法政大学出版局、一九八〇年、七七頁）

(48)「諸国の［商業と富の］相対的状態が不変であるあいだは、諸国は相互に豊かに通商しあうであろうが、しかし各国の輸出入は、全体としては均衡するであろう。……為替手形が所要の支払いをなすであろうが、しかし貨幣は［各国間に］まったく授受されないであろう。なぜならば、貨幣は、すべての国において同一の価値をもつであろうからである。」(Ricardo, *High Price*, III, p.53-54. 前掲訳、六七頁)

(49) 拙稿「貨幣と市場の〈自動調整機能〉」（杉浦、高橋編『市場社会論の構想』、社会評論社、一九九五年）

(50) 一七九七年の兌換停止の原因について、リカードは、金本位制と当時のイギリスの金融システムの脆弱性としては理解することができず、そこで政府への貸し上げが過大であったということに求めた。「だから、支払制限が必要になったのは、イングランド銀行と政府とのあいだのあまりに緊密すぎる結合のためであって、その支払制限法が継続しているのもまた、その原因によるのである。」(Ricardo, *High Price*, III, p.98. 前掲訳、一二一頁)。しかしその後の『経済的でしかも安定的な通貨』(Ricardo, *Economical and Secure Currency*, 1816, Works, IV.「経済的で安定的な通貨」、田中生夫訳、『全集』IV、雄松堂）では、この考えは修正され、「もしすべてに人が同じ日に各自の銀行家からその預金残高を引き出すとすれば、現在の銀行券の流通量の数倍をもってしても、なおこのような請求に応ずるには足りない」のであって、「この種のパニックこそが、一七九七年恐慌の原因だった」という。かくして「イングランド銀行も政府も、当時においては非難さるべきではなかった」と。（Ricardo. *Economical and Secure Currency*. IV, p.68. 前掲訳、八一頁）

(51)　この直後に大蔵大臣を務めることになったヴァンシタートの見解は、多分に政府の利害を代弁するものであった。彼は「鋳貨払いの物価と紙幣払いの物価との間に、決して何らの差異がなかったという事実」に基づいて、「紙幣減価」もなかったと主張したのであるが、これはただ、エドワード六世の法律で、表向きは、ギニー金貨をその名目以上の価格の支払に充てることが禁じられていたからにすぎなかった（Andreades. *op.cit.*, p.232. 前掲訳、三〇八頁）

(52)　フェヴァーによれば、一八一六年に部分的にしろ兌換が再開できるようになったことについては、政府およびイングランド銀行が何らかの積極的な施策を講じたというわけではなかった。「彼らは単に待っていただけであり、また事態の改善が継続するだろうと期待していただけのようである。一八一五年の大不況は彼らに味方した。」（Feavearyear. *op.cit.*, p.215. 前掲訳、二三〇頁）こうして「紙券価値と金価値の間のギャップを完全に埋めるために何らかの方策をとるということはしないままで、現金支払いを再開してみようと決心した」（*ibid.* 同上）だけだったのであるから、状況の変化で再び停止せざるをえなくなったのも当然であった。

(53)　「ピールの委員会」についてのイングランド銀行の反応は否定的であった。「彼らは国民通貨を維持する責任を自分たちに課すであろう制度を打ち立てる試みに反対して議会で陳述した。彼らは私企業であった。なるほど商業界の安寧を求めるのは彼らの仕事かも知れないが、国家的問題は議会の関与すべき問題であるというのであった。」（Feavearyear. *op.cit.*, pp.221-222. 前掲訳、二三七頁）

(54)　一八二〇年代の穀物法論争は、この時期の急激な物価の下落が、とりわけ農業部門において激しかったことから国内農業の保護をめぐって生じたものであった。その原因は、ナポレオン戦争の終結で大陸封鎖令が解除され、安価な外国穀物が大量に輸入されたことや、穀物の豊作、一八一八年のブーム崩壊後の景気の低迷が重なったことが基本的なものであったが、この一〇〇〇万ポンドにおよぶ政府の借入金返済が及ぼしたデフレ効果を無視できない。そしてそれは地金派の人々のみならずイングランド銀行の理事たちも望んだことでもあった。（Fearvearyear. *op.cit.*, pp.222-223. 前掲訳、二三七―二三八頁および Clapham. *op.cit.*, II, pp.72-74. 前掲訳、七九頁を参照。）

(55)　リカードはすでに『地金の高い価格』において、「私は紙券信用の全面的な失墜は、この国の貿易と商業にたいするもっとも悲惨な結果を招くということ、またその紙券信用の急激な制限でさえ、多くの破滅と困窮を引起こすので、我が国の通貨をその正当な価値に復帰させる手段としてそれに頼ることは、はなはだしく不得策であるということをよく心得ている」と指摘している。(Ricardo, *High Price*, III, p.94. 前掲訳、一一六頁)

(56) 「六カ月間は四ポンド一五シリングに引き下げられた価値で金に復帰するというリカードの提案は、これ以上の過剰な発行を防ぐことを意図したものであって、それは明らかに正当な発行とは区別されているのである。」(Hollander, *op.cit.*, p.295. 前掲訳、三七一頁)

(57) 「よく管理された紙券通貨は商業上の大進歩である。したがって、もし偏見のためにわが国により有用でない制度へ復帰するようなことがあれば、それはきわめて残念なことである。貴金属を貨幣として採用することは、商業の進歩および文明生活の技術へ向かっての最も重要な手段の一つであると考えて正当であろう。しかしながら、知識および科学の発達とともに、貴金属をまだ文明が進んでいなかった時期にははなはだ有益に用いられていたところの用途からふたたび追放することがいま一つの進歩であろう、ということを明らかにするのもまた同様に正当である。(Ricardo, *Economical and Secure Currency*, IV, pp.65-66. 前掲訳、七七―七八頁)」

(58) Feavearyear, *op.cit.*, p.223. 前掲訳、二三八頁。

(59) リカードは「商品一般はけっして貨幣の数量および価値を調整するための本位とはなりえない」といい、これを「不変の価値尺度」の問題として扱った。そして、「不変の価値尺度なしには、ある程度の確実性または正確性をもって、価値の変動をたしかめることは不可能であり、しかもこのような不変の価値尺度というのは存在しない」としながらも、相対的にその変動の少ない金あるいは銀が本位に定められているにすぎないという。(Ricardo, *Economical and Secure Currency*, IV, pp.60-61. 前掲訳、七一―七二頁)

(60) Ricardo, *Economical and Secure Currency*, IV, p.64. 前掲訳、七六頁。

(61) 「イングランド銀行は、その銀行券発行が明らかにこれら諸銀行の準備金の大きな部分を形成していたのであるが、いまなお国民通貨の価値の統制に何らかの責任があることを否定していたし、また実際、自身が国民通貨の価値に影響を及ぼす力を持っているかどうかさえ疑っていたのである。このような状況のもとで、この国がすぐに無統制な信用という危険に直面させられたのはいうまでもないことである。」(Fearvearyear, *op.cit.*, p.227. 前掲訳、二四二頁)

(62) 例えば吉川光治は、「……反地金主義者の主張は、何らかの偶発的事件の発生に伴う輸入の一時的増大ないし恐慌の発生に際しては、その国の為替相場の下落にかかわりなく、信用を緩和することによって国内金融の安定をはかるべきであるであることをいおうとしている」ととらえ、ここに「恐慌政策」としての管理通貨政策のプロト・タイプがみられる。（吉川、『イギリス金本位制の歴史と理論』勁草書房、一九七〇年、二一―二二頁）

(63)　ホランダーはリカードにも次のように通貨管理の一面を見る。「様々な古典派経済学者たちによって必要だとされるコントロールの度合いには重要な相違があるが、リカードに関する限りでは、〈過剰な〉銀行券発行を防ぐ保証として兌換が主張されたが、それは信用貨幣のなんらかの〈管理〉が望ましいという認識を排除しなかったということは、いまや明らかなはずである。」(Hollander. *op.cit.* pp.296-297. 前掲訳、三七三頁)

第6章　一九世紀資本主義と古典的貨幣理論の終焉

第1節　リカード体系と通貨管理の思想

市場経済は必然的に貨幣経済であり、貨幣によらなければなり立たない経済システムである。特に産業革命後のイギリスを軸とする一九世紀資本主義は、グローバルな連携のもとに急激な工業化と経済成長を実現していったが、他方では相変わらず貨幣的要因による撹乱と無規律を免れ得なかった。一八世紀末から一九世紀はじめにかけて、ナポレオン戦争期のイギリスおよびヨーロッパ政治経済の混乱をつぶさに見るなかで、リカードは実務家として、とりわけ信用貨幣のもつ不安定性を誰よりも良く承知していた。だからこそ彼は、反地金論者たちのように「真正手形原則」に基づいて単純に銀行券の過剰発行の可能性を否定したり、貨幣的不均衡の可能性を無視したりすることはなかった。銀行券流通の効用を認めながらも、信用崩壊の可能性について常に危惧し、次のように〈通貨管理〉の必要を説いたのである。

「……パニックにたいしては銀行は、いかなる制度によるとしても、安全ではあり得ない。銀行はその本来の性質上、パニックを免れないものである、どんな時であっても、一銀行または一国に、その国の富裕な人々が持っている請求権に応ずるだけの多量の正貨または地金が存在しないからである。」しかし、「紙幣の使用にともなうあらゆる他の利益のほかに、なお、数量を慎重に管理することによって、あらゆる支払を履行するための流通媒介物の価値にたいして、他の方法によってはとうてい得られないような価値の不変性が確保されうる。」(1)

リカードおよび地金派の人々の場合は、ソーントンがヴィクセルやケインズを彷彿とさせるように利子率と期待利潤率との格差に基づく資金需要の増大から市場経済に不可避な過剰信用の可能性を説いたのとは異なり、金融恐慌の原因が何よりも兌換の停止によるものであり、その際イングランド銀行および地方銀行の側の過大な利益追求に誘導されて生じたものと受け止めていた。[(2)] それゆえ、金本位制のもとで、「慎重に管理」されて誤った行動さえなければ、銀行券の過剰発行は物価水準の変動を通じておのずから調整されると楽観していた。基本的にはリカードの貨幣理論は、金本位制の下において、市場の自己調整メカニズムを通じて貨幣的均衡がもたらされることを証明しようというものである。それによる市場の安定性が、スミスや現代のハイエクのように慣習的な「ルール」や「自生的秩序」によらなくとも、金本位制のメカニズムだけで十分確保できることを明らかにしようとした。[(3)] そのための不可欠の理論装置が、貨幣体系と実物体系とへの二分法に基づく貨幣数量説であり、物価安定化の自動調節論だったわけである。

リカードは、金本位制下では銀行券についてもその発行量に自動的な調整メカニズムが働くとして、次のようにいう。「イングランド銀行が同行銀行券に対し正貨を支払う限り、金の鋳造価格と市場価格とのあいだに大きな開きは少しも存在しえない。[(4)]」リカードの場合それは、発券量に比例するとした地金価格の変動が、「鋳造価格」からの乖離にともなう兌換要請の増減を通じて、発券量を自動的に調整することになるからだという。しかしこれは、兌換停止下での金の地金価格の変動を想定したものであり、無限の金の売却と買入れの保証によって金の地金価格を「鋳造価格」に固定しなければならない、現実の金本位制度における金価格の安定化のための貨幣制度とは無縁な、貨幣数量説に基づく抽象的推論にすぎなかった。

周知のようにリカードは、その主著『経済学および課税の原理』において、実物体系モデルを想定し、それが強力な均衡化のメカニズムを備えた自律的・自己調整的な体系であることを、その「自然価格と市場価格」の論理によって明らかにした。これは、アダム・スミスいらい現代に到るまで続く、経済学的思考法（市場均衡論）

の原点といってよい。これに対応して、貨幣的要因については、貨幣数量説を、財相互の相対価格を規定する「自然価格論」の実物的な均衡体系に接合することで、景気と物価水準の安定化のメカニズムを想定しようとしたのであった。(5) スミスの「自然価格論」は、リカードでは、競争的市場における資源配分の〈効率性〉を証明するための理論的な作業仮説としてではなく、現実の市場過程そのものと理解され、市場経済の〈安定性〉を証明する論理にとすりかわっていた。そこで貨幣についても、金本位制度のなかに「自然価格論」に対応する自動調整メカニズムの存在を読み込み、そのうえで銀行券の発行をそれに準拠させるような何らかの発行のシステムを期待したのであろう。その為には、銀行券を政府紙幣と同じような鋳貨に準ずるものとして取扱い、その背後にある銀行券流通額の数倍の債権・債務の振替、相殺関係という、所得フローと信用の問題を貨幣メカニズムの論理から排除することが必要となった。(6)

「一国で使用される貨幣の数量は、その価値に依存しなければならない」。とはいえ、「通貨はけっしてあふれるほどに豊富になることはありえない、というのは、その価値を減少させれば、それと同じ割合でその数量が増加するし、その価値を増加させれば、その数量が減少するからだろうからである」(7)。ここから貨幣数量もまた、労働量によって決められる価値を基準に、利潤率均等化のメカニズムを通じて市場によって調節されうると想定された。すなわち、貨幣数量説は貨幣市場における短期の貨幣の購買力の変動についての決定の論理であるが、長期均衡に即して労働による貨幣の「自然価格」の決定の問題としても取り扱われ、〈実物体系〉と〈貨幣体系〉が固有に接合されたのである。(8)『地金高価格論』では物価水準の変動に導かれた貴金属の国際移動として論じたものを、『原理』では抽象的に産金業部門の利潤率均等化に伴う金供給量の変動という論理に変換することで、「自然価格論」の体系の中で自己完結的に処理した。しかしながら、金生産部門の「利潤率均等化」の場合には、物価水準の変動に応じて限界生産力水準の鉱山が決定されるというように、一般の産業の「利潤率均等化」とは逆の関係に立つことになるはずである。それゆえ、「金および銀は、他の全ての商品と同様に、それを生産して市場にもたらすのに必要な労働量に比例する価値をもつにすぎない」[9]との、労働による貨幣価値の決定も、こうした回り道の結果において理解されるものでなければならなかった。

いずれにせよリカード貨幣論は、市場経済の自己調整的な安定性への信頼のゆえに、一九世紀を通じて世界各国で金本位制とその下での金融政策の理論的な支柱となり、貨幣と金融に関する近代経済思想の原点となり得た。しかしそれは、何よりも信用論を欠くことで、銀行券の発行と流通を伴う信用の自己組織化という、通貨制度の近代化のプロセスを正当に評価できないものでもあった。かくして、ソーントンが着目していた市場にとっての利子および信用の意義も、それ以降の古典派経済学の体系の中から見失われることになったのである。ただ銀行券については、たとえ物価とその流通量の調整メカニズムが存在したとしても、裁量で発行量が任意に拡大され続けるならば、市場も「流通の水路は、無限に拡大させられる余地がある」ため、金が流出して金準備が枯渇する可能性があることを危惧した[10]。そこでリカードは、その発行については厳格な管理が必要と考え、具体的には、発券を新たに設立すべき「国立銀行」(National Bank) に一元化し、混合通貨制度の下での銀行券発行のルールや原則が必要だと考えたのである[11]。事実、金本位制への復帰のすぐあと、度重なる金融危機に際して、この管理をいかに行うかが切実に問われることとなった。

戦後不況もしだいに終息し、一八二二、一八二三年頃からはイギリスの商工業も新たな好景気に向かって進みはじめた。とりわけ、一八二三年に中央アメリカおよび南アメリカ諸国の独立が承認されると、イギリス製品の新市場の拡大を期待して、それらの諸国への対外投資とともに、投機的ともいえるイギリス産業の急激な生産拡大をまねいた[12]。イングランド銀行では、金準備が一八二四年の二月三月をピークにその後は減少に転じ、年末頃からしだいに一方的な金の流出が目立って、一八二五年秋にはピーク時の四分の一の三〇〇万ポンドの水準にまで減少していた。しかもこの頃から、綿花や銑鉄、コーヒーをはじめとする輸入商品の物価は急激に下がりはじめたので、それに信用を供与していた地方銀行がいくつか破産し、イングランド銀行が貸付けを制限したことから、イギリスの信用体系が一挙に崩壊して「一八二五年の恐慌」を招くことになった。(13)

この「一八二五年の恐慌」はその終息後に、金本位制度下における銀行券の発行のあり方について再検討を迫ることになった。議会においても、「一八二五年の恐慌」にいたる過程で過大な銀行券を発行した地方銀行のみならず、一八二五年の前半を通じて銀行券発行量を規制せず膨張するがままに任せていたイングランド銀行の対応について、その責任を問う声が大きくなった。そこでまず、脆弱な地方銀行の経営基盤を強化することと、それから〈中央銀行〉としてのイングランド銀行の主導権と地位を確立することが要請された。そこで「一八二六年の法律」で、小額銀行券を撤廃するとともに、地方でのイングランド銀行の支店、および株式会社組織の地方銀行の設置を認めた。その結果、発券業務がしだいにイングランド銀行に集中し、地方やロンドンの個人銀行は「預金銀行」としての業務に専念するようになった。これらの個人銀行がイングランド銀行に当座勘定を設定し、同行からの銀行券および鋳貨の供給に依存するようになったことから、イングランド銀行は全国的規模で通貨の調整を統括する「銀行の銀行」としての地位を占めるようになったのである。(14)

特に一八三三年の条例では、発券しないことを条件にロンドンでの株式銀行の設立が自由化されただけでなく、またイングランド銀行券が「法貨」としての強制通用力を認められたことで、もはや恐慌に際しても地方から多額の金の要求を受けることがなくなり、少なくとも金の国内流出への対応ができるようになった。更には、「高利禁止法」が撤廃されてイングランド銀行による自由な割引率の操作が可能になり、割引市場で主導権を発揮するための環境も整えられた。イングランド銀行の〈準備金〉の減少による再割引の突発的な制限を回避する為、ロンドンの市中銀行は、手形割引業務を専門の割引業者に任せるようになり、彼らから優良手形を割り引くか、彼らに短期資金を放出した。[15] 市中銀行と直接取引しないことで、イングランド銀行はマーケット・オペレーターとして、全国の資金を広く調整できるようになったのである。もちろん、それによって市場を事前にコントロールできるようになったというわけではなく、最悪の事態に際して通貨供給にいっそうの弾力性が確保できるようになったにすぎず、これが市場経済のもとでの〈金融の自己組織化〉の限界でもあった。

たしかに、いまだ他の銀行家たちとの競争関係におかれているイングランド銀行にとって、通貨管理の公的責任を押付けられることで、私企業として利潤獲得を目標にした営業機会を制約されることには抵抗があった。[16] 設立当初から「政府の銀行」であり、金地金の最終的な保管者、そして銀行家たちの銀行としての地位を占めていたとはいえ、割引市場に関する限り、イングランド銀行も普通の一商業銀行として、いまだロンドンの諸銀行やビル・ブローカーたちと競合していたからである。それゆえ、市場から〈超越〉することで最終的に通貨供給をコントロールしようという、〈中央銀行〉としての立場を自覚するまでには至らなかった。こうして、一九世紀はじめのイギリスの金融改革は、一方において弾力的な資金の融通関係を可能にする全国的規模での信用のピラミッドを形成することで、市場の自生的秩序の枠のなかでの金融の安定化を目指したが、にもかかわらず銀行券の発行に関する限り、イングランド銀行の裁量的な金融政策の余地を認めるものではなかった。[17] すなわち、一八三〇年に総裁になったパーマーのもとで、「地金委員会」およびリカードの地金主義の原理を受け入れることになり、銀行券の発行量を為替相場および地金価格の騰落に応じて統制すべきだとの立場から、イングランド銀行による裁量的な政策の余地を排除する形で、銀行券発行（通貨管理）の〈普遍的ルール〉を求めようとした。

割引率を通じた信用への統制の可能性については、すでにH・ソーントンが提起していたものであるが、ようやく一八三〇年にパーマーがイングランド銀行総裁になることで、はじめて通貨管理の試みが実行に移されることになった。[18] ただパーマーは、公定歩合を市場レートより多少割高に設定したとはいえ、それを固定的に維持する方針をとったため、金利政策が通貨調整の手段として活用されることにはならなかった。そこには、「銀行券の発行高を、商業手形の割引によって調整しようとする措置」を回避し、〈利子率と貨幣数量〉との間にいかなる因果関係も認めようとしない、リカードおよび通貨学派に共通する基本的理解が看取できよう。(19)通貨管理はもっぱら、信用の拡大収縮とは直接に関係なく処理すべき、物価に関わる銀行券発行量のコントロールの問題だとしたのである。この銀行券の発行に関するパーマーの運営方針は、実際には法として実現されたわけではないが、銀行券の過剰発行を回避するルールの制度化を模索したものだった。金本位制度が持つ物価調整機構に信頼を置いたリカードの思想に基づいて、〈通貨管理の思想〉を最初に具体化したものといってよい。それゆえ、「一八三三年の条例」でイングランド銀行券が「法貨」に定められ、また「高利制限法」が廃止されてバンク・レートの市中金利以上への引き上げに道を開いたことは、それを具体化するための環境を整えるべく、法制的にもリカードやソーントン、パーマーの思想を追認したことになろう。

しかるにその後も、一八三〇年代には、一八三六年恐慌一八三九年金融恐慌の二つが発生した。一八三六年恐慌は、アメリカ合衆国への大量の資本輸出と、それに支えられた異常な商品輸出ブームの反動として発生したものである。豊作とアメリカ合衆国への輸出の拡大に導かれたイギリスの国内設備投資の拡大と、それに伴う原材料価格の上昇、新銀行の設立ブームと株式市場の投機的な活況は、イギリス資本のアメリカへの流入の途絶とともに、いずれ終息する命運にあった。一八三六年の五月以降に金が流出しはじめてからイングランド銀行は金利を引き上げたが、もはやそれを阻止することはできなかった。一八三九年にもまた、今度はイギリスの産業の状態とは関係なく、急激な金流出によってイングランド銀行が支払停止の寸前にまで追込まれ、「貨幣恐慌」に見舞われた。(20)その直接の引き金になったのは、一つには一八三八、三九年の大凶作が未曾有の穀物輸入額の増大を招いたことと、アメリカにおいて綿花投機が発生し、その資金がイギリスでの大量の有価証券の発行によって手当てされたことで、急激な金流出を招いたことによる。そこで、これらの恐慌の原因をめぐり、一八四〇年代にはいって「通貨論争」が展開され、さしあたりその原因について、イングランド銀行が「パーマーの原則」を守らなかったことにあったのか否かが争点になった。

第2節　「パーマー・ルール」から通貨原理へ

パーマーをはじめ〈地金主義〉の影響をうけた人々は、金本位復帰後もイギリス経済が期待されたほどには安定することなく、しばしば恐慌に見舞われたことについて、理論的な反省と現実的な対応に迫られた。リカードが抽象的に想定したように、金の地金価格の変動に対応してイングランド銀行券の兌換請求が増減し、物価と銀行券流通量が一定水準に自動的に調整されるというようなことがない以上、これは当然であった。しかし彼らは、金本位制の貨幣的均衡に関する「リカードの原理」に理論的な破綻を認めるのではなく、イングランド銀行および地方銀行による恣意的な銀行券の過剰発行に原因を求め、とりわけそれを防げないイングランド銀行の組織と信用政策に問題があると考えた[21]。こうしたなかで、一八三六年恐慌および一八三九年の金融恐慌への反省を踏まえ、好況期における銀行券の過剰発行を抑制すべく、「リカードの原理」を支持した通貨主義者と呼ばれる一群の人々によって、イングランド銀行の組織・制度改革が提言された。それはさしあたり、パーマーが提起したイングランド銀行の資産運用のルールだけで、果たして金属準備の変化に応じて正確に発券量が規制できるか、という疑問から出発していた。そして、発券が信用供与の手段に用いられることに過剰発行の原因があるとして、発券業務（通貨）を銀行業務（信用）から区別しイングランド銀行を割引市場から切り離そうとする、一連の組織改革が実行に移されることになった[22]。

『原理』の執筆の頃には、リカードにとっての金本位制度の意義は、インフレーションを終息させて平価を固定させポンドの対外価値（価格標準）を安定させるという、「地金論争」の頃の考え方からは、次第に離れたものになっていた。むしろ積極的に、金本位制を〈物価―正貨移動メカニズム〉に即して理解し、景気対策として、国内の物価水準を安定させる自動調整機能の実現にあると考えるようになっていた。ところがそれが必ずしも有効に機能しないことが明らかになる中で、通貨主義者たちは、金本位制度に〈景気の調整機能〉を求めることの誤りには気づかず、イングランド銀行の制度的な欠陥によるものだと考えるようになった。たしかに当時のイングランド銀行の行動には、株主のための利益追求を何よりも第一の経営方針としていたことから、景気の過熱に伴う信用の破綻とパニックを回避するためには、あえて営業機会を失ってでも好況期における過大な信用供与を抑制しなければならないという、公共的視点が欠落していた。[23] そのため、公衆の資金需要に応じて任意に商業手形を再割引し、「信用創造」の手段として銀行券を発行することは、更なる信用膨張（バブル）を加速させるだけであると危惧したのであろう。そこでリカードは、「金属通貨の代用物として紙券通貨を発行する一方、商人や他の人々に、貸付けという形で貨幣を前貸しする」という「これら二つの銀行業務が何の必然的な関係も持たない」との認識から、これら二つの業務を「二つの分離した機関によって運営する」べく、もっぱら発行業務を扱う「国立銀行」に発券を集中させる事で、それを割引市場とは次元の異なる所でコントロールしようとした。[24]〈銀行業務〉と〈発券業務〉が本質的に無関係だというのではなく、信用拡大の手段に銀行券の発行が利用されることを阻止したかったからであろう。

パーマーは、このリカードの『国立銀行設立試案』を土台にして、イングランド銀行へ発券を集中させることで、同じ事が実現可能ではないかと考えた。これまでのように、発券量をイングランド銀行理事会の裁量に任せるのではなく、〈正貨―物価移動メカニズム〉に準拠する銀行券発行のルールをつくることで、過剰発行を回避できるのではないかと考えた。ただ、その当時のイングランド銀行の勘定システムでは、銀行券発行量だけをコントロールする事が不可能だったため、金準備高の変動に対応して〈発券量と預金量の負債総額〉を変動させ、それによって間接的に発券量をコントロールしようとしたのである。[25] すなわち、金準備が減少すればそれに伴って自動的に銀行券発行高を減少させるようなシステムを構築すべく、「銀行券発行調節のルール」を制度化しようとした。そのうえで、イングランド銀行の利子率を市場金利よりも高く維持することで、通常はイングランド銀行は割引市場の外側にあるべきものとし、最終的に銀行券の発行を市場を監視しながら統括すべきだと考えた。こうして〈中央銀行〉としての公共目的に従って発券を行うべく、好況期にはイングランド銀行は市場の外部に存在し、信用の逼迫期には決済のための必要な資金を最大限に提供できるような、新たな通貨システムを構想したのである。具体的には、為替が安定し〈平価〉を保っているときには負債額の三分の一を金で持ち、残りは有価証券の一定額を保持するようにさえすれば、地金の流出入による金準備の増減は必然的に銀行債務の増減をもたらすというものであった。[26]

もちろん、たとえ証券保有額を一定に維持しても、金準備の変動は預金額の増減によっても相殺されうるから、この「パーマー・ルール」だけでは必ずしも地金の流出入に応じて銀行券発行量を自動的に増減させるという保証はない。事実、一八三〇年代のイギリス国内では、証券が必ずしも一定に維持されなかったという事情もあるが、金準備の変動に比例して銀行券発行量が変化することはほとんどなく、金の流出時にもしばしば逆に増大して、むしろ預金額の減少を伴った。[27] これについてパーマー自身は、国際収支の逆調に際して公衆が地金を輸出する目的で兌換を請求したことから、それによる国内金融における通貨の不足をイングランド銀行が証券の購入（買いオペレーション）によって補わざるを得なかった結果だと理解した。また、これまでのいきさつで証券の買入れをむげに拒否できないイングランド銀行固有の事情もあった。[28] その意味では、パーマー自身はそのルールの適用について、一定の弾力的な幅を持って理解していたのである。そしてそれが、オーバーストーンをはじめとする通貨主義者たちの批判の的にもなった。

パーマーは、イングランド銀行の割引率を市中金利よりも高い水準に維持することで、必ずしも〈発券業務〉と〈銀行業務〉をそれぞれ違う銀行に分けて分担させなくても、発券が〈銀行業務〉の手段に取り込まれることを阻止できると考えていた。しかも、市場金利が「バンク・レート」まで上昇する好況の末期においては、通貨供給を強制的に抑制するのではなく、逆に「そのときにこそイングランド銀行はこの国の商業の中心的支柱」として信用を拡大するならば、物価の高水準をそのまま維持する事で輸出の拡大を妨げ、それ以上の急激な物価の高騰と地金の流出を抑制できると考えていたようである。(29) ここに、この「パーマー・ルール」の景気対策としての有効性とイングランド銀行の行動をめぐって、「通貨論争」が展開される事になった。

一八三六年および一八三九年の金融破綻のあと、イングランド銀行が「パーマー・ルール」に従わず証券保有額を一定に維持しなかったことや、金利の引き上げと貸付けの制限を遅らせたことが、何よりも金融恐慌の原因ではないかと批判されることになった。たしかにイングランド銀行は、その置かれた事情と社会的な要請から、簡単には信用を縮小できなかったのであり、そのうえソーントンもいうように金融の逼迫した時期にこそ、支払い連鎖の中断を防ぐうえで、信用の拡大はむしろ必要な措置でさえあった。にもかかわらずこうした批判に対して、イングランド銀行自身は、地方銀行による過大な銀行券の発行にその原因があると答えるにとどまった。

オーバーストーンおよびノーマンたち通貨主義者は、たとえ「パーマー・ルール」に基づいて証券保有額を一定に維持しても、イングランド銀行の「正貨が大きく減少する場合に、あり得べき結果は、通貨の比例的な減少ではなくして、単なる預金の減少にすぎない」と考えた。(30) すなわち、債務総額が変化する場合に、それが主として〈預金〉においてであって〈銀行券〉においてではなかったという事実に着目したのである。そこで、金準備が減少したにもかかわらず銀行券量を抑制しなかった為に、物価の投機的な高騰とその結果としての信用崩壊を引き起こしたのだという。たしかに、イングランド銀行からの金の流出は、必ずしも市場からの銀行券の還流すなわち兌換によるものとは限らず、負債勘定における預金の引き出しや証券保有の増大によっても生じうる。そして、現実にはむしろその方が多かったとさえいえるかもしれない。その場合、たとえ資産勘定における証券保有額を一定に維持したとしても、それは銀行券流通量の収縮にはならないから、物価の引き下げを通ずる貿易収支の改善と金流出の阻止が期待できないとした。そしてその限りでは、きわめて妥当な指摘であった(31)。

彼らは、さしあたりパーマーが意図したことを基本的に認めた上で、そのルールだけでは銀行券管理が十全に実現できないことを批判したのである。すなわち、そのルールが有効に機能し得なかったのは、現行のイングランド銀行の勘定システムでは、金準備の変動をそのまま銀行券発行量の増減に直接リンクでさせることが出来ないからだという。それさえ出来れば、過剰発行に支えられた急激な物価上昇や、投機の破綻、信用の崩壊を未然に防止できたはずだとの、楽観的な立場に立っていた。「貨幣標準の価値」を守るためには、流通している紙券通貨と鋳貨の量が、仮りに通貨が完全に金属のみからなっているとしたときに流通するであろう量と、決して異なるべきではないという。そして、金の国庫保有量の変化に厳密に連動して、紙券通貨が自動的に変動するシステムを作ることが不可欠ではないかと提言したのであった。

オーバーストーンやノーマンなどの通貨学派にとって、「近年のイギリスの商業の状態を特徴づける興奮と沈滞の交替」は、単に「イングランド銀行の銀行券発行高の不当な膨張」と、それに続く為替の下落と金流出が引き金となって、急激な通貨の収縮が引き起こしたものと理解された。トゥークの指摘に従えば、「通貨原理」は金融恐慌を、「銀行券の分量と地金の分量との不一致」によってもたらされる「流通の不自然な状態、および正当な調節の欠如」に原因するものと考えていたことになる(32)。そこで理論的には、「銀行券と鋳貨のみが貨幣である」という原則から、「発券の管理は他の諸債務の管理に関する原則とは異なった原則によって行われなければならず、両者を有効に結合することは不可能である」との結論に達した。(33) パーマーのように銀行券と預金とを全く同一の債務として扱い、金準備をそれらの債務の合計額について考慮するだけでは、急激な金の対外流出に際して対応しきれなくなるというのであった。

ここから、〈預金通貨〉と〈銀行券〉の本質的な区分の必要をめぐって、「イングランド銀行に対する批判は何が貨幣とみなされるべきかということに関する論争に没入していった」のである。(34) しかし、問題の本質は、実は信用をどう扱うかにあった。通貨主義者は、あらゆる信用通貨のなかで銀行券だけが貨幣価値に何らかの影響をおよぼすと考え、したがって恐慌を回避するためには、発券を第二造幣局ともいうべき発券部での統制のもとにおけば良いとした。為替手形や小切手（預金）もまた貨幣であることを認めれば、彼らが計画した金融統制の制度を台無しにすると考え、通貨を狭く解釈することに固執せざるをえなかったのであろう。彼らはただ、〈預金準備〉と〈兌換準備〉をそれぞれ性格の異なるものとして機械的に区別し、銀行券発行量に制度的な枠を設定することで、もっぱら銀行券発行量に対する金準備の比率、すなわち兌換準備率だけを一定水準に維持できないかと考えた。すなわち、「地金委員会」の提案を厳密に解釈し、これをヒュームやリカードの通貨調節の理論と組み合わせることによって、「地金主義」よりもはるかに極端な主張をおこない、独自の通貨システムを構築しようとしたのであった。

かつての「地金論争」の時代においては、ほとんどの地金主義者は国内での兌換を回復すればそれで十分としており、それによってイングランド銀行の行動に充分裁量の余地を残していた。しかし、ノーマンやオーバーストーンら通貨主義者たちは、どんな形にしろイングランド銀行の理事たちに裁量権を与えることには反対した。彼らにとってポンドの価値を決定するものは、単に銀行券と鋳貨を合計した量の変動だけであり、そこで「このことからただちに標準単位の価値変動を回避するために、またブームとパニックの危険性を永久に取り除くために貨幣量を規制するという問題は、単に銀行券の発行を統制するという問題である、という命題が結果した。[35]」オーバーストーンによれば、イングランド銀行は、「通貨の管理者」および「一銀行業の普通の機能を果たす団体」という「二つの資格で活動している」のであるが、パーマーの「ルールはこのうちの通貨の管理者としての活動の準則としてはまったく的確で確固たる原理に基づくものである」が、しかし普通の「銀行業の運営の準則としては実行不可能なものである。」「その預金高は周囲の事情の変化とともに変動し、またその預金が投資される対象（証券）も変動するということは、銀行業務にとっては本質的なことである。」「それゆえ、証券総額を一定に維持するというのは、一般に銀行業を営むイングランド銀行にとってきわめて不条理なことである。[36]」そこで、紙幣があたかも金属であるかのように変動するような通貨システムを構築するためには、まず第一に、簡潔で詳細かつ明瞭な会計報告と、第二に、イングランド銀行の業務を二部門に分割することが必要だとした。「この方法によって、またこの方法によってのみ、我々はもし通貨が金属であったとしたら、その通貨が変動したであろうと同様に正確にその数量を変更する紙幣を得ることができる」という。[37]しかもイングランド銀行の「二機能が別々に分離されることに比例して、その各々の機能はそれぞれの目的のために一層有効になるであろう」と結論づけた。[38]

一八三九年に「イングランド銀行の機構と業務に関する委員会」が成立すると、その委員に任命されたピールは、パーマー、ノーマン、オーバーストーンらを召喚して証言を得て、〈通貨原理〉に基づいて金融恐慌の防止策を検討するようになった。かくして、銀行券発行のイングランド銀行への集中、〈発券部〉と〈銀行部〉とへのイングランド銀行の二分割、および一四〇〇万ポンドの保証準備発行とそれを超える金額の一ポンドの銀行券発行にも同額の金準備を義務づける事を骨子とした条例を議会に提出し、これが採択されて、一八四四年八月三一日から実施された。たしかに〈銀行部〉と〈発券部〉とへのイングランド銀行の二部門分割によって、銀行券発行量が金準備高の動向によって厳格に制約され、裁量で過剰に発行されるようなことはなくなった。しかしながら、必要なのは〈発券量〉の管理ではなく、むしろ〈信用のフロー量〉のコントロールだったにもかかわらず、それについては何も対策を講じなかった以上、一八四四年の「ピール条例」によって好況期における過剰信用を未然に防ぐことにはじめから無理があったのである(39)。

事実、「ピール条例」が施行された結果、イングランド銀行が事前の信用管理の手段を失うことになったというだけではなかった。一八四七年のように、人々が支払手段を求めて貨幣市場に殺到する信用の逼迫した好況末期においても、〈銀行部〉が保有する銀行券量は市場の動向とは無関係に〈発券部〉の金準備に応じて増減するため、任意に信用拡大を拡大して支払い連鎖の中断を防ごうにも、金流出はむしろ信用の急激な引締めを要請することになったから、かえってパニックを誘発することになった(40)。素朴な貨幣数量説に依拠して価格形成を論じ、信用の需要創出効果の分析を欠如させたところに、リカードおよび通貨学派に共通な、信用と銀行券発行との機械的な区分という「ピール条例」へと結実していく考え方が生まれる原因があった。国民経済の活動水準の長期的趨勢をもっぱら供給側の要因だけで論じ、短期の実物的な変動を視野に収めていない以上、信用の貨幣機能について積極的な議論は展開できないのも、蓋し当然であった。そしてそれ以上に、現実から乖離した抽象的な物価調整メカニズムを想定し、それを具体的なイギリスの金融システムの中にビルト・インしようとした所に、通貨主義および一八四四年の「ピール条例」の人為的な悲劇が生まれたのである。

第3節　トゥークとフラートン

一八四四年の「ピール銀行条例」は、何よりも金本位制のもとでの通貨の国内価値（物価）及び対外価値（為替平価）の安定を、より有効に実現することを目的に制定された。それは、「もし通貨が鋳造貨幣であったとしたら被ったであろう変動に応じて紙幣の流通を統制」し、銀行券の発行量を、紙幣がない場合にそれに代わって流通したであろう金属貨幣の変動に対応させることで、もっぱら貨幣的要因によると解釈された好況期の急激な物価騰貴と、その反動としての金融パニックが回避できるとの、オーバーストーンらの〈通貨原理〉に基づいて施行された。[41] この条例は、具体的には、①イングランド銀行の業務を〈銀行部〉と〈発券部〉とに分割するだけでなく、②金の裏付けのない保証準備発行に限度額を設定し、③また地方銀行の発券を厳しく規制してイングランド銀行に銀行券の発行を一元化することで、銀行券の発券量の増減を金準備高に厳格に連動させようとした。それらによって、過剰流動性に原因する名目的な物価の急激な上昇とそれに助長された投機の進行を、事前に抑制することができるであろうと期待した。[42]

その結果、〈発券部〉は金準備高の変化に対応して発券量を決定するだけのオートマチックな機構となり、〈銀行部〉もそれに対応して、一般の市中銀行と競合して自己利益の最大化をめざす一商業銀行にすぎないものと位置づけられることになった。それによってイングランド銀行は、パーマーが目指した「最後の貸し手」としての「市場からの超越」した地位を、形式的には放棄することになったのである。発券量に関する限りその決定に、金融の安定化といった公共目的のためであっても、イングランド銀行理事会の裁量が入り得る余地が原則的には排除された。金本位制それ自身に、貨幣数量メカニズムによる、何らかの自律的な物価調整機能があると期待したからであった。しかし、現実にはイングランド銀行からの貴金属の流出入も、かなりの部分は〈銀行部〉の勘定を通じて行われ、それが市中の銀行券流通量の比例的な増減に結びつかなかったから、この条例によって意図された〈通貨の数量調整〉もはじめからうまく機能するはずがなかった。しかも、「金の流出はたんに預金と銀行部準備を減少させただけであって、銀行券流通を不変のままにとどめた」だけでなく、準備金の減少がもたらす信用の収縮によって市場に甚大な影響を与えることにもなった。[43] そのうえ〈銀行部〉は、金準備とは無関係に、収益性と安全性のバランスを考慮して信用をコントロールしたことから、信用の拡大収縮の動向如何によって通貨調整もはじめからそれによって相殺されるものでもあった。

仮に、期待どおりに銀行券発行量が金準備高の増減に応じて厳格に比例したにしても、それによって国民経済の実物的な拡大や収縮を事前に調整できるわけでもなく、まして好況末期の局面転換の時点での信用の支払い連鎖の中断を抑止できるものでもなかった。むしろ逆に、〈銀行部〉から裁量的な金融政策の余地を奪ってしまった事で、中央銀行を頂点とする信用制度の重層的組織化が可能にしていたはずの通貨供給の弾力性というセフティ・ネットさえも、いわば機能不全にしてしまった。[44] こうして、「一八四四年の法律はイングランド銀行がその銀行券にたいして、金で支払うことができないという危険を取り除くのに有効であった。しかし銀行部がその預金者の要求にたいして銀行券で支払えないかもしれないという、もうひとつのほぼ同じくらい重大な危険性を代置した。[45]」信用の逼迫した時期に、〈銀行部〉の銀行券準備のほうは二様の方法で減少することになったのである。一方で、取引需要に基づいて公衆が銀行から銀行券を引き出すと、市中銀行はイングランド銀行の〈銀行部〉に保有する残高を引き出した。他方で、銀行や地金ディーラーが金を必要とする際には、〈銀行部〉の残高から引き出すことになるので、〈銀行部〉が〈発券部〉から金を手に入れてこの金と等量の銀行券をその準備から引き渡さなければならず、それによる信用不安にも直面することになった。

事実、一八四四年から一九一四年に至る期間のあらゆる金融恐慌において逼迫をきたしたのは、もっぱら〈銀行部〉の準備であった。従ってこの法律は、実質的にはイングランド銀行の金ストックの一部を動けなくしてしまっていた。そのうえ、もはや信用統制についていかなる特別の公共的義務と責任を持たなくなったイングランド銀行の〈銀行部〉は、割引市場においてふたたび他の諸銀行と激烈な競争を開始し、株主の利益を最優先するようになったのである。そのため、一八四七年の恐慌、一八五七年の恐慌をみても明らかなように、ひとたび資金の回収が遅延するようになると、イングランド銀行は自らの安全確保のためには支払手段を求める市場の要請にも門戸を閉ざして急激に信用を収縮し、フラートンが危惧したようにパニックを助長することにさえなっていた。それゆえ、〈通貨原理〉に基づいて信用逼迫期に銀行券発行量を制限していた〈発券部〉の自動機構だけでなく、この自己利益の最大化を追求したイングランド銀行の〈銀行部〉の行動原理もまた、一方で景気の拡張期には過剰信用を助長し、好況末期には必要以上の信用収縮をもたらしたということでは、一九世紀中葉のイギリスの周期的な金融恐慌の発生メカニズムの中に、積極的に組み込まれていたとさえいえる。

〈通貨原理〉に対して、「イングランド銀行には流通高に追加する力がない」と、過剰発行の可能性を否定するトゥーク、フラートン、ウィルソンなど〈銀行学派〉の主張は、スミスの「還流の法則」に依拠した限りでは、たしかに反地金主義に共通するものではあったが、むしろ信用の積極的な購買機能を論じたソーントンの所説に負う所が多かった。(46) 彼らは、一八四四年の「ピール銀行条例」へと結実した〈通貨学派〉の政策提言について、それが何ら金融パニックの予防策にはならないだけではなく、むしろ逆に、イングランド銀行勘定の二部門への分割によって、金が流出する好況末期に〈銀行部〉での信用の引締めを余儀なくし、かえって支払い連鎖の中断を誘発することになりかねないと、適切な批判を展開した。

トゥークやフラートンは、信用を不可欠な要素とする限り、市場経済にとって景気の投機的な拡大とその突然の収縮は不可避であると認めていた。その上で、より合理的な銀行制度というのは、「利子率の突然の変化を招きやすい程度の大小、ならびに商業信用の状態の突然の変化を招きやすい程度の大小にある」のであって、「発券業務と銀行業務の機能の完全な分離の下においては、現在の制度のもとにおけるよりも一層唐突であり激烈である」のではないかと危惧したのである。(47) 彼らの〈通貨原理〉への批判は、さしあたり純粋な金属貨幣制度のもとで作動するという、物価と為替の安定化のメカニズムへの懐疑から出発する。たしかに、〈銀行学派〉もまた金本位制度を信頼し、その為替安定化の機能に依拠した限りでは、〈通貨学派〉と共通の立場に立っていた。しかしそれは、〈通貨学派〉の依拠した〈物価―正貨移動メカニズム〉とは関係なく、正当にも、「鋳造価格」での金の無制限の買入れと売却の保証にこそ、金本位制のもとでの為替平価の安定の根拠を求めたからにすぎない。(48) そして、〈通貨原理〉が必ずしも現実の金本位の制度とシステムをあるがままに示すものではなく、またそれがよって立つ〈物価―正貨移動メカニズム〉も決して信頼に足るような仮説ではないことを、論理的にも実証的にも示そうとした。そのうえで、〈混合通貨制度〉のもとで銀行券発行量を金準備高の変動にリンクさせるだけでは、リカードや通貨学派が期待したように、為替相場と国内物価を自動的に安定させうることはできないと指摘したのであった。(49)

通貨の伸縮と物価の変動に関しては、トゥークは、『物価史』における一七九三年から一八二二年までの物価変動についての詳細な実証的・統計的な分析から、金の増減が必ずしも国内物価の増減を引き起こしていないという事実に基づいて、両者のあいだに時系列的な因果関係がないことを明らかにした。また、〈混合通貨制度〉のもとにおいても「事実上、また歴史上、あらゆる顕著な物価の騰落の場合において、私が試見た調査に関する限り、物価の騰落は銀行券の流通高の伸縮に先行し、したがって、その結果ではなかった」(一八三二年下院委員会での証言)と、貨幣数量と物価の因果関係を否定する。ここから、「諸商品の価格は、銀行券の分量によって示される貨幣の分量にも依存しなければ、また流通手段の分量にも依存しない。むしろ反対に、流通手段の分量が物価の結果である」と結論づけて、〈通貨原理〉を退けたのである。(50)

フラートンは『通貨調節論』の中でこれをさらに進め、通貨の伸縮と為替の変動との因果関係について、トゥークの資料に基づきながら、物価の下落した時期における金の流出や、物価上昇期における金の流入という事実を指摘した。「……為替の変動をば単に通貨の数量と価値の変動の表現としてしてのみ考察する通貨原理とかくのごとく全く相容れない現象、……すなわち、為替の騰貴と金の流入をもたらす同一の事情は、その反面に国内産業の活況や生産と消費の規模の増大や貨幣の使用と需要の増大に必要な一切の状態が現存していること、これである。(51)」こうしてフラートンもまた、両者の因果関係を否定したうえで、実質的な価格変動をもたらす要因として、信用と景気の動向に注目した。

そもそも固定平価制度としての金本位制のもとでは、貴金属の対外的な流出入は、貿易収支の不均衡における実物的な決済のため、もしくは資本収支の決済のために発生し、それによって為替相場の変動を平価プラス・マイナス金現送点の範囲内に抑えるものであって、その逆ではない。そしてこの為替の固定相場こそが、トゥークもいうように、〈物価と景気の国際的同調〉をもたらしたのである。いずれにせよ、国際収支の不均衡をぬきに名目的な物価水準の相違だけで金移動を説く〈通貨原理〉の想定のは非現実的であり、物価ではなく金利水準の変動と相違こそが資本収支の動向を通じて地金配分を左右するという、〈資本―利子移動メカニズム〉の存在も見失うことになった。(52)

また、〈通貨原理〉では、鋳貨と銀行券のみが貨幣であり、これらによって支払われるべき債務(信用)としての銀行預金や商業手形とは区別すべきだと理解された。これに対して〈銀行原理〉では、鋳貨と強制通用力にもとづく不換紙幣だけが貨幣として扱われ、むしろこれら貨幣と、単なる「信用の一形態」にすぎない銀行券および商業手形、小切手が区別されなければならないとした(53)。特にフラートンが、銀行券や手形などの信用貨幣と鋳貨の基本的相違について検討し、単なる通貨（流通手段）機能だけでそれらの異同を論ずるという従来の通貨論の地平を超えて、実体経済のマクロ的な拡大収縮に果たす信用の役割を論じたことは、高く評価されなければなるまい。すなわち、〈貨幣〉と〈信用〉について詳細に検討し、両者を理論的に峻別したうえで、むしろ信用の意義を重視した。これはトゥークおよびフラートンが、不明確ながら「貨幣と資本の区分」として論じ、とりわけフラートンが「顧客に与える信用」の大きさと、銀行券の「流通高」との相違として取り扱ったものである(54)。それゆえ、しばしば誤解されてきたように、通貨と資金とへの貨幣の二つの機能の区分だけで満足するような、素朴な内容ではなかった。事実上、購買や支払いに充てられる通貨のストック量と、国民経済の活動水準を決定する債権・債務の総額、すなわち取引のフロー量とが、次元的に区分されていたのである。

需要を創出しながら債権・債務関係を形成する〈信用〉そのものと、決済の手段として機能するだけの〈信用貨幣〉としての商業手形や銀行券とが、明確に区別された。それゆえ、手形や小切手も含めた信用貨幣の流通額が問題なのではなく、その背後で形成される信用貨幣の流通量の数倍に相当する債権・債務の総額が重要だと考えていたということになろう。銀行券や手形は、債権債務のうち互いに相殺されない部分を決済するだけの、「信用の小銭」にすぎない。これにたいし、手形や銀行券の基礎になる〈信用〉こそが、何らかの担保に基づいて債権・債務関係を形成する限りにおいて、貨幣や不動産などの資産と同等に、新たに購買力を生みだす「潜在的通貨」だというのであった(55)。こうしてフラートンの信用論の意義は、しばしば誤解されてきたように、「通貨」の範囲のなかに、銀行券以外の手形や小切手も加えたというだけの単純なものではなかった。〈信用貨幣〉

ではなく〈信用〉そのものが、そして〈通貨量〉ではなく〈取引額〉が問題だという。あえて言うなら、国民経済に真に実物的効果を持つのは、「貨幣」（通貨）ではなく、「貨幣力」（資産）だということになろう。そこで銀行券の流通量は、取引需要に基づいて受動的に決定される政府紙幣とは異なり、たとえ必要以上に供給されても与信者に自動的に還流するという「還流の法則」が作動するとして、恣意的な過剰発行の可能性やその人為的管理による物価コントロールの可能性を否定した(56)。

ここから、国内物価の変動についても、景気変動という実体経済の拡大と収縮に即して積極的な分析するための糸口を見出すことができるようになった。銀行券発行量の増減は、トゥークやフラートンにとっては、「かかる物価の変動に先行するのではなく、反対にそれに追随する」ものにすぎない。それゆえ、「産業情勢のあらゆる変化」とは無関係に物価変動を説く〈通貨原理〉の貨幣数量説の誤りについて批判し、しかも景気や物価を左右する「商品需要の増大」について〈信用〉が如何に積極的な役割を果たしていたかを分析しうることになった(57)。物価の変動を、貨幣量の増減による「名目的」なものとしてではなく、商品の需給関係の変化に基づく「実質的」なものと理解し、景気の拡大・収縮の各局面における総需要と総供給の一時的な不均衡を反映するものと理解した。それゆえ、信用が投機的な在庫投資に用いられ、財貨を市場から隠匿して「需要供給の自然的過程を……撹乱」し、架空需要が価格の急激な騰貴を引き起こしたにしても、その財貨の高価格での売却に成功して還流が順調に行われる限りは、この「価格の騰貴は、名目的でなく実質的」だとした(58)。かくして、通貨学派のような名目的な物価変動論でもなければ、また資源配分の均衡を説く古典派の「自然価格論」とも違う、マクロ経済に実物的な効果をもたらすものとしての価格形成が論じられることになったのである。

ただトゥークの場合には、〈信用〉そのものの物価への影響については、これを積極的に考慮していない。「……需要の大小は流通する貨幣の総量に依存しないで、そのときどきの支出に向けられる地代、利潤、俸給および賃金という項目のもとに種々の階級の、金で評価された所得を構成する貨幣の分量に依存する」というにとどまっている(59)。「一般物価という名称のもとに本来入りうる唯一の価格たる貨幣価格の総和の規制的原理を構成するものは、ひとり地代、利潤、俸給および賃金の名目でそのときどきの支出にあてられる一国の種々な階級の所得を構成する貨幣の分量であるということ。生産費が供給の規制的原理であると同様に、消費のための支出に向けられる貨幣所得の総和は、需要の決定的にして規制的な原理である」という(60)。商人相互間の資本の流通では銀行券は必要ではなく、むしろほとんど用いられないが、商人と消費者との間の流通では鋳貨と銀行券が用いられるので、賃金を主要な要素とする諸階級の所得を構成する鋳貨と銀行券は能動的に物価に影響するとした。物価に影響を及ぼす要因としては、投資需要ではなく、消費需要を重視したのである。これは単なる貨幣数量説のバリュエーションというよりも、「消費支出に向けられる総貨幣所得が消費需要を規制する原則」を述べたものであり、商品の産出高と国民所得との関係のなかでマクロ的に物価水準の規定要因を明らかにしたといってよいものであろう(61)。その際、信用に支えられる投資需要の存在を看過したわけではないが、その大きさが将来の「期待収益」という不確実なものに依存する限りで、現在の物価水準を規定する要素として積極的に論ずるわけにはいかなかったものと思われる(62)。

ところでフラートンは、「貨幣融通（資本貸付）に対する需要」と「追加流通手段に対する需要」の区分に基づいて、銀行券の〈過剰発行〉の可能性についてはこれを否定しながらも、しかし〈過剰信用〉の可能性については、決してこれを否定しなかった(63)。〈通貨の過剰〉と〈信用の過剰〉とが区別されていたからである。ここに、債権・債務関係としての信用そのものと、それを示す証書にすぎない銀行券や商業手形とを区分する意味があった。そしてこの〈過剰信用〉こそ、好況の末期に「還流の規則性」が損なわれだしているにもかかわらず、二流三流の信用によって投機が続けられることにほかならず、結局は金融の破綻を招くことになると理解した(64)。もともと信用に基づいて提供される「資金は常にその需要を遥かに超過」しており、「流通の目的に適切な諸々の信用形態が常に疑いもなく氾濫していて、それは必要とされないから使用されないまでのこと」だとし、これらの資金が市場の要請によって新たな需要の創出のために供され、しかもその還流が滞ることになれば、それは〈過剰信用〉ということになるという。(65) したがって、こうした〈過剰信用〉は、通貨学派のいうように物価の上昇としてではなく、還流の遅滞に伴う利子率の上昇として現れることになることに、フラートンは明確に気がついていた。

かくしてフラートンは、金融危機を回避するための政府およびイングランド銀行の対応としては、提案されていたピールの「銀行条例」案では、いかなる解決も期待できないと主張した。「銀行券の発行高の調節によって地金の変則的な変動を修正せんとする通貨学派の全計画」も、もともと地金の流出入が国内物価や銀行券量とは無関係な「通貨の問題ではなく資本の問題」である以上は、実現できないものだという。信用という「この圧倒的な制御しがたい貨幣力……の前には、彼らが至大の関心を寄せているイングランド銀行券の二千万ポンドが相対的にその意義を失い、物価と為替の激変を矯正せんとする彼らのあらゆる脆弱な計算も、一たまりもなく吹き飛んでしまうに相違ないからである。(66)」フラートンにとって金融危機は、単にピールの「銀行条例」案によって回避できないというだけでなく、市場経済が信用を利用した投機を免れない限り不可避ないわば必要悪であり、やむを得ざる市場の調整機能としても捉えられていた。「……これらの恐るべき資本の破壊も、その実は、成長しすぎて膨れ上がった豊満状態にたいする自然にして必然的な矯正物―還元すれば現に組織されているようなイギリスの社会制度が、それによってその存立を脅かす絶え間なき過剰plethoraを一掃し、健全なる状態を取り戻しうる所の矯正力vismedicatrix以外のなにものでもない。(67)」と。

しかし、こうして「一般の熱狂を有効に阻止」し、「周期的な資本の破壊」を回避することは不可能にしても、ひとたび商業恐慌が勃発したときには、そうした巨額な投機に責任のない被害者というべき企業や大衆を救済するためには信用（滞貨融資）はむしろ拡大すべきであると、より良く「耐える」ための方策を提言している。[68] すなわち、かかる意味での「資本の貸付」のために、たとえイングランド銀行券の発行が一時的に増加したとしても、まもなく取引額は縮小するわけであるから、取引需要は減退して、いずれ還流することになるだろうという。彼らはただ、「地金の流出の各々の場合の処置は、その各々の場合の利害得失に応じて異なり、地金の流出を阻止せずにそのまま放任しておく程度や、前貸しの統制や、証券市場の管理などは、なんらかの一定不変の法則によって決定されるのではなくて、各々の場合におけるその原因とか事情とか見通しを充分に考慮して遂行されるべき広汎な自由裁量によって支配されるべきものと考える。[69]」これが「ピール条例」に対する〈銀行学派〉による批判の究極的な立場だったのである。

第4節　「通貨論争」とJ・S・ミル

オーバーストーンをはじめとする通貨学派が、イングランド銀行に機械的な「通貨管理」を要請したのは、信用通貨が流通する市場では、恣意的な銀行券の発行によって〈正貨—物価移動メカニズム〉が阻害され、金本位制の自己調整機構が十分に機能しないとの理解に基づいていた。彼らによれば、金融危機を伴う急激な物価上昇は、多くの場合、好況期の資金需要の増加に応じた安易な銀行券の増発によるものとされた。〈正貨‐物価移動メカニズム〉も、物価の上昇による貿易収支の悪化とそれに続く金の流出、物価の安定までに一定のタイム・ラグがあるため、すぐには作動せず、その間に銀行券の過剰発行が物価騰貴をいっそう増幅させ、それが原因となって金融が逼迫すると考えていた。[70] そこで彼らは、「貨幣価値」の安定には、兌換の他にも何らかの対応策が必要だとの認識に立って、金融制度改革を要請したのであった。「パーマー・ルール」から一八四四年の「ピール銀行条例」へ到る一連の改革は、こうした懸念から生れたものである。そこでさしあたり、ある限度を超える銀行券量の発行を、地金と交換される場合以外には、制度的に不可能な状態に制限しようとした。[71] それによって、地金の流入額を超える必要以上の物価上昇さえ抑制出来れば、その反動としての投機の破綻や、信用の支払い連鎖の中断も起きるはずがないと期待したからである。

このような通貨主義の主張が急激に台頭した背景には、一八二〇年代後半における長期の物価低迷の原因について、イングランド銀行が〈兌換の再開〉を誤った手段で実行したために「金の価値」を引き上げて世界同時不況を引き起こしたのだとする考え方が、広く世論の支持を集めていたことにあった。たしかに、ポンドの実力以上の水準での金本位への復帰は、多かれ少なかれデフレ政策を必要としたから、それが一八二五年恐慌後の不況に影響を与えたとする見解には賛同が得やすかった。そこで、かつては「地金論争」で敗北した〈地金主義〉も、リカードの権威に裏づけられた通貨学派として装いを新たに復興し、今や官許の学として次第に政界にその地歩を築くことになったのである。こうした世論のなかにあって、「トゥークこそこのような非難が不条理なものであるのを認識し、非貨幣的要因のタームを以ってする更に合理的な診断に近づいていった唯一の著名な著作家」であり、適切な提言をおこなった数少ない人物であった[72]。既に見たように、彼の『通貨原理の研究』における貨幣信用論は、単に銀行券にプラスして信用を通貨供給の補助的な手段として扱ったというだけにとどまらず、国民経済の自律的な景気変動に即した経済分析へと、理論的な進化を遂げていた。そして何よりもそれは、貨幣数量説への批判を足懸かりに、物価と国民経済の実物的な活動水準を決定する諸要因を明らかにしようとしていた点で、現代の貨幣的経済理論の先駆をなすものといってよい[73]。

J・S・ミルもまた、こうしたトゥークの影響の下に、まず金本位制については、通貨学派及び銀行学派と共通に、「貨幣価値」の安定という観点からこれを絶対的な前提としていた[74]。しかし、単なる兌換の維持というだけでは物価の変動は阻止出来ないだろうし、また仮に「貨幣数量」を統制できたとしても急激な物価の騰貴や下落を防止出来るものではないことを踏まえた上で、通貨の「永続的、平均的価値とその時々の変動」について再検討しようとした[75]。ミルは、一方で〈通貨の管理〉による金融恐慌の回避には限界を感じながら、しかし他方では、不断の経済変動による市場の混乱が避けられないにしても、せめてそれが深刻化するのを回避すべく、〈信用の管理〉の可能性と必要性を認めていたのである。

もともと貴金属本位制は、既に見たように、近代市場の成立期に自国経済を世界市場のグローバル・ネットワークに連繋させるため、通貨（為替）の対外価値（平価）を一定に固定する貨幣制度として生れたものであった。そして各国通貨の「金価値」（価格標準）は無制限な兌換の保証によって支えられなければならず、国内物価水準の動向とはかかわりなく、為替相場を公定平価の水準に固定しなければならなかった。そこにおいて金の対外流出入は、国際収支の不均衡をそのまま実物的に決済する仕組みであり、それによって為替相場の変動が抑止できたのである。通貨学派の、比例的な物価水準の変動によって国際収支の均衡まで達成できると想定した〈物価―正貨移動メカニズム〉の論理は、現実の国際金移動の実情とは異なり、その想定に無理があった。[76]更に、トゥークおよびフラートンが明らかにしてきたように、いくら銀行券の発行量だけを制限しても、〈預金通貨〉のみならず手形や小切手によっても代替できる限りは、〈通貨原理〉に基づく通貨管理も、景気の安定化のための方策としてほとんど実効性を持ち得なかったのである。

これを受けてJ・S・ミルもまた、反循環論的な市場均衡論（自然価格論）の枠組みを超えて、景気変動論の視点から貨幣と信用の問題を論じた。「物価のほとんどの騰貴あるいは下落を銀行券の発行高の膨張あるいは収縮の結果であると解釈」した〈通貨原理〉に対し、「通貨が金から成り立っているか、それとも紙幣から成り立っているかを問わず、その価値の変動を決定するものは、その数量ではなくて、信用の膨張および収縮である」と主張した。[77]そして「一八四四年の条例」にしたがって紙幣の量が変動したことでは、「これほど厳格な一致を強要されていない紙幣よりも、もっと激しい信用の反動を」もたらし、それによって逆に通貨価値の安定を損ねることになったとさえ指摘した。[78]すなわち、「…この法律の諸規定は、この場合、金が実際に到着しないうちは銀行券発行高の増加が生ずるのを許さないことによって、［信用の決済を―引用者］阻止してしまっているのである。けだし金が実際に到着するのは、恐慌の最悪の局面がすでに過ぎ去って、これに伴うほとんどすべての損失と破産とが完了してしまった後のことだからである。」（J. S. Mill. *Principles of Political Economy*, *with Some of Their Applications to Social Philosophy, Collected Works of John Stuart Mill, Vol.III*, University of Toronto Press ─以下、J. S. Mill, *Principles* と略記─ p.672. 末永茂喜訳、岩波文庫、(三) 四二一頁) と冷静に評価していた。

通貨制度に関してミルは、「一方では循環的圧力を緩和しながら、他方では長期的な通貨減価を回避するという極めて困難な課題」があることを認識していた。(79) ミルが〈通貨原理〉と「ピール条例」とに反対したのも、一九世紀の金融恐慌が単なる恣意的な銀行券の過剰発行の反動として発生したものなどではなく、むしろそうした理解こそ、予想収益と信用供与に支えられた投資の拡大という、国民経済の実物的な変動を伴う「真実の諸事情」から注意をそらすものではないかと指摘する。(80) もちろんミルは、「一八四四年の条例」の意義を全て否定していたわけではない。シュンペータもいうように、「兌換制下での過剰な銀行券発行についての通貨学派の関心をミルは却下したわけだが、これはただ〈平静〉期にだけ当てはまるものであった。というのは、ミルは、循環の投機的段階の後半における銀行券発行の〈能動的〉影響を強調したからである。したがって、ミルが通貨学派と一致する部分は大きかったのである。(81)」

すなわち、一八四四年の条例のもとでは、「投機的循環の上方転換点においてイングランド銀行に要求される発券の抑制は、循環の後退を遅らせないようにし、そうして後退の厳しさを緩和する」と、その限りでは「条例」には一定の効果があることを、ミルは次のように認めていた。(82)「……ブームの末期には、銀行貸出は投機のためには需要されないとしても、思惑に失敗したものが品物を持ちこたえるために多く需要される。……銀行券の流通高の著しい増加を記録するのは、この局面においてである。そしてわたしは、こうした銀行券の増大が、投機の期間を延長させる傾向があること、それはさもなければ投機が崩れ去るまで当分投機的価格を維持する可能性があり、したがって輸出向け貴金属流出を増加させるとともに長引かせると考えざるをえない。(83)」すなわち

「彼らが投機の貸し支えを自制していた場合よりは、反動が避けられなくなった後は、いっそう唐突に厳しく信用を収縮せざるをえなくなる」からであるというのである。

とはいえ、もともと〈通貨原理〉が意図したのは、そうした景気が反転した後からの過剰発行の抑制などではなかった。むしろ、そこに到る以前の「信用の投機的拡大を比較的早い時期のうちに、比較的少量の金の流出をもって、したがって比較的に温和で漸進的な過程によって押さえるという実際的目的」を持っていたにもかかわらず、それについて「条例」は効果がないと判断していたことになろう。[84]「ミルの見るところによれば、一八四四年条例にしたがって銀行部と発券部とを分離することは、そうでない場合に必要となるよりもはるかに大きな金準備を必要とさせ、割引率に不必要な上昇圧力を加える方策に他ならないものであった。[85]」そのうえ「一八四四年の条例は、ある一つの種類の商業恐慌（すなわち過剰投機によって生ずるもの）の最初の段階においては有益な作用をなすけれども、全体としては商業的反動の激しさを加重するものである。またこの条例によって、信用の収縮はより激しくなるばかりでなく、またはるかにより頻繁に起こるようにもなる。[86]」それゆえ、この「条例」の中で「通貨規制の方法について提案されている変更は、予測されているような利点を少しも伴わないであろう。過剰発行という危険を防止するということを意図する限りでは、提案されている変更は、妄想に基づく害悪に対して心配しているだけにすぎない。商業的な変動、すなわち〈高揚と沈滞の循環〉に伴う真の害悪については、提案されているような変更によっても、銀行券やその他の信用手段について用いられうるいかなる規制によっても、いかんともしがたいのである。[87]」そこで、ひとたび「恐慌が起こった場合には……それを緩和するという積極的な責任をイングランド銀行は負った」にもかかわらず、「条例」による発券の制限がそれを困難にしていたと指摘した。[88]そして、信用崩壊後のイングランド銀行の積極的な銀行券の発行については、金融パニックの激化を防ぐうえでも必要であると、その際の〈信用管理〉の意義を何よりも強調することになったのである。

「銀行による信用の大拡張というものは、すでに信用が膨張している…ときにはきわめて有害なものであるが、反対に崩壊がすでに勃発したとき、そして信用が過剰ではなくはなはだ欠乏して……いるときにはそれはきわめて有益なものである。[89]」また証言で次のようにもいう。「このような事情の下では、イングランド銀行はいくら銀行券を発行しても、害を与えることはありえない。なぜなら、人々が銀行券を欲するのは、それを自分の手許に置いておきたいからで、この増加した銀行券は決して流通には入って行かないからである。[90]」

ホランダーもまた、ミルと銀行学派との共通性について次のように指摘する。「信用制度は中央銀行の管理を必要とし、その管理は機械的ルールという事柄には還元できないということは、ヘンリ・ソーントン以来指摘されていたことである。そしてジョン・ヒックス卿が認めたように、ミルは〈ソーントンと同じ立場に［あり］、通貨管理を信頼している。〉」すなわち、「繁栄期の信用の過度の拡張を避けるだけで、恐慌がもたらす混乱は阻止されるだろうし、こうした混乱から生ずる沈滞も阻止されるだろう…」。そしてまた、不況期においては、この時期の流動性に対する需要増加を満たすために、むしろイングランド銀行は信用を拡張すべきことを積極的に主張していたと理解した。[91]ミルは、そもそも「銀行券の発行高は、需要の増加を見るのでなければ増加しえないのであるから、それは物価を引き上げえず、投機を奨励しえず、商業恐慌を引き起こしえない」という。それゆえ逆に、「……銀行券の発行高の人為的管理という方法によってこの弊害を防止しようという企ては、この企てが予期するところの目的にはまったく効果がない」と指摘した。[92]結局ミルは、市場それ自身に、信用を自律的に拡大・収縮するような内生的なメカニズムが作動しているとの理解にまで到達していたということになろう。

ミルによれば、銀行券発行量の増加は、利用可能な信用を引き出すための手段の一つにすぎず、そしてそれは物価上昇に伴う受動的な対応にすぎない。もしそれができなければ、ただ別の方法での信用の拡大を伴うだけだということになる。しかも銀行券の増発は、〈通貨原理〉の理解するところとは違って、一般には「投機のもっとも初期の段階」にはみられず、投機が比較的に進み「局面が一転する兆候を見せ」はじめて、商人たちが売り捌かないで持ちこたえるために初めて現れるという[93]。かかる意味でも、銀行券の増発は物価上昇の原因ではなく、結果にすぎないというのである。しかも、信用の拡大収縮は、単なる名目的な物価の変動としてではなく、国民経済の実物的な拡大収縮と深くかかわっていることにも着目し、こうした理解から事実上の貨幣数量説の放棄へと繋がっていった。そしてそれは、物価変動をはじめて景気循環の中に位置づけて分析しようとした、トゥークの実証的な研究に裏付けられたものでもあった。

シュンペータも言うように「その出発点においては、彼（ミル）は確かに定義した意味での厳格な数量説を明言しており、貨幣数量の変化は文字どおりその価値に対して〈厳密に等しいだけの比率で〉影響を与え、またかかる特質は〈貨幣に特有なものである〉とさえ主張した。（第三編第八章二項）ところが彼はこの章を結ぶにあたって、この厳格な数量説は、それにもかかわらず、現代の諸条件の下では〈極端に不正確な事実の表現〉であると語っている。この明らかな矛盾はこれを解決するのが容易である。第一、彼は数量命題の適用範囲を、鋳貨ならびに不換紙幣以外の支払手段を用いていない社会に制限した。〈信用〉の出現は、彼によれば、事態を根本的に変更する[94]。」

しかし、貨幣数量説の非現実性がこうした信用取引の存在によるものだけではないことをミルは理解していたのではないかと、シュンペータは次のようにもいう。「第二に、彼は更に進んで、純粋に金属貨幣のみが流通する場合についても、現実に流通する貨幣数量にのみ数量命題の妥当性を限定することによって、これを骨抜きにしてしまった[95]。」これは、取引のフロー量において貨幣数量の変動は、いかなる影響も及ぼさないことを既にミルが認めたことになると、次のように指摘する。「さらに、彼（ミル）が〈信用による〉……購入は、貨幣による購入と同じ影響を及ぼすことを認めたが……ミルの分析図式においては、〈一般物価〉に影響を与えるものは貨幣それ自体の数量ではなくして、実は単純に支出額であること、ならびにこの支出額は鋳貨もしくは紙幣の数量には必ずしも密接には関係していない、まして一義的に関係していないことを発見する。」すなわち「ジョン・スチュアート・ミルによる概念装置は、他のものが流通速度を経済的変数となすことによって到達したのと、同様な成果をあげていた。(96)」これはいうまでもなく、ミルにおけるマクロ経済分析の萌芽を指摘するものといってよかろう。

「物価に影響するものは、いかなる風に金融されると否とにかかわらず、支出額である。あらゆる種類およびあらゆる目的のための総支出額の範囲内で、家計による消費と投資のための支出額は、特に重要な地位を占める。〈かくてここで貨幣価格の最終の規制原理に到達する。〉すなわち、基本的に決定的な要因は〈地代、利子、給与、および賃銀…などの項目の下で、一国内の各種さまざまの階層の得る収入〉より成り立つ。他の言葉を持ってするならば、われわれは貨幣価値問題に対する〈所得による接近方法（income approach）〉なる結論に達することとなる。(97)」「しかしトゥークが書き残したままの状態では、それはその重要性を大いに減殺するような批判にさらされている。例えば、これらの収入が明らかに最終的な与件ではないこと、収入が物価を決定する程度には物価も収入を定めること、そして収入を生みだす諸要因の集合物の中に貨幣数量もその地位を持つこと等の批判、これである。(98)」この問題の解決は、結局のところ諸変数を、国民経済循環を構成する要素として位置づけることではじめて可能なのであり、それを不完全ながらもはじめて言及し、取引額のフロー量として扱ったのは、他ならぬＪ・Ｓ・ミルだったのである。

物価と通貨量の無関係について、ミルは次のようにいう。「私は、投機の昂進中は、そしてそれが商人と商人との間の取引に限られているあいだは、銀行券の発行高が著しく増加したり、それが投機的物価騰貴を助長したりすることはほとんどない……。」しかし「商人たちが製造業者たちに向かって投機的注文を発すると、それは製造業者たちを誘ってその操業を拡張させ、したがって銀行にたいして前貸しの増加を求めさせるが、……その一部分は賃金の支払いに支出され、小売業のさまざまな水路に流れ込んで、そこで物価をいっそう騰貴させる直接的効果をもつものとなる。(99)」ミルによれば、銀行券の増加が生ずる場合でさえ、一般的な購買力の増加を伴うとは限らず、そうなるためには、それが生産―所得―支出に対して作用を及ぼす場合だけだという。

「こうした所得全体は、個人的消費のためか、再生産のための購買に支出されることになっており、また実際にそうされる。国の全生産物と比べた貨幣所得の集計額が、たとえば商人と消費者との間での、一般物価を決定する。もし通貨が増発され、それが所得の集計額を増加させるならば、物価は上昇する。だがこうした条件は、……コストの減少によって生ずる金属の流入か不換紙幣の発行の増加のいずれかに基づくところの、国の貨幣量の永続的増加がなければ、満たされない。(100)」こうして、価格に影響を与えるのは、結局のところ、鋳貨や銀行券量「それ自体」ではなく、「それが適法であれそうでないものであれ、あらゆる信用の拡大が、それに比例して価格を上昇させる傾向があり、また、あらゆる信用の縮小が、それに等しい崩壊をもたらす。(101)」しかし他方では、好況期には、商人が思惑を実現するためには、まず帳簿信用に依存し、ついで商業手形を振り出し、それでも資金が不足すると手形の割引による〈預金通貨〉および銀行券の増発に依存する。そのため、信用の収縮の時期には、この序列に基づいて逆に作用し、銀行券の増減が物価に対して大きな影響力を行使することになるというのであった。(102)

こうしてミルは、『原理』執筆前のかなり早い時期から、価格に対して影響するのは決して銀行券などの〈支払のストック量〉の増減それ自体ではないと自覚していた。物価変動における信用の役割ついてのミルの考察は、シュンペータの言葉を借りれば、たんなる「信用の貨幣理論」にとどまらず、必然的に「貨幣の信用理論」

をもその中に含んだ、新たな〈所得の理論〉へと展開していくべきものだった。すなわちそれは、ただ単に信用取引が貨幣数量説を無意味にしたというだけの指摘ではなかったのである。[103] 多分にミルは、信用と景気循環についての分析を進めていくなかで、財やサービスの供給量を一定とした場合における〈貨幣の購買力〉の規定として〈物価の問題〉を抽象的に取り上げることの無意味さに気付いたのであろう。かくしてミルは、それまでの市場均衡を説くだけの「自然価格論」の枠を超えて、経済変動の不可避性を踏まえながら、競争以外にも市場の安定化に作用する制度的・慣習的な要件としての信用とその管理の必然性を説き、国民経済のマクロ的変動の分析とへ進む、重要な足懸かりを得ることができた。

第5節　J・S・ミルにおける信用・産出量・景気循環

J・S・ミルの時代、一八二〇年代頃にはほぼ産業革命を終結して比較優位に立ったイギリスは、国内的には、〈財・サービス市場〉と〈生産要素市場〉を統合する国民経済循環を形成し、また国際的には、ヨーロッパ周辺国及び新大陸、アジアをも巻き込む形でのグローバルな景気循環過程（経済成長軌道）の産業的・金融的な基軸国としての地位を確立していった。〈生産要素市場〉の成立によって自律的な国民経済循環（蓄積機構）を形成した〈産業資本主義〉の下で、購買力を形成して国民経済の産出量水準を変動させる要因としては、もはや貨幣ストックの多寡はその意義を失っており、所得や投資額など〈取引のフロー量〉を決定する要因がその役割を果たすようになっていた。(104) ミルも言及したように、期待収益への予想に導かれた企業の投資水準や、所得に支えられた消費者の消費水準によって支えられるようになっていたのである。(105)

市場取引をこの国民経済循環の中で捉えるならば、貨幣の〈流通量〉や〈流通速度〉はむしろフローの取引額の操作可能な従属変数となり、信用はもはや遊休資金の貸付けによる一方から他方への〈購買力の移転〉というだけにとどまらず、新たに〈信用創造〉（預金創造）といった「債務の貸付」によって、将来の所得形成を先取りしながら追加的に購買力を創出し、経済循環を実物的に拡大する為の不可欠な役割を果たすまでになっていた。そこで、もし一定期間内に形成される債権・債務の総額が実物経済から乖離して膨張するということになれば、それは返済が滞って信用システムを逼迫させているということであり、いずれは支払い手段を求めての急激な市場金利の高騰に見舞われることになる。[106] またこの信用システムは、グローバル経済からは相対的に独立しており、むしろ〈中央銀行〉を頂点とするピラミッド型の〈国民的組織〉として「準備の集中」を通じて国内での資金の融通と決済をスムーズに維持するだけでなく、金準備高の急変に対する効果的な緩衝装置としても機能するものであった。にもかかわらず、〈通貨原理〉およびそれに基づいた一八四四年の「ピール条例」は、金属準備量を国内銀行券発行量に直接にリンクさせようとして、こうした信用の果たす役割を無視しただけでなく、逆にそれを抑制しようとさえするものだったのである。

確かに、一九世紀のヨーロッパ各国の経済は、貴金属本位制を採用することで国際的に連動し、国内信用もその中に組み込まれて機能していた。金本位制という為替の〈固定平価〉制度は、当時の基軸国イギリスの経済成長に周辺国を連動させる為の恰好の貨幣・金融システムとして機能したのであり、かかるものとして二〇世紀初めまで主要各国において好意的に維持されていた。そこでは国際的な収支の不均衡も、金移動を通じて最終的に各国中央銀行のバランスシートにおける資金ポジションの変化に反映されることになり、それに機械的に対応するかそれとも裁量的に対応するか、あるいは発券量のコントロールによるか金利操作によるかの区別はともかくとして、それをそれぞれの国内金融がなんらかの形で受け止めざるを得ないことについては、〈通貨学派〉も〈銀行学派〉もそしてミルもまた、共通に了解していた。[107]

ただ、トゥー及びフラートンが指摘したように、銀行券発行量の「自動調整メカニズム」を国内金融のなかにビルト・インすることによっても、また裁量的な事前のイングランド銀行による金利操作によっても、決して通貨の国内価値（物価）を安定的にコントロールできるというものではなかった。J・S・ミルを含めて銀行学派はすでに、市場経済にとって景気のマクロ的変動は不可避なものと考えており、したがって国際金移動や物価の変動及び信用のメカニズムも、この景気循環のなかに位置づけて理解されるべきものと考えていた。物価水準が単純に財やサービスの供給量に比較した金保有高の国際的な不均衡に原因する現象ではないと批判し、しかも国際的に連動していた現実を踏まえて、通貨学派の素朴な〈正金配分の自動調節論〉の水準を克服していたのである。[108] シュンペータの言うように、通貨理論に関する「彼（ミル）の説はリカードとトゥークとのそれぞれの説の混合物」であり、ミルは両者の「欠陥」を修正しながら、他方で「両者の含んでいる真理を救うのに大いに努めた」[109]ということになろう。

J・S・ミルは、事実上は貨幣数量説を棄却しながら、トゥークにしたがって、貨幣価値に関する「所得による接近方法」(income approach) を採用し、物価に影響するものは、それが貨幣によるものか信用に支えられたものかに関わらず、一定期間のフローの支出額であると指摘している。トゥークの『物価史』での、景気と物価の変動に関する実証研究に基づいた、所得の大きさこそが「貨幣価格の最終の規制原理」だと結論づける所説には、〈国民経済の産出量水準〉の変動をも視野に収めたマクロ経済分析への糸口が示唆されており、ミルはその貨幣信用論の中でその議論を敷延させたといってよい。[110] またフラートンも、鋳貨や銀行券発行量などの〈支払のストック量〉が〈取引のフロー量〉とは直接には関係しないことを承知したうえで、むしろ信用によって形成される債権・債務の総額の大きさこそ、何よりも取引額に影響する事を理解していた。信用は、もはや単なる遊休貨幣の貸付－返済の関係にとどまらず、銀行を媒介にした手形の割引や債権・債務の振替等の取引の重層化を通じて、将来の債権・債務の相殺関係を予定した〈信用創造〉に基づく積極的な購買力の形成へと展開していくものだったからである。[111] ここからミルもまた、取引の大半が企業間信用と債権・債務の相殺関係によって存立している現実の市場経済をつぶさに見て、「銀行信用の本質は、貯蓄媒介にあるのではなく、信用創造にある」と、一歩踏み出すことになった。

国民経済の実物的成長の理論としては、すでにアダム・スミスが『諸国民の富』第二編第三章において、「一国の生産物を増加するには資本を増加することが必要である」と、「非生産的な消費」を戒め、節約（貯蓄）こそが財とサービスの「生産的消費」すなわち雇用の拡大によって、産出量の増加をもたらすことになるとして、貯蓄それ自身は所得のフローからの漏出、すなわち支出の抑制を意味しないことを明らかにしていた。こうしたスミスの〈資本蓄積論〉を、Ｊ・Ｂ・セイは「循環的フローモデル」に再構築し、「購買を実施する手段を供給するのは生産によって生み出される所得であり、これに対して貨幣は単に交換の媒介物として役だつにすぎない」と、古典派経済学の枠内で既にマクロ経済分析の枠組みを呈示していた。すなわち、所得フローの経済循環モデルに従って、〈貯蓄＝投資〉の命題を「セイの法則」（販路説）として定式化したのである。その意味では彼の「市場法則」（販路説）は、しばしば誤解されてきたような、貨幣の流通手段機能の一面しか見ていない素朴な過剰生産・過少消費の否定の理論などではなかった。

ただ、〈貯蓄＝投資〉となるような国民経済の活動（産出量）水準が如何に決まるかについては、セイはそれ以上は論じておらず、むしろアダム・スミスの方が経済成長率が平均的労働者一人当たりの労働生産性の上昇率と、プロセスに残る前年度の生産額の割合すなわち貯蓄率に依存することを明らかにしていた。この場合、〈貯蓄＝投資〉が産出高水準を決定するという意味では、支出（需要）がそれを決めるといっても、投資に基づく生産（供給）額が所得を決めるといっても、結局は同じ事の別表現にすぎなかった。その意味で、「セイの法則」を受け入れることと、経済変動に伴う産出高の増減を論ずることは、Ｊ・Ｓ・ミルおいて十分に両立していたということになろう[112]。

こうした視点に立ってミルは、「一般的な商品過剰」は、しばしばいわれてきたような需要の不足ではなく、景気の上方転換点における信用の崩壊に伴う再生産の一時的な停滞と混乱の結果にすぎないと、独自の〈信用循環論〉を展開することになった。馬渡尚憲によれば、ミルの「一般的な過剰生産はありえないが、一般的な商品過剰はありうるという立場は、一見奇妙であるが、これは、商業恐慌も〈周期的発生〉を認めるが、これを、周期的過剰生産からではなく周期的過剰信用から説くこととつながっていた。〈セイの法則〉による一般的過剰生産の否定論と、信用循環論としての商業恐慌論は、いわば裏と表の関係にあった(113)。「このようにミルは、供給は需要を生む、したがって一般的過剰生産はありえないということを、ただ、生産物を購入するのは生産物であるということよりもはるかに進んだ形で説いた。生産は所得を生み、所得は需要を生む、したがって供給は需要を生むという議論、さらにたちいって、所得中の貯蓄される部分は投資として支出され、追加労働者の消費支出になるという議論、またこれよりもさらにたちいって、貯蓄中自己資金として利用されない部分は貸付資金市場での利子率の変化により貸付資金の需要と供給の均等として、貯蓄・投資は均等するという議論から説いた(114)」ということになろう。

ところでミルが景気循環について、市場を動かすのは人間であり、それゆえ経済変動の動因として、何よりも市場参加者の心理を、すなわち〈予想〉や〈期待〉を重視したことに注目すべきであろう。その中で、情報収集のネットワークを持った専門的な投資家は価格動向を先読みして投機を開始するが、大多数の素人は表面的な指標だけから後追い的に投機を行うだけにすぎない。このずれこそが、急激な景気の過熱や、その反動としての収縮をもたらすのだという(115)。いずれにせよ、市場情報の不確実性や、それを判断する人間の不完全性こそが、経済変動の動因だと理解した。もともとミルは〈市場〉を、新古典派経済学のように完全競争状態のもとで価格が決定され均衡状態がもたらされる場としてではなく、非可逆的な歴史的時間の流れ中で市場参加者が所与の不完全な情報を一つひとつ確証しながら修正し、意思決定を行いながら学習していく、絶えざる不調和のプロセスとして理解していたからであろう(116)。

企業規模の拡大に伴う固定設備の比重の増大によって、需要の持続的な拡大や収縮に対応するため、更新投資にプラスして生産額の増減分の数倍に達する設備投資の急激な増加や縮小を余儀なくし、いわゆる〈加速度原理〉が作用するとすれば、それが実体経済にともすれば累積的な拡大や収縮をもたらすことになろう。そのなかで信用は、それ自身が景気変動の直接の原因ではないが、投機的な在庫投資を買いささえ、また急激な信用収縮によって支払い連鎖を中断させるなど、景気の波を増幅させる要因として副次的に機能し、場合によっては国民経済全般の機能不全をもたらすことにもなった。このような景気変動に伴う〈取引のフロー量〉の変動は、〈支払いのストック量〉の増減とは直接関係なく、むしろ圧倒的に信用供与の増減に左右される。それゆえ、「通貨論争」における〈銀行学派〉の貢献は、単に銀行券とその他の信用貨幣の無差別性を明らかにしたということにあるのではなかった。むしろ〈信用〉と〈信用通貨〉とを区別し、とりわけ購買力を形成して取引のフロー量を決定するものとしては、信用通貨ではなく、こうした信用（債権・債務関係）そのものにあることを明らかにしたことにあった(117)。

J・S・ミルもまた、投資とのかかわりにおいて、信用を次のように取り扱っている。「取引先に与えられる信用は、その時点で流通している銀行券もしくは鋳貨の数量に依存するのではなく、彼らの支払能力に対する意見に依存する。……そういう時期（金融逼迫）でさえ彼らが注目するのは金融市場の状況なのであって、銀行券の数量ではない。商人が信用を利用しようとする意欲は、期待収益、すなわちその商品の将来価格に関する意見に依存する(118)」。すなわち、「利益が得られるとの見通しが開かれ、商人たちが……自分の信用のほとんどすべてかの全部を使おうとする気になる全体的に確信の増す時期に、非常に大きく一般物価が上昇する」のは、信用の拡大によって商人や企業家たちの投機的な購買に火がついたからであり、それは「たとえ譲渡可能な債務証書（銀行券）がイギリスで存在しなくても発生した」であろうというのであった(119)。

ミルが『原理』の第三編第一二章第一項で、物価に影響するのは、「信用」そのものであって、銀行券、手形、および小切手などの「信用の形態」ではないと主張するとき、明確ではないがストックとフローの違いに気付いていたということができる。[120] ミルは、〈単なる貸付としての銀行の貸付〉は、支払のストック量の変化を伴って利子率には影響するが、物価に対してはそうでないという。しかし、〈通貨の創造〉としての銀行の貸付は、物価に影響するが利子率にはそうではないと、『原理』第三編二三章、四項で両者を区別した。「銀行券や手形や小切手は、そのものとしてはまったく物価に作用しない。物価に真に作用するものは〈信用〉である。そして信用がどのような形で与えられるか、また信用が流通界にいでうる譲渡可能な道具を作りだすかどうかという事は、問う所でないと。[121]」「単なる貸付としての銀行の貸付」が要請されるのは、とりわけ返済が滞りはじめた好況の末期であり、それが利子率の高騰を招くからであった。

「慣例的に多量の信用が授受されている商業状態においては、ある瞬間における一般物価は、貨幣の数量よりもむしろはるかにより多く信用の状態に依存している。というのは、信用というのは生産力ではないけれども、一個の購買力だからであり、かつ信用を有し、それを財貨の購入に利用する人は、現金を持ってそれと同じ額の購買をした場合と同じように、財貨にたいするそれだけの需要を創造し、それだけ物価を高める力を持っているからである。[122]」「人々が市場に出て行って、後日手に入ると期待する貨幣をもって購買する場合、彼らが取り出して使用しようとしている資金は、限りのある資金ではなくして、限りのない資金となる。投機がこのような支持を受けると、それは、他の商品の取引の正規の経過を阻害することなしに、いかに多数の商品についても行われうる。……この場合、たとえ貨幣の増加を見ず、紙券信用は存在せず、ただ単に帳簿信用による購買の拡張のみであったとしても、一切の物価ははなはだしく騰貴するであろう。しばらくすると、買入れをなしてきた人たちは売りたいと思うようになり、そして物価は崩落するであろう。[123]」

こうしてJ・S・ミルの景気循環論は、投資による国富の増進のプロセスを積極的に論じた限りでは、むしろスミス蓄積論の正統な系譜の上に位置づけられるものでもあった。そしてそれは、経済恐慌を銀行券の過剰発行に支えられた物価の名目的な上昇とその崩壊による一時的なパニックと見る〈通貨原理〉とは異なり、経済循環の拡大のプロセスにおいて生じた調整局面での派生的な現象とみなした。[124]すなわち市場経済は、高度に組織化された重層的な信用制度によって賄われる帳簿上の金融資産の形成（信用創造）によって投機を助長することになり、支払のストック量の乗数倍の取引額を実現することになることを踏まえた上で、いかに発券量の管理によって景気の拡大局面での過剰信用を事前に回避しようとしても限界があり、突然の信用収縮はしばしば信用崩壊を招くことを承知していたからである。こうした信用膨張および収縮の制御不能性は、いかにそれが中央銀行を軸に組織化されていようと免れ得ない、貨幣市場の自律的な変動に基づくものなのである。[125]しかもそれは、個々の金融機関の利潤追求を目的にした積極的な信用（預金創造）の拡大と、景気下降期における資産保全の為の信用収縮とにかかっていた。

〈中央銀行〉を頂点にして構築された重層的な「国民的信用体系」は、さまざまな信用貨幣の流通を伴いながら債権債務の相殺関係に迂回路をつくることで、支払いのストック量の数倍にのぼる購買力を市場に付与することができる。こうして、近代市場においては、企業間取引は信用取引がむしろ一般的となり、それは急激な物価の上昇や下落がない限りは、急激な膨張も支払い連鎖の中断も伴わず、相殺と還流によって安定的に推移するものであった。信用は、特にインターバンク市場での信用創造によって、貨幣や銀行券、手形の流通量に数倍する取引額を形成するが、事後的に支払が完了することで相殺されており、ミルがいうように決して無から有が生み出されているわけではない。[126]単に購買と所得形成の間の時間の前後関係の逆転があるにすぎず、事後的な支払さえスムーズに行われておればすべて順調に処理され、〈実需〉に支えられた正当な取引だったということになる。そしてそのためには、予定された価格での販売の実現が、何よりも要請されるのであった。ところが、しばしば円滑な取引のために要請される水準を超えて、在庫投資があらゆる分野にわたって投機的になされるようになると、いずれ貸付けられた資金の還流が遅滞し、それによる投げ売りの開始は、価格の暴落によって所得の形成が実現されないまま支払だけを強要される事態を招くのである。

こうして「信用循環」の一局面に組み入れられる商業恐慌が、J・S・ミルにとっては、実物経済の長期にわたる持続的な成長過程の中での、投機的な信用膨張に対する一時的な金融調整局面に過ぎないものとして取り扱われていたことは評価すべきであろう。そもそも経済変動は、名目的な物価変動などではなく、国民経済の実物的な拡大‐収縮のプロセスであり、信用もまた、単に資本配分の効率性を説くだけの古典派経済学の「自然価格論」の枠を超えて、こうした景気循環や企業の投資活動とのかかわりに即して取り扱われなければならないものだった。アダム・スミス以降一八七〇年代までの古典派経済学の理論的枠組みの中で、この景気循環と信用のメカニズムについて、本格的に体系的な分析を行ったのは、おそらくこのJ・S・ミルとK・マルクスの二人だけといってよい。そこでミルは、さしあたり市場の状態を「平静状態」と「期待的または投機的状態」とにわけて、それぞれにおける信用の役割や物価、利子率の動きを詳細に検討したのである。(127) 推測するに、何事につけ諸理論の総合化を志向するミルにおいては、資源配分と所得の分配にかかわる「自然価格の理論」を市場にとって一般的な「平静状態」の理論として位置付けることで、「期待的または投機的状態」及びその後の商業恐慌に関する〈貨幣と信用の理論〉との接合が、十分に可能と考えられていたのではなかろうか。

こうして、国民経済の産出量水準の拡大と収縮を伴う経済変動を論じることは、ただ総需要と総供給との一致の必然性を論ずる〈セイの法則〉を受け入れるか否かというだけの問題でもなければ、貨幣の流通手段と支払手段とを区分することだけで簡単に処理出来る問題でもなかった。まして〈経済恐慌〉について、それが単なる通貨価値の変動によるものだと理解し、単純に銀行券発行の量的コントロールだけで好況末期の通貨膨張の危険性を、それゆえ好況末期の金融危機そのものを取り除きうると考えた〈通貨学派〉の論理は、経済変動の問題について、貨幣数量説を用いて古典派経済学の〈価値と価格理論〉の中に解消してしまうものでしかなかった。これと異なりトゥークやフラートン、そしてミルやマルクスの叙述の中に、萌芽的にではあるが、国民経済の産出量水準を左右する諸要因についての考察が見られたが、しかし所詮は所得フローの分析の枠組みを持たない古典派経済学の制約を抜け切れず、〈信用と恐慌の理論〉という範囲内で補足的にしか論じることはできなかったのである。(128)

注

(1) Ricardo, *Economical and Secure Currency*, IV, p.58, p.68.（前掲訳、六八頁、八〇―八一頁）

(2) Thornton, *Paper Credit*, p.254.

(3) アダム・スミスは市場の秩序と安定を、ヒュームの影響の下に〈同感の原理〉に基づく共通のルールの形成に求めていた。経済は、利己心に基づいて生命の自己保存をはかるだけの活動ではなく、「正義のルール」という社会慣習的領域にも関わることを明らかにしていた。「見えざる手」を、もっぱら市場の資源配分の最適化に即して論じた所に、「アダム・スミス問題」に陥った原因があった。猪木武徳『経済思想』岩波書店、一一―一七頁、。鈴木信雄『アダム・スミスの知識＝社会哲学』名古屋大学出版会、二二三―二三五頁。

(4) Ricardo, *The Price of Gold, Three Contributions to The Morning Chronicle*, 1809, III, pp.15-16.（前掲訳、一七―一八頁）

(5) 貨幣数量によって規定される物価の変動は、金生産部門の利潤率の変動が金の供給量を左右し、金生産部門にも均等な利潤率を保証する水準に収束するという、〈物価安定化の抽象的メカニズム〉が想定されていた。こうした金本位制の理解は、リカードのみならず、労働価値論に立つマルクス経済学においても共通している。

(6) ヒックスもまた次のように誤りを指摘する。「貨幣制度をあたかも金属貨幣制度のように扱うか、ないし金属貨幣制度の型に押し込めることができるかのように扱おうとするとき、リカードは過去をふりかえっていたのである。彼の思考の基礎となっている貨幣制度は、既に彼の時代に過去のものとなっていた。」（Hicks, *Critical Essays in Monetary Theory*, p.164. 前掲訳、二二三頁）

（7） Ricardo, *Principles*, I, p.352.（前掲訳、四〇四頁）

（8） リカードは長期の均衡条件を労働価値論に求め、短期の物価変動を数量説で説明したのであり、「長期の均衡条件」として貨幣数量説が成り立つとしたヒュームとは異なっていた。野口旭氏は、「リカードは、経済システムというものを、時間によって分節化された摂動系としてとらえているということができる。……そのような分節化は、短期における市場均衡、長期における自然均衡、さらに超長期のおける定常均衡という三つの異なった時間的視野における均衡概念を軸にして行われているのである。」（平井・深貝編『市場社会の検証』ミネルヴァ書房、八八頁）と指摘する。

（9） Ricardo, *Principles*, I, p.352.（前掲訳、四〇四頁）

（10） Ricardo, *Letters on The Bullion Report*, III, p.150. 前掲訳、一七九頁。

（11） Ricardo, *Plan for the Establishment of a National Bank*, IV, p.271. 前掲訳、三二五頁。

（12） このブームは、地方銀行による少額銀行券の発行に支えられた過大な信用に拍車をかけられ、イングランド銀行もまた蓄積した巨額の金準備を積極的に運用すべく、東インド会社をはじめとする商社に信用を拡張したことから、イギリスの産業は高揚をきわめ、物価も数カ月のあいだに急騰して、一八二五年七月頃にはそのピークに達した。投機的な在庫投資によって、原材料価格が製品価格よりもはるかに高騰し、とくに投機の対象になった綿花価格の上昇が激しかった。Tooke, *A History of Prices, and of the State of the Circulation, from 1793 to 1837*, vol.2, p.157. 藤塚知義訳、第二巻、一四七頁—以下、*A History of Prices* と略記）。一八二五年恐慌については、毛利健三「一八二五年恐慌とイギリス綿工業」（東京大学『社会科学研究』第一七巻、第六号、一九六六）を参照。

（13） この信用崩壊において、地方銀行および地方銀行券に対する信任が失われ、金を求めて取付けが発生し、毎日一五万ポンドにおよぶソヴリン金貨の鋳造にもかかわらず、またたくまに国内に吸い取られた。イングランド銀行の急激な金準備の低下も、こうして国内流出によるものだった。一八二五年一二月にロンドンのもっとも大きな銀行の一つであるポール銀行が閉鎖され、それが連鎖的に波及するに至って、イングランド銀行は引締政策を徹回し、大量のイングランド銀行券の発行に踏み切った。その結果、イングランド銀行による無条件の手形割引や、手形担保での巨額な貸出によって、イギリスの信用秩序もしだいに回復しはじめ、倒産件数が減少するとともに、地方銀行券に代位するためこれまで流出していた金貨もイングランド銀行に還流しはじめた。（Clapham, *The Bank of England*, II, pp.99-101. 前掲訳、一〇七—一〇九頁）

（14） 一八二二年の「条例」によって、イングランド銀行が少額券の回収にそなえて蓄積してきた巨額の準備金を有利に運用すべく、バンク・レートの引き下げや、東インド会社への一五〇万ポンドの融通など、急激に信用の拡大を図ったことが、その直接の引き金になった。キングはこの一八二二年の政府の取った措置について、明らかに判断の誤りであったと指摘する。(W. T. C. King, *History of the London Discount Market*, 1936. 藤沢正也訳『ロンドン割引市場史』、四七頁)

(15) 一八二六年の条例によってイングランド銀行が全国各地に支店網を張りめぐらすことになり、地方銀行も割引勘定を設定して、資金運用の安全性を確保できたことから、ここにイングランド銀行の「銀行の銀行」としての地位が容認され、共存の道が開かれるようになった。(Clapham, *The Bank of England*, II, pp.113-114. 前掲訳、一二二―一二三頁) フェヴヤーは、「イングランド銀行自身による科学的な［通貨］管理の発展の歴史が始まるのはこのときである。」という。(Feavearyear, *The Pound Sterling*. p.242. 前掲訳、二五八頁)

(16) 「イングランド銀行は……いまだに商業手形の割引において他のロンドンの諸銀行やビル・ブローカーと直接に競争していた。それは普通の商業銀行としての地位を放棄したことは一度もなかった。」(Feavearyear, *The Pound Sterling*. p.242. 前掲訳、二五八頁)「同行は第一義的には、いまだに他の銀行家たちと競争している利潤追求企業だったのである。その業務はいまだに私的なものであり、業務に関する情報［の秘密］は理事たちによって細心に守られていた。」(*ibid*., p.245. 前掲訳、二六一頁)

(17) 「現行法のもとにおいては、彼らはいかなる拘束をも受けることなく、彼らが適当と考える程度において通貨を増減する権能を有しているのであるが、しかしこの権能は本来は国家自身に対しても、また、国家内のいかなる団体に対しても委ねられてはならないものなのである。なぜならば、通貨の増減がもっぱら発行者の意志いかんに依存しているときには、通貨の価値の不変性のための保証はまったく存在しないからである。」(Ricardo, *Economical and Secure Currency*, IV, p.69. 前掲訳、八一頁)

(18) 一八二七年にイングランド銀行の理事であったW・ウォードが提出した「銀行券発行量の変動が為替相場に影響を及ぼさない」との、従来の基本的立場の変更を要請する動議が可決されたのを受けて、それまでのイングランド銀行の運営の中心になっていたJ・ハーマンが引退した。そして総裁になったパーマーは、ウォードの支持のもとに、為替相場および地金の運動に注視して発券量を規制すべきであるとの新しい方針を打ち出したのである。(Fearvearyear, *The Pound Sterling*. pp.246-247. 前掲訳、二六二頁)

(19) 利子率と銀行券発行量との間に因果関係を認めることは、銀行券を信用の問題とは切り離して取り扱おうとする、リカードおよび通貨学派の意図に反するからであった。発券量と利子率が本来無関係であるというよりも、割引市場の動向と関係なく発券量を管理したいというものである。その際、利子をもっぱら利潤の二次的な所得として扱い、その大きさも利潤率に規定されるとする古典派経済学の分配論の論理構成は、貨幣市場の需給関係の分析を捨象するうえで好都合であった。(W・T・

C・キング『ロンドン割引市場史』前掲訳、一〇二―一〇三頁）

(20)　一八三六年恐慌および一八三九年金融恐慌についての詳細な分析は、さしあたり、J. W. Gilbert, *A Practical Treaties on Banking, p.68. Gilbert, An Inquiry into the Causes of the Pressure on the Money Market during the Year 1839*, pp.253-254. 馬渡尚憲「景気循環過程―一八三〇年代における―」（鈴木鴻一郎編『恐慌史』日本評論社）

(21)　リカード自身は『国立銀行設立試案』で銀行業務と発行業務を提起したとき、必ずしも明確に過剰発行の抑制の手段として論じていたわけではない。この草稿が一八二三年七月から八月にかけて書かれたものであり、まだナポレオン戦争後の長期不況の影響のなかで、政府証券を償還して国庫負担金の軽減をはかり国民の税負担を軽減することが主たる目的であって、パーマーや通貨学派のような投機の抑制とは異なる意図で提起されたものである。(Ricardo, *National Bank*, IV. pp.282-283. 前掲訳、三三九―三四〇頁）

(22)　「しかし（一八三九年の―引用者）恐慌の結果惹起された困窮は、銀行券の発行を正しく調整する方法についての論争を必然的に復活させ、商業銀行組織の健全性に関する疑惑を新たにした。……イングランド銀行の信用政策が放漫であるという疑惑は、銀行券の発行統制の問題と絡み合っていた。そして同行に対する非難を別とすれば、多くの批判は商業銀行の再割引の慣行に向けられていた。」（W・T・C・キング『ロンドン割引市場史』前掲訳、一二八頁）

(23)　「イングランド銀行が商業銀行として自由に活動し、出資者のために利潤を稼ぐ権利があるという問題は、いつでも激しい論争の的であった。しかし同行の特殊な立場を認めた者のなかでさえ、イングランド銀行の商業銀行としての自由が、銀行券発行の安全性と交換性を維持する義務にまさる何ものかによって制約されていると示唆したものは殆どなかった。」（W・T・C・キング、『ロンドン割引市場史』前掲訳、一三五頁）

(24)　Ricardo, *National Bank*, IV, p.276. 前掲訳、三三二頁。

(25)　「……一八三六年から三九年に直面した苦難によって、再び次の二つの重要な問題に注意が向けられることになった。即ち一般的には銀行業の過剰と特殊的には手形信用の濫用をふせぐこと、及びイングランド銀行による〈健全な〉信用統制を確保することである。…だが不幸にしてそれは当時の多くの経済学者や銀行家によって、専ら通貨統制の問題であると解され、銀行券さえ適当に調整されれば、小切手や手形の形式をとった信用も自ら管理されるという意見が支配的であった。これは…むなしい期待であった。」（W. T. C. King. 前掲訳、一三四頁）

(26)　Clapham, *The Bank of England*, II, p.125.（前掲訳、一三五頁）Andreades, *A History of the Bank of England*. p.257. 前掲訳、三四二頁。

(27) 一八三三年から一八三九年まで、実際には、証券保有額は一定に維持されることなく、増加するがままに任されていた。その理由は、地方銀行に発券を放棄させる代償として、これら地方銀行に特別に低い利子率でイングランド銀行において割引をする権利を与えたことがある。（W. T. C. King. 前掲訳、一〇四頁）しかし、割引市場への参入を制約されたイングランド銀行にとって、確定利付き証券は資産の有利な対象であり、その比重を上げることは経営上必要であった。ここに、「所得を生み出す資産〈証券〉の安定性と、現金比率の安定性という二つの相容れないものを調和」させなければならないイングランド銀行のジレンマがあった。（Clapham, *The Bank of England*, p.164. 前掲訳、一七九頁）

(28) 「パーマー・ルール」は、結果的には、「ピール条例」よりもはるかに弾力的な通貨調整をしていた。「つまり中央銀行が債務の対応的変動なしに安全裡にその準備金の増減を許容できる場合があるし、準備金の変動よりも大なる程度に（あるいは逆方向にさえ）債務の変動が必要とされる場合もあるのである。」（Feavearyear, *Pound Sterling*, p.257. 前掲訳、二七三頁）こうしてフェヴァーは、信用の「ラスト・リゾート」としてのイングランド銀行の地位を容認していたことでは、「疑いもなくパーマーは、一八四四年法の起草者たちよりも貨幣市場のただしい諸原理についてははるかにすぐれた理解を有していた」（*ibid.*, p.249. 前掲訳、二六五頁）と評価する。

(29) Feavearyear, *The Pound Sterling*, p.249. 前掲訳、二六五頁。こうして、パーマーが「通貨の拡張や収縮に銀行は積極的に働きかけるべきではなく、公衆をして通貨に働きかけさせよとも考えている」ことについて、渡辺佐平は「兌換停止期の古い考え方を全く捨て切れずに継承している」と評するが、むしろリカード的調整メカニズムを想定していたといえるのではないか。（渡辺佐平、『「地金論争」・「通貨論争」の研究』、法政大学出版局、一六八頁）

(30) Overstone, *Reflections suggested by a Perusal of Mr. J. Horseley Palmer, s Pamphlet on the Causes and Consequences of the Pressure on the Money Market*, n J. R. McCulloch (ed.), *Tract and Other Publications on Metallic and Paper Currency*. Augustus M.Kelley Publishers, p.9. 以下、*Reflections* と略記。

(31) *ibid.*, pp.9-10.

(32) Tooke, *An Inquiry into the Currency Principle*, 1844, reprinted by The London School of Economics and Political Science, 1959, p.6. 玉野井芳郎訳『通貨原理の研究』世界古典文庫、三九頁。—以下、*Currency Principle* と略記。

(33) Feavearyear, *op.cit.*, p.258.（前掲訳、二七四頁）

(34) *ibid.*, p.258.（前掲訳、二七四頁）

(35) *ibid.*, pp.263-264.（前掲訳、二七九頁）

(36) Overstone, *Reflections*, p.31.
(37) *ibid.*, p.10.
(38) *ibid.*, p.11.
(39) 通貨原理に基づく銀行券管理だけでは必ずしも景気変動を解消することにはならず、限界があることについて、オーバーストーンは次のように指摘した。「よく管理された通貨にしても、熱狂と行き過ぎた取引の発生を阻止することは出来ない。また、その必然的な結果として、商業的不況や窮迫を避けることも出来ない。しかし管理された通貨は、経済のそうした循環の頻度を減少させ、勃発の急激さを抑制して、そうした不幸の制限に有効に作用する。」(Overstone, *op.cit.*, pp.119-120.)
(40) ピール条例についてマルクスは、「サー・ロバート・ピールの非常にほめそやされた銀行法は、平常の時期には少しも作用せず、困難な時期には、商業恐慌の結果生ずる貨幣パニックに、法によって作り出された貨幣パニックを付け加えるのであり、そして、この法律のたてまえからすれば法律の有効な効果が始まるはずのまさにその瞬間に、法律は政府の介入によって停止されねばならないのである」。(ニューヨーク・トリビューン、一八五七年一一月二一日付記事)
(41) Andreades, *op.cit.*, p.283.（前掲訳、三七七頁）
(42) Feavearyear, *op.cit.*, p.278.（前掲訳、二九四頁）
(43) *ibid.*, p.282.（前掲訳、二九八頁）
(44) 「一八四四年に、パーマーの政策を棄てることによって、イングランド銀行がその時期の混乱を助長したと、当時の批評家たちも最近の批評家たちも主張した。パーマーの政策を棄てたことによってどれほど混乱を助長したかをいうことは困難ではあるが、おそらく同行は混乱を助長したであろう。(Clapham, *op.cit.*, p.192, 211.)
(45) Feavearyear, *op.cit.*, pp.274-275.（前掲訳、二九一頁）
(46) Fullarton, *Regulation*, pp.208-209.（前掲訳、二五七―二五八頁）Tooke, *Currency Principle*, p.60.（前掲訳、一一四頁。）
(47) Tooke, Currency Principle, p.105.（前掲訳、一六九頁）
(48) J. Fullarton, *On the Regulation of the Currencies*, 1845, reprinted by Augustus M. Kelly Publishers, 1969, p.118. 福田長三訳『通貨論』岩波文庫、二〇頁。―以下、Regulationと略記。トゥークの場合には固定相場の問題としてでなく、もっぱら商品としての金地金の価値の安定性を指摘するだけにとどまった。(Tooke, *Currency Principle*, p.13. 前掲訳、四九頁) それゆえ、「地金派の一部と同様に、銀行主義者は兌換可能性を回復すれば過剰な紙幣発行は止まり、国際収支を長期均衡状態に保つことが可能である、と考えた。」(Deane, *op.cit.*, pp.53-54. 前掲訳、九五頁)

(49)「なるほど、通貨学派の原理によれば、正貨の流出は、それが妨害されなければ常に自動的に回復する。……しかしながら、この通貨原理は二つの詭弁の上に打ち立てられている。すなわちその一つは、物価が銀行券の流通高の伸縮によって支配されているという点であり、その二は、適度の物価の下落は、海外に市場を切り開く必要条件であるという点である。」(Fullarton. *Regulation*. p.137. 前掲訳、一七二—一七三頁)またトゥークは、通貨と地金(ストック)を区分するとすれば、地金移動は必ずしも物価の比例的な変動を伴わないという。「すなわち、完全な金属流通の下においても、地金の輸出および輸入において、短期間内に少なくとも五〇〇—六〇〇万ポンドに達する変動がときおり起こりうるであろうが、それは公衆の手許で貨幣として流通する鋳貨の分量または鋳貨の価値とは全然無関係であり、また一般物価がかかる変動の原因でなかったとまったく同様に、諸商品の一般物価の上に全然影響を及ぼさないであろう、ということである。」(Tooke. *Currency Principle*. pp.13-14. 前掲訳、四九—五〇頁)

(50) Tooke. *Currency Principle*. p.123.(前掲訳、一八九頁)

(51) Fullarton. *Regulation*. pp.124-128.(前掲訳、一六三頁)

(52)「利子率にたいするこのような操作の根拠は、それがある場合には処分しうる資本を不足せしめ、また他の場合にはこれを諸外国へ押しつけるということにある。かかる方法による地金の注入および押し出しの効果は確実である。」(Tooke. *Currency Principle*. pp.102-103. 前掲訳、一六七頁)「外国証券の価格は金利の変動につれて騰落し、したがって証券自体は市場金利の高い場所から低い場所にたえず移動するから、金利の変動は、為替の調節のための重要な手段となり、しかもその作用の及ぶ範囲内では、対外支払いを容易にし、貴金属の分配の不規則性を矯正する点で、確かに物価の変動よりもはるかに制御しやすく安全な手段であった。」(Fullarton. *Regulation*. p.149. 前掲訳、一八七頁)

(53) Fullarton. *Regulation*. pp.36-37.(前掲訳、六〇頁)

(54) Fullarton. *Regulation*. p.45.(前掲訳、六九頁。)また、次のようにもいう。「イングランド銀行が資本を貸付けるにあたって、慣用している手段としては、その約束手形以外にはない。したがってその銀行券を拒否すれば、融資を拒否することになる。しかし、融資が認められてしまえば、万事が市場の必要に順応してしまい、貸付けは残存し、通貨は必要なくば発行者のもとに復帰する」。(Fullarton. *Regulation*. pp.97-98. 前掲訳、一二八頁)

(55)「これら流通信用の諸形態を観察すべき真の光明は、我々が、それらの流通信用をそれ自身貨幣としてではなく、むしろ貨幣力の一要素として理解するとき、すなわち、各人が突発的事情のためその援助を必要とし、かつそれと引換えに提供すべき等価物をもち、あるいは抵当に入れるべき担保を持つ場合には、各人が自由に支配しうる潜在的通貨のつきるところなき資金としてそれを理解するときに、初めて得られるであろう。」(Fullarton, *Regulation*, p.44. 前掲訳、六八頁)

(56)「これ（政府紙幣）に反して、銀行券は受領者側の要求以外には断じて発行されない。すなわち新金貨や新慣習的紙幣は、支払手段とされることによって市場に投げ込まれるが、銀行券は、貸付以外には決して発行されず、貸付が満期になれば、同額の銀行券は常に必ず銀行に還流する。だから銀行券は決してその過剰によって市場を塞ぎ市場の動きを妨げることも、またそれを処分せんとする人々をして値引きしても支払いに使用するように誘うことも決してありえない。」(Fullarton, *Regulation*, p.64. 前掲訳、九〇頁）トゥークが、社会の需要を超えて発行された銀行券は、①預金、②貸付の返済、③兌換請求の三通りの仕方で還流するとしたのに対して、フラートンはとくに、そのなかでも預金や返済における「還流の規則性」を重視し、これこそが何よりも「国内通貨の偉大な調節原理」だという。(Fullarton, *Regulation*, p.64. 前掲訳、九〇頁)

(57) Fullarton, *Regulation*, pp.101-102.（前掲訳、一三二頁）景気変動過程での信用の購買力の創出については、信用（預金）創造を可能にするような信用の重層的な組織についての分析が要請されるが、これについては竹内晴夫「貨幣と信用の機構」（伊藤・小幡編『市場経済の学史的検討』社会評論社、一九九三年）を参照。

(58) Fullarton, *Regulation*, p.59.（前掲訳、八四―八五頁）トゥークおよびフラートンの物価変動論についての詳細な検討としては、清水敦『貨幣と経済』（昭和堂、一九九七年）を参照。

(59) Tooke, *Currency Principle*, p.71. 前掲訳、一二八頁。トゥークが「動揺がいかにあるにしても、騰落の落ち着く点と平均価格を決定するのは、生産費と正常の消費量にたいする供給の比率とであろう」(Tooke, A History of Prices, p.222. 前掲訳、第二巻、二〇七頁）と、一般物価の長期均衡水準を、生産費の関数としての供給量と所得の関数としての需要量との関係から求めようとした。

(60) Tooke, *Currency Principle*, p.123.（前掲訳、一八九頁）

(61) Tooke, *A History of Prices*, Vol.3, p.276.（前掲訳、二五六頁）

(62) トゥークは投資が総需要に及ぼす影響を看過していたわけではなかった。むしろ、資本の需給の過不足を利子率の変動にかかわらしめて理解し、「利益の見込みが動機を与え、買手の信用が購買力を構成する」とも指摘した。(Tooke, *Currency Principle*, p.73. 前掲訳、一三〇頁）ただ投資需要が利子率だけではその大きさが決定されず、期待される収益の大きさにも依存すると的確に指摘している。(Tooke, *Currency Principle*, p.79. 前掲訳、一三六―一三七頁)

(63) Fullarton, *Regulation*, p.97.（前掲訳、一二七頁）

(64)「イギリスにおける売買取引のほとんど全部が、本来の意味での貨幣の媒介を受けずに銀行券以外の他の信用手段によって処理されているということが事実であるなら、……銀行券のごとき流通信用の総量のうちで比較的微々たる部分…の自由な供給に余計な干渉をあえてし、これらの売買やそれに引き起こされる価値の変動を統制しようとしても、望みなき企てである……。」(Fullarton, *Regulation*, p.51. 前掲訳、七六頁)

(65) *ibid.*, pp.46-47.(前掲訳、七一頁)

(66) *ibid.*, p.32.(前掲訳、五四頁)

(67) *ibid.*, p.172.(前掲訳、二一四頁)これに対して、フェヴァーは「これ(通貨主義)に反対する教説の大きな欠陥は、信用状態や物価水準の激烈な変動にたいしてどのような救済の望みをもあたえなかったということにあった。」「しかし市場に活気があり、投機が猛威をふるっているときには、銀行が投機を野放しにすれば、金流出の訂正的効果が感知される以前に物価の全般的騰貴が起こりうるということ、そしてそのようなときには、中和的影響力を行使することは中央銀行や他の諸銀行の力の範囲内にあるということには疑いの余地がない。……銀行理論の最大の誤りはこのことを否定した点にあった。」(Feavearyear, *op.cit.*, p.269. 前掲訳、二八五頁)

(68) Fullarton, *Regulation*, p.163. 前掲訳、二〇四頁。たしかに、投機に基づく地金の流出には、市場金利を引き上げる事が「信用に激動も与えず、また商業事情も混乱せしめずに、金流出を立派に阻止する」(*ibid.*, p.166. 前掲訳、二〇九頁)もっとも有効な手だてであるという。しかし、こうした金利政策が有効な政策であるにしても、それによって、「全社会機構を即座に革新し、物価と利潤を恒久的に同一水準に維持」できるわけではない。

(69) Fullarton, *Regulation*, p.227.(前掲訳、二七九頁)

(70) そのタイム・ラグの原因を、ミルは信用に求めたのである。「いやしくも銀行が引き続き前貸しを継続することによって不当に膨張した信用がなお維持されている限り、物価も下落しなければ利子も騰貴しないであろう。」(J. S. Mill, *Principles*, p.669. 前掲訳、四一四頁)

(71) 「こうした害悪を避けるためには、…彼らの見解では兌換以上にさらになにものかが必要である。彼らのいう救済策とは、これ以上発行を増加することは、地金と交換される場合を除いては……法的に不可能な状態に発行業者を服させることである。こうした工夫によって、紙幣の恣意的な増大が防止される。(J. S. Mill, *The Currency Question*, *Collected Works*, Vol.IV—以下、*Question* と略記—、p.346.)

(72) Schumpeter, *History of Economic Analysis*, George Allen and Unwin Ltd. p.694. 東畑精一訳『経済分析の歴史』、一四五四頁。

(73) トゥークおよびフラートンの数量説批判は、貴金属鋳貨すなわち「それ自身価値あるすべての通貨」については数量説の妥当性を認めるものの、「信用に基づく通貨」については、それが「社会的需要によってのみ調節される」という特性（還流の法則）をもつがゆえに妥当しないと、両者を区別するものであった。（Fullarton, *Regulation*, p.63. 前掲訳、八九頁）

(74)「各国の政府は、貨幣の価値をその供給を通じて人為的に調節しようとするこのような試みにおいて、決して自ら意図した程度の成功を収めなかった……。／けれども私たちは人為的調節の制度を仮定すべきではなくて、自由の制度をここに仮定すべきである。このような状態においては、そして貨幣の鋳造に手数料が徴収されないとすれば、貨幣の価値はその材料である地金の価値に一致するであろう。」（J. S. Mill, *Principles*, pp.517-518. 前掲訳（3）、一三一―一三三頁）

(75) J. S. Mill, *Principles*, pp.666-667. 前掲訳（3）、四〇九頁。

(76) 実際、「彼（トゥーク）の研究によれば、……過去半世紀間において金の流出を伴った為替の暴落は、すべて流通手段の比較的低位な状態と一致し、その反対の場合は反対の結果になっていたというのである。」（Fullarton *Regulation* p.121. 前掲訳、一五六頁。またミルも、「…貴金属の輸出というものは、通貨あるいは信用に影響を与える原因からではなくして、単純に諸商品に対する市場の状況あるいはある種の非商業的な事情から生ずる、対外的支払の異例的な拡大から生ずることが少なくない。」（J. S. Mill, *Principles*, p.673. 前掲訳（3）、四二二頁）

(77) J. S. Mill, *Principles*, p.667. 前掲訳（3）、四一〇頁。

(78) J. S. Mill, *Principles*, p.667. 前掲訳（3）、四一〇頁。

(79) Hollander, *Classical Economics*, Blackwell, 1987, pp.307-308.

(80)「これらの人たちは、このような、通貨が価格変動の第一次的な要因であるとする固定観念に誤られて、かの供給の予想に影響を与えることにより、ほとんどすべての投機と、ほとんどすべての価格変動に対する真の原因になるところの、数多くの事情に目を閉ざしてしまった…。」（J. S. Mill, *Principles*, p.661. 前掲訳（3）、四〇〇頁）

(81) Hollander, *Classical Economics*, p.307.

(82) J. S. Mill, *Principles*, p.670. 前掲訳（3）、四一五―四一六頁。ミルは、フラートンと同じように、景気変動を近代の市場経済にとって不可避で制御不能な経済現象と考え、それに対する裁量的な金融政策の有効性については、それを緩和する効果は否定しないものの、基本的には否定的な立場に立っていた。信用の拡大に助長された過剰投機からの反落に際に通貨供給を増大することは、それが一般の信用の収縮によっていずれ生ずるものであり、発券量の増加によって一時的に妨げようとしても、かえってその反動を激化することになりかねないという。（J. S. Mill, *Principles*, p.669. 前掲訳、（3）四一四頁）

(83) J. S. Mill, *Principles*, p.664. 前掲訳（3）、四〇六頁。

(84) J. S. Mill, *Principles*, p.667. 前掲訳（3）、四一〇頁。
(85) Hollander, *Classical Economics*, p.304.
(86) J. S. Mill, *Principles*, p.682. 前掲訳（3）、四三四頁。
(87) J. S. Mill, *Question*, p.360.
(88) 「……恐慌を予防する手段としてこの（信用の）制限を維持し、そして恐慌を緩和するためにこれを緩和するということは、あながち不合理なことではない。」(J. S. Mill, *Principles*, p.672. 前掲訳（3）、四二一頁)
(89) J. S. Mill, *Collected Works*, V, p.529.
(90) Hollander, *Classical Economics*, p.306.
(91) J. S. Mill, *Principles*, p.662. 前掲訳（3）、四〇一頁。
(92) J. S. Mill, *Principles*, p.549. 前掲訳（3）、一九二頁。
(93) 「銀行券の発行高は、需要の増加を見なければ増加しえないのであるから、それは物価を引き上げえず、投機を奨励しえず、商業恐慌を引き起こしえない。」(J. S. Mill, *Principles*, p.662. 前掲訳（3）、四〇一頁）それゆえ、「銀行券の発行高の人為的管理という方法によってこの弊害を防止しようという企ては、この企てが予期する所の目的には全く効果がない」（同上）という。
(94) Schumpeter, *op.cit.*, p.704. 前掲訳、一四七六頁。
(95) Schumpeter, *op.cit.*, p.704. 前掲訳、一四七六頁。ミルは次のようにいう。「国内にある貨幣の数量がどれほどであっても、物価に影響するのは、そのうち商品市場に入り込んで、実際に財貨と交換される部分のみであろう。」(J. S. Mill, *Principles*, pp.514-515. 前掲訳（3）、一二七頁）そしてそれは、「彼が持っている貨幣と彼の信用を合計した総額」(J. S. Mill, *Principles*, p.540. 前掲訳（3）、一七五頁）であると。
(96) Schumpeter, *op.cit.*, p.705. 前掲訳、一四七七頁。ミルが「物価は明らかに貨幣に依存するものではなくて、購買に依存するものである」(J. S. Mill, *Principles*, p.552. 前掲訳（3）、一九九頁）というとき、それは単に貨幣量に信用通貨の流通量をプラスした額というのではなく、一定期間における取引のフロー量を考えていた。信用と信用貨幣とを区別した意味も実はここにあった。
(97) Schumpeter, *op.cit.*, p.710. 前掲訳、一四八七頁。
(98) Schumpeter, *op.cit.*, p.710. 前掲訳、一四八七頁。

(99) J. S. Mill, *Principles*, p.664. 前掲訳（3）、四〇五頁。
(100) J. S. Mill, *Question*, p.352.
(101) J. S. Mill, *Question*, p.355.
(102) ミルは銀行券の増減が物価変動に及ぼす効果が、手形流通量や、さらには帳簿信用の額の変動よりも大きいことを認めながらも、しかし「…投機的購買というものは、実際問題として、多くの場合銀行券や手形を持ってはなされないで、ほとんどもっぱら帳簿信用を持ってなされ」、「したがって銀行券やその他の移転可能な紙券の増加は、その大部分は騰貴を伴いそれを容易にするものではなく、主として局面が一転しつつあるとき、困難が感じられはじめたときに、現れるものである。」（J. S. Mill, *Principles*, pp.546-547. 前掲訳（3）、一八八―一八九頁）という。
(103) Schumpeter, *op.cit.*, p.717.（前掲訳、一五〇四頁）
(104) 所得分析による貨幣数量説の克服は、次のミルの叙述においてすでに見られた。「こうした所得全体は、個人の消費のためか再生産のための購買に支出される。国の全生産物と比較した貨幣所得の集計額が、例えば商人と消費者とのあいだでの、一般物価を決定する。」（J. S. Mill, *Question*, p.352.）また、「……労働の雇用主に対して増加した発行高が融資される…場合には、そうした支出が継続している限りはその額だけ、社会の集計的貨幣所得（the aggregate money income of the community）が増加し、したがってそれに対応して物価が上昇する事が認められなければならない。」（*ibid.*）
(105) 「商業界の人たちの、その信用の全部または大部分を購買力として使用することにより、諸商品にたいする彼らの需要を増加させようとする志向は、その人たちの利潤に対する見込み如何によって決定される。」（J. S. Mill, *Principles*, p.540. 前掲訳（3）、一七六頁）これもまた、「購買力をはたらかす動機に対する制限は、利益を伴う再販売の見込みである」（Tooke, *Currency Principles*, p.79. 前掲訳、一三七頁）との、トゥークの示唆によるものとおもわれる。
(106) 利子についても、「利子率は貨幣の多寡によって支配されるのではなく、貨幣以外の資本が過大か過少かによって決定される」としたリカード分配論の限界を越え、ミルはそれが相対的な貨幣の需要と供給によって変動するものであることに基づいて、すでにヴィクセル以前に、「銀行システムによる利子率を通じた貨幣的影響と資本の利潤率を通じた〈実物的〉影響を総合する試み」（Ph. Dean, *op.cit.*, p.53. 前掲訳、九四頁）を行った。
(107) 「物価が銀行券の流通高の伸縮によって支配される」とした〈通貨原理〉に対して、トゥーク及びフラートンは、「イングランド銀行が物価を強力に左右し、しかも金の流出を逆行せしめる力さえ持っている事は否みがたい、とはいえ、それは銀行券の発行高の制限によってではなく、信用に対して強力に働きかけることによってである」（Fullarton, *Regulation*, p.148. 前掲訳、一八五頁）と指摘した。

(108) フラートンは、「為替の騰貴と金の流入をもたらす同一の事情は、その反面に国内産業の活況や生産と消費の規模の増大や貨幣の使用と需要との増大に必要な一切の状態が現存していることを一般に物語っている」（Fullarton, *Regulation*, pp.126-128. 前掲訳、一六三頁）と、景気変動を視野に入れて、貨幣的要素の実物的効果を指摘する。

(109) Schumpeter, *op.cit.*, p.710. 前掲訳、一四八八頁。

(110) 「一般物価という名称のもとに本来はいりうる唯一の価格である貨幣価格の総和の規制原理を構成するものは、ひとり地代、利潤、俸給および賃金の名目でその時々の支出にあてられる一国の種々の階級の所得を構成する貨幣の分量である。」（Tooke, *Currency Principles*, p.123. 前掲訳、一八九頁）

(111) 「発券、非発券という形態の違いこそあれ、銀行業務は、預金銀行業務を基盤としており、銀行信用の本質が信用創造であることが理解されるならば、銀行券発行も〈創造された預金〉としてあらわれる与えられた銀行信用が引き出されるひとつの形態にすぎない」。「…かくて、われわれは地方銀行の当座勘定保有者への前貸し、手形割引が勘定への払込み、当座勘定の設定、預金の創造という形態をとり、与えられた銀行信用は小切手による預金の振替または勘定からの引出しによって受取られることを確認することができるであろう。」（楊枝嗣郎『イギリス信用貨幣史研究』九州大学出版会、一一四―一四五頁）

(112) 貯蓄が投資であることについて、「これらの人たちはその貯蓄をもって何をなすか。生産的に投資する、すなわち労働を雇用することに支出する。」（J. S. Mill, *Principles*, p.573. 前掲訳（3）、二三八頁）と明確に理解していた。また「セイの法則」についてミルは、次のように支持し、シスモンディを批判した。「……シスモンディのように、商業恐慌というものは生産の一般的過剰の結果であると考えるのは、大きな誤りである。それは、たんに投機的購買の過剰から生ずる結果に過ぎない。」（J. S. Mill, *Principles*, p.574. 前掲訳（3）、二四〇頁）

(113) 馬渡尚憲『J・S・ミルの経済学』御茶の水書房、三〇九頁。

(114) 同上書、三一三頁。

(115) ミルがいうように、「この（期待的または投機的）状態に対しては、トゥック氏やフラートン氏の理論が妥当するということが、それほど明確ではない。」（J. S. Mill, *Principles*, p.663. 前掲訳（3）、四〇四頁）むしろ、還流の法則によって過剰信用の可能性に否定的であったことでは、スミスやソーントンの水準にすらとどまる事ができず「銀行制限時代のイングランド銀行の理事たちの地点と大差ないところまで自分たちの議論を逆戻りさせてしまった」（Feavearyear, *op.cit.*, p.268. 前掲訳、二八四頁）。

(116) ミルは、功利主義への懐疑によって、自分の利害だけを追求する独立した個人の単純集合として市場を見るような方法的個人主義からは、すでに決別していた。そこには、市場を単なる排他的な弱肉強食の淘汰の場として捉えるのではなく、個々人のコンセンサスを共存のルールへと制度化するような合意形成の場として捉える、現代的視点があったとさえいえる。（大田・八木・鈴木他編『経済思想史』名古屋大学出版会、九九頁）

(117) 「ロンドン手形交換所屋その他の銀行間で行われる振替と相殺の便宜をつうじて、貨幣の仲介や小切手以外の信用の流通手段の助けもなしに処理される取引総量が…銀行券の支払によって処理される取引量を著しく陵駕している。」(Fullarton. *Regulation*, p.45.　前掲訳六九頁）トゥークにおいては、銀行券とその他の信用通貨の無差別性を主張するだけで、信用取引における債権債務の形成についての詳細な言及はなかった。

(118) J. S. Mill. *Principles*, p.554.　前掲訳（3）、二〇三頁。

(119) すでにソーントンは、「信用機構それ自体の論理の範囲内において且つまた兌換の可能性の如何と離れて、物価に対してインフレーション的上昇を引き起こすようになる限度を超えて銀行信用が膨張するのを防ぐ何の制約もないこと、また〈健全な銀行業務の実践〉、すなわち立派な担保に対してのみ貸付けるかもしくは第一級の商業手形のみを割引することは、豪もかかる制約となるものではない。」(Schumpeter. *op.cit.*, p.721.　前掲訳、一五一二頁）と、信用恐慌の可能性を指摘していた。

(120) 近代市場での貨幣と信用の取り扱いについてシュンペータは次のように指摘する。「しかし論理的にいえば、現実社会の信用取引に到達するために、鋳貨―現実論に譲歩して、鋳貨にさらに不換政府紙幣を付け足す場合でさえ―から出発するのが、果たしてもっとも有効な方法であるか否かは決して明瞭ではない。〈それよりも〉まず最初にこれらの信用取引から出発して、資本主義金融をもって、債権債務を相殺しその差額を繰り越してゆく手形決済制度と見る―従って〈貨幣〉による支払いは、一つの特殊な場合にすぎず、なんら特別の基本的重要性を持つものでなくなる―のが、もっと有効な方法であるかもしれない。」(Schumpeter. *op.cit.*, p.717.　前掲訳、一五〇四頁）

(121) J. S. Mill. *Principles*, pp.538-539.　前掲訳、一七二頁。

(122) J. S. Mill. *Principles*, p.530.　前掲訳、一五六頁。

(123) J. S. Mill. *Principles*, p.541.　前掲訳、一七八頁。

(124) すでにソーントンは、「信用機構それ自体の論理の範囲内において且つまた兌換の可能性の如何と離れて、物価に対してインフレーション的上昇を引き起こすようになる限度を超えて銀行信用が膨張するのを防ぐ何の制約もないこと、また〈健全な銀行業務の実践〉、すなわち立派な担保に対してのみ貸付けるかもしくは第一級の商業手形のみを割引することは、豪もかかる制約となるものではない。」(Schumpeter, *op.cit.*, p.721. 前掲訳、一五一二頁)と、信用恐慌の可能性を指摘していた。

(125) シュンペータによれば、「貸付の膨張は、……貨幣所得を増大し、従って財貨とサービスとに関する需要関数……を引き上げるから、従って増加した借入金の一つ一つの波は事後的には、新ためて借入金自体を〈増すのを〉是認する傾向を持ち、更にかかる貸付の増大は……期待された利潤率以下の利子率で貸付金が提供されることによって促進されるからである。」(Schumpeter, *op.cit.*, p.717. 前掲訳、一五〇四頁)

(126) 「それは、無から或ものを創造しうるものではないのである。…だいたい信用は他人の資本を使用することに対する許可にすぎないものである…。」(J. S. Mill, *Principles*, p.525. 前掲訳(3)、一五〇頁)

(127) J. S. Mill, *Principles*, pp.662-665. 前掲訳(3)、四〇二—四〇七頁。

(128) 古典派経済学の方法論の枠の中で、所得フロー循環の分析を行った例外的事例は、K・マルクスの『資本論』第二巻第三編「社会的総資本の再生産と流通」における、いわゆる「再生産表式分析」であろう。しかしそれは「資本回転」を持ち込んだだけで国民経済循環の理論たりえず、必ずしも経済成長と経済変動の理論となるものではなかった。それゆえ、宇野弘蔵もそのマルクス経済学において、別途「資本の蓄積」と周期的な「恐慌の必然性」について、一九世紀の現実の景気循環過程を持ち込むことによって論じなければならなかったのではなかろうか。(『宇野弘蔵著作集』第五巻、岩波書店。)

第7章　古典的金本位制と貨幣の経済思想

第1節　「ヨーロッパ世界経済」と本位制度

貴金属（鋳貨）本位制度は、近世から近代にかけてヨーロッパ各地の局地的市場が連繋され、各国通貨（単位）の換算レートが要請されていく中で、いわば自然発生的に制度化された近代固有の貨幣システムである。すなわち、古くから〈地域通貨〉として流通していた各国の貴金属鋳貨に含まれる金属重量を基準に、それぞれの通貨単位（貨幣名称）の交換レートが慣習的に定まっていくなかで制度化されたものである。それは鋳貨に含まれる金及び銀といった貴金属の地金が、古くから貿易の支払いに用いられる〈商品〉であり、すなわち「世界貨幣」として機能していたことによるものであろう。こうした世界史的背景について、黒田明伸は次のように指摘する。「……十六世紀に登場する西欧を中枢とする世界経済は、境界を利用するシステムとして現れる。それは地域間兌換性と地域流動性の間を制御する本位制という制度をともなった。」すなわち貴金属本位制度は、近世から近代初頭にかけての幼年期の資本主義のグローバリズムに機縁していた。もともとそれぞれの局地的市場圏において地域的流動性として受領され流通していた〈地域通貨〉が、各国経済が貿易と金融のグローバル・ネットワークの中に統合される過程で、いわば外部から銀や金とリンクされ、西欧地域に相次いで貴金属本位制度を確立させていったのである。それによって、各国独自の旧来からの価格の計算単位に、金や銀の一定重量という〈グローバル・スタンダード〉を与え、各国の為替レートを一定の比率に固定する手段として機能するようになっていった。

これまでの貨幣史研究によって、一三世紀頃までは〈手交貨幣〉としては銭貨の使用が一般的で、金銀貨のような地域間決済に適した通貨を持たなかった東アジアと、逆に地域流動性に適した銅貨の流通がせいぜい都市に極めて限定され、地域流動性がむしろ穀物や布などの「商品貨幣」や信用に担われることが多かった地中海・西欧の通貨制度との間で、「棲み分け」がなされていたことが明らかにされている。本位制度が成立する以前の西欧においては、金銀はいまだ〈貨幣〉というよりも、きわめて流動性の高い資産（Treasure）として蓄えられていたという方がむしろ適切であった。複数の機能を同時に果たす近代貨幣とは異なり、流通手段として用いられる手交通貨と、資産保有の手段として用いられる貴金属や宝石などは、それぞれ用途によって区別されて用いられていた。[2] しかも、「……中世末から近世初期にかけての西欧では、日常取引において、貨幣はもっぱら計算単位unit of account として現れ、実体としては信用取引か商品貨幣によっていたことが窺われる。つまり、西欧社会はきわめて手交通貨の日常使用を節約する志向をもった市場経済であったのである。[3]」東アジアで古くから用いられた〈銭貨〉場合は、その形状や刻印に基づき、自然発生的な「法的共同体」の範囲内での暗黙の了解によって受容されていたものといってよい。しばしば誤解されるように、権力による強制や貴金属との兌換がそれら低品位の小額通貨の流通を支えていたわけではなく、その基礎はあくまで「地域市場にストックされた商品全体の有する販売可能性」にあり、また「ただの木片や紙切れにすぎないものを通貨として流通させたのは、ただただ町の人々が共有した緩い合意」に他ならなかった。[4] したがって、市場での豊富な財の取引を速やかに遂行するため、それを受容することへの人々の合意さえあれば、いかなるものでも〈地域通貨〉として流通し得たのである。かかる意味で、確かに貨幣それ自体は生まれながらに〈象徴的存在〉だったということになる。

これとは異なり、近代の貴金属貨幣は、系譜からいえば「商品貨幣」に属するものであり、ヨーロッパ世界市場の形成期に諸通貨を連繫し、地域流動性を超えて広く受容されるようになって、地域間兌換性によって近世以降急速に普及し流通し始めたものである。しかも商人たちの投機的活動が莫大な商業的利益を生み出すようになると、高い流動性と安定した価値保全性を備えた資産として、それに最も適した貴金属が世界商業の担い手たちに広く受容されていったのであろう。限られた範囲の〈地域的通貨圏〉は、東西にまたがるモンゴル帝国の出現などに促された遠隔地間交易の飛躍的拡大や、一五七〇年代以降急速に拡大した中南米産の銀の世界的流通の拡大とともに、次第に崩れていくこととなった(5)。それに代わって一六世紀に登場したヨーロッパを中心とする世界経済システムは、貴金属とりわけ銀の流通を媒介に、東西各地の都市や農村の地域市場を統合・再編成し、財市場と生産要素市場を一つのグローバルな経済循環の中に結びつけながら、持続的で価格弾力的な財の供給体制としての「ヨーロッパ世界経済」を確立していったのである。それは他方で、それに対応する「地域間兌換性と地域流動性の間を制御する」通貨システムとしての、いわゆる〈本位制度〉を要請することになった(6)。このように近代の貴金属本位制度は、それぞれの〈局地的市場〉における多様な通貨の流通を徐々に淘汰するなかで生まれたものとはいえ、それらを始めから一元的に統合するものとして制度化されたわけではない。さしあたり、それぞれの〈地域流動性〉を賄っていた銭貨や貝貨、領主の権能に基づいて鋳造された銀貨、さらには木片や紙貨などの様々な〈地域通貨〉を並存させながら、それらを外部から連繫させるものとして、〈グローバル・スタンダード〉としての機能を果たしていったのである。

こうした貴金属本位制度の成立によって、貨幣が象徴的存在として受容されるものから素材価値に基づいて受容されるものになったという意味では、いわば「貨幣の商品化」に他ならないが、諸通貨の〈価格標準〉に本位貴金属の一定重量というグローバル・スタンダードを与えただけにはとどまらなかった。保管に適したその素材に裏づけられて、貴金属貨幣の流通は、鋳造と溶解を繰り返されながらヨーロッパ各地の商業的地域に偏在し、金利をめぐって自律的に運動するような豊富な金融資産を集積することにもなったからである。富裕な商人及び金融業者たちは、独占によってリスクをヘッジしながらそれらを投機的に運用していくなかで、先進的商業地域に〈生産要素市場〉の一つとしての貨幣（資本）市場を形成していった。ブローデルも指摘するように、彼らによる〈金融寡頭支配〉抜きには、市場経済からの〈資本主義の成立〉はなかった。その意味で貴金属本位制度の成立は、市民革命による近代的所有権の確立（土地の商品化）、および近代的労働市場すなわち無産階級の形成（労働力の商品化）などと並び、自己完結的で価格弾力的な供給体制を確立することによって、自律的な運動を展開する〈資本主義世界経済〉へと展開していくことになったのである。(7)

このように歴史的事実としても金銀は決して「生まれながらに貨幣」だったわけではなく、貨幣もまた生まれながらに貴金属だったわけではない。貴金属素材それ自体が貨幣として機能するようになったのは、こうして本位制度が確立した比較的最近の近代初頭にかけてのヨーロッパにおいてであり、当初は各国通貨の単位と購買力を通約する手段（素材）が必要とされたからにすぎない。金や銀がその普遍的な受容性によって各国通貨の単位を連携する格好の素材だったからであるが、次第にまたジョン・ロックも指摘したように、世界商業の発展に伴う〈富の集積〉のなかで蓄えられた資産価値を安定して維持し保管するための手段としても、貴金属は格好な素材だった。(8)これらの金や銀などの貴金属ストックは、一六、一七世紀の世界市場形成期に、主に新大陸から大量にスペインポルトガルを経てヨーロッパに流入したものであるが、しばしばヨーロッパ各国の経済に撹乱的な影響を与えるものであった。ひとたび採掘された貴金属は、あるときは退蔵されて通貨の不足とデフレの原因に、あるときは市場に流れて過剰流動性として投機の原因となり、自己調整的な市場にとっては、制御不能な撹乱要因以外の何ものでもなかった。こうした中で、G・マリーンズやT・グレッシャムらの重金主義（取引差額主義）の経済思想は、貴金属本位制度の確立すなわち固定平価の維持にとって不可欠な十分な量の本位貴金属ストックを確保しなければならないという歴史的背景と要請の中から生まれたものであり、一定の合理性と必然性をもっていた。

一七、一八世紀においては、すでに各国で流通していた鋳貨に含まれる金・銀の純量によって、各国の通貨単位の交換レートがいわば慣習的に確定されていたにすぎず、「貨幣法」の制定等によって各国で正式に〈価格標準〉が法制化されるまでは、市場の拡大に伴う貴金属の不足の為にしばしば鋳貨の量目の変更（貶質）が行われ、その度に為替相場と物価の変動を免れ得なかった。そこで、市民革命を経て近代国家の下で貨幣制度も整備され、〈価格標準〉が法制化されるようになると、今度は〈平価〉を維持するために、各国通貨当局は、金銀の産出量の動向とは関係なく、「鋳造価格」での無制限の貴金属の買い入れと売却を義務づけられることになった。かくして、自由鋳造制が完全に維持される限りでは、それ以降の物価の変動はもはや〈価格標準〉の動揺とは無関係に、もっぱら景気とそれに伴う財・サービスに対する需給の動向に左右されるものになっていった。

更にまた、近代初頭のヨーロッパにおける「生産要素市場」の成立、すなわち土地と労働と資本（貨幣）の「商品化」によって、自律的に拡大と収縮を繰り返す「ヨーロッパ世界経済」（近代資本主義）が確立すると、国内に豊富な貴金属鉱山を持たないヨーロッパ各国では、貨幣価値の維持に必要な量の貴金属ストックを確保し、国際収支の動向に左右されるその不確実な変動を可能な限り制御して為替の安定化を図ることが、新たに通貨当局に義務付けられる不可避の課題となった。すなわち一方で、本位貨幣としての金地金について、その市場価格を「鋳造価格」の水準に維持して為替相場を固定するための対外的な支払い準備に充当し、他方で地域内流通については、むしろ積極的に代替通貨や信用などで賄うことで対応しなければならなくなっていた。そこでヨーロッパ各地の商業集積地では、商業手形を利用した取引が一般的に普及し、それを取り扱う金融機関として銀行やビル・ブローカー等が多く輩出されることになったのである。

貴金属貨幣を本位とする通貨システムの採用による国際的な連繋（国際金本位制の確立）は、グローバルな蓄積循環を形成していった近代ヨーロッパの資本主義世界経済にとって不可避であり、また必要でもあった。自らに成長の原動力を持たない周辺地域の後進各国の国民経済にとって、産業的基軸国であるイギリスとの国際分業のうちに自らを組み込むこと以外に、近代化・産業化へのテイク・オフと持続的成長実現の可能性を持ち得なかったからである。そしてそれら後進諸国は、明治維新後の近代日本がそうであったように、本位制度を制定し固定平価を維持することで、世界の経済成長における基軸国であったイギリスとの安定した貿易を維持し、産業的に成長することができたのである。しかし他面で、「……固定相場の設定は、中枢国側からの資本投下を促進することにはなるが、いっぽうでそれまでは地域流動性が処理していた貨幣需給の季節逼迫を、地球規模で同調させてしまう危険性を秘めていた。国際金本位制という地域間兌換性を極限にまで高めた体制は、やがて世界恐慌という形で、高すぎた兌換性の付けを払わされることになる。(9)」すなわち固定相場に基づく〈景気の国際的同調性〉によって、逆に景気の後退局面で物価の下落や金融危機までもが〈輸入〉されることにもなり、早くはトゥークの『物価史』によって実証され、そしてまたヌルクセや西村閑也が指摘してきたように、事実は、〈物価―正貨移動メカニズム〉による自己調整機能という通貨主義の予定調和的な仮説と全く相反するものだったのである。(10)

にもかかわらず、貴金属貨幣だけを一般化して理解するリカードや〈通貨学派〉は、こうした近代の貴金属本位制度すなわち貨幣の貴金属化（商品化）の特殊な歴史的背景を必ずしも十分に踏まえたものではなかった。しかもこの貴金属本位制度は、各国通貨の対外価値を一定に維持することを主たる目的に採用されていった通貨制度であり、もともと本位鋳貨の流通それ自体は本質的な事柄ではなく、その役割は〈価格標準の安定〉と〈対外的な支払い準備〉にあり、市場の必要とする通貨供給については、その弾力性を確保するためにかなり早い段階から預金通貨や銀行券等の信用通貨による補完を不可欠なものであったことを理解しなかった。その〈価格標準の安定〉は、自由鋳造制のもとで金銀「鋳造価格」での買い入れと売却が無制限に行われ、また鋳貨の溶解や鋳貨の形態での海外への輸出や輸入が自由であり、更には「最軽量目規定」等によって不完全鋳貨の流通が排除されて、本位金属の「二重価格制」や当初の金銀複本位制の下での〈公定比価〉からの〈市場比価〉の乖離が制度的にブロックされることによってのみ可能なのである。貴金属本位制度と本位鋳貨の流通は、必ずしもリカードや通貨学派が期待したように、そこに何らかの市場の調整機能が働いて、その安定をもたらすわけではなかった。こうして貴金属本位制度は、各国にとって〈価格標準〉と為替相場（平価）の安定性を保証するものではあっても、市場や物価の安定を保証するものではなく、むしろ景気の国際的連動を媒介して、債権・債務関係の調整局面ではしばしば金融危機をもたらす不安定要素にもなった。

もともと金銀が貨幣財として利用されるようになったのは、その耐久的な素材によって財産を安全に保有する手段としてであったが、銀行制度が整備されていくなかで、むしろ債権で資産を保有したほうが安全性の上からも便利になり、金銀そのものは一定量の本位貨幣の鋳造を除いて、大半は準備金として取引の後景に退くこととなる。すなわち、本位鋳貨は、それに含まれる本位金属の重量が〈鋳造価格〉を担保し、それによって各国通貨の対外的価値（為替相場）を平価に固定するという制度的役割を果たすだけのいわば象徴的存在にとどまり、その流通量は補助貨幣や信用通貨に較べて部分的なものとなった。というのも、対外的支払いのほとんどは地金もしくはポンド手形などの国際的に受容性を持つ基軸通貨で行われ、また国内的支払いにおいても、一方で賃金支払いなどの小額取引は補助貨幣で賄われ、高額取引のほとんどが銀行券や手形、もしくは預金通貨によって賄われるようになっていたからである。[11] 貨幣（資本）の弾力的供給については、純粋の貴金属鋳貨流通システムだけではおのずから限界があったことから、信用制度の下での擬制的な金融資産の形成を必要とせざるを得なかったのである。それゆえ貨幣（資本）供給の弾力性は、こうして現実の金属貨幣流通量（ストック）をはるかに上回る債権・債務（フロー）の形成と、その決済関係によって支えられていくことになった。

近代の価格形成的市場の成立要件ともいうべき、価格弾力的な貨幣（資本）市場の成立は、こうして信用によってはじめて可能になったのであるが、そのことが投機的な資金供給を可能にし、実体経済から乖離した債権・債務関係（金融資産）の形成によって、しばしば支払い連鎖の停滞と崩壊に伴う金融危機を市場経済にとって不可避なものとすることになった。一八四四年の「ピール銀行条例」は、周知のように、その立案者たちが期待した展開とは異なり、実際には、必ずしもその後のイギリス及び世界経済の安定に資するという事にはならなかった。トゥークの統計によって明らかなように、一八四四年以降のイギリスの物価変動率はむしろそれ以前より大きなものでさえあったし、金融恐慌そのものを回避することもできず、一八四七年、一八五七年、一八六六年と繰り返し勃発し、そのたびに政府は「ピール条例」を一時停止することで信用供与を緩和し、支払い連鎖の中断を食い止めなければならなかったのである。(12)

ところで、資本主義世界経済の成立期にD・ヒュームが貨幣数量説と「正金配分の自動調節論」を定式化し、またアダム・スミスが『諸国民の富』において「富とは貨幣なり」とする重商主義の伝統的な貨幣観を批判して以降、現代に至るまで経済学の正統は、貨幣については〈市場と価格の理論〉としての経済学の片隅に追いやってきた。その理由は、一つには経済学が〈資源配分の最適化〉を論ずる市場の均衡理論として、不安定要素としての貨幣的要因を極力排除したいという要請があったからであろう。しかし何よりも近代に入って、各国経済が〈外需依存型〉のものから〈内需主導型〉のものへと進化し、しかも生産要素市場の確立によって、需要がもはや〈貨幣ストック〉の動向にではなく、経常的な〈所得〉に依存したものへと変容したことにあった。すなわち産業革命が開始されようとしていた一八世紀末に、すでにイギリスでは資本・労働・土地からなる生産諸要素がそれぞれの諸階層に分割所有されつつあり、国内産業を軸にそれらを統合する〈国民経済循環〉が形成されるようになっていた。それによって取引の継続性が保証され、全国的規模で信用制度が組織化されるようになると、貨幣による支払いに替わり、金融業者を媒介にした債権・債務の相殺が取引額の大半を決済するようになっていた。特に西ヨーロッパでは、為替手形を使った遠隔地商業や取引の伝統があり、すでに中世から広く普及し発達していたこと等から、国内産業の自律的発展に対応した通貨の供給を内部的に賄える体制がいち早く整えられていたのである。(13)

それゆえアダム・スミスが〈金紙代替論〉を主張したことと、外国貿易への依存から脱皮し、国内産業への積極的な投資に自律的な経済成長の原動力を求めたこととは、きわめて密接な表裏一体の関係にあったのである。すでにイギリスは、海外からの需要の動向が生産を左右する〈外需依存型〉の経済から脱却しつつあり、また国内でも奢侈財の一時的な消費のための定期市型の市場から、生産要素の提供に対する対価として得た恒常的な〈所得〉によって賄われるようになって、日常の生活資財の継続的な消費に依存した自己更新的で循環型、すなわち内需主導型の市場へと変化し、むしろ周辺諸国をその自律的な蓄積機構に組み込む形で編成するようになっていた。このようにアダム・スミスの時代、すでに近代市場は貨幣ストックの動向に左右されるものから大きく変容していた。何よりも〈生産要素市場〉と〈財・サービス市場〉とを連繫することで自己更新性と循環性を備えた市場経済にとって、重要な意味を持ったのはもはや不確実な貨幣ストックの動向ではなく、消費や投資からなる需要のフローの動向にほかならなかった。しかもこの需要のフロー量は、多かれ少なかれ信用によって支えられていたことから、債権と債務の決済処理がスムーズに行かなくなった場合には、支払いのストックを求めて急激な信用不安と金融パニックを伴うことになったのである。

しかしながら、金本位制そのものは一九一四年に第一次世界大戦に際して交戦国が正貨準備のために兌換を停止するまでは、イギリスのみならず世界各国で採用され、驚くほどの信頼を得て安定的に推移したこともまた事実であった。一九世紀を通じてイギリスは、いわゆる〈金貨本位制〉のもとでポンドの対外的価値を維持したのであり、その豊富な金属準備を対外支払いのための決済手段に使うことによって、一九世紀の後半にいたるまで世界市場における基軸的地位を維持していた。そのため、好況期における貴金属の国内流出と外国からの流入、そして好況末期の貿易収支の悪化による貴金属の海外流出、「バンク・レート」の急上昇と国内信用の収縮を契機とした金融パニックの発生といったように、表面的にみれば「金の専横」による経済変動から免れることはできなかった。[14] しかしこれは金そのものの機能というわけではなく、すでにウォーラースティンや侘美光彦も指摘したように、世界貿易および国際金融におけるイギリスの圧倒的支配と中軸的地位から生じたものにすぎない。それゆえ、その後も二〇世紀の初頭までは、イギリスがその産業的地位を低下させたにもかかわらず、ロンドン金融市場の国際的機能によって「世界の金を再配分する媒介的調整機能を発揮」し、景気の国際的な連動を媒介し続けたのである。[15]

ただし、この一九一四年頃までの国際金本位制は、多くの指摘があるように、必ずしも制度的に一律なものではなく、金貨本位制を採用した主要先進国でも、通貨発行の上限が国ごとに違っていたり、また後進諸国では、発券準備の中に外国為替をも含みうる為替本位制度を採用する国が多かったりするなど、様々なものの寄せ集めでさえあった。[16] いずれにせよ、こうした金本位制への信頼は、〈物価―正貨移動メカニズム〉に基づいて国際不均衡の調整機能に期待した〈通貨原理〉の理論的想定とは異なり、何よりも、金本位制が固定平価を維持することによって、価格においても実物的にも、周辺国に基軸国の好景気への連動を保証していたことによって支えられていたにすぎず、世界の貿易と金融を支配し「世界の工場」、「世界の銀行」として君臨していた一九世紀のイギリスの産業的・金融的・軍事的な覇権国としての圧倒的な地位に由来するものだった。それゆえ、一八世紀以来グローバルな連動性を維持し続けていた近代資本主義の成長構造が崩れてブロック化し、また基軸国の長期で深刻な不況に周辺諸国が引き込まれるような事態に立ち至れば、公定平価での兌換はいつでも停止され、いずれは離脱されていく命運にあった。逆にまた、金を本位とする貨幣制度は第一次大戦後もその姿を変えて維持され、さらには第二次世界大戦後もアメリカ合衆国の覇権のもとに、ＩＭＦ体制という〈金・ドル本位制〉として、その姿を変えながら一九七一年までは曲がりなりにも維持されていったことは周知のとおりである。こうして、国際金本位制への信頼と、そのもとにおける二〇世紀初頭までの世界経済の相対的「安定」は、固定平価が基軸国たるイギリスの産業的あるいは金融的な覇権安定性を保証していた限りにおいてのものにすぎなかったということになろう(17)。

第2節　外国貿易と国際金移動

一七世紀に登場したマリーンズをはじめとする重金主義（取引差額主義）の経済思想は、世界市場の形成期に各国が自国の通貨の対外的価値を安定させるために、不足していた貴金属準備をいかに確保するかという政策的課題から出てきたものであり、単純に経済活動における目的と手段を転倒させた前期的な学説として評することは適切ではない。イギリスでは一六六一年に地金銀の輸出入が自由化されたとはいえ、鋳貨そのものの海外への輸出及び自由な溶解が認められていなかったことや、金銀複本位制であったにも関わらず金貨がその時々の市場の相場で取引されていて金銀比価が固定されていなかったこと等から、しばしば地金価格と「鋳造価格」とが、そして金銀の〈公定比価〉と〈市場比価〉が乖離することになった。その結果、貶質した鋳貨の流通が常態化して法定重量を備えた鋳貨の溶解、市場より低く評価されることになった貴金属の対外流出にみまわれ、とりわけ銀の市場価格を基準にしていたポンドの為替相場が大幅に下落することになった(18)。それゆえ外国貿易を通じて、市場の拡大に見合うだけの金、銀を確保することは、とりわけ国内で採掘できないイギリスにとっては最優先の課題だったのである。

たしかに、貿易差額主義の立場からのマリーンズを批判したトーマス・マンも指摘するように、高為替維持と貿易管理だけでは必要な貴金属準備を十分確保することには困難を伴った。それゆえ、特権的商業資本の自由な貿易活動によって国際収支を黒字に維持し、貴金属の流入をはかることがもっとも積極的な方策だというマンの指摘も当然であった。ただ、保護関税が一般的で外国貿易がそれほど自由には行えなかった当時の重商主義の時代のヨーロッパ市場において、いかにイギリスが対外収支を恒常的に黒字に維持し、それによって継続的に国民経済を拡大し繁栄させようとしても、例えば植民地政策などによる以外には容易ではなく、現実には多くの困難が伴う政策でしかなかった。そこで一六九〇年代のキャリコ輸入をめぐる論争に際しては、マンの〈貿易差額主義〉は、特権的自由主義ではなく、むしろケアリーやポレックスフェンらの保護主義に基づく「労働・雇用・勤労差額主義」へと継承されることになり、前期的（特権的）自由主義の経済思想は逆に貿易差額説を批判したノースやバーボンらの「正金配分の自動調節論」へと分岐して、のちのヴァンダーリントやハリス、そしてヒュームに受け継がれていくことになったのである。[19]

そもそも重商主義の経済学説において、貴金属貨幣が特段の重要性を持って取り上げられたのは、しばしば誤解されてきたように、決して思想的な狭隘さや理論的な倒錯などによるものではない。「ヨーロッパ世界経済」の形成期に各国が自国市場を世界市場にリンクしていくための、不可避な通貨政策上の対応だったからである。自国通貨の価値を体外的に貴金属価格表示で保証し、為替相場を一定に安定させてグローバル市場に参入するためには、対外決済のための十分な貴金属準備が必要だった。しかも、I・ウォーラースティンの指摘したように、「〈ヨーロッパ世界経済〉の内部における地金の流れは、各種の金融決済システムに依存しているばかりか、特定の国が総供給量をどこまで支配できるか、当該商品の生産をどこまで支配できるか、という点にもかかっていた……」。アムステルダムに変わってロンドンのシティが金融決済のヘゲモニーを握ることが、大英帝国の覇権にとって必須の要件だったのである。[20]

ジョン・ロックが〈重鋳論〉に立って、「ある一国における貨幣の価値は、その国の現在のトレード（量）に比しての現在の流通貨幣量である」とし、流通貨幣量の減少はトレードを衰退させて国民経済を縮小させるというとき、何よりも貨幣的要因による実物的効果を意識しており、後の古典派経済学以降の一般的な貨幣数量説とは基本的に異なるものであり、むしろ逆の考え方に立つものでさえあった。貴金属貨幣を「永久的で普遍的な富」と理解し、その価値保有手段としての機能を重視していたことを考慮すれば、ロックが「現在の流通貨幣量」というとき、貨幣の流通速度（貨幣支払いの頻度）をも加味したフローの概念と理解していたと考えるのが自然であり、一定期間における需要の総額を示す概念として用いられていたと考えるべきであろう。[21] したがって、財の価格については「数量」（供給）と「販路」（需要）の比率がその価値を決めるのに対して、「販路」がいわば無限大の貨幣について、「その価値を規定し決定するには、その数量だけで足り、他の商品のようにその数量と販路との間のいかなる比率をも考慮する必要はない」という場合、貨幣の積極的な購買機能による価格形成が、結果として、物価水準によって示される「貨幣の価値」を規定することまで含意していたことになる。[22] それゆえ、これを単純で素朴な貨幣数量説だと見る従来の解釈は適切ではなく、まして古典派経済学によって克服されるべきものでもなかった。貨幣量の増減はロックにおいては、需要量の変動を通じて「トレード」の拡大と縮小という実物的効果をもたらすと考えられていた。

このことは既に見たように、ヒュームにおいても実は同様であった。ヒュームはその『政治経済論集』の「貨幣について」のなかで、いわゆる〈正金配分の自動調節論〉を定式化したとはいえ、それは「アメリカにおける鉱山の発見」以来増加した金銀がスペイン、ポルトガルを経てヨーロッパ各国にどう流通し、また配分されていったかのプロセスについての論理と解釈すべきであろう。だからこそ、その過程で「過渡的状態」においては「その国の生産活動に有益な影響を与え」、その流入が続く限りでその国の経済の持続的な成長と発展をもたらすことを指摘しただけでなく、それがむしろ望ましい状態だとさえ考えられていた。[23] 単純にそれは、しばしば誤解されてきたような閉鎖体系のモデルのなかでの「サイフォンの定理」よろしく、抽象的な物価の国際的平準化の調整メカニズムを論じたものとは必ずしもいえなかったのである。好意的に解釈すれば、自由な貿易が保証される限りで、貴金属が富国から貧国へと流出入するプロセスを通じて、貧国の市場を拡大してその国の生産活動の活性化に寄与し、結果的にグローバルな富裕の伝播を実現していく効果について考慮したものであろう。自由な貿易によって、「いかなる国であれ一国であれ、その一国における富と商業活動との増大は、あらゆる隣国の富と商業活動とを害するどころか、それを増進するのが普通」である」という。[24] そしてそれが財や生産技術の国際的移転と、その背後で機能する〈正貨－物価移動メカニズム〉を通じて実現され、その結果において「近隣のすべての国々における貨幣の保有量を必ず永久的にそれぞれの国の技芸と生産活動とにほぼ比例させる」と指摘した。[25]

したがってヒュームもまた、単なる名目的な物価のグローバルな平準化を主張したわけではなく、貨幣の流出入を媒介にした、各国産業の相互依存的な拡大のメカニズムについて論じたものだといわなければなるまい。確かにヒュームは、その貴金属流入の「過渡的な期間」においては、「その国の生産活動に有益な影響を与える」という場合、もし個々の財の価格の高騰がそれらの供給の拡大をもたらすのだとすれば、その結果において必ずしもその国の物価全体を引き上げることにはならないことにまで、厳密には言及してはいない。とはいえ、重要なのは「その国に存在する貨幣量の多少」ではなくその変動であり、さらにはいったんその国に存在する貨幣量が確定されるとしても、「価格はその国に存在する財貨および貨幣の絶対量に依存するよりはむしろ、現に市場に到来しているかもしくは到来する可能性のある財貨の量と現に流通している貨幣の量とに依存し」、「もし貨幣が金庫にしまいこまれているならば、物価に関する限りその貨幣は無に帰したのも同然」だという。[26] こうしてヒュームの諸説もまた、単純な意味での「貨幣数量説」、あるいは「貨幣中立説」ではなかった。

ところで、貴金属本位制のもとで「鋳造価格」を基準にした固定平価制度を前提に実際の貿易金融のメカニズムを論ずるとき、「正金配分の自動調節論」について〈通貨学派〉のように、貴金属の流出入からそのまま物価水準のグローバルな水平的調整と時系列的な安定化（収束）の機構を想定することは、仮にその当時既に国内的には通貨の大半は本位鋳貨ではなく補助的な貨幣や商業手形で賄われていたことを無視したとしても、それは現実の貨幣金融システムとは無縁な、きわめて観念的な推論だったといわざるをえない。貴金属の流入は、たしかに商業手形や銀行券等の流通が一般的ではない場合には、国内で鋳造されて市中に出回る鋳貨量を増大させる。しかし、それがそのまま購買手段として不断に市場で流通するわけでなく、金融資産としても保有される為、その比率の如何によっては必ずしも物価を引き上げることにならない。また流出に際しても、金融資産として保有されていた貴金属が支払われる限りにおいては、国内的物価にはほとんど影響しないといってもよい[27]。

更に、銀行券等の補助的な通貨の流通が一般的な近代以降の市場経済の場合、自国通貨の対外的価値（貴金属価格）を維持するために、通貨当局は常に公定の「鋳造価格」での貴金属の買い入れと売却を無制限に保証しなければならないが、貴金属の流入はそうした準備金を積み増しすることになるとしても、それだけで必ずしも国内物価を比例的に押し上げることにはならない。豊富な金属準備に基づいて銀行券発行量を増やすことは可能ではあるが、市場の資金需要がないところでは、必ずしもそのまま貸し出しの増加にはつながらないからである。また逆に、金流出によって金準備が減少し、その結果中央銀行が金融を引き締めることになっても、一定程度までは市中銀行の〈預金創造〉が可能であることから、それが通貨供給に一定の弾力性を与えることになる。ただ、こうした貴金属の流出入は、確かに中央銀行の金属準備を増減させることを通じて国内金利に作用することから、例えば、輸出拡大による金準備の増加は金利の低下を伴って国内投資を拡大し、景気の拡大に繋がるであろう。そしてそれは、ヌルクセも指摘していたように、〈物価―正貨移動メカニズム〉の想定とは逆に、国際間での景気と物価の上昇の波及と〈同調〉をもたらすものといわなければならない。たとえ物価の上昇が輸出条件を悪化させる要因として作用したとしてもである[28]。

そもそも貿易収支の動向は、物価の国際的な格差だけで決まる物ではなく、それぞれの国に特有な貿易構造や具体的な景気の動向によって左右されるものである。対外的に売れる物がなければ、いかにその国の物価水準が低くても輸出を拡大して貿易収支を黒字にすることはできず、また景気の拡大および収縮の局面においては、物価の動向如何にかかわらず輸出入額は在庫投資の状況等に左右されて変動する。したがって貿易収支の変動とそれによる貴金属の国際移動から、金で換算した〈物価の平準化〉のメカニズムを、それゆえ〈国際収支の均衡化〉のメカニズムを想定するのは、非現実的といわざるを得なかった。この点は、各国の経済構造の特性とは関係なく金利の国際的格差に敏感に反応して変動する、短期・長期の資本移動のメカニズムとは本質的に異なるものである[29]。たしかに、本位貴金属に裏づけられた公定平価の安定を前提にすれば、ある国の物価水準が他国に比べて極端に低く、同じ種類の財が金価格で他国に比べて相当に割安であるとするならば、当然その国への財の買い付けが増えるため、その財の価格を引き上げることになるが、これはグローバルな規模での〈一物一価〉の市場原理が作動した結果であって、「正金配分の自動調節論」が想定する物価水準の〈国際的平準化〉とは全く別のものであろう[30]。

海外からの貴金属の継続的流入を維持することによって国民経済を持続的な成長が可能であるというトーマス・マンの貿易差額主義の立論が、外需依存型の貿易構造にあった絶対王政期のイギリスの事情に基づいたものとすれば、他方で、それを否定するために提起されたヴァンダーリントやダヴィナント以来の〈正金配分の自動調節論〉についてもまた、現実の外国為替制度や国内金融のシステムを考えるならば、貨幣数量説に基づいて貴金属本位制度での国際的な「物価水準」の水平的な調整と時系列的な安定の機構を論ずることは非現実的であった。鋳貨制度が完全なものになって〈価格標準〉が固定されるようになり、本位金属の市場価格と「鋳造価格」

の乖離という事態さえなくなれば、〈物価水準は〉もっぱら景気の動向によってのみ左右されるようになり、しかも〈一物一価〉の市場原理が作用して物価は国際的にも連動し、景気もグローバルに波及していくのである。

こうして、近世以来の貴金属貨幣に関する議論の多くは、不完全な鋳貨本位制度の下での対外的な通貨価値の安定化の要請を背景としており、その限りにおいては必ずしも古典派経済学によって理論的に克服されるべきものではなかった。むしろ、古典派経済学こそ、H・ソーントンやリカードの例外を除いて、貴金属本位制と外国為替制度の現実をふまえた例えばジェームズ・スチュアートに代表される貨幣と信用の理論を超えることはできなかった。スミス以降の経済学の正統においては、貨幣は市場経済にとって決定的な要因とはみなされず、短期的影響と長期的な結果とを区分して論じられたとはいえ、基本的には「貨幣数量説」に基づく〈貨幣の中立性〉論へと展開されていった(31)。たしかにスミスはこうした貴金属貨幣の重要性については認識していたが、それを国民の経済的豊かさの増進にとって決定的なものとは考えていない。「労働こそは、最初の価格、つまりいっさいのモノに支払われた本源的な購買貨幣であった」というとき、これをただ労働価値説についての言説と単純に捉えるだけにとどまらず、〈ストック経済からフロー経済へ〉の市場経済の変容を踏まえて、国民経済循環のもとで人々の購買力が金融的資産ではなく恒常的な所得に基づくようになり、労働の対価としての賃金に裏付けられるようになったことを示したものと捉えることもできる(32)。スミスは何も、貨幣が単なる交換媒介物として経済的に重要な意義を持たないといったわけではない。継続的取引によって保証されたフロー経済への移行と信用取引の一般化によって、貨幣ストックの動向が市場の購買力形成にほとんど影響しなくなり、むしろそうした決済資金の乗数倍におよぶ債権債務額の動向こそが購買力を決定するようになったことを理解していたからである。しかも、国民経済の成長と発展の原動力は、いまや基軸国となりつつあるイギリス国内の消費需要および投資需要という内需の動向に支えられるべきであり、外需依存型の経済から脱却すべきことを誰よりも主張していた。不断の周辺領域への市場の拡大とその収奪に支えられた成長経済から、国内市場と生産的余剰に基礎をおいた所得循環型の成長経済への脱皮を主張したのである。(33)

スミス以降、近代の産業社会において〈財・サービス市場〉と〈生産要素市場〉を結ぶ国民経済循環が形成され、内需主導型の自律的な蓄積機構が確立してそれがグローバルな景気変動へと展開されるようになるなかで、こうした貴金属貨幣制度をそれにどう対応させていくかが政策的課題となった。いわゆる「貨幣の中立性」論は、貨幣の本質がそうであるというよりは、むしろ近代的市場にとってそれが望ましいという、いわば政策的な主張だったというべきであろう。価格と市場の理論の体系から貨幣をまったく排除せず、理論的に無害化するための措置といってよい。スミスの〈金紙代替論〉をはじめとして、その後の古典派貨幣理論の対応こそ、それを何よりもそのことを物語っている。またリカード以降になると、「貨幣数量説」は新たに、〈相対価格〉の変化の問題とは区別されて、名目的な〈物価水準〉の問題に集約されることになった。すなわち、貨幣は国民経済に対していかなる実物的効果をも生まないという〈貨幣中立説〉へと、理論的な進化を遂げることになったのである。その一応の到達点が、既に見たJ・S・ミルにおいて集大成された、古典派経済学における「貨幣と信用」についての取り扱いということになろう。(34)

また経済学における消極的な貨幣の取扱いについても、自律した経済循環を繰り返す国民経済にとって、通貨供給を実体経済の変動に対して従属的なものへと制御し、金を国内的には最終準備としての象徴的存在にしていったことが背景にあった。(35)アダム・スミスに始まる自己調整的な〈価格と市場の理論〉は、それまでの「貨幣の横暴」に撹乱されていた重商主義時代のグローバル市場の理論という枠組みを超え、初めて価格弾力的で自己更新的な供給システムとしての国民経済循環の理論として登場し、スミス特有の「産業のナショナリズム」と「消費者主権」に裏打ちされながら、その論理的な自己完結性への要請から、外部的で撹乱的な影響を及ぼす貨幣の存在を理論的に捨象することになった。[36] 貨幣の問題を積極的に〈価格と市場の理論〉の中に取り込もうとすることから、古典派経済学の後に、マルクスあるいはワルラスのように、貨幣財も一括して新たに産出される無数の財のうちの一つとして取り扱い、市場の均衡化のメカニズムのなかで実物的に処理しようとする論理と、他方では、市場の均衡化のメカニズムをもっぱら相対価格の問題だけに限定し、貨幣的要因を数量説に基づいて名目的に処理しようとするマネタリズムの論理とに分岐していくのであるが、いずれも現実に金本位制が果たしてきた機能や現象を明らかにするものではなかった。[37] 前者はたしかに単純な貨幣数量説とは区別されるとはいえ、逆に過去に産出されまた海外への流出入を繰り返す貴金属ストックの存在が捨象されるため、〈資源配分の最適化〉の理論たりえても、貴金属本位制度下で金融のグローバリズムに支えられた現実の「ヨーロッパ世界経済」の貨幣の理論たりうるものではない。これとは異なり、後者の系譜に属する「正金配分の自動調節論」のについても、そうした外部性を持った貴金属の移動を物価水準の安定化という市場の調整機能の一環の中に取り込もうとするものであり、リカード以降も、〈資本・利子移動メカニズム〉とともに、現代に至るまで外国貿易と国際金融の理論に影響を与えてきた。

リカードをはじめとする古典派経済学では、こうした貴金属貨幣および本位制度の理論的取り扱いについては極めて現実的で慎重な配慮を示していたが、それ以降の経済学では、本位貴金属をも一般の財と同等な一商品として取り扱うことで、貨幣的諸問題もすべて市場の調整メカニズムのなかに組み込んで理解する方向に進んだ。ワルラスは貨幣を自らの一般均衡論の中に組み込み、またマルクスも労働価値説と「価値法則」の作用の及ぶ範囲内にあるとすることで対応しようとした。さらに、ヴィクセルやマーシャルをはじめ、「二〇世紀の初頭に貨幣理論で起きたこのような進歩は、古典派の分析上の枠組みと矛盾するものではなく、その多くがJ・S・ミルの『経済学原理』の中で基礎づけられたものであった」とさえいえる。[38] しかし、金ストックの動向はもともと市場の制御の範囲外にあり、いかなる経済学の自己調整的な価格メカニズムの中にも取り込めない〈外部的な存在〉であるところに、貨幣をめぐる経済学のアポリアがあった。古典派経済学以降、その後の経済学の歴史から、こうした貨幣をめぐる諸問題が、ヴィクセル、ケインズのなど少数の例外を除いて、遠ざけられた理由もここにあった。

貨幣金融システムの安定化にかかわる問題は、本来「自然価格」論で価格と資源配分の理論を体系化した古典派経済学のみならず、〈限界革命〉の後にその枠組みをそのまま継承した新古典派経済学においても、理論的に取り扱い得るものではなかった[(39)]。貨幣を一つ商品としてその他の財とまったく同一に取り扱う経済学の伝統（ワルラス法則）も、こうした内部的処理をめぐる理論的対応の一つにすぎなかったし、また「貨幣ベール観」に基づいて貨幣の存在をまったく捨象して市場と価格の理論を構築（セイ法則）し、貨幣的諸問題そのものを否定した古典派経済学の「貨幣数量説」の対応も、その理論的処理の一つだったということになろう。

第3節　貨幣数量説の古典的展開

「ヨーロッパ世界経済」の形成期ともいうべき重商主義の時代から、一九世紀の古典的な国際金本位制の時代へ、そして二〇世紀に入ってからは金＝ドル本位のＩＭＦ体制の下での各国の管理通貨制度、さらには現代の変動相場制の下での金融のグローバル化＝投機化と、資本主義の歴史的進化とともに貨幣・金融システムもその様相を大きく変化させており、こうした市場での取引環境の変化を無視して「貨幣の一般理論」を展開することはほとんど意味をなさなかった。だからこそ貨幣の理論は、市場の価格理論としての経済学の本流から、少しずつ遠ざかることになったのであろう。確かに古典派の経済学者たちが主張してきたように、貨幣は、産業化を達成して自己更新的な経済循環をビルト・インした近代市場においては、次第に「中立的」な存在になった。こうした経済構造と市場過程の歴史的変化に対応しながら、貨幣はその役割と機能を変化させていったのであり、取引(決済システム)の高度化に対応して、その役割と地位を次第に低下させていった。そして「金本位法」の制定以降、とりわけ貴金属鋳貨としての本位貨幣は、一般的な購買や支払いに用いられるというより、あくまでその「鋳造価格」を固定することで為替相場を維持するための象徴的存在にすぎないものとなり、また補助貨幣は小額の支払いや信用通貨の端数を決済するための存在となっていった。

とはいえ、アダム・スミス以降の経済学の歴史的展開において、Ｊ・Ｓ・ミルやマルクス、ケインズといった数少ない例外を除いて、いずれも市場過程を国民経済の実物的なの拡大・収縮のプロセスに即して経済変動の問題として取り扱う視点がなく、それゆえ物価の変動も、単なる貨幣の数量的な変化の問題に解消されていた。リカードやソーントンをはじめ、更にはトゥークやフラートンをはじめとする古典派経済学の貨幣制度に関する様々な議論も、結局は、金本位制度及び兌換停止下において、いかに国内的には物価を安定させ、対外的には為替相場をいかに固定させ得るかを検討したものであった。いずれも、〈取引のフロー量〉の変化をマクロ的に分析する視点を欠落させており、景気の問題は、もっぱら貨幣的要因に原因する物価問題とされた。貴金属本位制度は、為替相場を〈価格標準〉によって規定される〈平価〉の水準に固定するものではあるが、しかしそれに国内の物価水準及び景気を安定させる調整機能をも期待したところに、金本位制度をあたかも市場経済システムの不可欠な制度的要素と考えたリカードをはじめとする古典派経済学の限界があった。金には、そして金本位制度にすら、国内物価水準を一定の水準に収斂させるような調整機能は備わっているわけではない。また、周期的な景気変動を射程に入れたとしても、景気の一サイクルを通じた形で金による物価安定化の調整機能を読み取ろうとすることには、無理があるといって良い(40)。

もっぱら国民経済に軸をおいて〈資本の蓄積〉と国民の実質所得の増加を論じたアダム・スミスの『諸国民の富』とは異なり、外国貿易と国際金融をも射程に収めて貨幣制度を抽象的に論じようとしたリカードの『経済学原理』においては、ふたたび貴金属貨幣の存在が大きく経済学の表舞台にのぼることになった。ところがリカードにおいて、一方における貨幣財である金や銀などの貴金属商品の「価値」の決定と、他方における流通貨幣量の変動とが、いかなる論理的整合性を持って体系的に位置づけられているかについては、今日まで様々な諸説が展開されてきており、いまだ定説が確定しているわけではない。しかし今のところ、次のような解釈がもっとも一般的で説得力があるものであろう。

すなわち、リカードは一方で、「貨幣としての貴金属を、スミスに従って存在量が所与であるような不可増財、すなわち〈その価値が主にその希少性から生み出される〉財としてとらえ」、したがってその「貴金属の分量における変動は、それらと交換される諸商品を相対的に高価もしくは安価にする以外の他の影響をまったく生み出さないであろう」と、「貨幣の中立性」に基づく「貨幣と実物体系の二分法」の枠組みの中で、貨幣数量説に立っていたとする。(41) しかし他方では、リカードには「貨幣の生産費説」とも言うべきもう一つの「貨幣価値」決定の論理が存在していたと、次のようにもいう。「金および銀は、他の全ての商品と同様に、それを生産して市場にもたらすのに必要な労働量に比例する価値を持つにすぎない。」すなわち、その価値は長期的には生産費としての労働価値によって決定される限りにおいては、その他の全ての財と同じであるというのであった。そこでこれら二つの「貨幣価値」の論理を整合的に理解するのに、野口旭は、貨幣数量説はリカードにおいてあくまで短期の「貨幣の市場価格」の決定メカニズムを含意していたのではないかと推定した。

確かに、リカードをはじめとする古典派経済学において「自然価格」の理論は、諸財について「市場価格」変動の中心をなす均衡価格（価値）の決定に関する理論として位置づけられており、貨幣財についても同様な取扱いを想定していたとすることは推測に難くない。何事につけ論理的な首尾一貫性を求めたリカードにおいて、〈利潤率の均等化〉のメカニズムにしたがって市場調節価格としての「自然価格」が決まるという論理は、貨幣財についても同じではなかったかと十分推察できるからである。(42) その限りでは、リカード体系において貨幣数量説は短期の「貨幣の市場価格」決定の理論であり、労働数量価値説に基づく「貨幣価値」の決定の理論は長期の均衡価格の論理であるとして、両者を整合的に理解しようとする解釈は一定の説得力を持つものであった。しかし何よりもこの論理は、一般的な物価水準についても長期的な均衡を想定することにもなるから、景気と物価の「自動調整機能」として金本位制の貨幣的メカニズムを理解しようとしていた、リカード貨幣理論の基本的な理念に合致するものであろう。(43)

しかしながら、もともとリカードにおいて「貨幣数量説」は、いわゆる「銀行制限期」における兌換停止の下でのイングランド銀行券の「過剰発行」と物価の上昇、地金価格の高騰と為替相場の下落について論じたものであった。それゆえ、いずれ兌換が再開されれば、〈価格標準〉は「鋳造価格」に固定され、為替相場も公定平価プラス・マイナス「現送費」の範囲内でのみ変動するようになるだけでなく、銀行券発行量も金準備高によって制限されることになり、銀行券の「過剰発行」による物価上昇は回避できると考えていた。すなわち、金本位制こそ「経済的でしかも安定的な通貨」を保証するものにほかならず、「本位自身がこうむる変動以外の通貨の価値におけるあらゆる変動から公衆を保護し、またこれと同時に、もっとも経費を要しない媒介物によって流通を維持することは、通貨が到達しうるもっとも完全な状態」を達成するとしていたのである(44)。それゆえ、金本位制下においてもリカードが、貨幣数量説に基づいて短期の「貨幣の市場価格」を規定していたとすることには検討の余地があろう(45)。

確かにリカードの「自然価格論」では、単なる財・サービス相互の相対的な交換比率の決定原理（労働価値説）にとどまらず、その中には「貨幣の価値」の決定の論理をも射程に収めていたものと思われる。リカードは、「一国で使用される貨幣の量は、その価値に依存しなければならない」が、「通貨は決して溢れるほどに豊富になることはありえない」と何らかの調整メカニズムが想定されていた。その上で、金本位制に復帰して〈自由鋳造〉と兌換が再開された後は、恣意的な通貨供給について厳格な制約が働くことを前提する限りでは、急激な貨幣流通の増加による〈過剰流動性〉は、もはやイングランド銀行の誤った裁量による通貨供給以外には起こり得ないと考えていた。リカードが、兌換再開後は銀行券発行量も厳格に金準備高の増減に対応しなければならないとしたのは、例えば「信用創造」等によってマネー・サプライを弾力的に操作することを制限しようという意図に基づいていたと思われる。安易な信用通貨の供給が、景気の過熱した局面で支払ストックの枯渇による急激な信用不安を引き起こしてきたことから、これを阻止するには、〈通貨原理〉に基づいて厳格に発券量を管理する機械的メカニズムが必要だと考えたのであろう。もともと経済変動について〈土地の収穫逓減〉に原因する長期的な成長率の低下という趨勢のみを論じたリカードには、短期的な景気変動は視野に入っておらず、景気の各局面における支払いのストック量と購買のフロー量との関連等について論じうる理論的レベルに達してなかった。それゆえ、景気循環過程における信用不安（金融危機）の不可避性や、購買のフロー量を調整しうる利子の機能（金融政策の可能性）等については、はじめから議論の対象にはなっていなかった。

そこで我々は、貨幣財としての金について、一般の財と同じように「市場価格」と「自然価格」を想定し、ここから「貨幣の価値」を意味する〈一般物価〉について〈長期均衡水準〉を想定することが、リカードの貨幣論および「自然価格」論の単なる解釈を超えて、金本位制下の〈貨幣の理論〉としてはたして妥当であるか否かについて、詳細に検討する必要があろう。金の「市場価格」の変動に一定の拘束力を与え、しかも自らに収束させる基準として金の「自然価格」なるものが果たして定義できるのかは、まずもって疑問と言わざるを得ない。金生産部門における「利潤率の均等化」のメカニズムを想定するといっても、貨幣財の市場への供給については、その大半が、むしろ過去に産出された膨大な金ストックから賄われていることが考慮されなければなるまい。したがって、「利潤率均等化」による需給調整と「貨幣価値」の決定という古典派の抽象的論理は、少なくとも貨幣財については妥当しないのではなかろうか。第二に、古典派の市場理論において一般の財の需要は価格の関数ではなく、あらかじめ与えられたそれぞれの財への需要量を前提に、それを満たす供給側の生産条件に基づいて、投下労働量すなわち「価値」が決定されるという論理になっている。それゆえ、「需要量が無限大」とされる貨幣財についても、一般の財と同じ論理が適用できるかも疑問といわざるをえない。(46)

本来、金の購買力をしめす「価値」と金の生産条件との関係については、一般の財とは異なる関係にあるといわなければなるまい。金生産部門の「利潤率の均等化」は、貨幣財としての特性に基づいて、その購買力（金価値）の指標となる物価水準が前提になってはじめて、採算の取れる金鉱の生産条件が確定されるという、通常の財の価値の決定とは逆のプロセスになるはずだからである。とするならば、貨幣数量説に基づいて短期の物価変動を想定することと、金生産部門の〈限界生産費〉を基準に長期的な均衡水準を想定することとを整合的に体系化することには無理があろう。[47]金の〈限界生産費〉は長期的な均衡水準として導かれるものではないからである。確かにリカードが貨幣財である金について、その価値決定の特殊性に留意しながら、一般の財と同じように利潤率均等化のメカニズムの作用する範囲において捉えていた限りでは、一定程度その実物的効果を認めながらも結局は単なる流通媒介物として位置づけたヒュームとは、理論的精緻さにおいて格段の差があるといってよい。[48]しかし、こうした金生産部門の「利潤率均等化」における特殊なプロセスについて考慮していたかは不明であるが、新産金だけを「自然価格論」の分析対象にすることで物価水準の問題も需給の均衡化と資源配分の最適化のメカニズムの中で処理したとして、リカードが「貨幣数量説」とは無縁であったと解釈することもまた適切ではない。

一般に貨幣数量説については、次の四つ要件、すなわち①貨幣ストックの外生性、②安定的貨幣需要関数（流通速度一定）、③実物産出量は物価水準から独立に決定、④正貨‐物価移動メカニズムの想定が理論的な前提であるとされている。その限りで佐藤有史は、「古典派は、上の数量説の要件全てを否定した」のであって、「〈金貨をまるで奇跡的に創造したり消滅させたりできるかのようにみなす〉ヒュームは〈一種独特だった〉のであり、〈数量説は……いわば古典派的伝統の非合法の副業〉であった」とし、とりわけリカードについては、ヒュームをはじめとする貨幣数量説とは無縁であったと結論づけた。[49]確かに、リカードをはじめとする古典派経済学の正統は、現実には不断に金の海外からの流出入があるにしても、貨幣（金）ストックの存在について、「自然価格」論の射程圏外の問題として取り扱っており、貨幣供給について、貨幣ストックのこうした存在を考慮していない。また貨幣需要関数についても、積極的に流動性選好の問題や貯蓄が消費に及ぼす影響を論じたわけではないが、明確に安定した貨幣需要を想定していたわけでもなかった。貨幣はただ諸財の相対価格の決定にとって、実物体系の諸変数に依存するとする限りで、中立的存在として取り扱われていたにすぎない。もしリカードが、物価水準について長期的な〈均衡値〉を想定していたとし、それゆえ物価水準についてもその安定化について一種の「自己調整機能」が働くことを想定していたとするならば、その限りにおいては、単純な「貨幣数量説」に立っていたとはいえないことだけは確かであろう。

　このような視点に立って、佐藤は次のように指摘する。「古典派における商品貨幣は、他の任意の商品と同様に利潤率に反応しながら民間部門で生産される一商品であり、金鉱と正貨流出入とを通じて経済に内生的に供給される。他方で、金本位制下の各国国内貨幣ストックは、貨幣の兌換性が保証される限り、法的に与えられる〈本位の価格〉（国内通貨タームでの金の鋳造価格）と、金と諸商品との実質価格比によって与えられる〈物価水準〉とを外生変数として、内生的に決定される。[50]」すなわち、次のようなケーラー・モデルに依拠することで、独特な物価安定化の自己調整機能を想定し、リカードもまた同様の理解をしていたと解釈するのであった。

$$P_{貨幣/諸商品}=P_{貨幣/金}\cdot P_{金/諸商品}$$

「鋳造価格」によって$P_{貨幣/金}$が与えられているとすれば、物価水準（$P_{貨幣/諸商品}$）は、「金と諸商品との実質価格比」$P_{金/諸商品}$に依存し、もし金タームでの諸商品の実質価格が低下すれば「金生産の利潤率が上昇するか、非貨幣用金ストックから貨幣用金ストックへのシフトが生じるかして、貨幣用金フローの増加による貨幣用金のストック調整が起こり、金の実質価格は元の水準に落ち着く」というものであろう。[51]しかしこの式は単純に、「貨幣ターム」での物価の上昇と下落が、金価値（「金と諸商品との実質価格比」）の下落と上昇に対応しているといっているだけに過ぎず、ここから「金の実質価格は本の水準に落ち着く」といった、一種の調整機構を読み取ろうとすることには無理があるのではなかろうか。まずもって、金本位制を前提しておきながら、〈金ストック〉を〈貨幣〉と区別して取り扱うといった、こうした理解とアプローチの誤りを指摘しなくてはなるまい。そもそも金本位制下では、仮に「国内通貨ターム」での商品価格（$P_{\text{貨幣/諸商品}}$）と「金ターム」での諸商品価格（$P_{\text{金/諸商品}}$）を抽象的に区別して定義できるにしても、それはすなわち〈非貨幣用金ストック〉と〈貨幣用金ストック〉とを制度的区分することを意味するわけではない。金本位制下では、自由な鋳造と溶解が行われるのが原則であり、金そのものが貨幣であって鋳造されているか否かで区別されるわけではない。また、金ストックとしては〈非貨幣用〉であるか〈貨幣用〉であるかで区別されうるものでもなく、したがって想定されるような「シフト」も意味がないからである[52]。

たしかに国内の金産出高が、「利潤率均等化」のメカニズムに基づいて、物価水準と「鋳造価格」を所与とすれば、理論的に決定されうるものだという限りにおいては正しい。すでに見たように産金業部門の採算は、その時々の物価水準によって左右され、それが金産出高を決定するからである。ただしこの新産金の量は国内にストックされている金ストック量にとってほんの一部に過ぎず、その増減が国内物価に影響するとはとてもいえまい。佐藤は、リカードにおいて「非貨幣用の金ストック」の供給量も「国内貨幣ストック」の供給量も、ともに内生的に決定されるものとされているがゆえに、「貨幣数量説」から免れているというのであろう。しかしながら、金生産量や「国内貨幣ストック」が、「鋳造価格」と物価水準によって「内生的に決定」されるということで、はたして貨幣数量説の基本的な要件が否定されたことになるだろうか。貨幣用金ストックと非貨幣用金ストックとを便宜的に区別し、後者から前者へのシフトによって、「金タームでの諸商品の実質価格（$P_{\text{金/諸商品}}$）」が一定の水準に落ち着く調整メカニズムが作用するとし、リカード理論では貨幣ストックの外生性が想定されていないという。しかし、「国内貨幣ストック」量が「鋳造価格」と物価水準によって「内生的に決定される」とは、いったい如何なるメカニズムを想定しているのであろうか。例えば、物価の上昇は金価値の低下をもたらして、貨幣用金ストックから非貨幣用金ストックへの転換を促すことで、物価を引き下げることになるとでもいうのだろうか。そもそも金ストックに「貨幣用」もなければ「非貨幣用」もなく、更にまたそうした金の用途の「転換」と物価の変動との間に如何なる相関関係もない。

物価変動について、もし上式のようにリカードもまた国内貨幣ストック量の増減に即して論じていたとすれば、リカードも洗練された形で「貨幣数量説」に立っていたと言わざるを得なく、むしろ数量説に基づいて物価の長期的な均衡水準を保証する市場メカニズムが機能するといっていたことになろう。それゆえ、金生産部門の〈利潤率の均等化メカニズム〉を媒介に、物価安定化の調整機構を想定していたからといって、リカードが貨幣数量説とは無縁であったとすることには、論理的に無理があった。そもそもケーラー・モデルは、内容的には〈正貨―物価移動メカニズム〉と基本的にはまったく同じ論理を、ただ「貨幣用金ストック」への「非貨幣用金ストック」からの「シフト」の問題として、国内的論理に置き換えて処理しているだけにすぎないものといってよい。また、「金と諸商品との実質価格比（$P_{金/諸商品}$）」というときに、金と商品との「価値」を基準にした交換を想定すればこの推論は成り立たないはずであるから、金と諸商品量との相対的な数量関係によって物価水準が決まるといっていることになり、それ自体が貨幣数量説だったのである[53]。

そこでわれわれは、一つの〈資産〉として広く社会に保有されている過去に産出された貴金属ストックの動向が、もし仮にその動きによって物価を大きく左右するものであるとすれば、貨幣財である金ストックについて特別な理論的取り扱いが必要になるであろう。その限りで、〈貨幣需要関数〉は佐藤もいうとおり決して安定的なものとはいえない。ただ貨幣財としては、物価水準を前提にして初めて金の採掘条件が決まり、またそうして産出される金の生産量の増減も、過去の金ストックの動向に比べて僅少なものであるから、物価にはほとんど影響しないといってよいのではなかろうか。それゆえ、金が本位貨幣であることに基づいて「価格の度量標準」あるいは「価値尺度機能」が働き、金生産量の増減を通じて、物価の変動についても何らかの長期的な均衡化のメカニズムが作用して、物価が安定的であったと理解するのは、経済学の〈神話〉以外の何ものでもなかった(54)。確かにリカードにおいては、物価水準の変動についても自己調整的な均衡基準を想定し、貨幣財についても一般の財と同じような長期均衡価格を導き出そうとした限りで、金本位制と市場経済の安定性を絶対視しようとした理論的な意図があったと考えられる。これは、経済学からマクロ的な経済変動の問題を捨象してしまった、古典派経済学そのものの限界を示すものでもあった。

第4節　中央銀行と金融の自己組織化

イギリスなどヨーロッパの先進地域においては、市民革命以前からも部分的には労働や土地が「商品」として取引されてはいたが、その後の市民革命と産業革命を経て本格的に〈生産要素市場〉が確立し、それぞれの地域内部で財・サービス市場と生産要素市場とを循環的に連結させる自律的な「国民経済」（生産組織）がビルト・インされることになった。それによって、経済成長の原動力が国内産業への投資に移りつつあったとはいえ、原材料の輸入先であり、また工業製品の販路としての外国市場の比重は依然として高いままであった。そこでヨーロッパ各国は、一方で「世界貨幣」としての貴金属の動きによる外部的な影響や「暴力」を極力抑制しながら、他方では拡大する外国貿易及び国内市場が必要とする貨幣（通貨）をいかに確保するかが、政策当局にとっての新たな課題になった。(55) 確かに「一七世紀の商業革命の時代とは、まさにこの銀行券や為替手形という信用貨幣が大規模に流通する金融革命の時代」であったとはいえ、しかしこうした信用貨幣の一般的な流通は、むしろ一八世紀後半以降の産業化の段階の国民経済の下での恒常的な所得形成に裏付けられて始めて可能になったものであろう。アダム・スミスの「金紙代替論」も、国民経済循環の形成に伴うストック経済からフロー経済への転換という、こうした歴史的文脈のなかで理解しなければなるまい。(56) しかも、銀行券をはじめとする信用貨幣の流通が一般的になることによって、海外からの貴金属の流出入には何重ものバッファーが設定されることになり、国民経済への直接的影響をある程度まで緩和できることにもなった。

そもそも貴金属本位の貨幣システムは、市場経済にとって当初から安定性を保証するものではなかった。むしろ逆に、貴金属ストックの国際移動は、しばしば〈不確実性〉と〈不安定性〉の原因になり、それをいかに制御するかが、不断に拡大と収縮という景気循環を繰り返すようになった資本主義世界経済にとって急務の課題になっていた。だからこそ各国は、銀行券の発行による代替、さらには中央銀行への〈発券の集中〉や信用の組織化をいわばセフティ・ネットとして要請し、更には国際的な金融取引についても機軸通貨であるポンドでの決済に集約することで、組織的に対応していったのである[57]。ただ、金本位制の安定した維持にとっては、いかなる状況においても固定平価での兌換を保証することが不可欠であり、そのためには、過去に生産され、また貿易等を通じて確保した金ストックとしての豊富な支払い準備が必要であった。しかしヨーロッパ各国は、近代以降の市場経済のグローバルで急激な拡大に見合うだけの金の需要をたやすく賄えるはずもなかったことから、「ヨーロッパ世界経済」は当初から、貨幣的要因による大きな自然的制約を受けていたのである。こうして、金を媒介にして初めて形成された「ヨーロッパ世界経済」の成立が、逆に国際通貨たる金銀の絶対的不足による自然的な制約を受けるというパラドクスが次第に顕在化していったのであり、市場は信用取引の自己組織化によって可能な限りそれに対応しようとした。

こうしたなかで、アダム・スミスの『諸国民の富』の体系は、自由な外国貿易の重要性は認めながらも、何よりも国民経済の産業的な自律性を示すことをその課題にしていた。産業革命以降イギリスでは、それまでヨーロッパ諸都市の金融業者たちに担われていた信用取引と商慣行は、新たに中央銀行を頂点とするピラミッド型の国民的信用組織へと進化させることで債権・債務の相殺関係を拡大し、国内通貨に関しては貴金属鋳貨に代替しうるだけの十分な通貨供給が可能な状況になっていた。むろん、こうした債権・債務関係を支えているのは、いうまでもなく〈信用〉、すなわち取引当事者たち相互の信頼関係にほかならず、それは近代の恒常的な市場における取引の継続性によって担保されたものであったことはいうまでもない[58]。商業手形は、もともとは貿易における対外的な支払いの手段として商人たちによって古くから使用されていたが、すでに一七世紀ごろにはイギリス国内で〈裏書譲渡〉される慣習が普及しており、〈約束手形〉や〈支払い指図状〉も本来の債権を回収する用途以外に、積極的に信用供与の手段として使用されるようになっており、通貨としての機能を果たすようになっていた。それらを引き受けることで資金融通を行っていた初期の〈金融取り扱い商人〉たちが、各地で銀行という専門的金融機関へと成長していったのである[59]。

その後、一八世紀におけるイギリス商工業の飛躍的拡大のなかで、まずロンドンにおいて手形割引を主たる業務とする銀行業者が現れ、農業地方や工業地方では〈銀行券〉や〈キャッシュ・ノート〉などの信用貨幣を発行する銀行を数多く排出されて、それらがイングランド銀行を軸に全国規模での決済機構として制度化され自己組織化されていくことになった[60]。こうして、ロンドンの銀行家は準備金としてイングランド銀行券を保有するか、あるいはイングランド銀行に口座を開かざるを得なかったことから、すでに一九世紀初頭のナポレオン戦争後の兌換再開によるイングランド銀行への「発券の集中」より以前に、イングランド銀行が保有するギニー金貨のストックが、すべての〈信用の最終準備〉としての性格を持つようになっていたのである。こうした金融（信用）の自己組織化こそ、貨幣的要因による市場の外部的な撹乱要因を極力排除し、マネー・サプライを内部的に賄うための、確立期の資本主義市場経済にとっては必然的なプロセスであり、いわば一般の財についての価格メカニズムにも匹敵する、市場の自己調整機能の一つであった。ただ、こうした「国民的信用」体系ともいうべきピラミッド型の信用組織の形成にもかかわらず、一八世紀を通じてイングランド銀行券はロンドン以外には流通せず、ギニー金貨に対しては、イングランド銀行券は地方銀行券や商業手形とは対等の地位に置かれたままであったため、いったん信用が逼迫すると、最終の支払い手段としてのギニー金貨が国内に大量に流出したが、イングランド銀行でさえその銀行券の提供によって地方銀行に援助の手を差しのべることはできなかった。[61]しかもこうした事態に至るとイングランド銀行は自己防衛のために、むしろ貸出しを制限し、発券量を縮小したことから、鋳貨の流出と退蔵を逆に助長するだけで、地方銀行の破産を抑止することは出来なかった。[62]

それゆえ、一七九七年からの「銀行制限期」のあとのイングランド銀行への〈発券の集中〉のプロセスこそ、しだいに「最後の貸し手」としての性格を強めていったイングランド銀行に、「銀行の銀行」としての、すなわち「中央銀行」としての適切な対応と行動（金融政策）を求めていた市場の要請に対応したものであり、イングランド銀行の「統制」への要請を背景としたものといわなければなるまい。それによって初めてイングランド銀行券はギニー金貨と同等の流通性も持つようになり、かつてのような金貨に対する「減価」や不信を払拭することができるようになった。確かにそれはギニー金貨の流通を排除するものではなかったが、それへの兌換を対外的支払いなどに限定することで、事実上、国内的にはイングランド銀行券が〈最終準備〉としての座を奪うことになったのである。[63]こうしてイングランド銀行券が〈最終準備〉の地位を得るようになったのは、豊富な兌換準備の裏付けというよりも、あくまでイングランド銀行を頂点にしてピラミッド型に組織された、重層的な債権・債務の決済機構の制度化を背景にしていた。地方銀行券の流通が次第に消失し、イングランド銀行に〈発券が集中〉していったのも、この決済機構がより有機的にかつ効率的に行われるための、〈信用の集中〉の必然的な帰結だったと考えられよう。イングランド銀行を頂点とする銀行相互間のこの有機的な資金の融通関係と債権・債務の決済関係の形成という金融の自己組織化という背景なしには、形式的に「発券の集中」を論ずることは意味をなさないのである。ここに従来の中央銀行＝「発券の単一化」論の限界があった。[64]

にもかかわらず、既に見たようにその後の一八四四年の「ピール条例」では、イングランド銀行が「銀行部」と「発券部」とへの二極分割を制度化し、「発券部」は事実上の「国立発券銀行」であるかのように、自動的に金準備高に応じて銀行券発行量を決定する存在となり、逆に「銀行部」は一般の市中銀行と対等の立場で、むしろそれらと積極的に競合しながら、預金と貸付け業務を取り扱う存在にすぎない存在へと制度的に二分割されることになった。せっかく〈信用（準備）の集中〉そして〈発券の集中〉の過程で組織化されてきた、イングランド銀行の「銀行の銀行」としての立場やパフォーマンスが、こうして事実上否定されてしまうこととなった[65]。

　これについてバジョットは次のように言う。「……英蘭銀行は永い歴史の結果として我が国の最後の現金準備を保有している、如何なる額の現金でも我が国の支払わなければならないものはこの準備金から出る、したがって英蘭銀行が其れを支払わなければならないというのは銀行家の銀行としてである、蓋しそれは斯かるものとして最後の現金準備の保有者となっているのである[66]。」このようにバジョットは、イングランド銀行の〈中央銀行〉たる所以を、単なる「発券の集中」という枠組みを超えて捉えており、大黒弘慈が指摘したように、「発券のあり方を問う〈通貨論争〉から抜け出て、準備のあり方を問う方向」へと導いたからであった。こうして〈信用の集中〉という視点に立つことで、従来の中央銀行論におけるような、政治権力抜きの〈市場の論理〉に即していかに「発券の集中」と「発券準備の単一化」を論理的に演繹することができるかといった、解決不能な形而上学の袋小路に陥ることは回避できるであろう。企業間の信用取引や、企業と金融機関との帳簿上の取引の一般化といった具体的な金融事情を背景に、市中銀行はすでに発券の有無にかかわらず、〈預金創造〉などを通じてすでに積極的なマネー・サプライに寄与しており、それゆえ「発券の単一化」は市場経済にとって必ずしも必須の要件とはなっていなかったのである。

　ただ、投機的な在庫投資への資金供給などが増えて貸付けの返済が滞るようになれば、市中銀行は支払い準備に不足することになるから、取引決済の安定した運営のためには、ビル・ブローカー等を介して、手形の再割引を全国的規模で組織的に行うシステムが要請された[67]。すなわち「準備の単一化」が要請され、それをより少ない貴金属準備で最も効率的に行いうるのは、いうまでもなく中央銀行券を利用し、信用創造を伴う再割引を通じてということになろう。こうして、中央銀行券が金準備とともに、市中銀行債務の支払い準備にあてられるようになっていったのであり、その限りで「準備の単一化」は必ずしも「発券の集中」を前提していなかった。これについて大黒は次のように指摘する。「……〈単一発券制度〉の〈単一性〉は、そうした〈適用〉過程（国家の信用）のいわば〈副産物〉（国家の単一性）とも考えうるのであり、預金業がさらにそれを〈適用〉することにより、結果として〈単一準備制度〉も出来上がった。」「準備の単一制は、〈偶然〉の産物ではあるが、預金銀行業にとって必須の〈信用〉を、国家の〈信用〉から間接的に〈適用〉されなければならなかった、という意味においては〈必然〉でもある[68]」。しかしながら、中央銀行の中央銀行たる所以は、あくまで〈市場の要請〉に応じ得る弾力的な通貨供給にあり、その第一の手段は、市中銀行から持ち込まれた手形の再割引等を通ずる資金の弾力的な供給にあった。それはイングランド銀行券の発行を伴う場合もあれば、帳簿上の貸付という形態をとる場合もあるであろう。イングランド銀行券の発行に際しては、イングランド銀行券以外の信用通貨が準備になるようなことはなく、イングランド銀行が保有する金準備のみ兌換準備たりえた。

とはいえ、国内的な最終の支払い準備としては、この金準備のみならずイングランド銀行券それ自体が十分にその役割を果たし得ていた。イングランド銀行券がギニー金貨やソヴリン金貨に匹敵する普遍的な流動性を持ち得たのは、あくまでピラミッド型の債権・債務の決済関係に裏付けられていたからであって、その限りでは市場経済は本質的に必ずしも複数の銀行券の流通を排除するものではなかったのである[69]。それゆえ問題は、〈通貨学派〉においては、信用通貨ではなく信用そのものをマネー・サプライのための内部制度として理解し得なかったことにあった。発券業務と預金貸付業務とをそれぞれ異質なものとして区別して捉えようとしたところに、「通貨原理」の陥穽と限界があった。大黒の指摘するように、バジョットこそ、初めてピール条例の「発券のあり方を問う〈「通貨論争」〉から抜け出て、準備のあり方を問う方向へと進展」させ、単一準備制度（中央銀行制度）による最小限への準備金の節約こそが、その乗数倍の信用創造を可能にすることで、結果的として金融システムにおける弾力的な通貨供給を可能にしたことを、明らかにしえた数少ない論者だったといってよい。

ところで、このピラミッド型の信用組織によって「準備の単一化」を可能にし、弾力的な通貨供給体制を整えることができたにもかかわらず、それによって市場経済は信用不安と金融危機の可能性を回避できたわけではない。バジョットはこれについて、当時のイングランド銀行とビル・ブローカーとの特殊な関係にかかわる問題として捉え、次のように指摘する。「全準備金を最後の単一の銀行で保有するという制度は確かに保有せられる準備金の額を減少する。……かくて我が国銀行業の単一準備制度は二つの欠陥を結合している、まず第一に、それは最後の準備金に対するブローカーの要求をより大なるものにする、この制度の下にあっては非常に多くの銀行家が非常に多くの資金をブローカーから移すことになるからである、……。」[70] イングランド銀行が市場から付託された役割としては、通常は、その預金額と発券額の合計からなる債務総額が貸付債権を大幅に上回ることのないようバランスを確保し、信用の逼迫した好況の末期などでは、多少のアウト・バランスをともなうことになってでも、銀行券に対する信頼が損なわれない程度に裁量で発券量を増加させて、信用の支払い連鎖の維持にあたらなければならなかった。ところが、「ピール条例」による銀行業務の機械的な二分割は、イングランド銀行から、こうした信用ピラミッドの頂点に立つ「銀行の銀行」としての裁量権による調整機能を奪うことになってしまったのである。[71] イングランド銀行券が本位鋳貨とほぼ同等の流動性を持っていたこの時代に、兌換準備の変動に対応して発券量を調節することは、現実にはほとんど意味のない金融操作になっていたにもかかわらずである。

たしかに、例外的に特定の市中銀行の財務状況が悪化した場合には、イングランド銀行は、その豊富な資金力によって救済することはもちろん一定程度は可能であるが、好況末期のように市中銀行の債務状態が広範囲に渡って急激に悪化し、社会的に不良債権が急激に増加するような深刻な事態に立ち至った場合には、〈中央銀行〉による資金の提供といっても量的な制約があり、無制限に対応することはできない。しかし何よりも、「国家の銀行」ではなく、あくまで〈中央銀行〉すなわち「銀行の銀行」としては、いかなる強制力も持たない存在である以上、好況期における投機的在庫投資に対する市中銀行の資金提供を事前にコントロールすることはできず、事後的に可能な範囲内で資金を提供することでしか対応が出来ないからである(72)。そもそも、そうした経済変動に伴う金融機関の財務状況の悪化は、資金の流れの停滞と途絶によって急激に発生するものであり、誰もそれを事前に察知できないことが市場経済の本質であった。

注

（1）黒田明伸『貨幣システムの世界史〈非対称性〉を読む』岩波書店、二〇〇三年、六六頁。
（2）黒田、同上書、六一頁。前近代社会においては、近代貨幣のような「全目的貨幣」はなく、「特定目的貨幣」が複数存在したことについては、ポランニを参照。(K. Planyi. *The Livelihood of Man*, pp.97-107. 玉野井他訳『人間の経済Ⅰ』、岩波現代選書、一八六―一九七頁)
（3）黒田、同上書、一六二頁。
（4）素材価値のない、社会的合意に基づいて流通し得た古代から存在する象徴貨幣と、素材的受容性に基づいてはじめて流通しえた近代貨幣（商品貨幣）の違いに着目することによって、貴金属貨幣の流通によって国家や権力を超越して成立した近代の世界市場の自生的秩序の根拠が明らかになろう。
（5）黒田、同上書、六一―六二頁。
（6）黒田、同上書、六六頁。
（7）「ヨーロッパ世界経済」の成立については、ピレンヌ・テーゼとは異なり、一二、一三世紀における中世都市と商業の単なる発展が近代市場の形成につながらず、むしろ逆に封建制の強化に働いたのに対して、一六世紀以降の大量しかも持続的な貴金属のヨーロッパへの流入こそが、K・ポランニのいう「経済の社会からの自立」を可能にしたのであり、こうして視点から貴金属本位制の歴史的意義を分析すべきである。自生的秩序を備えた世界経済の成立は、この貴金属貨幣による地域通貨の統合の中で、はじめて実現されたものではなかろうか。（K. Planyi. *op.cit.*, p.201. 前掲訳、二七二頁）
（8）近代市場の形成と貨幣システムの分析にとって、人類学的視点からの分析は、必ずしも有効ではない。貨幣は本質的に象徴的な存在として人類の歴史とともに古くから存在してきたが、近代貨幣はその素材的な受容性を流通の根拠としており、だからこそ地域共同体の枠を超えたグローバルな市場秩序を形成しえた。
（9）黒田、同上書、七〇頁。
（10）「一九世紀の国際経済機構はイギリスに集中し、イギリスに支配されていた。国際的金本位は事実上スターリング本位であった。ロンドンはそのシステム全体の商業的・金融的な中心となっていたのである。」R. Nurkse, *International Currency Experience—Lessons of the Inter-War Period.*（小島・村野訳、『国際通貨』東洋経済新報社、二九九—三〇〇頁）そして、「一般的な景気変動が同時化するということは、金本位制度は、同一方向に起こる同時の運動に対しては、何一つとして厳格な抑制を加えはしなかった。為替安定のために、いかなるものにもまして、金本位制諸国の一致が要求された。」（同上書、三二八頁）と、「物価—正貨移動メカニズム」の想定が非現実的であるだけでなく、金本位制度の「ゲームのルール」としても同調性が要求されたことを示した。西村閑也もまた、金本位制下における物価の同調化について論じた。（西村『国際金本位制とロンドン金融市場』法政大学出版局、七七頁）。
（11）一六、一七世紀のアムステルダムを中心としたネーデルラントでの外国手形や内国手形流通が一七世紀中葉以降にイングランドに普及し、近代的信用制度を形成せしめた経緯については、楊枝嗣朗『イギリス信用貨幣史研究』九州大学出版会、二九一—九一頁）を参照。
（12）一九世紀の周期的景気循環と「ピール条例」との関わりについてJ・S・ミルは、「一八四四年の条例は、あるひとつの種類の商業恐慌…の最初の段階においては有益な作用をなすけれども、全体としては商業的反動の激しさを加重するものである」（J. S. Mill, Principles, p.682. 前掲訳（三）、四三四頁）と指摘した。これについてバジョットは、イングランド銀行の金融政策が影響を受けたことは認めるが、ある程度までは対応しており、一八四四年の条例が金融パニックを醸成したという見解に与しなかった。（W. Bagehot, *Lombard Street—a Description of the Money Market, The Collected Works of W.Bagehot.* pp.150-151.『ロンバード街—ロンドンの金融市場』岩波文庫、一九五頁）
（13）中世マーチャント・バンカーによる預金・振替業務が、一六、一七世紀のアムステルダムやアントワープの貨幣市場での金融取引を経て、ハンザ都市やネーデルラント、イングランドでの商業手形の流通へと普及していった経緯については、アンリ・ピレンヌ『中世ヨーロッパ経済史』、一条書店、および大塚久雄「信用関係の展開」一九五三年（『大塚久雄著作集』、第五巻、岩波書店）、関口久志「イギリス『国民経済』の形成と信用関係の展開（1）（2）（3）」東京大学『経済学論集』第二九巻一〜三号を参照。

(14) 例えば、通貨学派のオーバーストーンやノーマンは、「近年のイギリスの商業の状態を特徴づける興奮と沈滞の交替」について、「イングランド銀行の銀行券発行高の不当な膨張」と、それに続く為替の下落と金流出が引き金になり、急激な通貨の収縮が引き起こしたものと理解していた。J. R. McCulloch (ed.), *Tract and Other Publications on Metallic and Paper Currency*. A. M. Kelley. p.9.

(15) 侘美光彦「管理通貨制度」、川合一郎編『現代信用論（上）』有斐閣、二四二頁。

(16) 侘美、同上書、二四〇頁。

(17) 貴金属貨幣の持つ本来的な不安定性について、黒田は次のように指摘する。「実体を伴う手交貨幣は、預金貨幣にはない、二つの特質を持つ。第一に、実体そのものに価値がある場合、その銀なり銅なりの素材価値の変動から独立して、中立的に媒介機能を果たすことが容易ではない…。もう一つは、貨幣は循環するものであり還流すべきものであるのに、実体を持つ手交貨幣は、散布されたものが回収されるとは限らない、すなわち還流が保証されていないという点で不完全なのである。」（黒田、前掲書、四頁）

(18) 絶対王政期におけるイギリスの通貨の不足については、宮田美智也『近代的信用制度の成立』（有斐閣、九八―九九頁）を参照。宮田も当時の事実上の複本位制に着目し、ヨーロッパ諸国との金銀比価の格差からイギリスから銀が流出したことを指摘した。

(19) 「正金配分の自動調節論」についてホランダーは、ヴァイナーが指摘した、①純国際収支は正貨で支払われ、②価格水準は貨幣の関数であり、③輸出と輸入は本国と外国の諸商品の相対価格水準の関数であるという、これら三つの命題がヒューム以降において一つの自動調整機構のうちに統合されたものであるという。(S. Hollander, *Classical Economics*, Basil Blackwell, p.24.)

(20) 「通貨としての地金の流れは、ヘゲモニー国家が他国より優位に立つメカニズムの一つだった。」I. Wallerstein, *The Modern World-System II*. pp.109-110.（川北稔訳『近代世界システム1600〜1750』名古屋大学出版会、一二一頁）

(21) J. Locke, *Some Considerations*. p.77（前掲訳、七五頁）貨幣量の増減が、単なる名目的な物価（貨幣価値）の変動にとどまらず、トレードの規模に影響するという場合、古典派の貨幣数量説とは基本的に異なるものであった。大森郁夫も、ロックの「流通貨幣量」が有効需要を意味する「市場での実際の需要量」に他ならないとしている（大森郁夫「D・ヒューム以前の機械

的数量説」『早稲田商学』No.314-315 p.343)。

(22) J. Locke, *Some Considerations*, p.71.（前掲訳、六九頁）

(23) Hume, *Political Discourses*, Works III, p.313.（小松茂夫訳『市民の国について（下）』岩波文庫、五七—五八頁）

(24) Hume, *Political Discourses*, p.345.（前掲訳、一一八頁）

(25) Hume, *Political Discourses*, p.333.（前掲訳、九六頁）

(26) Hume, *Political Discourses*, pp.316-317.（前掲訳、六三頁）

(27) ヒュームは〈物価〉に影響を及ぼす流通貨幣量と、生産活動を刺激して〈利子〉に影響を及ぼす資金（riches）とを区別し、「資金の多寡はその国の民衆の生活習慣ないし生活様式に依存し、その国の金銀貨の存在量には依存しません」と、明確に区別して論じていることに留意しなければならない。Hume, *Political Discourses*, p.323.（前掲訳、七六頁）

(28) 金本位制とそのもとでの固定平価制度において、ヌルクセや西村閑也のいうように、〈物価—正貨移動メカニズム〉の想定とは逆の、物価と景気の国際的な同調化がもたらされるのは、単に〈資本—利子移動メカニズム〉の優位性にあるというより、世界経済システムにおける基軸国への周辺国の従属関係にあると思われる。

(29)〈資本—利子移動メカニズム〉と景気の同調化について、ヌルクセは「金本位メカニズムにおける利子率の変化の顕著な、そして恐らくは重要な機能は、均衡化的短期資本移動を誘発することであって、実質的な調整は大部分、国際収支が各国の所得と有効需要に及ぼす直接の効果を通じて行われたのである。／このような調整過程はたまたま、金本位の状態下での経済活動の景気循環的変動が同時化されることの説明に役立つ。」（ヌルクセ、前掲書、一五八—一五九頁）という。

(30) 金本位制度は、〈物価の国際的な平準化〉ではなく、むしろ「要素価格の均等化」に作用するものであり、それが結果的に、〈比較優位の原則〉に基づく国際的な分業体制の実現を可能にするものといえよう。

(31) ディーンは古典派経済学における貨幣および貨幣価値の取り扱いについて、「普通二つの理論が区別される。一つは短期の理論であり、（時に極めてあいまいな形の）貨幣数量説の一種である。今一つは長期の理論であり、この理論は、貴金属の生産費用で貨幣価値を説明しようとするものであった。」と指摘する。Ph. Deane, *The Evolution of Economic Ideas*, Cambridge U. P. p.57.（奥野正寛訳、『経済思想の発展』岩波現代選書、九九頁）

(32) 宇野弘蔵が資本主義の基本的「矛盾」として指摘したように、労働もまた貨幣と同じく、価格メカニズムではその供給量を任意にコントロールできないものであり、重商主義の時代の「貨幣に価値の基礎おいた経済」の不安定性が、スミスのいうように「土地と労働」に基礎おいた経済に移行することで払拭されるわけではなかった。宇野弘蔵「労働力の価値と価格‐労

働力商品の特殊性」『宇野弘蔵著作集』第四巻、岩波書店。

(33) フロー経済の確立には、恒常的な所得による購買力の形成が不可欠であり、生産要素市場の形成による国民経済循環のビルト・インがその歴史的前提となった。ヒュームは、「貨幣は労働と財貨との表示物」以外の何ものでもなく、アダム・スミスもまた価値の源泉としての「土地と労働」から貨幣のみを切り離して捉えた。しかし貴金属本位制度という形での〈貨幣の商品化〉、すなわち貨幣・資本市場の形成もまた、市場経済システムの自立の前提だった。

(34) Ｊ・Ｓ・ミルは、トゥークの影響の下に、リカードや通貨学派に対しては批判的であり、「通貨が金から成り立っているか、それとも紙幣から成り立っているかを問わず、その価値の変動を決定するものは、その数量ではなくて、信用の膨張および収縮である」という。J. S. Mill, *Principles*, p.667. 前掲訳、四二二頁）そのうえで、ミルは事実上貨幣数量説を棄却し、不可避な景気変動に伴う金融パニックによる影響を最小限に抑制するためには、中央銀行による銀行券発行量の裁量的管理が不可欠だと考えていた（Hollnder, *op.cit.*, pp.307-308.）

(35) Adam Smith, *The Wealth of Nations*, p.292.（前掲訳［2］、二六二頁）スミスは、金紙代替によるdead stockのcapital stockへの生産的な転用を説き、銀行券や商業手形などの紙幣については、過剰に発行されても〈還流の法則〉によって、物価上昇と貨幣価値の減価になることはないと指摘した（同上、二七八頁）。

(36) 重商主義の経済思想からアダム・スミスの『諸国民の富』への展開について、佐伯啓思は、「金融のグローバリズム」から「産業のナショナリズム」への転換であると、きわめて適切に指摘している（佐伯『アダム・スミスの誤算―幻想のグローバル資本主義』ＰＨＰ研究所、二二七―二二八頁）。ただわれわれは、ヨーロッパ世界経済として生まれた資本主義が、その後も一貫して国際通貨たる金の支配によって、その覇権構造が支えられていたことは看過してはなるまい。

(37) 〈物価―正貨移動メカニズム〉と〈資本―利子移動メカニズム〉について、ヌルクセは、「金の輸入に照応する通貨供給量の膨張は、それだけでは国際収支の経常勘定に直接の均衡化的反作用を生み出すことはできない」、「一般にはそれが利子率を引き下げ、そして国内資本支出ならびに所得の増加を刺激する限りにおいてそうなりうる」（ヌルクセ、前掲書、一五七―一五八頁）と、事実上前者を否定したうえで「均衡化的短期資本移動を誘発」させる金本位の「ゲームのルール」について、一定の有効性を指摘する。

(38) Ph. Dean, *The State and the Economic System*, Oxford U.P. 1989.（橋本・家本他訳『経済認識の歩み―国家と経済システム』名古屋大学、二一一四頁）

(39) Ph・ディーンは「古典派から新古典派経済学に変わる際の経済学理論の再構築は、貨幣理論を回避して行われ」、「価値論から貨幣理論を別個のものとして切り離し、貨幣の価値それ自体を中立的な要素、つまり実質総生産または実質総所得の趨勢にとってはほとんど無意味なベールとして取り扱う習慣が、古典派理論とまったく同じように主流派の新古典派理論を支配し続けていた」と指摘する（ディーン、前掲書、二一四―二一五頁）。

(40) 侘美光彦は「貨幣としての金は、景気循環の各局面においてそれぞれ、商品相互の価格を調整し、一つの価格体系を形成するという意味で、《価値尺度》として機能しただけでなく、景気循環を貫いてみても、物価全体の変動の基準を形成するという意味で、《価値尺度》の機能を果たしたのである。しかも、世界貨幣としての各国物価の連動機能によって、それは世界的な《価値尺度》として機能した」（川合編、前掲書、二四五頁）と、やや強引に景気循環をも金による物価の調整機能の一環に位置づけている。

(41) 野口旭「リカード体系における均衡と変動」（平井俊顕・深貝保則編『市場社会の検証』ミネルヴァ書房、一九九三年、九五頁）

(42) 野口、同上書、九六頁。

(43) 「結局のところほとんどの経済学者は、貨幣の価値も他のすべての〈商品〉の価値と同様に説明できる、という考え方に満足していたようである。つまり、貨幣の価値は短期には貨幣ストックの市場での供給と需要に依存し、長期には金紙ストックを増加するために必要な、金の採掘費用に依存するという考え方」であるという。(Ph. Deane, *The Evolution*, p.57. 前掲訳、九九頁)

(44) Ricardo, *Economical and Secure Currency*, Works IV, p.66.

(45) Ricardo, *Principles*, *Works I*, p.352.（前掲訳、九一頁）これについて清水敦は、「貨幣数量説はつねに成立している」としたうえで、「商品価格ないし貨幣価値は、産金部門の生産性の変化に応じた水準に最終的に帰着する」と、野口とほぼ同じような理解を示している（清水、前掲書、一二二頁）。

(46) リカードが反地金派を批判する場合、何よりもその論拠としたのは、貨幣需要の無限性に他ならなかった。「彼らは、一定量の通貨は一定量の交易と支払いとによって使用されうるのであって、それ以上に使用されえないと信じているにちがいない」(Ricardo, *Works III*, p.362.)。しかし「流通の水路は、無限大に拡大させられる余地がある」(Ricardo, *Works III*, p.150.)と、銀行券の過剰発行の可能性を指摘したが、リカードにとってこれは貴金属貨幣についても同じだった。

(47) この限りで、物価の変動についてもあえて一定の水準を想定しようとするならば、利潤率均等化とは別の論理、例えば〈物価―正貨移動メカニズム〉による貨幣数量的な調整機構を想定していたのではないかとする、従来の解釈はあながち否定できない。

(48) リカードは、物価も産金量の変動を通じて一定の水準に調整されると次のように言う。「もっとも生産力の小さい鉱山、すなわち地代を少しも支払わない鉱山は、金の相対価格が租税に等しい額だけ騰貴するまでは、一般的利潤率を与えられないから、もはや採掘されえない…。金の分量、したがって貨幣の数量は、徐々に減らされるであろう…そしてついには、その価値が租税に比例して引き上げられるであろう」。(Ricardo, *Principles, Works I*, p.192.)

(49) 佐藤有史「古典派貨幣理論―古い解釈と新しい解釈」、『経済学史学会会報』第四四号、九九頁。

(50) 佐藤、同上書、九九―一〇〇頁。

(51) 佐藤、同上書、一〇〇頁。

(52) 「非貨幣用金ストック」から「貨幣用金ストック」へのシフトを通ずる調整機構を、この方程式モデルから推論しようというものであるが、金本位制のもとにおいては本位貨幣としての金が鋳造されているか否かは本質的ではなく、また鋳造された金貨及び工業原料に用いられたもの以外のすべての金は、「貨幣用金ストック」といわなければなるまい。

(53) 佐藤はリカードの貨幣理論について、次のように言い、ヒュームらの貨幣数量説との相違を補強しようとする。「…古典派貨幣理論においては、そもそも中立性命題は生じなかった。なぜなら、商品貨幣は実質価値を持つ生産物であって、その生産には利潤率を媒介とした資本・労働の配分が伴うからである。」(佐藤、前掲書、一〇〇頁)

(54) 古典派の貨幣数量説については、J・S・ミルのように「価値と価格」の問題として扱い、労働価値説に基づく財の相対的な交換比率の決定の論理とは区別される、価格の絶対水準の決定の論理として、二元的に解釈するほうが妥当と思われる。(J. S. Mill, *Principles of Political Economy*, Works, III, pp.458-459. 前掲訳、二一四―二一五頁)

(55) I・ウォーラーステインは、一六世紀に、それまでの「世界帝国」にかわる新たな世界システムとして「ヨーロッパ世界経済」、「資本主義世界経済」が登場したといい、それは貴金属の供給源としてのアメリカをも周辺に配置するヨーロッパ規模の商業ネットワークであり、「種々な地域がその特殊な役割のゆえに相互に依存するようになる」という意味で、一つのシステムであったという。(I. Wallerstein, *The Capitalist World-Economy*, Cambridge U.P. pp.25-26, pp.38-39. 藤瀬・金井他訳『資本主義世界経済I』名古屋大学出版会、三〇頁、五〇頁)そして「商品としての金・銀がこの〈世界経済〉の運営に不可欠」であり、「通貨としての地金の流れは、ヘゲモニー国家が他国より優位に立つメカニズムのひとつだった」がゆえに、地金の流出に対する重商主義者たちの懸念は、まったく根拠のない杞憂にすぎなかった」わけではない事を指摘した。(I. Wallerstein, *The Modern World-System II*, Academic Press, p.109.)

(56)　K・ポランニは、労働と土地、貨幣という「生産の三要素」が商品に擬制され、「価格と相互に作用しあう需要・供給メカニズムに従属」することで、資本主義の自己調整市場が確立するとし、しかしこの「自己調整的市場」は必ずしも安定的ではなく、その「破壊的影響」に対する「社会の自己防衛」措置の一つとして、各国は「近代的中央銀行制度」を採用し、金本位制度の暴力から「健全な国内金融と通貨の対外的安定」を保護せざるをえなかった指摘する。(K. Planyi. *op.cit.* p.194. 前掲訳、二六四頁)

(57)　中央銀行制度は、後に詳しく検討するように、「全準備金を最後の単一の銀行で保有するという制度」(単一準備制度)であり、「保有せられる準備金の額を減少」(バジョット)させることで国際通貨(金・銀)の不安定な動きの中でも、安定した国内通貨の流通を維持し、金本位制という「国内通貨と国際通貨の統合」(ギルピン、一二六頁)におけるバッファーの役割を果たすものといってよい。

(58)　黒田、前掲書、一六九頁。こうした信用の組織化について、黒田は次のようにいう。「それは、通貨を創造して地域流動性を客体化していくという志向ではなく、地域内の債権・債務関係に閉じこめて内部貨幣としていく志向である。この志向が生ずるためには、債権・債務関係を共有する団体と、その団体の地域的効力の強さが要件となる。」

(59)　貨幣取扱業務は、外国貿易における為替取扱業務や政府貸付、マニュファクチャラーズに対する問屋制貸付などの形態ですでに絶対王政期において制度化され、一般的に普及していた。何をもって近代的信用制度と銀行業務の成立というかについて議論の分かれるところであるが、楊枝嗣朗のいうように、初期の預金振替銀行の活動において、すでに当座貸越や勘定振替を通じて、遊休資金の融通債権・債務の集中相殺などの貨幣節約(信用創造)がみられた(楊枝、前掲書、一四三—一七四頁)。この点については、関口尚志「金融制度の改革」大塚久雄他編『西洋経済史講座Ⅳ』岩波書店、一二四—一四二頁、宮田美智也『近代的信用制度の成立』有斐閣、一二七—一五三頁も参照。

(60)　農業地方と工業地方との信用媒介機能を果たすロンドン割引市場の役割についてW・T・C・キングは、一八二五年恐慌後にロンドンの「商業銀行のイングランド銀行からの離脱」がはじまり、一八三〇年にビル・ブローカーがイングランド銀行に割引勘定の開設を認められてから本格的に機能しただけでなく、「信用状態の大きな変動が一国の交易や商業に及ぼす圧力を緩和」する「緩衝器」としても機能したという。(W・T・C・キング、前掲訳、八九—九二頁)

(61)　イングランド銀行券は、一八一一年のスタナップの提出した法案によって、「なんびとも額面価値以下でイングランド銀行券を受け取ったり支払ったりすべきではないこと、さらにイングランド銀行券は負債の支払いにおいて合法貨たるべきことを定め」られるまではいまだ法貨ではなかった。それだけでなく、「ロンドン地域の外では地方銀行券に対する利子がイングランド銀行券を流通から駆逐してしまっていた」といわれている。(Feavearyear. *op.cit*. p.166. p.251. 前掲訳、一八二頁、二二一頁)

(62) イングランド銀行がすでに割引市場で諸銀行の「準備金の保管者」として立場にあったにもかかわらず、その金利政策が十分機能し得なかったのは、イングランド銀行券がいまだ法貨ではなかったことや、バンク・レートを市場金利より高く設定することでラスト・リゾートとしての「統制的地位」を確立していなかったこと、当時の「高利制限法」のために、金利の引上げによる貸出しの抑制ではなく、商人たちへの急激な融資の途絶という手段でしか対応できなかったことがあった(Feavearyear. *op.cit*. p.248. 前掲訳、二六四頁)。一八三〇年にパーマーが総裁になってようやく「正統派的な中央銀行の信用統制の古典的原則」が確立していった。(W・T・C・キング、前掲書、一〇四頁)

(63) 一八三三年の「銀行特許法」(Bank Charter Act) によって、「信用統制の行使におけるイングランド銀行の力を著しく強め」たが、それは「イングランド銀行は援助を与える価格として思い通りの水準まで公定歩合を自由に引き上げる」ことと、「イングランド銀行券を、同行以外の場所なら五ポンドを超えるすべての額に対して法貨とする」との二つの柱からなっていた。(Feavearyear. *op.cit*. p.251. 前掲訳、二六七頁)

(64) ポランニもまた、金本位制の「自己調整機能」についてこれを否定し、次のように言う。「個々の国家が中央銀行制度を放棄する場合にのみ、国際金本位制は自己調整的でありうるということがしだいに強く認識されるに至った。純粋な金本位制に一貫して執着し、実際に、この致命的な措置を唱導したのはルードヴィッヒ・フォン・ミーゼスであった。彼の提言が受け入れられていたならば、諸国民の経済は廃墟と化していたことだろう。」(K. Planyi. *op.cit*. p.195. 前掲訳、二六五－二六六頁)

(65) 「一八四四年の条例」は、「イングランド銀行がその銀行券に対して、金で支払うことができない危険」を取り除きはしたが、新たに「銀行部がその預金者の要求に対して銀行券で支払えないかもしれない」という「同じくらいに重大な危険性を代置した」(Feavearyear. *op.cit*. pp.274-275.)。そして「一八四四年にパーマーの政策を棄てることによって、イングランド銀行がその時期の混乱を助長した」。(J. Clapham. *op.cit*. p.192. 前掲訳、二一一頁)

(66) Bagehot. *The Collected Works*. p.206. (前掲訳、二九〇頁)

(67) 「銀行がロンドン市場と緊密に接触を保つことが、このように特別有利であることはいうまでもないが、これは当時一般には理解されていなかったのである。だが再割引制度の意義は、信用供与を最も経済的に配分させる手段として、広く理解されてはいた。」(W・T・C・キング、前掲書、一一九頁)

(68) 大黒弘慈「バジョットの単一準備制論―マルクスとハイエクの失われた環」、『経済学論集』東京大学経済学会、第六二巻四号、四五頁。

(69)　楊枝は中央銀行の理論的な位置づけについて、「発券の集中」から中央銀行の成立を説く従来の諸説を批判されながらも、必ずしも〈市場の論理〉からは「銀行の銀行」(準備の集中)が導き出されず、何らかの形で「国家意思」の介入がなければならないとされる(楊枝「中央銀行」川合一郎『現代信用論(上)』八〇頁)。

(70)　Bagehot, *The Collected Works*, pp.197-198.(前掲訳、二七四頁)これについて大黒は、「……通貨原理は、二部局分割制を提唱することで、実は発券レベルにおいては集中＝自動化、預金レベルにおいては、自由競争を促し、総体として銀行券発行額の調整・運用の責任つまり優れて中央銀行的な業務そのものを放棄したといってよいのである。」(大黒、同上書、四六頁)

(71)　一八四六年の投機的ブーム期のイングランド銀行の管理への非難について、下院委員会は、条例の変更は不要であると勧告しながらも、「イングランド銀行は特殊の排他的特権を持った公共機関」であり、「公共の利益について考慮する義務を課している」ことを改めて宣言した。(Feavearyear, *op.cit.*, pp.286-287. 前掲訳、三〇三頁)これ以降「パーマーの原則」に復帰し、「もっぱら商業界の統制者や調整者」として活動することになった(W・T・C・キング、前掲訳、一四五頁)。

(72)　バジョットは次のように指摘している。「……わが銀行制度をできるだけ利用し、それに可能なる最善の方法で働かせる以外にはない。我々はただ緩和剤を使用するほかにないのであって、問題はできるだけ裁量の緩和剤を得る事にある。」(Bagehot, *The Collected Works*, p.215. 前掲訳、三〇五頁)

終章　市場の無規律性と貨幣の経済思想

市場経済は貨幣経済以外のものではありえず、そして「貨幣なるものによらなければ存立しえない社会とは、必然的に無秩序で、無規律なものとならざるをえない」という指摘は正しい[1]。このことは、そのストック量が流出入によって外部的に変化する貴金属貨幣の場合であれ、また〈中央銀行〉の裁量によって任意に膨張または収縮する信用通貨であれ、現代の資本主義市場経済にいたるまで、基本的に変わりはない。貨幣供給については、中央銀行制度の下で弾力的に対応できるようになったとはいえ、貨幣はつねに「浮遊」し、その価値はつねに「不確か」なのである[2]。たしかに、信用の自己組織化された近代の市場経済においては、前近代的な市場のように、もはや貴金属貨幣の外部性によって「無秩序」がもたらされることはなくなった。とはいえ、内部的な通貨供給システムともいうべき信用制度の存在にもかかわらず、市場の投機的な活況は事前に制御することができず、〈過剰信用〉に支えられて実体のない帳簿上の金融資産が形成され、それが信用の支払い連鎖の崩壊やその後の市場からの貨幣ストックの引き上げを契機にして一気に消滅する可能性が生じ、新たな形での金融危機の可能性が出てきた。こうして、中央銀行を頂点とする金融の自己組織化によっても、市場経済である限りは、〈兌換〉の有無にかかわらず、本質的に無規律であることを免れえないのである[3]。

たしかに、貨幣数量説論者が想定するように、一般物価の急激な変動は、現実には、好況末期の投機的な在庫投資による高騰や、信用崩壊後の滞貨圧力による物価の急落などの、一時的で例外的な現象だといってよい。しかし、経済変動にとってむしろ問題なのは、実体経済の拡大と収縮であり、財の供給が弾力的であるかぎりは、そのプロセスにおいても一般物価は逆にそれほど変動せず、むしろその拡大・収縮のなかに吸収されてしまうものであろう。むろん、リーディング・セクターになる基幹産業への集中的投資から始まるこうした景気の拡大のプロセスは、関連する他の産業に波及する過程で、資源配分の最適化の調整を伴う相対価格の変動を通じて実現されることはいうまでもない。こうして、生産要素市場の成立によって〈供給の価格弾力性〉を確保し、自律的な経済循環を繰り返すようになった新たな市場経済（近代資本主義）の確立とともに、代替通貨の流通や信用制度の自己組織化による債権・債務関係の集中的な決済機構が整備されるようになると、国民経済は景気の通常の時期に関する限り、本位貨幣である貴金属ストックの内外への流出入の動向によってはそれほど影響されないものになっていった。ギルピンも指摘するように「中央銀行は、国内物価や国内経済に対する影響を緩和するため、高度に裁量的な態度で、金の移動に対応することができ、また対応したのであった。[4]」

「貨幣の中立性」を論じる現代のマネタリズムに通ずる基本的な考えは、近代ヨーロッパに価格弾力的な産業の機軸を確立し、自律的に財・サービスのみならず通貨の供給さえも確保できるようになったという、資本主義市場経済の新たな一面を背景にして論じたものといってよいかもしれない。国民的規模で組織化された信用制度の下で、銀行は信用創造によって自由に貨幣供給量を伸縮できるようになり、イングランド銀行券も本位金貨に替わる受容性を持つまでになった。その結果、もはや貴金属貨幣ストックの外部性による市場の混乱は、これをある程度までは回避することも可能になったからである。ただ対外的には、為替の固定相場を維持するために、各国は地金の市場価格が「鋳造価格」を超えることのないよう、兌換要請に対しては無制限、無条件に対応できるだけの準備金の確保が要請されていたことはいうまでもない。そこで、国際金移動によって各国は国内信用の基盤および通貨供給への影響は免れなかった。とはいえ、事実上二〇世紀の初頭まで国際金融はポンド体制として機能していたがゆえに、世界の通貨および資本市場の覇者であったロンドンのシティを介して「イギリスは世界の通貨供給をかなりの程度管理することができた。」すなわち、イングランド銀行の金融政策を通じて一定のコントロールも可能だったのである。[5]

いずれにせよ、自律的で自己更新的な経済循環がビルト・インされると、持続的で安定した所得の形成を根拠に、市場は〈ストック経済〉から〈フロー経済〉へと変容し、もはや貨幣ストックの動向は実体経済には、通常はほとんど影響しないものになっていた[6]。ただ、好況末期の信用逼迫期においては、スムーズな債権・債務関係の処理のための通貨供給が要請されるようになるが、好況期の投機的在庫投資に対する安易な信用供与の不良債権化によって、肝心のこの時期に債権の回収を急がせたことから、しばしば急激な信用収縮と金融パニックを引き起こすことになったのである。

すでにソーントンは『紙券信用論』において、「貨幣としての本質的機能において紙券信用を金属貨幣と隔てるものがないとすれば、経済体系において貨幣的均衡がもたらされるような自然的傾向は存在しないことについて論証した」と、野口旭は次のようにいう。「すなわち彼は、貨幣経済はつねに不均衡に向かう傾向を持っていることを示したといえるのである。そして貨幣にかんするリカードゥの思考は、一見きわめて異質なソーントンの思考を受容し、克服するうえに形成されたものであった[7]。」ともいう。「当時認められていたように、紙券の発行が拡大されると、借り入れの便宜が増加するし、そのような思惑が生まれる。こうして買手の購買欲を増加させる。それは銀行の最初の借手に追加的購買力を付与するばかりでなく……新規発行の銀行券が流通する過程において、それらを入手するあらゆる人々に次々に追加的購買力を付与する[8]。」すなわち、「ヴィクセルの自然利子率に対応するここでの商業利潤率が貨幣利子率を上回っている限り、銀行信用に対する無制限な需要がつねに存在するはずである。そして銀行がそれに応じて信用を供与し続けるかぎり、貨幣価値は累積的に下落し続けることになる。そのプロセスを収束させる内在的機構は何もない[9]。」

反地金論者の多くがアダム・スミス以来の「真正手形原則」に基づいて銀行券の過剰発行の可能性を否定したのに反して、ソーントンはいちはやく、「経済体系において貨幣的均衡がもたらされるような自然的傾向が存在しない」ことを指摘していた。そしてリカードもまた、イングランド銀行による低金利とそれによる信用膨張が、その結果として通貨価値の下落と為替の下落を招くことを、何よりも危惧していたことも事実である[10]。ただソーントンは、いかにしてスミスのいう「還流の法則」が好況の末期に機能不全に陥り、ついには信用の支払い連鎖の崩壊に至るのかについては、必ずしも明確にしたわけではない。好況期に供給の拡大に対して価格が強含みであれば、投機的な在庫投資がいつでも行われる可能性があり、市場はそれを抑制できず、後に不良債権化する債権・債務関係が累積していくことは避けられない。そこでリカードおよび通貨学派は、純粋な金属流通の世界でさえあれば、そうした急激な物価上昇という問題は起きないと考え、銀行券発行を純粋な金属流通のモデルに近似的なものにするべく、発券の「ルール」の制度化できると考え、一八四四年の「ピール銀行条例」の制定を導くことになったのであろう(11)。

これまで見てきたように、金本位制度の下におけるマネー・サプライの制約を最大限に払拭するセフティ・ネットとして、〈中央銀行〉の裁量的な金融政策を通じて、景気変動にともなう実体経済の不確実な拡大と収縮に応じながら弾力的に対応することは、一定の範囲内では可能であった。このピラミッド型の信用の重層的な自己組織化こそ、マネー・サプライにおけるいわば〈市場の自己調整的機能〉を果たしていた。むろん、だからといってそれによって金融パニックがすべて回避される保証はどこにもなかった。信用制度そのものが、時として投機的な在庫投資を醸成したからである。古典派貨幣理論の背景になった一九世紀の金貨本位制度のもとにおいても、〈中央銀行〉を通じてすでに弾力的な通貨供給を確保しており、一八四四年のピール銀行条例のために「銀行部」の資金供給について裁量の範囲が狭く制限され、せっかくの弾力的な資金供給システムが機能不全に陥るようなことにさえなければ、古典的資本主義の時代においてさえ、一定の範囲まではあるが、金融危機の発生をある程度抑止することも可能だったかもしれない。必ずしもケインズがいうように、金による「専制君主的支配」が市場経済を不安定にしていたというわけではなかったからである。それゆえ逆に、「金本位制はすでに未開社会の遺物と化している」と「金の廃貨」によって管理通貨制度に移行したからといっても、「信用循環が物価と雇用の安定に及ぼす破壊的影響」を全て克服できるわけではないのである。[12]

市場経済が〈中央銀行〉のもとで通貨供給について一定程度のマネージャビリティを確保したにもかかわらず、所得循環の形成と信用取引の一般化による〈フロー経済〉への移行は、そのキャッシュ・フローの動向如何によっては、市場経済に新たな不安定要素を与えることになった。これに関する古典派以降のマーシャルからケインズ、M・フリードマンにいたる貨幣理論の現代的展開も、すでにソーントンによって指摘された〈交換手段のストック量〉と〈支払いのフロー量〉の分析という理論的系譜に繋がるものであろう。例えば、MV＝pTという周知のフィッシャーの〈貨幣数量方程式〉にもとづき、流通速度についてマーシャルは、貨幣支出の社会的慣習に依存して決まる係数Vとしてではなく、通貨の保有についての人々の意欲を反映する係数k（k＝1/V）と考えた。これだけでも貨幣理論における偉大な貢献といってよいものである。更にこれを受ける形でケインズにおいては、不確実性下における〈流動性〉と〈収益性〉を比較した資産選択の問題として、「流動性選好説」を提起することにもなった。フリードマンもまた貨幣需要に結びつけて「流通速度関数」を捉え、この貨幣需要量と貨幣供給量との関係で名目所得（pY）が決定されるとした。フリードマンは、長期的には、この貨幣速度関数は安定的であるとし、貨幣量が物価を支配する基本要因であると考えた。しかし短期的には、貨幣ストックの変化こそが名目所得と実質活動水準の双方を決定する主要な要因であるとしたことは、周知のとおりである。[13]

フリードマンは、一八六七年以降のアメリカ合衆国における流通速度について実証的分析から、短期的には「所得流通速度」すなわち貨幣ストック／貨幣所得の比率は、景気の拡張期に実質所得の増加に伴って上昇し、また景気の後退期に実質所得の減少とともに低下するとした。[14] 貨幣ストックの短期的な変化が名目所得及び国民経済の実質活動水準の短期的変動に関する主たる要因であるとし、それゆえ、こうした貨幣ストックの急激な短期的変動さえ排除できれば、市場経済は安定的であるという。「ケインジアンは実物経済はきわめて不安定であり、貨幣の管理は実物経済に対してほとんど何の妥当性もコントロールも持っていない」とし、他方マネタリストは、「実物経済は本質的にかなり安定しているが、貨幣の動向によって不安定にもなりうるので、賢明な政策で貨幣を管理しなければならない」としたのである。(15) フリードマンは投機について一般に「安定的」だとしていることには疑問が残るが、好況末期の金融の逼迫を伴うような短期の不可避な経済変動を論ずる限りにおいては、適切な指摘といえよう。市場経済は投機が極度に一般化しない限り比較的に安定的に成長するが、投資が投機的なものであるか否かは事後的にしか明らかにならず、いかに管理通貨制度といえどもその管理の如何によっては金融不安を招くことになるからである。(16)

とりわけ現代において金融のグローバル化が進むなかで、覇権国あるいは基軸通貨国の「規律ある金融政策」が、国際金融の安定のためには何よりも不可欠となった。国際収支の悪化と対外準備の減少に対しては、基軸国はただちに公定歩合を引き上げ、国内金融を自動的に引き締めるというシステムが制度化されていなければならない。それによって金および短期資本の流入が生じ、基軸国の国際収支の改善を通じて、国際金融を安定させることが可能だからである。そのためには、市場を不安定化させる「国際短期資本」を監視し、基軸国に国際金融の状況を見据えた規律ある行動をとることが要請されよう。古典的金本位制、及びＩＭＦ体制における金＝ドル本位制は、いずれもグローバル資本主義の基軸通貨に〈金の歯止め〉をかけることで、固定平価の下での成長と景気の国際的連動性を支えてきた。この点、一九世紀を通じてイギリスは、豊富な海外余剰に裏づけられて、基軸通貨国としての重責を十分に自覚して規律ある行動をとっていた。これに対して第二次世界大戦後のアメリカ合衆国は、国際収支の継続的な赤字をドル債務の積み増しによってファイナンスするという構造から抜け切れず、政府のコントロールの及ばない投機的に動く短期資金を大量に生み、ここに〈ブレトン・ウッズ体制〉の崩壊とその後の金融危機の原因もあった。(17)

かくして、古典的金本位制度とそれに基づく一九世後半からの国際金本位制のもとにおいても、〈通貨主義〉が期待したような「金本位制の自動調整機能」は作動しなかった。しかも、弾力的な通貨供給と中央銀行による裁量的な金融政策にもかかわらず、市場の安定性は保証されず、しばしば好況期の末期に投機を助長して金融危機を招いたことは周知のとおりである。さらに、各国が金本位制を放棄し、「金の流出という恐怖」から解放されて国内景気政策を自由に行えるようになっても、国内経済の安定のための政策は、通貨の対外的価値の維持のための為替管理による制約を免れず、さらには変動相場に移行しても短期資本の投機的な移動による金不安を解消はできなかった[18]。これこそ、近世において資本主義世界経済が成立して以来の、貨幣システムの本質といわなければなるまい。第二次世界大戦後の一時期におけるＩＭＦ＝ＧＡＴＴのもとでの国際金融の安定は、アメリカ合衆国の覇権の強さとその規律あるパフォーマンスによるものであったが、それを支えたのは「金＝ドル本位制」ともいうべき新たな固定相場制であった。それゆえ、安易な古典的金融システム及びそれを擁護した古典派的貨幣理論の過大評価はいうまでもないが、変動相場制への移行による〈金の制約〉からの最終的の離脱による市場の調整機能への安易な過信も、ともに慎まなければなるまい。一九七三年以降、もはや供給側からの歯止めを失ったにもかかわらず、ドルがいまだに国際通貨として受け入れられ、世界のＧＤＰの十倍にも及ぶ厖大な量のドル資産が積み増しされて投機的に動き出し、資本主義世界経済の金融化＝投機化を加速して不安定なものにしている事こそ、何よりもそのことを証明しているからである。

注

（1）野口、前掲書、九三頁。

（2）重商主義からスミスの自由主義への展開について、佐伯啓思は、「貨幣が自由に流通し、商品の相対性だけからなる〈不確かな市場経済〉を、土地と労働に基礎をもつ〈確かな経済〉に結びつける」（佐伯、前掲書、一二四頁）プロセスと捉えた。しかし、労働と土地の商品化「擬制」に基づく新たな産業システムが形成されても、この「不確かな市場経済」は基本的に変わるわけではないが、ただ貨幣的供給についてのみ、中央銀行制度のもとで一定程度は制御できるまでになった。

（3）藤沢正也は、「一般にバンキング・スクールの諸家は、イングランド銀行をも捲きこむ過度の信用膨張が、国内物価を不当に吊上げるばかりでなく、証券価格を不自然に上昇させる作用があることを軽視していた」と指摘している。そして「金利の変動は、信用の変化と表裏して経済活動に直接間接重大な影響を及ぼすマネタリー・ファクターである」という。（藤沢正也『イギリスの信用と貨幣』ミネルヴァ書房、七六―七七頁）

（4）R. G. Gilpin. *The Political Economy of International Relations*, Princeton U.P.（佐藤誠三郎他訳、東洋経済新報社、一二九頁）

（5）R・G・ギルピン、前掲書。

（6）すでにトゥークは、「ある商品の価格が、実際にもしくは予想される供給不足のために騰貴する場合に、その騰貴を維持する限界を規定するものは、一国に存在する貨幣の総額ではなく、消費者の手許やポケットにあって、その商品の支出にあてられる貨幣の数量である」（T. Took. *An Inquiry into the Currency Principles*, pp.74-75.）と、経済変動の原因を一方における国民所得と他方における財の産出高という実体的要因によるものと理解していた。

（7）野口、前掲書、九七頁。

（8）Thornton, *op.cit.*（渡辺・杉本訳、二六七頁）これについて野口は、次のように適切に指摘する。「貨幣が不換紙幣のみからなり、それが銀行の信用創造によって自由に拡張可能である場合、貨幣価値下落を防ぐ範囲内に銀行信用の膨張を防ぐ自然的傾向が存在しうるのか否か、ということがソーントンの提起した問題であった。それに対し、彼は否と答えるのである。」（野口、前掲書、九九頁）

（9）野口、前掲書、九九頁。

（10）野口、前掲書、九七頁。

（11）「一八三六年から三九年に直面した苦難によって、再び次の不多雨の重要な問題に注意が向けられることになった。即ち一般的には銀行業の過剰と特殊的には手形信用の濫用をふせぐこと、及びイングランド銀行による〈健全な〉信用統制を確保することである。……信用統制の問題は量的な意味で、真剣なそして長期にわたる注目を引いた。だが不幸にしてそれは当時の多くの経済学者や銀行家によって、専ら通貨統制の問題であると解され、銀行券さえ適当に調整されれば、小切手や手形の形式をとった信用も自ら管理されるという意見が支配的であった。これは諸々の事件が後に繰り返して実証したように、空しい

期待であった。」（W・T・C・キング『ロンドン割引市場史』、一三四頁）

（12）J. M. Keynes. *A Tract on Monetary Reform, The Collected Writings of J. M. Keynes*, vol.IV, Macmillan Press LTD, pp.138-139.（『ケインズ全集4』、一四二－一四三頁）

（13）「フリードマンの議論の特徴は、ポートフォリオの中のひとつの形態として貨幣を捉えるという点に求められており、貨幣とその他の資産との間の代替可能性が強調される」ことにあった。そして「最終的な富保有者にとって貨幣は、〈資産の一種類、すなわち富を保有する一方法〉なのであって、この富保有者の貨幣需要分析は、〈形式的には消費サービス需要の分析と同じように行える〉」として、貨幣的要因に基づく短期の経済変動を論じたことは、注目に値する。清水敦「貨幣の規制力の意味と限界」川上忠雄・杉浦克己編『経済のマネージアビリティ』法政大学出版局、一一三－一一四頁。

（14）清水、前掲書、一一五頁。

（15）清水、前掲書、一三三頁。

（16）「一般にマーシャル以降の新古典派は、通貨量は物価の変動を媒介として景気サイクルと密接な関連があるものとみて、景気を安定させるためには、マネー・サプライの重要な要因である金融取引を先見的に管理すべきであると考えていた。」（藤沢、前掲書、一五八頁）ただ、フリードマンは、投機について、「投機が不安定的であるのは、一般に投機家がが平均すると……価格の低い時に売り、価格が高い時に買っている場合のみ」であるから、「安定的である」としていたことは非現実的である。（M. Friedman, *Essay on Positive Economics*, University of Chicago Press, 1953.『実証的経済学の方法と展開』富士書房、一九七七年）

（17）現代の金融危機については、佐伯啓思は「…七〇年代に国際金融システムが変革され、またオイル・ダラーのような国内の規制を受けない自由な資本が急成長し、また八〇年代の金融自由化によって、この国際的に自由な資本市場と国内の金融市場の垣根が徐々に取り払われ、両者は融合する。こうなると、国際資本は国内の金融当局の管理とは無関係に動き、それが国内金融市場とまったくつながってしまったわけである。こうして当局によっては容易にコントロールできない。」（佐伯啓思『ケインズの予言―幻想のグローバル資本主義（下）』ＰＨＰ、一二四頁）

（18）一九九〇年代のアジア発の金融危機は、アメリカがすでに金との兌換を停止し、また基軸国としての地位を失っていたにもかかわらず、ドルが国際決済手段として相変わらず受け入れられることを根拠に垂れ流され、世界のＧＤＰの十倍近いドルが世界で投機的に運用されるようになってしまったことに原因があることは、岩井克人の指摘するとおりである。（岩井克人『二十一世紀の資本主義論』筑摩書房、二八－三三頁）

あとがき

本書の課題は、一七、一八世紀の重商主義の経済思想からJ・S・ミルに到る貨幣と信用の理論について、それぞれの時代の貨幣・信用制度の変遷とその改革をめぐる〈経済論争〉を手懸りにしながら検討し、現代の視点から資本主義世界経済にとっての貨幣システムの意義、とりわけ古典的金本位制がいかにして形成され、そしてまたいかなる役割を果たしてきたのかについて明らかにすることにあった。本書が研究の領域をさしあたり古典派経済学までに限定したのは、新古典派経済学以降の経済学の展開は、ケインズの例外を除いて、こうした貨幣（信用）制度上の問題についての理論的検討を、市場均衡論の制約によって、理論的に排除してきたからである。また、「マルクスの経済学」についても、ここでは理論的枠組みとしては、リカードの流れを汲む古典派経済学の中に位置づけて論ずべきものとして取り扱うことになった。

経済学の分析対象を、価格と資源配分に関する競争的メカニズムにおくならば、そしてそれはその限りでの理論的な意味と有効性を持ち得るのだが、貨幣信用制度上の様々な制約要因については分析の範囲外に置かざるを得ない。しかしこれとは異なり、経済分析の対象を、不断に拡大・収縮を続ける歴史的運動体（蓄積機構）としての資本主義世界経済におくならば、景気変動過程の各局面における貨幣信用システムの作用と役割を無視することはできなくなる。事実、そうした経済変動は、実体経済を主導する貨幣的要因によって先導されたものだったからである。そのことについて理論的分析を行ったのは、ソーントンでありトゥーク、フラートンそしてJ・

S・ミルとマルクスであった。ただ、マクロ的な所得フローについての分析が十分ではないため、預金創造等による実体経済を上回る債権‐債務関係の形成と、それを支える信用体系の崩壊による〈金融危機〉が資本主義市場経済にとって不可避であることについてまで、マルクスを除いて十分には明らかにしていなかった。

その原因の一つに、重商主義及び古典派経済学の貨幣理論では、近代のヨーロッパ世界経済成立以来の具体的な貨幣システムについての分析が欠落していたことがあるように思われる。そこで本書では、ロック‐ラウンズの貨幣改鋳をめぐる論争から出発し、貨幣数量説をめぐるヒュームとスチュアートの論争、そして一八四四年の「ピール銀行条例」に結実する通貨学派と銀行学派との地金・通貨論争等の検証を通じて、当時の経済思想家たちの貨幣制度の改革をめぐる諸提案について検討していった。いずれも、当時の金銀複本位制から金本位制への移行という背景の中で、その貨幣システムが資本主義経済にいかなる作用を及ぼしていたかについて、必ずしも十分な理解には立っていなかった。特に、〈固定平価〉を維持するための貨幣制度であり、それによって成長の基軸国に各国の国民経済をリンクさせるグローバル・ネットワークでもあるという、貴金属本位制度の本来の意義が必ずしも明確ではなかったことを中心に、批判的に検討した。

本書は以下の順序で公表してきた三編の論文に大幅な加筆、訂正を加え、再構成してまとめたものであり、当初の内容とは大幅に変更した箇所も少なくない。

「一六九〇年代の鋳貨論争とジョン・ロック」(『流通経済大学論集』Vol.25, No.1, 1990)
「スチュアート『経済学原理』における貨幣と市場」(『流通経済大学論集』Vol.25, No.2, 1991)
「貨幣と信用の近代経済思想(1)~(6)」(『流通経済大学論集』Vol.27, No.2~ Vol.41, No.1, 2006)

こうした問題意識は、すでに東京大学大学院経済学研究科に在学中に、マルクスの価値尺度論をめぐる研究の時点から抱いていたものであり、『資本論』の価値形態論における貨幣の理論及び鋳貨論と現実の貨幣(鋳貨)

制度との間に、相当の距離を感じていた為である。幸いにもその後、ケインズやハイエク、K・ポランニ及びI・ウォーラステイン等への私なりの研究遍歴の末、最終的にマルクスの「価値と価格の理論」をリカード経済学の一系譜に位置づけ、「マルクス経済学」から一定の距離を置くことができたことで、貨幣制度（金本位制）と資本主義世界経済とのかかわりについて、自由にこれまでの貨幣（信用）と市場の理論を検証することができたと考えている。こうした奔放な研究方法にもかかわらず、学生時代から暖かく見守っていただいた恩師の先生方、及び友人の諸兄、並びに流通経済大学の同僚の先生方にも、この場を借りて謝意を表したい。また本書の出版にあたり、お世話いただいた流通経済大学出版会の池澤昭夫部長にはお礼申し上げたい。

二〇〇八年一〇月　　著者

著 者 紹 介

小池田　冨男（こいけだ　とみお）

1949年　石川県生まれ

1976年　東京大学大学院経済学研究科博士課程単位取得退学

1976年　流通経済大学経済学部専任講師

専　攻　経済学史・社会経済学

現　在　流通経済大学長

主　著

『市場社会論の構想』（共著）社会評論社　1995

貨幣《かへい》と市場《しじょう》の経済《けいざい》思想史《しそうし》

―イギリス近代経済思想の研究―

発行日　2009年 4 月10日　初版発行

著　者　小池田　冨　男

発行者　佐　伯　弘　治

発行所　流通経済大学出版会

〒301-8555　茨城県龍ヶ崎市120

電話　0297-64-0001　FAX　0297-64-0011

ⓒT.Koikeda 2009　Printed in Japan/アベル社

ISBN978-4-947553-48-5 C3034 ¥4200E

索　引

ア行

カ行

サ行

タ行

ナ行

ハ行

マ行

ヤ行

ラ行

ワ行